本书由烟台大学哲学社会科学学术著作出版基金、烟台大学黄海学者博士科研基金资助。

混改企业「国民共进」
形成机理与实现路径研究

李东升　等著

Research on the Formation
Mechanism and Realization Path of
"Common Progress by SOEs
and Private Enterprises"
in Mixed Reform

中国社会科学出版社

图书在版编目（CIP）数据

混改企业"国民共进"形成机理与实现路径研究／李东升等著．—北京：中国社会科学出版社，2024.7
ISBN 978-7-5227-3470-5

Ⅰ.①混… Ⅱ.①李… Ⅲ.①国有企业—混合所有制—企业改革—研究—中国 Ⅳ.①F279.241

中国国家版本馆 CIP 数据核字（2024）第 082733 号

出 版 人	赵剑英
责任编辑	王 琪
责任校对	杜若普
责任印制	王 超

出　　版	中国社会科学出版社
社　　址	北京鼓楼西大街甲158号
邮　　编	100720
网　　址	http://www.csspw.cn
发 行 部	010-84083685
门 市 部	010-84029450
经　　销	新华书店及其他书店
印　　刷	北京明恒达印务有限公司
装　　订	廊坊市广阳区广增装订厂
版　　次	2024年7月第1版
印　　次	2024年7月第1次印刷
开　　本	710×1000 1/16
印　　张	22.75
插　　页	2
字　　数	361千字
定　　价	118.00元

凡购买中国社会科学出版社图书，如有质量问题请与本社营销中心联系调换
电话：010-84083683
版权所有　侵权必究

序　言

本书从"国民共进"[①]视角探索民营资本参与国有企业混合所有制改革过程中"国民共进"的形成机理、现实困境、破解机制、融合共生的实现路径，从以下几个方面进行深入研究。

一　分析企业混合所有制改革中"国民共进"的形成机理

国有企业混合所有制改革战略运作过程，实际上就是各相关主体利益不断调整平衡的治理转型过程。本书利用委托代理理论、利益相关者理论、资源与能力理论、制度变迁理论、公司治理理论等，从国有企业、民营企业的自我驱动入手，系统分析混合所有制改革过程中不同参与主体基于资源互补和价值认同驱动混合所有制改革需求，在政策引导和保障等条件激发下，通过要素增值与平台协同实现价值共创，进而在利益整合和机制重塑过程中实现融合共生的演进规律，构建制度变迁、权力结构变动与治理转型过程中"国民共进"内在机理形成的理论框架，对中国特色现代企业制度进行理论探索。

二　剖析"国民共进"的企业混合所有制改革的现实困境

自党的十八届三中全会强调混合所有制改革是公有制的重要实现形式以来，国有企业混合所有制改革获得显著成效，但由于路径依赖、资

[①]　本书的"国民共进"所指的是混改企业的"国民共进"，具体是指企业通过混合所有制改革积极回应异质性资本参与者的合理利益诉求，推动国有资本与民营资本优势互补、双向赋能、相辅相成、共同进步，着眼于国有资本和民营资本同时壮大发展，在融合共生的过程中创造价值，风险共担、利益共享、合作共赢，形成有机结合的利益共同体，实现混改企业高质量发展。

源整合能力不足、配套政策机制不完善、利益分配冲突等原因，国有企业混合所有制改革的效率与效果受各方混合所有制改革意愿、政策管理体系、市场环境与法律制度、资源协调性与互补性、利益分配方法等多层次、多方面的影响。国有企业在混合所有制改革过程中主要面临参与主体混合所有制改革意愿不强烈、政策保障与环境建设不完善、要素增值与共创平台建设不足、利益整合与共享机制不到位等多方面的困境，抑制了各参与主体的混合所有制改革积极性，亟待通过深化混合所有制改革推动"国民共进"，实现价值共创、融合共生。

三 "国民共进"的企业混合所有制改革治理效率实证研究

为了探究如何推进混合所有制改革才能提升企业的治理效率，本书利用多元统计分析法、主成分分析法、断裂带分析法等对影响企业治理效率的行业特征、股权混合水平、董事会结构、高管特征等关键性因素进行实证检验，其中混合所有制改革水平划分为混改广度和混改深度两方面并且分别探究股权多样性、股权深入性和股权制衡度对混合所有制改革企业绩效的影响，分析董事派系差异产生的断裂、董事长权力对混合所有制改革水平和企业绩效之间关系的影响。在此基础上，基于高层梯队理论和委托代理理论，分析高管团队成员异质性、行业特征、市场化程度等对企业绩效的影响。

四 "国民共进"的企业混合所有制改革案例研究

为进一步探索异质性股东对于企业混合所有制改革的深层作用机制，本书在实证分析基础上，采用案例研究方法，首先以国药控股为例，基于"国民共进"视角分析国有资本与非国有资本间的交互关系，研究如何搭建互动平台推动异质性资源进行高效配置与整合，在价值共创过程中实现"国民共进"。同时，借助定性比较分析（QCA）多案例研究方法，基于企业混合所有制改革实现"国民共进"的内在机理，对参股企业治理的前因变量股权集中度、独立董事比例、管理层权力、董事派遣以及行业相关度进行组态效应分析。运用定性比较分析法和组态思维，探析条件变量间相互依赖对治理效率的复杂因果关系及提升治理效率的路径条件，以期为"和谁混"这一问题提供理论依据与实践指导。

五　构建企业混合所有制改革中实现"国民共进"的破解机制

国有企业在混合所有制改革过程中，就如何塑造协同共生的机制，为资源要素的增值提供相关场景与规则，并关注公司治理模式的有效性，在企业所有权、控制权等决策与监督机制方面做出相关约定，以期达成国有与非国有权力交织下的利益平衡，实现多元利益主体的融合共生。本书围绕激发不同企业"国民共进"的内在需求、营造公平公正的混合所有制改革营商环境、优化治理机制、实现价值共创等方面来破除混合所有制改革难题，推动不同性质资本有机融合，最终实现"国有"与"民营"的共生共赢。

六　提出企业混合所有制改革"国民共进"的实现路径

不同类别的国有企业混合所有制改革过程中实现"国民共进"的路径差异性明显，需要根据使命、战略定位的不同有针对性地设计"国民共进"的实现路径。本书结合国内外代表性国有企业吸引异质性资本推动混合所有制改革的经验，总结国有企业混合所有制改革的成就、经验，比较全球视野的历史和实践，归纳吸收先进的理论成果，提出我国企业混合所有制改革中实现"国民共进"的实施原则、实施目标、实施主体和实施模式。提出国有企业混合所有制改革需要培育开放包容合作的制度环境、引入高质量战略投资者、分类分层推进混合所有制改革，激发参与主体动能转换，将混合所有制企业打造成价值共创、利益共享、融合共生的网络平台，推动混合所有制企业实现现代化的步伐。

本书深入剖析民营资本进入后国有企业内部权力变化所导致的不同参与主体间的利益关系调整与重构，挖掘民营资本进入后，公司治理转型过程中"国民共进"的形成机理与规律。在深入调研、实证检验与案例研究基础上，综合运用比较制度分析、典型案例分析、定性比较分析、计量分析等研究方法，探索异质性资本参与企业混合所有制改革中各参与主体的互动关系及其影响治理效率的关键性因素。从激发参与主体动能转换、提供有效制度供给、创造共生价值、实现收益共享等方面，探究企业在混合所有制改革中如何推动"国民共进"困境的破解，如何在价值共创中实现融合共生的实现路径。本书的相关研究对构建中国特色现代企业制度进行有益理论探索，为加快企业混合所有制改革、实现高质量发展提供科学决策参考依据与智力支持。

目 录

第一章 引言 ……………………………………………………（1）
  第一节 研究背景 …………………………………………（1）
  第二节 研究价值 …………………………………………（2）
  第三节 研究内容 …………………………………………（3）
  第四节 研究框架 …………………………………………（6）
  第五节 重要观点 …………………………………………（6）
  第六节 研究的创新之处 …………………………………（9）

第二章 国内外相关研究动态 ……………………………………（11）
  第一节 混合所有制改革相关研究 ………………………（11）
  第二节 "国民共进"相关研究 …………………………（19）
  第三节 企业混合所有制改革与"国民共进"相关研究 …（21）
  第四节 文献评析 …………………………………………（25）

第三章 企业混合所有制改革中"国民共进"的形成机理 ……（28）
  第一节 制度变迁、企业权力变动与公司治理转型 ……（29）
  第二节 治理转型过程中"国民共进"的形成机理 ……（36）
  第三节 本章小结 …………………………………………（46）

第四章 "国民共进"的企业混合所有制改革现实困境剖析 …（47）
  第一节 参与主体混合所有制改革意愿不强 ……………（47）
  第二节 政策保障与环境建设不完善 ……………………（54）
  第三节 要素增值与共创平台建设不足 …………………（60）

第四节　利益整合与共享机制不到位…………………………（66）
　　第五节　本章小结…………………………………………………（72）

第五章　混合所有制改革水平、高管团队异质性对企业绩效的
　　　　影响……………………………………………………………（74）
　　第一节　混合所有制改革水平、董事会断裂对企业绩效的
　　　　　　影响…………………………………………………………（75）
　　第二节　高管团队异质性对混合所有制改革企业绩效的
　　　　　　影响…………………………………………………………（118）
　　第三节　本章小结…………………………………………………（159）

第六章　"国民共进"的企业混合所有制改革案例研究………（161）
　　第一节　国药控股混合所有制改革案例研究……………………（161）
　　第二节　参股企业组态对混改企业治理效率影响的
　　　　　　多案例分析………………………………………………（214）
　　第三节　本章小结…………………………………………………（256）

第七章　企业混合所有制改革中实现"国民共进"的破解机制…（257）
　　第一节　激发参与主体"国民共进"的内生动力………………（257）
　　第二节　营造"国民共进"的制度环境…………………………（264）
　　第三节　构建"国民共进"的价值共创平台……………………（271）
　　第四节　实现多元利益主体的融合共生…………………………（282）
　　第五节　本章小结…………………………………………………（289）

第八章　"国民共进"的混合所有制改革实现路径………………（290）
　　第一节　国外企业混合所有制改革的实践探索与经验…………（291）
　　第二节　"国民共进"的企业混合所有制改革实施方略………（302）
　　第三节　"国民共进"的企业混合所有制改革实施模式………（314）

参考文献…………………………………………………………………（324）

后　记……………………………………………………………………（355）

第 一 章

引 言

第一节 研究背景

　　混合所有制企业是混合所有制经济在微观上的具体表现形式，是实现"国民共进"的重要载体，是我国经济高质量发展的必要条件和强有力支撑。党的十八大以来，党中央多次重申坚持基本经济制度，坚持"两个毫不动摇"（毫不动摇巩固和发展公有制经济，毫不动摇鼓励、支持、引导非公有制经济发展），党的十九大报告把"两个毫不动摇"写入新时代坚持和发展中国特色社会主义的基本方略。[①] 党的十八届三中全会通过的《中共中央关于全面深化改革若干重大问题的决定》强调要积极发展混合所有制经济，允许更多国有经济和其他所有制经济发展成为混合所有制经济。[②] 2019 年 12 月，《中共中央国务院关于营造更好发展环境支持民营企业改革发展的意见》中强调引导民营企业深化改革，支持民营企业加强创新，鼓励民营企业转型升级优化重组。[③] 党的二十大报告强调，"深化国资国企改革，加快国有经济布局优化和结构调整，推动国有资本和国有企业做强做优做大，提升企业核心竞争力"[④]。整体而言，我国企业混合所有制改革已经取得显著成效，但目前企业混合所有制改革

---

　　① 习近平：《决胜全面建成小康社会　夺取新时代中国特色社会主义伟大胜利——在中国共产党第十九次全国代表大会上的报告》，人民出版社 2017 年版，第 21 页。
　　② 《中共中央关于全面深化改革若干重大问题的决定》，人民出版社 2013 年版，第 8、9 页。
　　③ 《中共中央国务院关于营造更好发展环境支持民营企业改革发展的意见》，人民出版社 2019 年版，第 9、10 页。
　　④ 习近平：《高举中国特色社会主义伟大旗帜　为全面建设社会主义现代化国家而团结奋斗——在中国共产党第二十次全国代表大会上的报告》，人民出版社 2022 年版，第 29 页。

仍然面临"为混而混""混而不和""混而不改"等突出问题。在公平竞争制度改革和以人民为中心高质量发展内在需求的双重约束下，企业如何通过混合所有制改革实现"国民共进"基础上的融合共生发展，已成为当前学界与业界亟待解决的重要现实问题。

第二节 研究价值

本书立足中国经济发展与企业改革中的重大理论问题，力求紧密结合理论与实践，为国有企业顺利推进混合所有制改革探索新思路。研究成果建立在前期深入进行文献分析、现场调查以及统计数据、典型案例调研基础上，综合运用比较制度分析、典型案例分析、定性比较分析、计量分析等研究方法，剖析民营资本进入后国有企业内部权力变化所导致的不同参与主体间的利益关系调整与重构，挖掘民营资本进入后，公司治理转型过程中"国民共进"的形成机理与演进规律。实证检验异质性资本参与企业混合所有制改革中各参与主体的互动关系及其影响治理效率的关键性因素，并从激发参与主体动能转换、提供有效制度供给、创造共生价值、实现收益共享等方面，构建企业混合所有制改革"国民共进"的困境破解机制与实现融合共生的路径选择。

本书涉及企业理论、管理经济学、公司治理、制度经济学、政治经济学等学科理论，并结合我国的改革需要与实践，结合公平竞争、高质量发展制度环境因素，对企业混合所有制改革中不同参与主体的利益冲突、价值共创、融合共生及其形成机理做出较为系统的分析，深入剖析国有、民营企业实现融合共生的现实路径选择问题，构建制度变迁、权力结构变动与治理转型过程中"国民共进"内在机理形成的理论框架，对中国特色现代企业制度进行有益理论探索，这将丰富并推动企业制度、公司治理等相关理论的创新发展。

本书深入剖析民营资本进入后企业内部权力变化所导致的不同参与主体间的利益关系调整与重构，构建与"国民共进"相适应的多主体价值共创机制与实现路径，为各级政府、国有企业深化混合所有制改革，实现高质量发展提供科学决策参考依据与实证资料。

第三节 研究内容

一 企业混合所有制改革中"国民共进"的形成机理阐析

运用委托代理理论、利益相关者理论、资源与能力理论、制度变迁理论、公司治理理论等，探讨企业混合所有制改革实现"国民共进"的形成机理。包括以下几点。

第一，企业作为一个有机体，面对公平竞争背景下以人民为中心高质量发展外部环境与内在需求变化形成的压力与动力，迅速传递给企业系统中的相关参与者。伴随着民营资本进入，企业各参与主体重新进行权力的动态配置，制度变迁和企业权力结构变动交互作用导致公司治理转型过程中，依托内外环境激发参与主体内在需求、创造"国民共进"条件，通过透明开放的运营机制，发现价值并共同创造价值，共享收益满足不同参与主体的合理诉求，最终实现融合共生。

第二，从制度变迁视角推演异质性资本参与企业混合所有制改革过程中的权力配置变化、治理路径变迁、治理模式变革、治理效率变动之间的互动关系，探究企业混合所有制改革过程中"国民共进"机理形成的内在逻辑。

二 "国民共进"的企业混合所有制改革现实困境剖析

以"国民共进"为导向的企业混合所有制改革，既是企业自身利益诉求，也是以人民为中心推动企业高质量发展的要求，是企业自身效益、企业内部参与主体效益、社会效益三个层次共同实现的结果。当前，企业混合所有制改革存在"为混而混""混而不和""混而不改"等突出问题，通过实地调研，采用深度访谈和专家咨询等方法，围绕异质性资本参与企业混合所有制改革，对在推动"国民共进"过程中存在的企业自身需求不足、环境条件与自身能力欠缺、价值共创共享机制不健全等现实困境进行剖析。包括：第一，研究各参与主体内在需求不足的现实困境；第二，探讨外部环境与自身能力供给不足的现实困境；第三，探究价值共创平台与机制欠缺的现实困境；第四，分析共享收益与融合共生政策缺失的现实困境。

三 "国民共进"的企业混合所有制改革治理效率的实证研究

以企业混合所有制改革中"国民共进"形成机理及现实困境分析为基础，从"国民共进"视角分析企业混合所有制改革中不同参与主体的交互关系、参与方式，对影响公司治理效率的行业特征、股权混合度、董事会结构、高管来源特征等关键性因素进行实证检验，包括以下几点。

第一，混合所有制改革水平、董事会断裂对企业绩效的影响。本书利用多元统计分析法、主成分分析法、断裂带分析法等对影响企业治理效率的行业特征、股权混合水平、董事会结构等关键性因素进行实证检验，探究如何推进混合所有制改革才能提升企业的治理效率。其中，混合所有制改革水平划分为混改广度和混改深度两方面并且分别探究股权多样性、股权深入性和股权制衡度对混合所有制改革企业绩效的影响，分析董事派系差异产生的断裂、董事长权力、行业类别等对混合所有制改革水平和企业绩效之间关系的影响。

第二，高管团队异质性对混合所有制改革企业绩效的影响。基于高层梯队理论和委托代理理论，考虑高管团队在制定和实施企业战略时所发挥的关键性作用，构建有调节的中介效应模型探究高管团队成员来源特征异质性对混合所有制改革水平及企业绩效的影响，并进一步分析企业生命周期、所属层级、企业类别的差异化影响。

四 "国民共进"的企业混合所有制改革案例研究

为进一步探索异质性股东对于企业混合所有制改革的深层作用机制，本书在实证分析基础上，采用案例研究方法，包括以下几点。

第一，异质性资本参与企业混合所有制改革的典型案例分析。首先以国药控股为例，在对国药控股等代表性企业董事会、监事会、高管层、民营企业代表、部分员工和相关政府部门等进行深度访谈、调研、研读企业资料基础上，基于"国民共进"视角分析国有资本与非国有资本间的交互关系，从需求互补激发、政策环境条件供给、价值共创平台搭建、利益共享价值构建四个方面分析国药控股如何搭建互动平台，异质性资源进行高效配置与整合，在价值共创过程中实现"国民共进"。

第二，借助定性比较分析多案例研究方法。基于企业混合所有制改革实现"国民共进"的内在机理，对参股企业治理的前因变量股权集中度、独立董事比例、CEO权力、董事派遣以及行业相关度进行组态效应分析。运用定性比较分析法和组态思维，探析条件变量间相互依赖对治理效率的复杂因果关系及提升治理效率的路径条件，以期为"和谁混"这一问题提供理论依据与实践指导。

五 企业混合所有制改革中实现"国民共进"的破解机制构建

在企业混合所有制改革过程中，不同参与主体对关键性资源掌控、组织化程度及表达、谈判能力等方面存在差异，导致博弈力量呈现不均衡状态，应通过破解机制实现权、责、利对称，这是能否实现"国民共进"的关键所在。包括以下几点。

第一，企业混合所有制改革中公平对待不同所有制主体，实现规则、机会和权利平等，破解"不愿混"和"不敢混"难题，激发"国民共进"的内在需求。

第二，营造各种所有制主体依法平等使用资源要素、公开公平公正参与竞争的氛围，构建权益保障、容错纠错与进入退出机制等，为企业混合所有制改革中实现"国民共进"提供有效制度环境条件。

第三，通过混合所有制改革推动国有与民营企业动力转换与能力再造，构建有效的激励约束机制，形成激励相容的公司治理模式，实现混合所有制企业在资源、技术、管理和文化等方面的深度融合与价值共创。

第四，积极回应异质性资本参与者的合理利益诉求，满足收益共享达到有机融合，形成价值共创、利益共享、融合共生、和谐发展的公司治理机制，在"国民共进"中推进企业实现现代化。

六 "国民共进"的企业混合所有制改革实现路径设计

基于"国民共进"的企业混合所有制改革实现路径的设计过程，也是不同参与主体利益关系调整、合理诉求积极回应满足的过程，必须通过制度创新，体现利益共享与平衡，实现公平竞争制度环境下以人民为中心的企业高质量发展要求。包括如下几点。

第一，结合国内代表性企业在吸引异质性资本推动混合所有制改革时的经验与不足，借鉴英国、俄罗斯等典型国家在企业产权演变过程中，通过利益关系调整推动企业发展的经验与启示，分析其混合所有制改革的路径、机制、模式和政策演变规律，形成可供借鉴的经验和启示。

第二，根据以人民为中心推动企业高质量发展的理念，从企业效益、参与主体效益、社会效益三个维度，分析企业混合所有制改革中既有政策的有效性。

第三，确定我国企业混合所有制改革中实现"国民共进"的实施原则、实施目标、实施主体和实施模式，设计企业混合所有制改革中实现"国民共进"的差异化路径。

第四节 研究框架

本书以民营资本参与企业混合所有制改革所面临的现实问题为导向，将企业性质作为研究的起点，探究制度环境变迁、企业内部权力结构变动与治理转型互动关系，阐析企业混合所有制改革中"国民共进"机理形成的内在逻辑，剖析企业混合所有制改革中推动"国民共进"的现实困境，并选取代表性企业进行深度访谈、案例研究，实证检验影响公司治理效率的关键性因素，探究参与主体行为与治理效率的复杂因果关系，设计"国民共进"的破解机制与有效实现路径，研究框架如图1—1所示。

第五节 重要观点

第一，混合所有制改革是"混"与"改"的双重结合，是一个循序渐进的过程，企业应根据自身类型以及战略发展需求选择契合企业长远发展目标的混合所有制改革方案。为了实现"混"的目的，应首先激发"国民共进"的内在需求，促进国有资本与非国有资本的参与意愿。同时，营造不同所有制主体依法平等使用资源要素、公平公开参与竞争的环境，为企业混合所有制改革中实现"国民共进"提供有效制度环境条件。而混合所有制改革能否成功推进主要取决于"改"的阶段，通过混合所有制改革推动国有资本与非国有资本动力转换与能力再造，构建有效的激励约束机制，形成激励相容的公司治理模式，实现混合所有制企

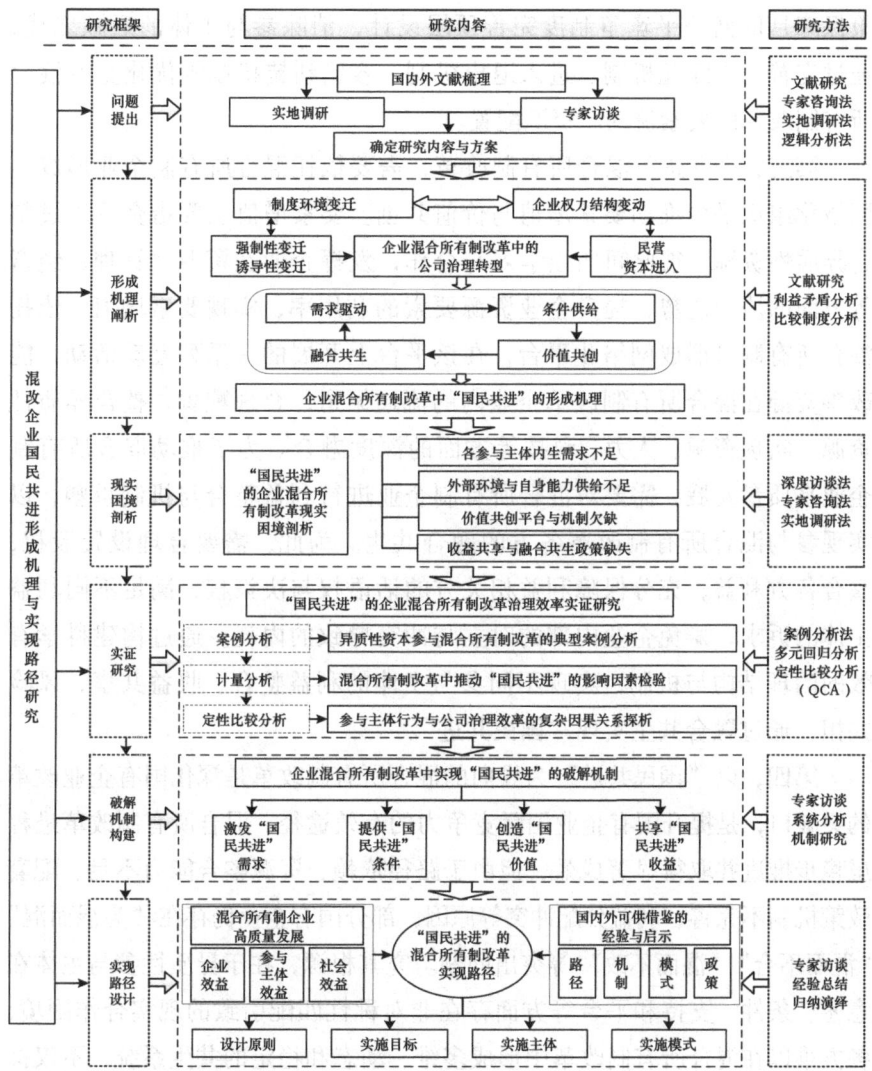

图1—1 技术路线示意图

业的价值共创。同时，积极回应异质性资本参与者的合理利益诉求，满足收益共享达到融合共生。

第二，混合所有制改革意愿是企业进行混合所有制改革的关键性驱动因素，主要包括资源互补和价值认同。企业混合所有制改革需要营造公平竞争制度环境，通过政策引导与保障可以激发各异质性参与主体的内在潜能。政策引导明晰不同类型国有企业的角色认知和功能定位，政策保障是依据公平竞争制度完善顶层设计，消除参与主体的后顾之忧，通过完善动态匹配机制、进入退出机制、容错纠错机制等优化企业混合所有制改革的要素流动与资源配置。

第三，企业进行混合所有制改革，需要依托混合所有制企业形成的网络化组织平台推动要素增值与价值共创。要素增值主要指企业通过整合异质性资源，彼此间加强学习与合作，发挥企业在资源、管理、经营等方面的协同优势，提升企业资源要素的利用率，实现要素增值。依托混合所有制可形成网络化平台，在该平台上开展的一系列互动活动，能改善资源在混合所有制改革企业内的流通渠道，合理配置、整合异质性资源，实现资源、人力、科技等方面的深度融合。为了推动混合所有制企业高质量发展，需要对混合所有制企业进行利益整合与机制重塑，以实现参与混合所有制改革各方的融合共生。为此，需要合理设置股权，整合各方利益，充分保障利益相关方的话语权与决策权，满足不同利益主体的诉求，避免企业内部的对立与冲突导致的内耗。通过构建科学有效的治理结构与机制，实现不同参与主体的利益整合、收益共享、风险共担，通过融合共生实现"国民共进"。

第四，以"国民共进"为导向的混合所有制改革是深化国有企业改革的突破口，是提升国有企业国际竞争力的有效途径。混合所有制改革进程虽稳步推进并取得显著成效，但由于路径依赖、资源整合能力不足、配套政策机制不完善、利益分配冲突等原因，部分国有企业仍存在"为混而混""混而不合""混而不改"等突出问题。究其根源，在于异质性参与主体在意愿、条件、支持和平台等方面存在非对称性匹配引致的现实合作困境，各方难以在混合所有制改革中形成多维、动态和稳定的共生系统，不仅抑制了各参与主体的积极性，也阻碍了"国民共进"的实现步伐。

第五，引入非国有企业作为混合所有制改革参与对象已经成为促进国有企业高质量发展、实现不同所有制经济协同发展的关键，选择何种对象才能有效实现国有企业与非国有企业融合共生、价值共创是必须面对的现实问题。在混合所有制改革过程中，股权集中度较高、独立董事积极发挥作用的非国有参股企业更加容易促进国有企业实现高绩效。对于国有企业而言，有效实施混合所有制改革的关键在于通过营造包容的文化氛围，建立保障非国有股东利益的机制，进而提升非国有股东参与治理的积极性，推动有效公司治理模式形成，实现由混到改融合共生的目标。

第六节 研究的创新之处

一 挖掘企业混合所有制改革中"国民共进"的形成机理

本书将企业看作利益关系网络构成的生产性契约组织，在异质性资本参与企业混合所有制改革过程中，以企业内外不同参与主体之间的利益冲突与重构为切入点，从制度变迁、企业权力结构变动与不同主体利益关系调整的交互视角展开，挖掘民营资本进入后公司治理转型过程中"国民共进"的演进规律，构建"混合所有制改革意愿—条件激发—价值共创—融合共生"的理论分析框架，挖掘企业混合所有制改革中"国民共进"的形成机理，为推动企业高质量发展实现现代化提供理论依据，对中国特色现代企业制度进行有益理论探索，丰富并推动相关理论的创新发展。

二 探究企业混合所有制改革中推动"国民共进"的参与主体行为与治理效率之间的复杂因果关系

本书综合运用企业理论、比较制度分析、典型案例分析、定性比较分析、计量分析等研究方法，探索异质性资本参与企业混合所有制改革中各参与主体的互动关系及其影响治理效率的关键性因素，分析探究混合所有制改革水平、董事会结构、董事长权力、高管团队成员异质性、行业特征、市场化程度等对混合所有制改革企业绩效的影响。为探索异质性股东对企业混合所有制改革的深层作用机制，以国药控股为例研究如何搭建互动平台，推动异质性资源进行高效配置与整合，在价值共创过程中实现"国民共进"。同时，借助定性比较分析多案例研究方法，对参股企业治理的前因变量股权集中度、独立董事比例、CEO权力、董事派遣以及行业相关度进行了组态效应分析，探析条件变量间相互依赖对治理效率的复杂因果关系及提升治理效率的路径条件，挖掘有效推动"国民共进"的经验并运用于指导实践。

三 设计企业混合所有制改革中"国民共进"的破解机制与实现路径

本书围绕激发不同企业"国民共进"的内在需求、营造公平公正的混合所有制改革营商环境、优化治理机制、实现价值共创、融合共生构建破解机制，推动不同性质资本有机融合，最终实现"国"与"民"的共生共赢。在此基础上，分析国内外代表性国有企业混合所有制改革的经验，比较全球视野的历史和实践，设计企业混合所有制改革中以人民为中心、推进"国民共进"高质量发展的实现路径，为企业、政府相关部门提供科学决策参考依据与智力支持。

第二章

国内外相关研究动态

第一节 混合所有制改革相关研究

国有企业混合所有制改革目前是国内外学者热议的话题之一，很多学者对于混合所有制改革从不同方面进行了研究与探索，主要聚焦于混合所有制改革历程、实现路径、现存问题、改革效果及意义等方面。本书通过文献梳理形式进行表达，具体文献梳理如下。

一 混合所有制改革的动因研究

混合所有制改革企业是否拥有改革的主观意愿和相应的能力，是导致不同企业混合所有制改革结果出现巨大差异的根本原因。在推动国有企业混合所有制改革的进程中，应重点考虑如何调动不同主体参与混合所有制改革的积极性（何瑛、杨琳，2021；齐平、池美子，2019），如何破解所有制歧视和利益集团的阻挠（黄少安，2018）。关于国有企业混合所有制改革的动力可以总结为两点：提高资本效率（陈瑶、余渡，2022）和改善公司治理（綦好东等，2017；Neville, et al., 2018）。

首先，国有企业混合所有制改革的首要动力是提高资本效率。与非国有企业相比，市场化改革初期阶段，政策性负担、多元化经营目标考核、预算软约束等导致企业经营效率不高（Brandt & Rawski, 2008）。倪宣明等（2022）通过实证研究发现，在进行混合所有制改革后，企业的资产收益率得到了显著提升，主要由于混合所有制改革在产权角度降低了代理成本，企业的利润率提高；在政策性负担方面，预算软约束阻碍解除，企业杠杆水平降低，相应的利润空间提升，提高企业绩效。混合所有制改革融合不同性质的股权，可以激发企业创新（罗福凯等，2019）、抑制企业违规行为（梁上坤等，2020）、治疗僵尸国有企业（方明月、孙鲲鹏，2019），保证国有经济主导地位不变的同时优化股权结构，使混合所有制改革企业具有市场属性，具有更强的竞争力。郝阳和龚六堂（2017）研究得出国有企业混合所有制改革能够弥补市场化不足，显著改善企业绩效。

其次，国有企业混合所有制改革的另一个重要动力是改善企业的公司治理。我国的国有企业普遍存在一股独大的问题，当非国有股东股权远小于国有大股东股权时，股权小的一方因话语权小而缺乏参与决策积极性（Patel & Cooper，2014）。通过混合所有制改革，引入其他资本对第一大股东产生有效制衡（Jara, et al., 2019），制约控股股东对其他股东的利益侵害（Li & Wu，2020）。股权结构对非国有资本参与混合所有制改革提升企业绩效具有显著影响（Xia & Walker，2015），公司内多个大股东并存时，大股东之间为了防止自己的利益受到侵害，会致力于完善内部治理机制，加强监督，降低公司代理成本，防止控股股东通过"掏空"获利，并且能够在外部治理制度不完善的情况下起到弥补作用，使股东权益的整体保护水平得以提高（Boateng & Huang，2017）。张双鹏等（2019）研究发现，企业引入多种资本后，做出决策的资源和机会多层面增加，有利于完善企业两权分离的制度安排。混合所有制改革非国有股东的加入，形成制衡机制，避免了大股东的"一言堂"现象，有利于公司治理水平的提高（黎文飞等，2020；何瑛、杨琳，2021）。

二 混合所有制改革的效果研究

混合所有制改革能够有效提升企业决策质量、放大国有企业活力、提升企业市场竞争力（何自力，2014；李跃平，2015）。近年来，国有企业在自身内在需求、外部竞争压力与党的号召引领下，持续推进混合所有制改革，取得了显著的效果，如促进企业创新（徐伟等，2020）、提升企业绩效水平和社会责任感（李井林等，2021）、提高投资效率（李井林，2021）等。通过对以前文献的梳理发现，混合所有制改革对企业经济后果的影响主要包括以下五个方面。

(一) 对公司整体绩效的影响

在国内外的研究中，大部分学者认为混合所有制改革会显著提高国有企业绩效。混合所有制有助于企业获得资源、提高市场竞争力，有利于长期经济增长和增加就业，同时混合所有制改革能够减少企业的成本、降低资产专用性、提高信息透明度，营造良好的缔约环境（汤吉军，2014）。国外学者 Zheng（2014）基于上市国有企业的经济数据证明企业混合所有制改革后能够在短期内提高绩效水平。刘新民等（2016）则通过实证研究发现，机构持股与企业效率显著正相关，即引入机构投资者持股能改善企业的绩效。杨红丽和郭舒（2021）的实证结果表明，民营资本的加入，即使没有绝对控股也能够提高国有企业的利润、全要素生产率以及降低管理成本。然而，部分学者研究则提出了与上述学者不太一致的观点，认为混合所有制改革仅对企业的产出有正向推动作用，短期内会让企业的总体绩效下降，特别是垄断企业短时间内混合所有制改革会降低其盈利能力，长期来看混合所有制改革对其运营效率的影响终究会提高企业价值；李向荣和张洪宝（2021）认为混合所有制改革对企业绩效的影响存在门槛效应，只有在完善的制度环境保障下，混合所有制改革才会与企业的绩效正相关。

(二) 对政策性负担的影响

政策性负担导致国有企业的效率低下，进而影响到企业的发展（程霖、严晓菲，2021），减少政策性负担是混合所有制改革的重心所在。国有企业混合所有制改革能降低其政策性负担（陈林、唐杨柳，2014），进而对企业绩效产生正向影响（张辉等，2016），并且垄断型国有企业比竞争型国有企业的改革效益更加明显。国有资本投资运营公司试点可以通过降低政府干预、降低代理成本和增加外部薪酬差距影响，显著提升其所属上市公司的绩效水平，有助于企业实现高质量发展（肖土盛、孙瑞琦，2021）。

(三) 对资本管理效率的影响

部分学者探讨了混合所有制改革对资本管理效率的影响，国有企业在实施混合所有制过程中会受到政府政策、市场竞争程度等因素的影响。杜媛等（2015）认为资金管理效率的提高可以体现改革的效果，混合所有制改革的有效性在于合理配置企业资本以及产权。张祥建等（2015）

也通过实证研究，认为政策性负担效应和政治依附效应损害了企业投资效率，通过混合所有制改革带来的资源配置倾斜效应缓解了对企业投资效率的负面影响。马新啸等（2020）研究发现，非国有股东参与国有企业高层治理能完善国有企业人力资本结构，提高国有企业治理水平，促进国有企业高质量发展。王斌（2021）从股东资源理论出发，认为混合所有制改革融合国有资本与民营资本，聚合了各种股东资源共同发挥整合效应，使资本使用效率得到提高。

（四）对国有企业公司治理的影响

沿着公司治理结构，学者探究了混合所有制改革企业董事会和管理人员对绩效的影响作用。Megginson 和 Netter（2001）的研究表明，国有持股过度集中不利于公司绩效的提升，而股权结构相对分散化更利于提升公司绩效。在国有企业混合所有制改革股权混合的制度安排下，股权激励对经理管理防御的抑制性作用明显，且股权混合度越高，抑制作用越强（杨志强等，2016）。范玉仙和张占军（2021）利用2003—2018年混合所有制改革上市公司数据探究股权混合与高质量发展的关系以及机制，结果发现，混合所有制改革中的股权结构改革能够通过完善公司治理机制促进企业的高质量发展，并且以市场为导向发展混合所有制经济，有利于实现国有资本的功能优势，建立现代企业制度和完善的公司治理结构，同时以公有制经济引导非公经济的发展，可以使双方企业获得帕累托改进（翟绪权、刘仲仪，2020）。同样，国有企业混合所有制改革完善了员工激励体系，通过股权激励，提高了国有企业的市场竞争力，发挥了市场在资源配置中的决定性作用，完善了企业治理机制（韩卓辰，2020），减少了企业违规行为（梁上坤等，2020），提高了会计信息质量（陈良银等，2021）。随着混合所有制改革的进一步深入，非国有股东的引入能够显著提高公司治理水平，增加企业的分红水平，保护中小投资者的利益（黎文飞等，2020）。

（五）对技术创新实力的影响

国有企业混合所有制改革后创新效率得到明显提升，且主要体现在创新研发效率方面（王业雯、陈林，2017）。混合所有制改革过程中的并购能够促进企业实现创新驱动发展（王艳，2016），并且从股权多样性和股权制衡性两个方面衡量企业混合所有制改革程度，混合所有制改革可以减少股东对资金的占用、提高创新效率进而促进资产增值（朱磊等，2019）。同时混合所有制改革还可以通过获得政府补贴和降低管理成本两个途径来促进企业创新（杨运杰等，2020）。徐伟等（2020）从国有企业分类治理的视角进一步分析了不同功能类国有企业混合所有制改革实施的效果，结果表明：非国有股东的话语权增强，有助于企业的创新投入和探索式创新产出；相比其他类型的国有企业，商业类国有企业的探索性产出促进效果更加明显。胡磊等（2022）基于2009—2018年上市公司数据，分析改革后国有企业在专利上的变化情况，研究表明国有企业混合所有制改革能够提高企业专利产出效率，但也会降低专利治理效率。国有企业混合所有制改革形成的股权多样性和股权融合度，能够改善公司的治理并且减轻政策性负担，从而促进企业创新（李井林等，2022）。

三 混合所有制改革的路径研究

总结混合所有制改革的前人研究，同时结合目前国有企业的改革方案及措施，将混合所有制改革的实现路径概括为以下四个方面。

（一）引入公众股东

资本市场对上市公司有严格的管理标准，国有企业上市后会得到国务院国有资产监督管理委员会（简称"国务院国资委"）、地方国有资产监督管理委员会（简称"地方国资委"）等监管机构与市场的监督，对公司绩效和公司治理结构具有优化作用（李政、艾尼瓦尔，2018）。国有企业利用股票上市实现国有资产证券化，可以有效提高国有资本流动性，快速实现国有股权价值的增值。曾庆生和万华林（2013）认为，国有企业上市后代理成本的降低，相比于竞争性环境，非竞争性环境的代理成本在上市后显著下降，并可以通过国有资本证券化、整体上市或核心业务上市，把国有资本向优势板块集中，有利于优化资本配置，推动国有资本向大而优方向发展。

（二）引入战略投资者

外资企业具有独特的技术优势，相比国有企业，私营企业的生产效率更高，因此引入外资和民营成分有利于国有企业减少技术差距、提高企业生产效率（孙鲲鹏等，2021）。战略投资者的选择对于国有企业进行混合所有制改革至关重要（张继德、刘素含，2018），引入好的战略投资者可以改善公司治理、实现市场化机制和提升市场竞争力；企业引入的战略投资者如果具有良好的行业声誉，可以降低混合所有制改革过程中的风险，企业可以充分借助战略投资者在内部控制、企业管理和生产经营上的优势，推动混合所有制改革企业完善内部监督机制，合理设置科学的法人治理结构（章卫东等，2019）。

（三）员工持股

国有企业中普遍存在高管对企业的贡献与其薪资不匹配的问题（王东京，2019），员工持股由职工认购部分股票，将员工收益与公司绩效挂钩，对企业核心人才产生激励，有利于提高企业凝聚力。黄群慧等（2014）认为员工持股是以现代产权理论和双因素理论作为支撑的制度安排，能够有效地发挥激励和治理作用，加强企业的内部控制。孙即等（2017）发现，员工持股计划能够显著改善国有企业盈利能力。于培友等（2022）通过研究2015—2020年的A股上市公司发现，企业实施员工持股计划能够提高其创新效率。

（四）企业并购重组

国务院国资委提出的混合所有制改革新路径包括并购重组，国有企业重组分为内部重组和外部重组（邹俊、张芳，2017）。并购重组能够解决混合所有制改革企业资源重合问题，通过划分、剥离、转让等方式对企业资源进行重新组合，避免资源重叠导致的浪费，提高资源利用效率，突出企业核心竞争力。王艳（2016）认为并购的有效性取决于能否实现双方资源的优势互补，产生财务协同效应，促进企业的创新发展水平。

国有企业的股权大多集中，但相对分散化的股权结构更利于提升公司绩效（Kang & Kim，2012；黄群慧、余菁，2019），股权结构以及政府放权意愿等因素对非国有资本参与积极性以及提升企业绩效具有显著影响（蔡贵龙等，2018），不同时间节点、行业类别、混合所有制改革引入异质性股东、高管类型等也对企业绩效产生不同影响（沈昊、杨梅英，2019）。为了达到理想的改革效果，国有资本在混合所有制改革进程中，不断审视自身需求，根据战略发展目标调整混合所有制改革路径，整合双方资源（王斌，2021），构建资本协同、决策协同、经营协同、监管协同四位一体的"锥形体"协同治理模式，四者相互制约平衡（周志强等，2020）。"双向混合所有制改革"模式是切实有效的，在发展混合所有制经济的"顶层设计"中，应兼顾民资参股与国资参股的积极作用和负面效应，坚持两点论的同时抓主要矛盾（陈林、陈焕然，2021）。

四　混合所有制改革的困境研究

混合所有制改革着眼于各种资本的优势互补、相互促进与共同发展，但由于内外部多重因素的影响，部分企业对混合所有制改革仍有较大的顾虑，甚至存在少数企业进入混合所有制改革"误区"的现象，企业混合所有制改革中面临国有股权稀释、进入壁垒、股东权益保障以及重组后的文化冲突等实际问题（季晓楠，2014），无法促进国民经济的高质量发展（Kong, et al., 2022）。当前国有企业混合所有制改革的推进仍比较谨慎和缓慢（毛新述，2020），仍存在多方面亟须破解的难题，如混合所有制改革各方参与动力不足（苏继成、刘现伟，2022），竞争政策执行相对落后（于立、刘玉斌，2017），治理机制融合困难和配套政策体系不健全等问题突出（Naughton，2017；柳学信、曹晓芳，2019）。相关研究主要集中在三个方面，具体如下。

（一）政府与市场作用边界模糊

政府的双重身份导致政府与市场在资源配置中关系复杂（汤吉军，2014），国有企业混合所有制改革后难以确保其成为市场经营主体（柳学信、曹晓芳，2019）。在市场方面，国有企业混合所有制改革能够有效解决政企不分、竞争力差、经济效益低等难题（王东京，2019），并且需要明确政府和市场各自发挥作用边界，坚持竞争中性，营造公平竞争的市场环境，解决国有企业效率不高、机制不活的困境，提高国有企业效率，推动民营企业与国有企业高质量发展（黄速建等，2019）。对于政府方面，应进一步构建合理的政策制度，给予非公资本公平机会，降低准入门槛，有效推进资本间的兼并重组，降低混合所有制改革主体的参与成本和进入壁垒（任广乾等，2022）。

（二）治理机制融合困难

现有约束机制无法实现国有企业多重目标使命（Naughton，2017），异质性产权主体认知和利益诉求差异导致企业的决策效率降低。混合所有制改革引入不同的股东会造成资本成本的提升，主要原因是政府职能与国有资本投资要求的混合以及政府管理经济手段的惯性，出现了国有资本成本低于非国有资本成本的现象（汪平等，2015）。由于异质性所有权主体权力取向和利益诉求上的差异，国有资本与非国有资本的运作体制和行为认知存在明显区别，双方初始混合的阻力较大，会降低企业的决策效率（李建标等，2016）。且国有股权的特殊性显示实践中权利的行使以及监管还存在着诸如国有控股方代表及其职能定位不明确、制度不完善、监管弱化，政府干预等突出问题（黄群慧、余菁，2019）。

（三）配套制度安排不健全

混合所有制改革的配套政策尚不完善，缺乏对不同利益主体的权益保障，降低了各利益方参与混合所有制改革的积极性。造成国有企业混合所有制改革的基础条件缺失的因素主要包括所有制歧视性制度壁垒、治理泛行政化、信息披露、交易平台和进入退出机制不健全等（戚聿东、张任之，2019）。马新啸和汤泰劼（2022）指出要素市场的合理配置能够极大地促进企业的混合所有制改革。杨红英、童露（2015）认为作为外部环境和制度的职业经理人市场、行政化管理、市场竞争、资本进入和退出机制是混合所有制企业有效治理的保障，缺少了这些必要的环境和制度，混合所有制改革的目的就难以有效达成。

企业混合所有制改革的困难在于以下几点。第一，如何在改革中发展公有制经济（简新华，2017）并保持不同所有权主体的资产安全与权利平等（剧锦文，2018）。首先公司制依然是混合所有制改革的主要实现形式，要重点解决电力、交通、电信、军工、金融等具有一定垄断性质行业的国有企业的所有权配置问题（齐平、池美子，2019），以及如何调动不同主体参与混合所有制改革的积极性（刘伟，2015）。其次在推行混合所有制改革时，政府应该对不同情况、不同行业、不同地区的国有企业区别对待，合理地调整混合的比例，最大限度发挥混合所有制的优势，应以构建市场化环境和促进市场开放竞争为原则着力推进宏观层面混合所有制改革。第二，如何破解所有制歧视和利益集团的阻挠（程承坪、邱依婷，2016）。黄少安（2018）指出可以通过加强党的领导、采取分类改革模式来缓解国有企业的"双重冲突"问题，明确国有企业的定位，改革分类也会随之明确（王东京，2019），借助竞争性市场制度和政府干预的强制性制度变迁，打破路径依赖（黄群慧、王佳宁，2017；汤吉军、戚振宇，2018），通过秩序和利益关系的再调整从行政主导型治理向经济型治理、利益相关者共同治理转变，从独治走向共治（刘灿、韩文龙，2014；戚聿东、张任之，2019）。綦好东等（2021）研究分析了国有企业制度变革中政府和企业的关系问题、产权问题以及企业内部治理等主要问题，分析了渐进变革和跨越发展的成功经验，即坚持马克思主义对生产力与生产关系的原理指导，坚持党对国有企业制度建设的统一领导，坚持方法论创新，坚持服务国有企业功能实现，坚持走中国特色国有企业制度建设道路。

第二节 "国民共进"相关研究

关于"国""民"混合的思想最早可追溯至凯恩斯"让国家之权威与私人之策动力量相互合作"，"国""民"二者并非对立，而是可以共生的。我国关于国有经济与民营经济之间地位和作用的比较，学界长期争论不断（洪功翔等，2018；朱嘉伟、陈洁，2020），党的十五届四中全会以来学界围绕"国退民进"还是"国进民退"展开激烈争论。

一 "国退民进"的相关研究

一部分学者提出"国退民进"的观点，从目前争论的内容看，"国退民进"涉及不同层次的内容（马骏，2013）。一是企业层面，即部分国有企业不断扩大业务范围，国有企业参与到竞争性领域存在与民争利（冯璐等，2021）。同时，国有企业存在所有制歧视等问题，民营企业在市场准入、投资领域等方面的诸多限制（张文魁，2008；Kong, et al., 2022），阻碍民营企业的发展空间，拖累经济增长（袁志刚、邵挺，2010；刘瑞明，2011）。二是资源层面，即国有经济依靠先天优势占有大量资源，国有资本带来政府补贴和银行贷款的同时也会造成民营企业生产效率和盈利能力的降低（Huang, et al., 2015；李文贵、邵毅平，2016），同时导致民营企业逃避社保缴费（汪圣国等，2022）。蔡贵龙等（2018）指出国有企业存在国有股东一股独大、决策链条长、管理行政化等问题，民营资本发挥作用有限，决策效率低下且国有跨国企业在获得政府补贴等方面存在竞争优势，通过国有经济"退"出竞争性强的领域，让民营资本进入，发挥市场的调节作用，能够优化资源配置（张敏捷，2013；许光建、孙伟，2018）。三是治理层面，国有资产"退出或流动"

"国有民营"的改制可以改变企业的体制结构，一定程度上缓解了企业的委托代理关系（甘小军等，2018），多元化股权有利于克服国有企业"所有者缺位"（张辉等，2016）。

二 "国进民退"的相关研究

部分学者提出"国进民退"的观点，认为国有企业在国民经济中具有骨干和支柱作用，可以带动民营经济的发展，带动民营企业的治理完善以及积极创新。国有企业的发展壮大有利于提升中国企业的国际竞争力（崔之元，2011），降低民营企业的所得税（程恩富、鄢杰，2012），提升民营企业的行业地位（周绍妮等，2020）。同时，国有股权带来的资源效应能够减少民营企业的融资约束，促进创新投入和绩效水平（李文贵等，2017；牛枫等，2022）。此外，企业与政府的天然联系能够缓解民营资本的融资约束（郝阳、龚六堂，2017），打破某些行业壁垒（罗党论、刘晓龙，2009）。国有企业的政治属性促进了企业社会责任的履行，对经济与社会产生良性影响，随着经济的持续发展，社会对企业社会责任信息披露的质量与深度的要求日益提高，不断督促民营企业加大对企业社会责任的履行并引导公众对其监督。汪圣国等（2022）研究发现，国有股东能够产生监督和治理的效果，缓解民营企业的代理冲突，带来治理水平的提高。

还有学者提出，不同所有制形式之间存在优化组合问题，不同阶段应有针对性地调整策略，国有经济功能决定国有企业必须有进有退，而不是说只进不退。加快垄断行业的改革，打破行业进入壁垒，有利于夯实国有资本的主导作用，落实两个中性原则（张宇，2010），既要有利于生产力发展，又要保证生产力和社会关系的统一（卫兴华，2012），正确处理民营与国有经济之间的关系，营造公平竞争和创新的环境，完善法律的保障作用，推动新时代民营经济高质量发展。

三 "国民共进"的相关研究

党的十八届三中全会以来，越来越多的学者认识到"国民共进"才是中国经济发展的真实写照，认为国有与民营企业可以取长补短、相互促进、共生发展，同在市场竞争中发展壮大（黄速建，2014；刘伟，2015）。

国有企业分类监管完成的同时能促进民营企业管理现代化和治理结

构的完善，使民营企业和国有企业经济交叉融合能力增强（中国社会科学院工业经济研究所课题组等，2014）。国有企业和民营企业各居其位，优势互补，相辅相成，从而促进技术创新（金碚，2015）。围绕"国民共进"主要有以下观点，首先混合所有制改革既可以保证国有经济的持续稳定发展，同时带来民营经济的发展；其次可以保证有效的市场机制、激发双方经济活力、提高整体效率。对于国民关系的讨论，常修泽（2017）认为放大国有资本的功能实现价值保值增值的同时也要促进其他所有制经济的共同发展。基于此，洪功翔等（2018）用共生理论来解释民营和国有经济之间的活动关系，并借鉴共生模型讨论了两者之间存在非对称性互惠共生发展模式。定义国有和民营之间的关系最重要的是应走出"国进民退"或者"国退民进"的二律背反理论困境，构建与社会主义市场经济体制相适应的"国民共进"的微观结构，即根据国有企业所处行业的不同及所提供产品的差异实施不同的改革模式，形成国有经济与民营经济不是相互冲突而是可以共同发展的改革逻辑（杨瑞龙，2018），并且可以按照同股同权建立与股权结构相匹配的权力结构，发挥每一类企业的优势，实现叠加效应，共同提升管理能效（沈红波等，2019）。卫兴华（2012）表明国有经济和民营经济组合，既不是让私资侵蚀国资，也不是让国资侵蚀私资，而是要"国进民进"，共同发展。还有学者认为，"国民共进"的问题应当进一步从理论上深入研究和分析，将中国改革开放以来的成功经验上升为系统化的理论学说，讲好中国故事，并运用科学的"国民共进"理论指导社会主义经济实践和国有企业改革（何召鹏，2022）；通过公平竞争使各种所有制成分在国民经济中所占比重和功能布局更趋合理（刘戒骄、王德华，2019），在坚持和巩固公有制主体地位的同时发展壮大民营经济，通过发展混合所有制让国有企业成为市场的主体，在经济发展中实现"国民共进"（张卓元，2014；余菁，2014）。

第三节 企业混合所有制改革与"国民共进"相关研究

混合所有制企业的出现几乎与允许非公有制经济存在与发展、推进横向经济联合同步，混合所有制改革作为新时期国有企业改革的重要措施，在推进速度与推进数量方面都取得了良好的进展（胡叶琳等，2023）。目前企业混合所有制改革能够发挥不同所有制资本的制度优势和互补效应，是实现"国民共进"的重要载体和途径（黄速建等，2019；黄群慧、余菁，2019）。混合所有制是实现双方互赢的过程，提升资本实力的同时也要关注创新管理机制和激励机制，提升资本运行效率，实现价值创造。国有企业混合所有制改革要继续坚持市场化、公平竞争原则和"国民共进"的正确导向，坚持"两个毫不动摇"，着眼于国有资本和民营资本同时做强做优做大，着眼于国民经济高质量发展。在混合所有制改革过程中，要根据企业类型和发展需要确定控制权归属，不能搞一刀切，而是原则性与灵活性相结合；既要防止国有资产流失，也要防止因噎废食和民营资本受到不公正、不公平待遇，还要保障员工权益。为此，要建立相应的权益保障机制、监督与激励约束机制及容错机制，进行国有资产监管体系和企业治理结构创新。本书根据国内外研究，主要从混合所有制改革实现价值共创的相关研究、民营企业参股国有企业混合所有制改革效果研究以及混合所有制改革控制权配置问题进行分析。

一 混合所有制改革与价值共创的相关研究

在 Norman 和 Ramirez（1993）提出价值共创概念之后，国内外学者围绕价值共创开展了一系列的研究。Prahalad 和 Ramaswamy（2000）提出消费者体验的观点，强调消费者和企业的互动是价值共创的关键。Vargo 和 Lusch（2004）提出服务主导逻辑观念，该观念强调消费者和生产者之间的互相服务为彼此创造价值效益。随着学者的不断研究，价值共创又衍生出了服务科学、服务逻辑、服务生态系统等共创观点。在初期服务主导逻辑下，价值共创主要关注企业与顾客的二元交互，价值共创研究的主流是顾企交互实现价值共创。

价值共创理论的发展，从研究企业与顾客的二者关系发展到研究企业与企业间利益相关团体的资源互动，形成了丰富的体系。Ordanini 和 Pasini（2008）、张培和李楠（2018）论述了企业间价值共创及服务共建的方式，企业与企业的价值共创是指企业为了实现发展目标，选择与其他企业合作或企业的某项业务外包给第三方企业等。目前，企业间的二元关系价值共创研究主要集中在企业间的合作和业务外包模式对企业绩效的影响，相关理论为企业之间合作共赢的研究提供了思路。

混合所有制改革的实现路径包括了引入战略投资者、发行上市、员工持股、资产重组等，混合所有制改革后的企业包含了民营资本、国有资本等异质性资本，对异质性资本的资源进行了整合，参与者在混合所有制改革过程中通过相应的制度和价值共创连接。有学者研究开发出企业间价值共创量表，包含对话、获取、风险评估以及透明度等四个维度（成琼文、赵艺璇，2021），为企业诊断分析合作伙伴的价值共创行为模式提供参考，企业与企业间的价值共创研究能够应用到国有企业混合所有制改革中的利益整合与相关方的价值共创上。

二 民营企业参与国有企业混合所有制改革效果研究

伴随着混合所有制改革不断深入，"国民共进"的红利加速释放，民营企业发展面临众多新机遇与新挑战（刘迎秋，2013）。民营资本的引入产生了积极的经济效果，主要体现在促进价值增值、提高创新以及完善治理等方面。

首先，民营资本介入有助于国有资本保值增值和提升公司绩效，又能够使民营资本享受国有企业部分市场支配优势和融资优势（武常岐、张林，2014）。基于此，郝阳和龚六堂（2017）发现异质性股东的互补可以发挥不同所有制的优势，对绩效产生积极影响；熊爱华和张质彬（2020）持有相同的观点，并且进一步研究发现市场化程度越低时，参股股东对企业绩效的促进作用更加明显。同时混合所有制改革私有资本加入企业的经济活动中，能有效缓解股权集中导致的代理问题，从而提升国有企业的投资效率（李井林，2021），还可以提高促进企业全要素生产率的增加（祁怀锦等，2018）。在市场中引入新的非国有产权企业，能使国有资本获得配置到其他行业中的机会，而且能够提高资源配置效率（张伟、于良春，2017），且在充分竞争的市场环境中，参股管理的混合所有制企业效益略好一些（沈昊、杨梅英，2019）。

其次，在创新方面，引入民营资本及其管理和文化，有利于国有企业提高适应市场的能力，提高国际竞争力。狄灵瑜和步丹璐（2021）选取2007—2018年沪深A股上市公司的24394个样本进行研究发现，民营企业参股国有企业促进了企业的创新绩效，且在提升国有企业内控质量等方面具有显著成效（刘运国等，2016；朱磊等，2019），治理机制的优化也有助于放大国有资本功能，实现国有资产的保值增值（周绍妮等，2020），提升国有企业混合所有制改革后的整体绩效（李红阳、邵敏，2019）。

最后，在公司治理方面，民营资本的加入，通过降低信息不对称程度对企业股价崩盘风险产生抑制效应（张雪茵、范黎波，2022），并且能够在改善股权结构的同时对国有控股股东产生相应的制约与监督的作用，提升治理水平（郑志刚、刘兰欣，2022）。高明华和刘波波（2022）发现，董事会有效性在股权制衡度和企业绩效间有显著的中介作用，不同于非国有控股公司，国有控股的董事会行为有效性取决于股权制衡而不是股权集中，混合所有制改革过程中国有企业拥有绝对的控制权不利于企业发展，整体规范化的高管治理促进了国有企业的混合所有制改革绩效。

三 企业混合所有制改革与控制权配置

股权结构以及政府放权意愿等因素对非国有资本参与积极性以及提升企业绩效具有显著影响（蔡贵龙等，2018；梁永福等，2020）。控制权如何安排是国有企业和民营企业最关注的核心问题，杨记军等（2010）考察了政府转让控制权后的企业短期以及中长期业绩表现，发现国有企业民营化虽然能带来业绩的改善，但是政府转让业绩差企业的倾向明显，一定程度折射出当前混合所有制改革面临的困境。混合所有制改革民营资本的不断加入，使其作为第二大股东的力量不断加强，如果不能权衡民营和国有之间的股权关系将会导致控制权纷争，引发治理效率的缺失（郝云宏、汪茜，2015）；民营资本作为第二大股东可能导致掏空行为，随着信息不对称和市场化程度的提高，掏空行为会越来越严重（李增福等，2022）。沈红波等（2019）认为国有企业混合所有制改革不光要引入非公资本，更关键的是控制权配置问题，要完善治理机制以及人才机制、管理机制等，提高国有企业改革效率。还有学者研究发现，控制链混合所有制改革后，表征代理问题的在职消费与过度投资以及表征资源配置效率的全要素生产率显著下降，即控制链混合所有制改革在提高上市公司治理水平的同时削弱了其效果（陈瑶、余渡，2022）。然而，在国有企业混合所有制改革的方案中，控制权如何安排决定着混合所有制改革的有效性，民营资本参与企业混合所有制改革存在着难以获得控制权、话语权和盈利前景的担忧，会减弱民营资本参与混合所有制改革的积极性（臧跃茹等，2016；王德显、王大树，2017）；而国有企业出于双重角色的冲突，害怕承担混合所有制改革后的权利减少以及资产流失风险（戚聿东、张航燕，2013），不当控制权的争夺也会导致制衡扭曲影响企业运营效率。

混合所有制改革文献重要主题包含股权结构、董事和高管，而实现各方权利平衡是公司治理的核心内容。首先在股权结构方面，国内外学者主要针对民营资本和国有资本的持股比例配置、股东权力制衡（郝云宏、汪茜，2015）等方面进行了探索。例如马连福等（2015）探讨将股权结构划分为股权多样性、深入性和制衡性，研究发现股权深入性与绩效之间呈倒U形关系，混合所有制改革发挥有效性的条件是非国有股东持股比例达到一定的程度。其次在董事方面，有学者从民营董事的角度探究其治理的有效性（曲亮等，2016），以及董事类型对企业产生的影响。例如逯东等（2019）发现，当非国有股东拥有董事会权力时，企业的并购效率将得到提升。最后在高管方面，研究主要关注混合所有制改革后高管更换问题、非国有股东委派问题以及高管激励机制等问题（蔡贵龙等，2018）。蔡贵龙等（2018）认为，国有股东放权意愿能够积极影响混合所有制改革进程，随着放权意愿的增加，民营股东委派比例增加，而超额委派则被认为是大股东的机会主义行为（郑志刚等，2019）。张斌等（2022）表明可以在保证国有企业拥有实际控制权的同时让民营股东获得一定的话语权。李蒙等（2021）提出相反的观点，指出在目前情景下国有股东控制度与企业绩效负相关，并且降低国有股东在董事会的控制程度对绩效的提升产生积极的作用；非国有股东对国有股东的制衡度能提升企业的经营业绩，并且提升非国有股东在董事会的权利对绩效提升作用较为显著。综上，无论何种形式混合，权力有效配置都是实现价值共创的必要条件。

第四节 文献评析

国内外学者从混合所有制动因、影响因素、面临困境、改革效果等方面进行探究，并从不同视角剖析了国有企业混合所有制改革的实现模式。简单的股权混合并不能够改善企业绩效，须重塑经济利益格局，从股权结构设计、高管职位分配和政府特别规制等方面协调公司治理主体的利益关系，推动异质性股东互惠共生。首先，国有股东和非国有股东的运行体制不同，并且行为认知存在差异。因此，双方混合一开始会比较困难，例如混合后的企业会存在不同的权利认知。必须坚持市场在混合所有制改革中的主导地位，经过认知行为协调，才能进行有效混合所有制改革。其次，混合所有制改革并不是简单层面的"混合"，还受到国资监管体系的影响。因此，不但要深化股权结构改革，也必须对我国复杂的国资监管体系进行重大改革，从协作和竞争两个维度，在理论上论证两者的共生发展关系。

国有企业混合所有制改革是各参与主体交互过程中利益关系的调整与重构，相关研究为本书奠定了良好的理论基础，但仍存在一定的局限。

第一，在研究视角方面，学者们多数集中于考察民营资本参与国有企业混合所有制改革的模式、绩效、效应，缺少从公平竞争背景以人民为中心实现企业高质量发展的战略高度，从国有企业内外部环境交互作用和制度变迁的动态演进视角，对企业混合所有制改革过程中"国民共进"形成机理的研究。因此，挖掘国有企业混合所有制改革动力生成机理是有意义的理论探索。

第二，在改革动因及其影响因素方面，现有研究对普遍存在的动力不足导致混合所有制改革阻滞困境的动态性和复杂性仍缺乏深入探索。国有企业混合所有制改革是复杂的过程，其受到诸多内外部因素共同作用的影响。现有研究对异质性资本进入后企业权力结构变动的多元性、层次性和动态性研究不足，未能深入剖析混合所有制企业改革实现"国民共进"的现实困境，对各参与主体行为与治理效率间的复杂因果关系缺乏深入研究，探究混合所有制改革过程中异质性参与主体间的复杂因果关系及其现实困境形成根源，是对现有研究的拓展。

第三，本书在梳理了混合所有制改革以及"国民共进"的相关文献后发现，建立在"国民共进"基础上有针对性的实施策略研究不足。学界对国有企业混合所有制改革策略与路径研究缺少对各主体参与意愿、条件、支持和平台的系统剖析。首先，混合所有制改革并不必然带来积极的效应，企业由于缺乏动力，参与混合所有制改革的积极主动性不高；其次，混合所有制改革的顺利进行需要良好的政策环境作为保障，在混合所有制改革过程中应厘清政府与市场的边界，完善混合所有制改革配套政策，解决治理机制融合困难的问题，为改革的顺利推进保驾护航；最后，对于部分企业而言其混合所有制改革成效不显著，只是完成了形式上的"混"，混合所有制改革企业并没有搭建起价值共创平台进行资源的转换和再造，难以实现改革资源的价值增值，现有研究也缺乏对混合所有制改革行为的价值创造机制研究，未能提供企业混合所有制改革困境破解机制的具体实现路径，有进一步研究的空间。

　　国有企业混合所有制的研究应重点关注以下几个方面。首先，在改革过程中，需要提升企业参与混合所有制改革的意愿，企业只有"愿意混"，才能"混得好"，带来积极的改革效果。其次，应关注混合所有制改革背景下，民营和国有企业协同发展的理论基础，包含产权制度理论、共生理论、差异竞争理论与错位竞争理论。这些理论说明了国有企业和民营企业之间的竞合关系。为了进一步促进国有企业与民营企业的共同发展，需营造公平竞争的制度和市场环境，解决混合所有制改革制度条件的缺失。最后，混合所有制改革企业应平衡各异质性资本权益，合理分配收益，才能长久地维持合作，实现融合共生，推动"国民共进"。因此，本书探求民营资本参与企业混合所有制改革过程中"国民共进"的形成机理、现实困境、破解机制、融合共生的实现路径，拟从以下几个方面进行深入研究。第一，从制度变迁视角系统分析国有企业混合所有制改革中"国民共进"的形成机理。第二，试探究国有企业混合所有制改革中推动"国民共进"的参与主体行为与治理效率间的复杂因果关系。第三，设计国有企业混合所有制改革中实现"国民共进"的破解机制与路径选择。

第三章

企业混合所有制改革中"国民共进"的形成机理

国有企业混合所有制改革战略运作过程，实际上就是各相关主体利益不断调整平衡的治理转型过程。在混合所有制改革过程中，混合所有制企业集中了不同性质的资源，如何对这些资源进行整合和重新调整，以形成企业的核心竞争优势，是实现"国民共进"的关键所在。本章将公平竞争制度环境视为推动企业混合所有制改革的制度环境因素，利用委托代理理论、利益相关者理论、资源与能力理论、制度变迁理论、公司治理理论等，结合产权理论、制度变迁理论、资源基础理论和协同理论，从国有企业、民营企业的自我驱动入手，分析国有企业混合所有制改革中的权力配置变化、治理转型、不同参与主体的利益关系调整，结合异质性参与双方的战略目标，探求其参与混合所有制改革的驱动因素，进而分析促使其互利共生的外部条件，分析价值共创、融合共生过程中实现"国民共进"机理形成的内在逻辑。系统分析混合所有制改革过程中不同参与主体基于资源互补和价值认同驱动混合所有制改革需求，在政策引导和保障等条件激发下，通过要素增值与平台协同实现价值共创，进而在利益整合和机制重塑过程中实现融合共生的演进规律，构建制度变迁、权力结构变动与治理转型过程中"国民共进"内在机理形成的理论框架，对中国特色现代企业制度进行有益理论探索。

第一节 制度变迁、企业权力变动与公司治理转型

企业是一系列契约、合约形成的一体化生产经营性组织，其生产制度结构体现的是控制权安排，具体体现为企业制度结构的权力安排。现实企业中不完备契约现状必然促使相关利益主体反复谈判获取对应权力以对不完备的契约加以补充修正与完善，最终形成相对稳定的权力结构和制度安排，但企业的制度安排不能脱离现实制度环境，其有效性取决于两者匹配程度，最终实现相对均衡的稳定状态。制度环境的改变，必然出现组织的制度安排与组织的现实制度环境不相匹配，出现新的矛盾，打破现有均衡，推动制度变迁，不断调整和提升两者匹配程度，逐步实现新的均衡状态。企业制度变迁重构利益机制必须通过健全治理机制得以保障和实现，这一过程需要实现公司治理转型，不断合理分配利益，从而持续创造价值，同时确保利益主体的责权利对等，合理分配企业持续创造的价值，保证企业科学决策，平衡利益主体的利益诉求。

一 关键性资源与企业权力结构变动

企业是整体经济的重要主体之一，是将投入要素转化为最终产品或服务的重要环节。古典经济学将企业界定为生产函数，利润最大化是其价值目标，决定了企业必须在控制投入要素降低生产成本的同时通过有效分工实现高效产出，有效利用生产力，进一步提升、创造生产力。科斯于20世纪30年代对企业性质进行了思考，提出企业通过科层制替代市场价格机制实现资源配置，将交易活动内部化以减少价格机制所存在的交易成本，其边界受到管理边际收益递减的影响。科斯同时注意到资产特征的关键作用，影响到企业和市场的选择及长期合约设计，但其关注焦点始终为企业对于市场的区分，而未深入研究资产特征对于交易选择组织模式的重要作用（康纪田、刘卫常，2020）。继科斯之后，威廉姆森和克莱因、克劳福德与阿尔钦等创造性地从资产专用性角度进一步探讨企业性质，提出投资过程中某些要素具有专用性特点，容易出现针对此类专用性投资要素的机会主义倾向和行为，为此需要对专用性资产进行

补偿、设立保护机制，进而签订一系列契约、合约形成一体化组织，确保交易各方的长期稳定（张燕飞，2021）。这种针对专用性资产保护补偿的一体化组织，即企业。如此，企业通过实现专用性资产的保护、补偿不断促进专业化生产，提升专业化分工，并通过契约保障各利益主体的合理利益诉求，协调其行为，实现有效分工协作，进而提升生产效率。企业是社会生产的重要载体，追求利润最大化，内部通过科层制实现分工协作提高生产效率，其产生和演变基于生产率和生产力水平，同时反作用于生产率和生产力，实现持续提升和发展，是一系列分工和协作的集合（董俊武，2005）。

企业内部通过分工协作实现垂直整合，形成科层制层级，表现为纵向权力关系。企业是一系列要素契约的组合体，形成企业内部关系，必然表现为特定权力关系（刘灿、王越子，2007），具体反映为企业制度结构的权力安排，涉及企业生产过程和分配过程。其中，企业生产制度结构体现的是控制权安排，而企业分配制度更近似剩余索取权的安排（白永秀、赵勇，2005）。根据契约理论，企业内部权力并不是均衡分配，特别体现为对剩余索取权的控制能力。契约无法实现完备，企业内部权力正是源于这一不完备性，需要权力对不完备的契约加以补充修正与完善，不断进行重新界定。在企业经济活动过程中，权力体现为对剩余索取权的占有和控制，而权力的获取往往由企业内部个体间通过谈判确定。谈判能力强弱决定着获取权力大小和多少，这种能力源于谈判者所具备的谈判技巧和对于谈判规则的理解、利用。但企业内部个体间的谈判更多体现为重复博弈，谈判技巧终将为大家所熟知，如此决定了权力的获取关键在于对谈判规则的理解、利用和制定，这必然受到个体对于企业资源的控制力影响和决定，控制力越强越能够制定规则、理解规则、利用规则和影响规则，故而企业内部主体间的控制力强弱决定了其获取权力的大小和多少（刘汉民等，2018）。企业资源理论和企业能力理论明确，企业是独特资源与能力的集合体，这种独特性决定了企业的异质多元特点，尤其是企业所拥有的战略关键资源及独特整合能力构成了企业核心竞争力，是战胜竞争对手的竞争优势（张琳等，2021）。这种战略关键资源和独特整合能力本身具有稀缺性，不易获得、难以模仿，决定了企业有别于或优于其他企业的经营绩效，直接构成异质多元性企业。综上，企业内部各利益主体权力大小和多少源于其掌握的战略关键资源情况，同时取决于其对核心资源的控制力水平。

企业是生产经营性组织，资本是其生产过程的重要投入要素，包括物质资本和人力资本，其中人力资本尤其是专有性人力资本对于新时代数字经济背景下企业的重要性日益彰显。专有性人力资本是企业人力资本所有者所形成和具备的独特才能或技术，是企业生产经营中不可或缺的核心资源，是构成企业核心能力的关键要素（郁志坚、李怀祖，2006）。专有性人力资本的独特关键性特点使其具有不可替代、难以模仿的稀缺性，其所有者因此有着契约影响力和话语权，在企业谈判博弈中居于优势地位。另外，正常自然情境下专有性人力资本的所有者和使用者是相统一的，有着不可分离性，但在信息不对称情境下，专有性人力资本拥有优势的同时也存在着机会主义倾向，专有性人力资本所有者会违背使用者意愿产生道德风险，存在逆向选择问题。人力资本是通过教育、培训、经验和经历而累积的知识和技能，具有不可压榨性，价格机制无法完全体现对专有性人力资本的激励，而是必须辅以相对应的企业控制权实现激励。除专有性人力资本，人力资本还包含通用性人力资本。相对专有性人力资本，通用性人力资本蕴含的知识和技能水平较低，可以通过市场竞争获取，容易被模仿和替代，如此，通用性人力资本无法形成对企业的制约，其所有者进出企业限制较少，在企业契约制定和谈判中没有足够的影响力和话语权，也无法争取到企业控制权，而企业控制权的分配往往也不会考虑通用性人力资本（张德锋、王伟，2021）。

现实企业中，对于难以实现完备的契约，相关主体必然会通过反复谈判以应对、补充、利用契约的不完备，进而对权力加以重新界定。现实市场经济体中，稀缺性直接影响和决定资源配置，拥有对应市场势力和话语权。企业是市场经济的重要主体，必然遵循市场对资源配置决定性作用的规律，拥有稀缺关键性资源的主体将获取控制权、掌握话语权（马连福、杜博，2019），而对应缺失关键性资源的主体则被"剥夺"对应权力和话语权，当两者行为出现不一致时，前者往往对后者进行惩罚以消除不一致行为，或采用威胁的负强化激励方式逼使一致行为。同时，关键性资源具有变动特性，随着时间推移，资源的关键属性会由于学习效应或保护机制消除而发生转变，由关键专有稀缺变为公共性知识资源而失去稀缺性，重要性减弱，其主体所拥有的企业控制权必然受到冲击挑战而减弱，而对应其他相关主体所拥有资源相对重要度提升，相应的控制权会增加。企业初创时，关键性资源拥有者往往拥有着"先发优势"，会充分利用自身关键性资源的稀缺属性提升谈判优势，利用这种优势不断汲取其他资源，决定、干预和影响契约的制定，最终签订利于自己的契约（汤吉军，2014）。随着企业发展，资源的属性逐渐发生变动，相关主体的谈判实力也相应改变，加之主体间谈判的重复博弈，初始谈判技巧优势逐渐为大家所熟悉而减弱，非关键性资源主体持续累积自身实力，不断提升所拥有资源的相对重要度，逐渐具备关键稀缺属性，持续向关键性资源转变。企业不同发展阶段的重复博弈过程使两类资源不断转变，对应资源拥有主体的地位也会不断升降，进而致使企业权力配置动态变化（裴红卫，2003）。权力和所形成的权力结构是动态的、变化的，是由生产力水平决定的。企业的发展带来企业生产力水平的不断改变，使其内部权力随之调整，进而导致企业形态的变化。

二　制度变迁下的公司治理转型

制度一般被认为是组织所制定的一系列行为规范，用以约束组织内部相关群体行为，被组织内多数成员认可。从短期看，制度安排不能脱离现实制度环境，其有效性取决于两者匹配程度，最终实现相对均衡的稳定状态。制度变迁中，制度供给往往受到制度决策者的局势掌控力和对现有秩序变革的迫切度及制度设计和实施成本的影响，受到组织成员对制度变革的态度预期、风险预期等因素的影响，也会受到现有制度的约束，受到组织内参与制度变革的相关主体间博弈的制约，这导致制度变迁往往表现出渐变和路径依赖等特点（王晨光，2018），制度安排通常滞后于现实需求，有效供给严重短缺，出现所谓"制度僵化症"。从长期看，制度环境持续演变，制度安排需要不断调整。制度环境的改变必然出现组织的制度安排与组织的现实制度环境不相匹配，出现新的矛盾，打破现有均衡，要求组织不断调整和提升两者匹配程度，逐步实现新的均衡状态。制度环境的长期演变是绝对的，制度安排实现与其相匹配的均衡是暂时的、相对的，不均衡是常态，两者之间从不匹配到短暂匹配实现相对均衡，继而相对均衡打破，调整实现新的相对均衡（李怀、邓韬，2013）。

制度变迁过程符合利益诉求规律，可以通过成本—收益法对其分析（田双清等，2021）。企业由于可降低市场交易的成本而存在，而内部组织成本超过市场交易成本将达到企业规模极限。企业内部制度变迁的必要条件是改变制度安排所获收益高于其设计、实施成本。而企业原有制度安排的内部组织成本高于市场交易成本达到企业规模极限，必将诱发企业制度变迁，在保持企业规模下通过改变制度安排以降低内部组织成本。企业制度变迁要依赖内部相关利益主体的推动，其动力源于能够满足自己的利益诉求，要能够通过推动制度变迁实现高于原有制度下的可获利益。如此，相关主体追求潜在利益是推动企业制度变迁的内因，通过制度变迁可实现红利分享，也能够打破原有利益格局，实现利益重新分配，这些增量收益将会减少制度变迁的阻力，使其推进更加容易。但若制度变迁未能实现增量收益，而是降低了相关利益主体收益，抑或只是重新分配原有利益，将会影响相关主体的参与度，制度变迁的阻力也会增加。

通过制度变迁，或引致利益增量，或实现利益再分配，均会改变相关利益主体的利益存量，影响其相对力量和地位。为实现利益目标，获取有利地位，利益主体间必然不断博弈，最终实现相对稳定的纳什均衡。制度变迁归根结底就是由未满足的利益诉求所推动，打破原有均衡，未被满足的利益群体必然推动制度安排变革重构利益分配格局，利益主体间产生利益冲突，展开利益争夺，不断博弈形成新的利益分配关系，实现新的稳定的均衡状态（丰雷等，2019）。当现有利益分配格局失衡，不能满足对应主体的利益诉求时，利益主体间必然会产生利益冲突，展开利益争夺，推动制度变迁，所以可以认为利益冲突导致制度变迁（杨英杰，2021）。我国改革开放开启经济体制改革，制度环境的不断变化引致制度变迁的持续演进，原有制度的利益格局不断被打破和改变，社会中相关利益主体或群体产生利益冲突，展开利益争夺，促使利益关系不断加以调整，实现利益格局重构，不断推动制度变迁演进。这一过程是我国社会主义初级阶段发展的必然结果，由其发展的内在规律决定。国有企业混合所有制改革是顺乎这一内在规律的必然要求，是新时代中国特色社会主义经济发展的必然结果，遵循市场对资源配置的决定性作用，不是政府干预的结果，更不是政府的刻意安排（李跃平，2015）。

企业不同于市场，企业本质上是契约集合体，是以关键性资源为核心签订系列合约，进而构成的生产契约组织。权力是对契约不完备的补充安排，源于关键性资源的控制力。企业内部多元主体拥有不同数量及性质的资源，其中决定企业准租金生产的独特资源具有绝对优势，这种异质性资源自然使其主体获得相应权力。制度变迁导致企业原有契约失效，利益主体必然围绕新的资源属性签订合约重构利益机制，伴随着利益主体间不断的权力博弈，调整过程中必然也会创造新价值，不断实现价值再利用（田国强、陈旭东，2018）。相对应地，重构结果也会左右价值创造和利用水平，结果公平有效将促进价值创造和利用，相反则会形成阻滞作用。国有企业混合所有制改革就是要实现国有资本与非国有资本的相互融合，有效发挥不同所有制主体的资源优势。国有企业混合所有制改革必须正视改革中的利益冲突，合理重构利益机制实现增量收益，降低混合所有制改革阻力和内耗，进而推动混合所有制改革持续深入深化，促使更多主体共享混合所有制改革红利，推进不同所有制资本融合共生，推动不同参与主体协同发展、互利共赢，实现"国民共进"。

企业制度变迁重构利益机制必须通过健全治理机制得以保障和实现。企业治理不仅仅是保障经营有效，更重要的是构建有效治理机制适应外部动态环境的变化，通过合理制度安排不断降低企业内部组织成本，不断激发经营主体的积极性。企业治理的目标是实现企业可持续发展，必须提供企业有效参与市场竞争的制度保证，确保其长期稳定发展（李维安、王世权，2007）。企业治理的出发点和落脚点是创造剩余价值，更是合理分配剩余价值。在这一过程中，企业权力结构至关重要，决定着剩余价值的创造和分配。从这一角度，企业治理就是权力结构配置，是企业权力的治理本质，体现的是企业权力分配的一种机制。企业治理合理分配权力，能实现相关主体责权利对等，保障其利益均衡，确保企业决策科学（李维安等，2019）。关键性资源主体是企业权力的主要获取者，同时也必须承担对等责任，在企业风险投资中是风险承担主体，企业治理必须为其提供专用性资产保护，以有效激发其经营积极性和承担责任的主动性。

企业治理还要通过合理制度安排以促进企业内外关系的协调，满足利益相关者的合理利益诉求，最终促使其共同利益最大化。这一制度安排是针对利益相关者的一种协调机制，协调其利益关系，解决其利益冲突。制度环境是企业的外部影响因素，是企业的不可控因素，企业只有调整制度安排以不断匹配制度环境，其最终效用也受到制度环境的制约和决定，也必然影响企业内部权力的配置和变动，进而影响企业治理模式选择（邓大才、王墨竹，2023）。企业治理必须重视外部制度环境，忽略其约束和影响的企业治理很难实现理想效果。

企业治理模式选择受到外部制度环境的约束和影响，同时也受到内部权力结构的制约和决定，通常有以下两种实现路径。其一，制度环境会影响理想信念，从而影响和约束行为，形成差异化行为选择，导致差异化博弈结果，进而形成差异化企业治理模式。其二，环境差异影响权力安排，形成差异化权力结构，要求相适应的企业治理，导致差异化治理模式。如此，不同情境下，要选择合理、合适的治理模式以实现有效治理（苏晓华，2004）。制度环境变化导致企业原有资源属性发生变化，新的关键性资源必须是企业内权力结构重构的核心。企业治理体现为各利益主体的谈判博弈，谈判力强弱影响最终结果。谈判力是多方面因素作用的综合指标，受企业内要素的特性及市场影响力、要素主体风险偏好、要素主体在企业的重要性或贡献等因素影响。谈判力强弱及变动决定企业权力关系的安排和变化，进而影响企业性质和演进，这一演进最终表现为企业治理的动态调整过程（杨瑞龙、杨其静，2000）。企业是一个有机体，其可持续发展必须能够不断适应外部环境变化，将外部制度环境的演进压力转化为企业发展动力。在转化过程中，企业内部相关利益主体实现权力配置重构，最终权力结构取决于主体对关键性资源的控制力度，也受到主体本身在制度变迁的重要程度影响（易承志，2017）。这个转化过程归根结底是企业利益主体间的相互博弈过程，也是重构利益分配过程，最终实现新的利益配置均衡。企业使命是企业价值选择及战略定位的基础，要照顾到利益相关者的合理利益诉求，利益相关者往往参与企业战略制定以确保自身利益。差异化的企业发展阶段必然要求相对应的企业使命，使得利益相关者的利益诉求也会出现差异，也会改变其关键性资源的重要度，实现企业关键性资源的动态调整，进而导致企业利益主体间权力结构的动态演化。企业内差异化的权力结构会影响企业使命及目标定位，促使不同利益主体间不断博弈，导致不同的企业治理模式。不同治理情境有着不同治理模式选择，这是市场竞争的必然选择，而不是人为主观结果，制度环境变迁、企业权力结构变动与治理转型的关系见图3—1。

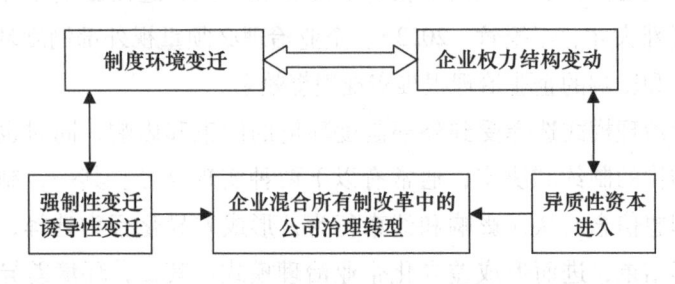

图3—1　制度环境变迁、企业权力结构变动与治理转型关系

第二节　治理转型过程中"国民共进"的形成机理

产权是企业所有权安排的基础，实现对企业剩余控制权与索取权的合理分配，其体现为公司治理。制度环境的演进需要实现公司治理转型，这一转型过程并不仅仅只实现经营的改善，而是更加注重动态环境下的制度机制选择，进行合理的制度安排，提升企业竞争能力，实现可持续发展。公司治理转型过程中，不断合理分配利益，从而持续创造价值。这一转型过程确保利益主体的责权利对等，合理分配企业持续创造的价值，保证企业科学决策，平衡利益主体的利益诉求。

公司治理转型实现利益再分配，是企业内部的利益格局重构。战略投资者是国有企业混合所有制改革的重要参与者，其引入促使国企战略调整，重构利益格局，平衡参与主体的利益诉求，实现治理转型。国有企业混合所有制改革治理转型中，要界定清晰的企业产权，能够协调利益相关者的权责利关系，促使激励约束机制更加有效，以提高企业资源配置效率，促进企业发展。国有企业混合所有制改革，不仅要合理设置持股比例，还要合理安排控制权的比例，保证权力的有效行使。在实施混合所有制改革后，混合所有制企业形成的多元股权结构并不会必然产生积极效果，要结合公司治理机制，为非国有股东积极参与公司治理提供必要条件。产权结构的调整最后会落实到企业治理结构的调整上，这是混合所有制改革的关键环节。当社会理性程度普遍提高时，制度环境发生变化，对利益最大化的追求推动社会制度变迁，制度变迁的预期收益大于预期成本时，制度变革随之发生（赵玮萍、吕广玉，2013）。参与混合所有制改革的企业会由于路径依赖，倾向于维护已经形成的利益，维持原有发展路径，导致变革的制度环境缺失。面对这种情形，相关监管部门应充分发挥行政性制度的作用，通过制定相关政策引导混合所有制改革，降低国有企业混合所有制改革的交易成本、保障各方利益，推动改革进行。企业对于不同特性资源的使用以及配置，是决定企业可持续优势以及企业竞争差异的重要因素。企业生产经营的本质是对企业资源合理配置以获取经济利益，不同企业在资源性质、资源利用方式上具有明显差异，因此，如何在企业经营中保持、获取资源优势对企业生存至关重要。国有资本与非国有资本拥有的各类资源具有明显差异，双方具备的竞争优势也不尽相同，混合所有制企业集中了不同性质的资源，如何对这些资源进行整合，以及重新配置资源，形成企业的核心竞争优势，是混合所有制企业实现价值共创的关键。混合所有制改革是国有资本与非国有资本的融合过程，异质性资本企业间的相互合作体现了群体的业务协同，在资源共享的基础上，不同资本属性的企业充分利用多种资源发展业务协同，实现共同成长。此外，混合所有制企业的协同效应涉及多方主体，协同治理是多方互动的过程，不仅需要实现不同主体间的平衡和协同，以产生协同效应，也需要政府部门的引导和监督各参与主体实现协同治理。

混合所有制改革是"混"与"改"的双重结合，是一个循序渐进的过程。企业应根据自身类型以及战略发展需求选择契合企业长远发展目标的混合所有制改革方案。为了实现"混"的目的，应首先激发"国民共进"的内在需求，促使国有资本与非国有资本愿意参与到混合所有制改革中来，同时，营造不同所有制主体依法平等使用资源要素、公平公开参与竞争的环境，为企业混合所有制改革中实现"国民共进"提供有效制度环境条件。而混合所有制改革能否成功主要取决于"改"的阶段，通过混合所有制改革推动国有资本与非国有资本动力转换与能力再造，构建有效的激励约束机制，形成激励相容的公司治理模式，实现混合所有制企业的价值共创，同时积极回应异质性资本参与者的合理利益诉求，满足收益共享达到融合共生。基于以上分析，本书按照"混改意愿—条件激发—价值共创—融合共生"的逻辑对企业混合所有制改革中"国民共进"的形成机理进行分析（如图3—2所示）。

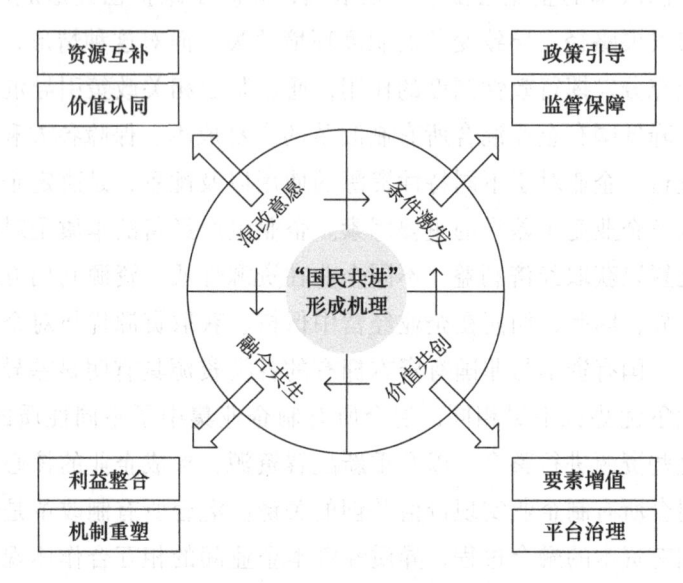

图3—2 企业混合所有制改革中"国民共进"的形成机理

一　混改意愿

混改意愿是企业进行混合所有制改革的主要驱动因素，主要包括资源互补和价值认同。资源互补是指合作双方的资源可以互补，为了满足自身战略发展，两者才会进行进一步的合作，通过彼此间的互相学习、资源互补、充分吸收对方知识优势，并在此基础上共同探索企业未来发展。价值认同则有利于两者进行更好的合作，减少混合所有制改革成本，更容易进行知识、技能和资源的使用和扩展，企业对混合所有制改革后的资源融合与企业发展具有正向的期待，则更愿意参与到混合所有制改革之中。

基于资源理论和价值共创理论，企业由于自身资源、能力的限制，选择与其他企业合作，在各方资源的互动中，实现价值创造。企业间的价值共创涉及多方主体，进行价值共创活动需要激发各主体的合作意愿。国有企业和非国有企业由于产权性质以及所代表的利益主体不同，彼此间关系较为复杂和敏感，一定程度上存在认知与利益冲突，在混合所有制改革推进过程中，由于激励机制落后的制约、部分既得利益者的阻碍、意识形态的固化、制度环境的缺失以及公众对变革的担忧等因素，企业缺乏强烈的混合所有制改革意愿。部分民营企业家担心参加混合所有制改革后失去话语权、其合法权益得不到合理保障，缺乏参与混合所有制改革的动力（李政、艾尼瓦尔，2018）。企业对混合所有制改革的认知带有倾向性，因而造成认知结果的多样化，影响到行为意愿，混合所有制改革之后企业是否拥有改革的主观意愿和相应的能力，是导致不同企业混合所有制改革结果出现巨大差异的根本原因。

从资源视角来看，资源基础理论认为，丰富的异质性资源能够为企业带来竞争优势，从而提高企业绩效，因此，获取互补性的资源能够激发企业进行混合所有制改革的意愿，促使企业积极地进行改革。混合所有制改革利用多方资源的优势互补构建企业合作的动力机制，产生资源、管理上的协同效应，产生价值增量，促进混合所有制改革资产保值增值（余汉等，2017）。混合所有制改革强调引入不同资本，利用异质性资本发挥资金优势，推动企业不断发展。对于企业而言，契合企业自身需求的异质性资本，能够增强企业活力，企业愿意主动加入混合所有制改革中。在推动混合所有制改革的过程中，高匹配度、高认同感、高协同性的战略投资者带给企业良好的发展预期，资源互补激发了混改意愿，因此不同资本性质的主体之间需要了解自身的资源优劣势，选择资源互补的对象进行混合所有制改革，促进混合所有制企业绩效的提升。

企业混改意愿的激发除了与目标合作企业的资源互补，还需要彼此间价值上的认同。价值认同是混合所有制改革合作的基础，选择"跟谁混"至关重要。参与混合所有制改革的企业之间的资源互补驱动企业进行混合所有制改革，而企业间的价值认同又进一步调动其参与混合所有制改革的积极性。混合所有制改革融合多种性质企业的资源，但这种混合只是形式上的，如果不同企业间不能产生价值上的共鸣，则推进混合所有制改革面临的阻力会显著增大。混合所有制企业包含了不同的利益主体，彼此之间资源的整合需要以价值认同作为基础。混合所有制企业要重视引入多元产权资本产生的文化差异，价值认同能够推动多元文化在混合所有制企业中实现协调、融合和升华，培育优质企业文化、提高整体向心力。混合所有制改革的多主体价值共创过程中，混合所有制改革参与者的企业文化、战略定位、价值主张等是否相互认同，会对企业参与混合所有制改革的程度与进度造成影响，更进一步会影响到混合所有制企业的资源整合过程和企业绩效。如果参与混合所有制改革的各方在战略目标、价值主张等方面相互匹配，一致认同改革发展战略，则混合所有制改革过程的互动会更积极主动。价值认同能够缓解不同性质资本间的认知与利益冲突，从而激发企业的混改意愿，实现企业文化、价值观以及目标愿景等方面的深度融合，激发混合所有制改革的动力，促进企业做大做强。

二 条件激发

企业进行混合所有制改革需要一个良好的制度环境，通过政策引导与监管保障可以激发各异质性参与主体的内在潜能。政策引导是指明晰不同类型国有企业的角色认知和功能定位，通过混合所有制改革政策以及行业相关政策来引导企业进行混合所有制改革。政策保障是依据公平竞争制度完善顶层设计，通过完善混合所有制改革的相关法律法规，加强对各类产权的法律保护，消除混合所有制改革参与主体的后顾之忧，通过完善动态匹配机制、进入退出机制、容错纠错机制等优化国有企业混合所有制改革的要素流动与资源配置。

根据制度变迁理论，政策因素对国企改革的发展至关重要，改革的幅度与速度取决于政府的放权意愿程度（蔡贵龙等，2018）。制度一般分为正式制度和非正式制度，关于制度变迁理论的分析框架，在强制性制度变迁中，政府行为主要体现为营造合理的制度环境、保障有效的产权结构并塑造良好的意识形态。在混合所有制改革过程中需要强调政府的推动作用，纵观国有企业改革的历程可以发现，政府放权意愿程度将决定国有企业改革的深度、速度和宽度（赵斌斌等，2020）。在混合所有制改革的初期，企业的战略选择会受到政策的影响（杨兴全等，2020），国有企业改革通常采用行政命令的方式来调整相关制度安排，混合所有制改革政策及产业政策在推动治理结构多样化、建立现代企业制度等方面取得了积极效果。积极宣传与推广混合所有制改革的相关政策，有利于企业理解国家推动混合所有制改革的战略意义，使更多企业加入其中，激发不同性质企业的活力，实现国民经济的高质量发展。政府要创造公平竞争的环境，平等看待不同资本性质的企业，建立保障体系，加大市场监管力度，以此保证公平竞争的市场环境。

相关政策的制定会引导国企进行混合所有制改革，从国家宏观政策角度看，积极发展混合所有制经济，稳步推进混合所有制改革工作是优化国有资本战略布局的重要手段。在经济体制的转型过程中，政府会对市场经济中的自发行为进行鼓励和筛选，出台相应政策对符合市场经济的行为进行引导和推广，并制定配套规则对改革过程进行监督。企业的改革会受到政府政策的影响，但在市场经济变化中的主观应对会反过来影响外部政策的调整。国有资本与非国有资本两者之间良好的竞合关系，对优化经济结构、提高经济体系效率至关重要，而缺乏公平的竞合关系则不仅会导致经济结构失衡，更会造成经济体系的效率损失（江剑平等，2020）。国有企业与民营企业作为市场经济主体，双方之间无论是竞争关系还是合作关系，市场地位都应该是平等的，只有这样才能真正发挥市场的资源配置作用，激发企业活力。目前，国有企业与民营企业在某些方面仍被区别对待，我国的经济体制还需进一步完善。因此，政府应建立公平竞争的制度体系，强化市场监督，营造公平、公正的市场竞争环境，确保国有企业与非国有企业公平、有序竞争，实现企业优胜劣汰。

企业混合所有制改革取得了一定成效，但竞争政策相对落后（于立、刘玉斌，2017），深化企业混合所有制改革的突破口在于以分类改革模式缓解国有企业的"双重冲突"问题，借助竞争性市场制度和政府干预的强制性制度变迁，打破路径依赖，通过秩序和利益关系的再调整从行政主导型治理向经济型治理、利益相关者共同治理转变，从独治走向共治（戚聿东、张任之，2019）。在外部环境上，混合所有制改革的稳步推进不仅离不开公平公正的法律和市场环境，还需要明确产权制度，建立适合多元化产权的利益保护机制，通过政策引导为混合所有制改革提供互利共生的条件，使企业完全可以根据自身发展需要按照互利共赢和公平竞争的原则引入民营资本。混合所有制改革需要政府的监管和指导，坚持市场化和竞争中性原则，通过制定相应政策、完善股权管理制度，确保各类出资人权益，保护产权，防止利益输送。总之，政府应营造良好的营商环境，为混合所有制改革提供法治化的制度保障，加快国有企业与非国有企业的改革进程，通过彼此间的良性竞争与高效合作，实现企业的高质量发展。

三 价值共创

企业进行混合所有制改革，通过要素增值与平台治理实现了混合所有制改革各方的价值共创。要素增值主要指企业通过整合异质性资源，彼此间加强学习与合作，发挥企业在资源、管理、经营等方面的协同优势，提升企业资源要素的利用率，实现要素增值。平台治理是指各参与方依托混合所有制企业为平台，在该平台上开展一系列互动活动，改善资源在混合所有制企业内的流通渠道，合理配置整合异质性资源，实现资源、人力、科技等方面的深度融合。

产权结构调整导致了公司治理结构的调整，企业的价值创造能力被释放，从而带来企业整体的价值创造。国有资本与非国有资本借助混合所有制改革在相互渗透过程中聚集各方资源，但资源本身无法创造价值，需要对资源进行整合，实现资源要素增值。国有企业的营业收入、利润总额、总资产报酬率等部分经济效益指标要相对低于非国有企业（胡叶琳、黄速建，2022），而在进行混合所有制改革后，国有企业的投资效率得到显著提升（许晨曦等，2020）。李明敏等（2019）通过对中国联通的案例研究认为是异质性股东的协同作用使企业发挥了不同所有制资本的优势，借助混合所有制改革的中介作用，构建了股东及其资源投入与公司价值创造的逻辑。大部分实施混合所有制改革的企业汇集了各类股东资源，通过资源共享发挥不同所有制资本的协同效应，建立了现代企业制度，治理机制得到完善，市场化经营机制也越发灵活，企业整体价值提升。

基于产权理论，混合所有制改革本质是各类资本产权的融合与分配。企业根据战略发展目标，确定进行混合所有制改革并设计改革方案，包括各类资本的持股比例、改革路径、目标对象选择等。随着混合所有制改革进程的不断加深，企业的股权结构、治理结构、经营战略等都因非国有资本的加入而发生变更。企业进行混合所有制改革实现资源要素增值的路径主要包括三个方面：一是资源优势互补，国有资本具有政策上的资源优势，而非国有资本的逐利天性使其具有灵活运行的市场机制，二者合作通过优势互补效应实现双赢；二是市场规模效应，混合所有制改革实现了人才、技术、管理等资源要素的聚集与流通，企业对这些资源进行合理配置，能够提升产能，产生规模效应，节省成本；三是产业协同发展，国有资本与非国有资本通过混合所有制改革分工合作，合作产生的协同效应提升了企业的竞争力，有利于提高行业集中度，促进产业链的延伸与发展。混合所有制改革汇集了各种股东资源，国有资本与非国有资本相互协同、分工合作，产生了规模效应，提升整体竞争力，资源要素在流通中实现增值。混合所有制改革促使企业能够接触到异质性的网络资源，并通过多元化的关系联结获取更多的互补性资源，拓宽了资源的识别及获取渠道，企业发展所需的关键性战略资源得到补充，更能够激发资源协同效应。

企业进行混合所有制改革后引入异质性资本，决策资源与机会从多个层面增加，企业本身成为参与混合所有制改革的多方主体进行价值创造的平台，通过整合配置共享的各类异质性资源，实现企业间的价值共创。参与混合所有制改革的各异质性资本之间的互动过程包括彼此间共享技术、资源、知识和信息，但由于各参与主体的性质不同，混合所有制改革后的企业资源具有多元性、异质性和复杂性，如果不能协调好多方资源，企业间的互动就会受到限制，导致资源利用效率低下，造成价值共毁（肖红军等，2019）。因此，需要基于混合所有制改革企业这一价值共创平台，为各参与主体提供必要的互动场景，保证企业间能够共同制订计划、共同解决问题、共担风险和灵活决策等，通过彼此间的协同配合完成价值创造过程。

混合所有制改革企业可以考虑搭建具体的业务平台实现平台治理，以平衡异质性资本之间的相互关系，合理配置企业资源，通过资源要素间相互作用、相互联系，形成公司独特的资源优势与竞争力，实现价值创造。随着混合所有制改革的推进，企业内部业务平台得到发展和扩张，平台中各参与主体的数量增加，彼此间的关系以及业务流程趋向复杂化，需要企业各业务单位共同参与、配置所获资源，通过搭建的具体业务平台协调配合与协作运营，实现共享资源。各业务平台主体需要负责专门的业务模块，承担相应工作和职责，协同推进平台的价值创造活动。完成混合所有制改革后的企业在业务平台内部合理设计、安排业务，对产品和业务进行多元化组合，最大限度整合资源，并优化合作流程，以此提高平台运行效率，实现各异质性资本价值共创。价值共创的结果能够使国有企业价值、非国有企业价值以及社会价值得到提升，实现多方共赢。

四 融合共生

为了混合所有制改革成效的长期稳定，需要对混合所有制改革后的企业进行利益整合与机制重塑，以实现各类资本的融合共生。利益整合是指合理设置股权，整合各方利益，充分保障利益相关方的话语权与决策权，满足不同利益主体的诉求，避免企业内部的对立与冲突导致的内耗。机制重塑是指通过构建合理的治理结构与机制，将不同的利益主体捆绑在一起，收益共享，风险共担，为了实现企业的发展而共同努力，实现真正的"共生共赢"。

根据产权理论，混合所有制改革过程的产权分配会影响控制权和收益权在国有资本和社会资本之间的均衡关系，因此，企业需要公平兼顾各参与者的利益分配，维护良好的价值共创环境，保证企业的稳定性和凝聚力。改革需要给利益相关者带来真实的利益，不然利益相关者的合作难以持续，影响改革的成效。混合所有制改革能够融合异质性资本，最大限度地发挥各自优势，形成有机结合的利益共同体，推动企业创造价值。在混合所有制改革引入异质性资本的过程中，实现了公司股权的多样化，参与公司治理的主体也更趋多元化，但是不同主体之间的价值诉求是不同的，需要对利益进行整合，以避免企业内部的对立与冲突。对于混合所有制改革，由于异质性所有权主体权力认知取向和利益诉求上的差异，国有资本与非国有资本的运营体制、经营目的、治理体系都大不相同，两者的认知和利益诉求的差异使其混合的难度较大（李建标等，2016），股权混合只是合作意向的达成，并不会带来绩效的改善（蒋煦涵，2022）。Naughton（2017）的研究表明现有约束激励机制无法实现国有企业多重目标使命。由于我国国有股权性质的特殊性，在混合所有制改革实践中，存在政府监管弱化、产权制度不完善、政府过度干预等问题，因此，在改革进程中需要创新产权制度、完善企业治理机制，充分保障参与各方的话语权与决策权，整合相关方利益，实现"1+1>2"。

国有资本与非国有资本在动态交互中实现价值创造，参与混合所有制改革的企业基于合作双方的优势创造并获取利益，但这种优势可能威胁到混合所有制企业在最终利益分配时的地位，利益分配冲突和收益共享机制模糊，导致双方难以实现身份认同，组织缺乏凝聚力，导致组织内部资源整合、放大功能不足。在收益进行分配时，混合所有制企业应综合考虑参与各方的利益诉求，深度融合各方资源，充分保障利益相关者的权益，实现多元产权股东"共生共赢"。国有企业的全面深化改革需要企业内外各参与主体不断进行利益分化与重新整合的动态调整，通过利益机制重构达到激励相融，促使不同参与主体形成命运共同体，在多方资源转化与交融的过程中实现价值创造，推动各异质性股东互惠共生，确保混合所有制企业公司治理的有效性（张文魁，2017）。

企业混合所有制改革实现"国民共进"是在价值创造的基础上再通过机制重塑对产生的利益增量进行合理分配，以此保证异质性资本之间合作的延续性。国有企业混合所有制改革后股权结构趋于多元化，提高了企业的监督机制，但仍需进一步整合各方资源，重塑利益机制，维护混合所有制企业利益的长期发展。混合所有制企业的机制重塑主要包括重构利益代表机制、健全利益表达机制、强化利益分享机制等三方面，利益代表机制能够有效制衡与协调不同利益主体间的地位与权利；利益表达机制使各利益相关方拥有表达自身利益与诉求的渠道并影响企业的利益分配方案；利益分享机制确保混合所有制企业围绕各资本投入的关键性资源进行剩余价值的分享。混合所有制改革使异质性参与主体在利益分化与整合的动态调整中联结成命运共同体，重构利益机制达到激励相融，双方资源融合实现价值创造，异质性资本之间互惠共生，保证混合所有制企业的公司治理更具有效性。在国有企业混合所有制改革过程中，为了均衡各方的利益，须重塑经济利益格局，从股权结构设计、高管职位分配和政府规制等方面协调公司治理主体的利益关系，保证制度安排的公正透明，积极回应混合所有制改革参与各方的合理诉求，推动异质性资本的良性合作，实现价值创造。混合所有制企业应协调利益相关者关系，合理设计利益分配机制，确保各股东风险共担、利益共享，成为融合共生关系的利益联结体，实现"国民共进"的目标。

第三节　本章小结

混合所有制改革是"混"与"改"的双重渐变式的有机融合过程，面对公平竞争制度环境、以人民为中心高质量发展外部环境与内在需求变化形成的压力与动力，各参与主体应重新进行权力的动态配置实现治理转型。在公司治理转型过程中，首先激发"国民共进"的内在需求，促使国有资本与非国有资本激发双方进行混合所有制改革的内在需求。同时，营造不同所有制主体依法平等使用资源要素、公平公开参与竞争的外部环境制度保障。另外，通过混合所有制企业推动国有资本与非国有资本双向赋能，推动动力转换与能力再造，构建有效激励约束机制，形成激励相容的公司治理模式，实现混合所有制企业的价值共创，积极回应异质性资本参与者的合理利益诉求，在融合共生过程中实现"国民共进"。本章通过深入剖析混合所有制改革进程中由于企业内部权力变化所导致的国有资本与非国有资本之间的利益关系调整与重构，构建"混改意愿—条件激发—价值共创—融合共生"的理论框架，以探讨企业混合所有制改革中"国民共进"的形成机理，为推动企业高质量发展提供理论依据。

第四章

"国民共进"的企业混合所有制改革现实困境剖析

自党的十八届三中全会中强调混合所有制改革的重要地位以来，混合所有制经济获得了弥足的发展，混合所有制企业的创新能力、发展潜力稳步提高，企业的经营状况、整体绩效也获得了持久的改善。混合所有制改革进程虽稳步推进，但由于路径依赖、资源整合能力不足、配套政策机制不完善、利益分配冲突等原因，部分国有企业仍存在"多重虚化"的问题，"为混而混""混而不合""混而不改"等现象较为突出。以"国民共进"为导向的企业混合所有制改革，既是企业自身利益诉求，也是以人民为中心推动企业高质量发展的要求，是企业自身效益、企业内部参与主体效益、社会效益三个层次共同实现的结果。当前，企业混合所有制改革存在"为混而混""混而不合""混而不改"等突出问题，本章将围绕异质性资本参与企业混合所有制改革，对推动"国民共进"过程中存在的企业自身需求不足、环境条件与自身能力欠缺、价值共创共享机制不健全等现实困境进行剖析（见图4—1）。

第一节 参与主体混合所有制改革意愿不强

在混合所有制改革过程中，由于异质性主体在权利、机会与实力等方面不对等，各主体在决策时必然会产生权责利等方面的问题与冲突，如国有资本担忧混合所有制改革后会丧失其国有身份和自身固有的权力与竞争优势，而民营资本会担忧混合所有制改革过程中自身权益无法得

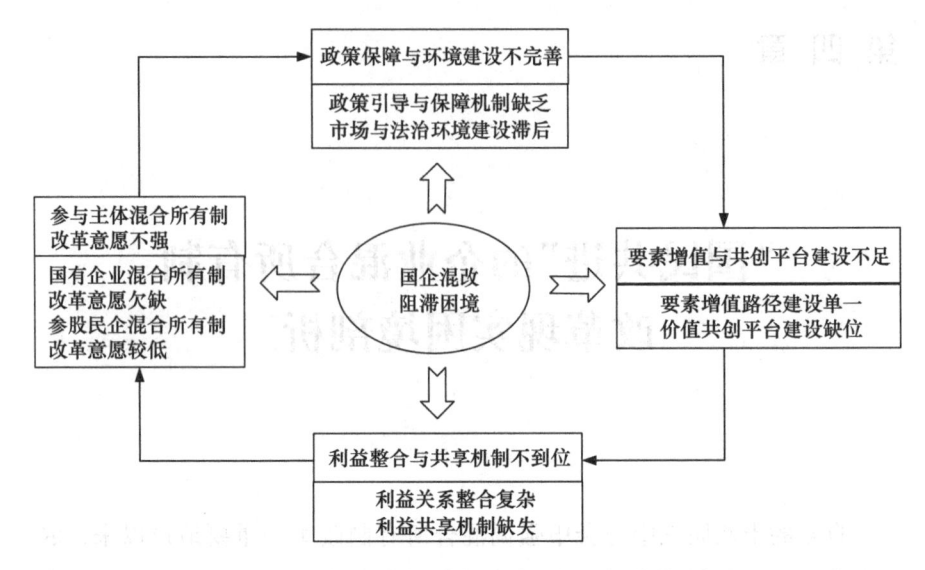

```
┌─────────────────────────────────┐
│    政策保障与环境建设不完善      │
│    政策引导与保障机制缺乏        │
│    市场与法治环境建设滞后        │
└─────────────────────────────────┘
                ↕
┌──────────────┐      ┌──────────┐      ┌──────────────────┐
│参与主体混合所有制│      │ 国企混改 │      │要素增值与共创平台建设不足│
│改革意愿不强     │ ←→  │ 阻滞困境 │ ←→  │要素增值路径建设单一     │
│国有企业混合所有制│      │          │      │价值共创平台建设缺位     │
│改革意愿欠缺     │      └──────────┘      └──────────────────┘
│参股民企混合所有制│           ↕
│改革意愿较低     │      
└──────────────┘      
┌─────────────────────────────────┐
│    利益整合与共享机制不到位      │
│    利益关系整合复杂              │
│    利益共享机制缺失              │
└─────────────────────────────────┘
```

图 4—1　企业混合所有制改革阻滞困境剖析

到保障。因此，异质性主体之间的动机冲突与共识差异将影响双方参与混合所有制改革的意愿。

一　国有企业混合所有制改革意愿欠缺

混合所有制改革对提高国有企业经营效率（倪宣明等，2022）、改善企业内部治理状况（Kong, et al., 2022）、增强员工创新研发能力（刘宁、张洪烈，2022）等方面具有深远的意义，这也是国有企业参与混合所有制改革的关键意图。但部分国有企业就在混合所有制改革中如何保持自身竞争优势，以巩固国有经济在国民经济中的主导地位；如何防范国有资产流失风险；如何促进多元资本的文化融合等问题产生了疑虑，导致企业混合所有制改革意愿欠缺，阻碍了企业混合所有制改革的步伐。

首先，部分国有企业为防范核心资源流失、保持自身竞争优势而不愿进行混合所有制改革。资源基础理论认为，企业竞争优势的持续性源自异质资源的不可模仿性，资源的不同最终导致企业在竞争市场中处于不同地位。国有企业的身份使企业拥有政府隐性担保、税收优惠、政府补贴、抗风险能力强等优势，而行政任命的国有企业高管与政府之间拥有一定的政治关联，为企业提供了多元化的资源，因此国有企业在市场竞争中占据优势地位（戚聿东、张任之，2019）。一方面，当国有企业混合所有制改革后持股比例低于民营股东时，国有企业便丧失了企业的控制权，"国有"身份的丧失可能导致公司遭遇"政策变脸"，各级政府不再为企业提供产业扶持、政府补助和融资担保等，企业竞争优势也将大幅下降（王丹，2019）。另一方面，即便混合所有制改革后国有股东仍保持绝对话语权地位，为了促进多方资源的融合互补以改善企业绩效，国有企业的部分核心资源或垄断资源等资源优势也将向民营股东倾斜，间接导致国有企业丧失部分竞争优势。如垄断行业（电力、燃气、石油、交通等）中的国有企业参与混合所有制改革后势必会出让部分垄断资源或资产，使民营股东获得相应的权益，而这部分资源构成国有企业的竞争优势。因此，由于企业面临丧失优势资源的风险，使部分国有企业混合所有制改革意愿欠缺。

其次，国有资产流失风险抑制了国有企业混合所有制改革的积极性。国有企业是构筑国民经济的重要支柱，保护国有企业产权的稳固性是混合所有制改革主体进行权利与责任匹配的基础，也是保障国有企业主导地位的关键。段远刚（2017）研究指出，在混合所有制改革过程中，因幕后交易、滥用职权等主动性行为或高管能力有限、监管不当等被动性行为而引发的国有资产流失问题，导致国有企业在股权融资时对国有资产的价值评估慎之又慎。2019年，天津一汽夏利汽车股份有限公司决定与博郡汽车进行混合所有制改革，二者合资成立天津博郡。按照协议，博郡汽车应于合资公司取得营业执照之日起三十日内，以货币方式向合资公司缴付首期出资10亿元。然而据2020年1月4日一汽夏利披露的混合所有制改革进展情况，合资公司天津博郡于2019年11月18日注册成立，但截至2020年5月，博郡汽车仅以货币方式缴付出资1400万元，仍未交割9.86亿元的首期出资额。同时，由于控股股东融资失败，天津博郡的经营问题逐步凸显，员工讨薪维权事件频发，公司被迫进入"歇业"状态，而一汽夏利在明知国有资产难以保值的情况下仍向合资公司交割了相关实物资产，致使国有资产流失。2022年11月，全国产权行业信息化综合服务平台信息显示天津一汽夏利运营管理有限责任公司以37.27万元的底价转让了超5亿元的国有资产，一汽夏利此次混合所有制改革共使国有资产流失近 15 亿元，一汽夏利最终因负债过多而被收购。① 国有资产流失的风险示范效应对其他国有企业开展混合所有制改革产生了阻滞作用，部分国有企业存在为抵御国有资产流失风险而不愿进行混合所有制改革的现象。

最后，文化共识差异与价值取向不同也是国有企业不愿进行混合所有制改革的因素之一。混合所有制改革不仅是多元产权资本相互交融的过程，也是多元企业文化相互碰撞融合的过程（温素彬等，2018）。混合所有制企业的文化中掺杂了国有资本及民营资本等多方资本的文化元素，是多元多态的，体现在各自的企业愿景、目标及员工的核心价值观等方面。国有企业是经济发展的重要基石，企业文化中包括家国情怀，如讲求爱国主义、集体主义等，也不可避免地带有文化烙印，体现在激励机制和经营理念等方面（孙亮、刘春，2021）。民营企业由于外部竞争压力较大、不必承担过多的社会责任、受政府约束较小等原因，企业文化更倾向于突破自我、努力创新、把握机会，其生产经营和组织结构较为自由和灵活，激励制度也更加灵敏。因而，二者在经营理念、战略认知等方面略有不同，如国有企业在经营过程中除经营效率外较为关注政策性任务的完成情况，而民营企业则更加关注经营业绩指标，价值理念的差异决定了混合所有制改革的艰难性。延长壳牌股份有限公司是集石油、天然气和煤炭等多种能源高效开发、综合利用及深度转化为一体的大型能源化工企业。2008 年，延长壳牌引进外国资本壳牌（中国）有限公司与民资陕西天力有限公司，成为混合所有制企业。至 2022 年 12 月，延长石油持有延长壳牌 46% 的股份，外国资本壳牌（中国）持股 45%，民资陕西天力持股 9%，多元的文化使三方在经营理念、战略认知等方面产生了冲突。国有资本方认为积极承担社会责任是提升企业竞争软实力的重要体现，自 2020 年起，国有股东大力支持延长壳牌开展更多公益项目，认为企业应建立以产业扶贫与消费扶贫为导向的助农产品体系，而外国资本及民营股东对市场与风险的认知更为深刻，认为主营业务的发展状

---

① 新浪财经网，http：//finance.sina.com.cn/wm/2020 - 04 - 19/doc-iirczymi 7137239.shtml，http：//finance.sina.com.cn/stock/relnews/cn/2020 - 06 - 15/doc-iirczymk7094792.shtml；全国产权行业信息化综合服务平台，https：//www.cspea.com.cn/list/c02/g32022bj1000660。

况决定了企业未来的发展高度，企业应以对氢气的开发与探索为导向，逐步布局液化天然气与充电业务，形成"专而精"的发展格局，二者对企业竞争实力提升的渠道产生了异议，[①] 导致企业深化混合所有制改革过程较为艰难。

二　参股民企混合所有制改革意愿较低

民营资本参与混合所有制改革的动机主要在于获取稀缺性资源能为民营资本带来丰厚回报，如进入高壁垒行业（罗宏、黄婉，2020）、获得政治关联（姚梅洁等，2019）、实现资源互补（潘克勤等，2022）等，但多种因素的相互作用导致民营资本在混合所有制改革的过程中呈现出多重问题，抑制了民营资本参与混合所有制改革的热情。

其一，在于股权结构的失衡使民营资本在混合所有制改革过程中难以获得应有"话语权"，保障自身合法权益。混合所有制改革总体上可理解为国有资本与非国有资本之间权力的相互制衡和博弈的过程，民营资本的"话语权"来自合理的股权结构。合理的股权结构不仅能够提升民营股东的参股热情，为国有企业注入新的活力，还将完善公司的监督机制，促使民营股东自觉监督国有企业经理人或高管的在职消费、内幕交易等行为，推进企业治理机制的完善。为防范国有资产流失后对经济社会造成损害，国内多数混合所有制改革项目并未改变国有资本控股的现状，民营资本在混合所有制改革中整体持股比例较小，且多数民营资本仅为"财务投资人"，而非"战略投资人"，无法对国有资本形成有效的股权制衡。如广州杰赛科技股份有限公司（现已更名为"中电科普天科技股份有限公司"，以下简称"普天科技"）是由中国电子科技集团公司第七研究所民品部门转制组建而成的国有控股股份制企业。据巨潮资讯网中普天科技（002544.SZ）2013—2020年年报披露，公司自2013年开始混合所有制改革后，陆续引入多家民营资本，但截至2020年，公司引入的26家民营股东均为基金管理公司，持股比例为1%—2%不等（如图

[①] 国务院国有资产监督管理委员会官网，http：//www.sasac.gov.cn/n2588025/n2588129/c2747899/content.html；新浪财经网，http：//finance.sina.com.cn/roll/2020-12-21/doc-iiznctke7571186.shtml。

4—2所示）。① 引入众多基金公司不仅难以发挥民营股东的监管优势，对管理层的行为做出有效的监管，也无法对国有企业混合所有制改革的进程施加实质性的影响。

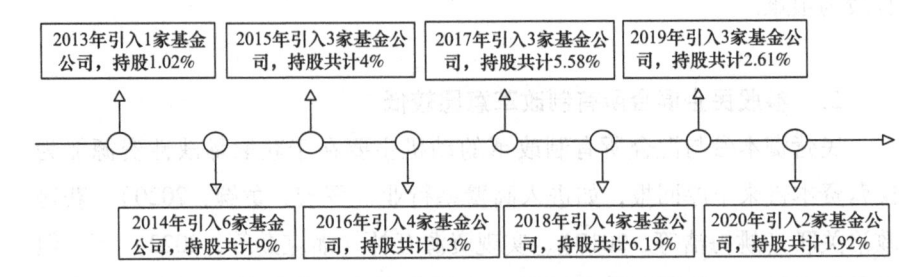

2013年引入1家基金公司，持股1.02%	2015年引入3家基金公司，持股共计4%	2017年引入3家基金公司，持股共计5.58%	2019年引入3家基金公司，持股共计2.61%
2014年引入6家基金公司，持股共计9%	2016年引入4家基金公司，持股共计9.3%	2018年引入4家基金公司，持股共计6.19%	2020年引入2家基金公司，持股共计1.92%

图4—2　普天科技混合所有制改革时间线

其二，董事会结构的固化使民营资本无法在混合所有制改革过程中有效发挥治理效应，抑制了民营资本的混合所有制改革意愿。合理的董事会结构能够显著提升企业的经营效率（刘汉民等，2018），推动企业的战略变革（李春玲等，2021）。部分国有企业对于混合所有制改革的认知仅停留在股权层面的多元混合阶段，而忽视了董事会层面的治理及改革，导致民营股东的董事会权力较为薄弱，无法参与到董事会层面的经营决策中，难以在真正意义上实现异质性资本之间的交叉融合（李姝、李丹，2022）。2018年，东方航空引入民资吉祥航空及其控股股东均瑶集团进行混合所有制改革，意在实现双方资源的融合互补，但东方航空忽视了董事会层面的改革，导致民营资本在董事会的经营决策权十分有限。东方航空原本的董事会成员大多代表国有股东的利益，均瑶集团及其旗下子公司吉祥航空入股东方航空后持有6.86%的股份，虽然为东方航空的第三大股东，但即便东方航空于2019年12月在上海证券交易所发布第八届董事会第26次普通会议决议公告，指出均瑶集团的董事长王均金成功入驻东航董事会，在既有董事会的权力下，仅靠王均金个人也难以有效发

---

① 巨潮资讯网，http://www.cninfo.com.cn/new/disclosure/stock?stockCode=002544&orgId=9900017429#periodicReports。

挥民营股东的治理效应。① 因此，在混合所有制改革过程中，董事会成员选择、人员比例设置导致民营资本在董事会中行使的权力有限，制约民营资本治理效应的发挥。

其三，国有企业选择混合所有制改革对象的目标与要求限制了民营资本参与混合所有制改革的热情。混合所有制改革的最终目的是实现价值共创，促进多方共赢，若参股民营企业与国有企业之间无法形成业务互通、资源互补的渠道，二者便无法形成稳定、高效的合作，难以真正达到改善国有企业绩效、促进各方资源优势互补的局面。从混合所有制改革现状来看，部分国有企业"为混而混"，为了避免引入民营资本带来不必要的经营风险，选择基金、证券、银行、投资机构等从事虚拟经济的企业进行混合所有制改革，而非有能力、有资源的实体企业。2021年8月，许继电气发布公告称，公司为抢抓构建新型电力系统的发展机遇，意图引进具有战略协同优势的投资者进行混合所有制改革，拟将持有的珠海许继电气有限公司25%的股权在北京产权交易所公开挂牌转让。挂牌期满后，南网能创股权投资基金（广州）合伙企业（有限合伙）成为本次股权转让的受让方（交易案例40）。② 另外，部分国有企业为实现企业的高质量发展，力图找寻最为适合的战略投资者，对参股民营企业的要求日益提高，而达到高要求的民营企业较少，形成了混合所有制改革的"隐形门槛"。安阳钢铁股份有限责任公司（以下简称"安钢钢铁"）于2021年12月发布公告称收到河南省人民政府国有资产监督管理委员会对其混合所有制改革计划的批复，将积极推进混合所有制改革工作，但2022年2月25日河南中原产权交易有限公司网站中重要信息披露内容指出，安阳钢铁股权受让条件远高于同类型企业混合所有制改革的条件（如表4—1所示），方大特钢曾发布公告委婉指出，由于安钢钢铁条件过高，公司并不符合安钢集团股权转让的受让方资格条件。2022年6月1日，《安阳钢铁股份有限公司关于控股股东混合所有制改革的进展公告》

---

① 上海证券交易所官网，http://www.sse.com.cn/disclosure/listedinfo/announcement/c/2019-12-13/600115_20191213_2.pdf。

② 北京产权交易所官网，https://www.cbex.com.cn/wm/rddt/xydt/202202/t20220228_108402.html。

中指出，安钢集团股权转让未能在规定期限内与意向受让方江西方大钢铁集团有限公司就混合所有制改革相关协议条款达成一致，此次混合所有制改革以失败告终。① 中国盐业股份有限公司 2018 年披露混合所有制改革项目时要求意向投资方或其实际控制人累计投资规模达到 50 亿元，且必须为中国企业联合会发布的国有企业 500 强上榜企业，公司或其实际控制人上一年度末经审计净资产不低于 30 亿元等，严苛的条件限制了多数民营股东的参股热情。②

表 4—1　　　　　　　安阳钢铁股份有限公司受让方资格条件

要求类型	具体内容
公司性质	须为中华人民共和国境内依法设立并有效存续的企业法人，不接受港澳台地区企业和外国资本企业参与受让
公司规模	大型集团公司，2021 年企业粗钢产量在 1000 万吨以上
财务状况	资产总额不低于人民币 500 亿元，合并口径营业收入不低于人民币 500 亿元，且净利润为正值
公司信用	受让方应具有良好商业信用，不存在不良信用记录（提交中国人民银行征信中心出具的书面信用报告）；失信行为（提交全国法院失信被执行人名单信息公布与查询平台书面查询报告）；近三年未被公司登记机关列入经营异常名录的证明文件（提交国家企业信用信息公示系统书面查询报告）
交易条件	转让底价约 110 亿元，需一次性支付，股权交易价款全部支付到位的同时按约定将 150 亿元增资保证金一次性支付至原产权指定账户

资料来源：笔者根据河南中原产权交易有限公司网站公布的信息整理。

第二节　政策保障与环境建设不完善

有效的制度环境建设有助于破解国有企业混合所有制改革的难题。目

---

① 巨潮资讯网，http：//www.cninfo.com.cn/new/disclosure/detail?stockCode=600569&announcementId=1213590097&orgId=gssh0600569&announcementTime=2022-06-02；河南中原产权交易有限公司网站，http：//portal.zycqjy.com/portal/page?to=proUtrg&proId=6054d04b63014f979334ca01a1ed5180。

② 国务院国有资产监督管理委员会官网，http：//www.sasac.gov.cn/n2588020/n2588072/n2591770/n2591772/c22126181/content.html。

前，与混合所有制改革相关的配套政策保障制度与混合所有制改革的法律仍然存在空缺，不同所有制主体的资产安全与权利平等保障不足。同时，由于市场作用无法得到有效发挥，使各种所有制无法平等使用资源要素，公平公正地参与市场竞争，这也是国有企业混合所有制改革的难点之一。

一 政策引导与保障机制缺乏

政策的引导与保障决定了国有企业混合所有制改革的深度、宽度与速度（蔡贵龙等，2018），对国有企业混合所有制改革的发展至关重要（黄群慧、余菁，2019）。由于国有资产交易制度、国有资产监管体制、容错纠错机制和民营企业进入退出机制等引导与保障机制的不完善，导致混合所有制改革参与主体顾虑重重，具体表现为国有企业担心决策失误造成国有资产流失而"不愿混"（綦好东等，2017），民营资本担心面对强势的国有资本无法保障自身产权利益而"不敢混"，等等。

首先，国有资产交易、评估和定价机制的空白是国有企业混合所有制改革的难点。中国国有资产交易机制起步较晚，虽然中国资产评估协会2019年发布的《资产评估行业市场开拓路线指引（2019）》将混合所有制改革中国有资产评估行为划分为85项，并据此进行了详细的规定，在一定程度上弥补了国有资产交易与评估机制的空缺，但由于资产特性及可比性等现实原因的存在，我国国有资产交易、评估和定价机制仍有不足，如缺乏统一的参考标准和参照体系，因而在项目众多、环节复杂的混合所有制改革项目中国有企业或资产评估机构易出现资产评估方法选择不当、资产价值类型评估失误、忽视政策保障等无形资产的资产评估等问题，导致拟交易的资产被严重高估、低估或漏估，使国有企业陷入被追究责任的困境。如中共天津纪检委2020年1月披露的国有企业混合所有制改革过程中隐瞒债权的案件，[①] B公司为A公司全资子公司（具体关系如图4—3所示），孙某为A公司高管，被委派到B公司担任总经理，在牵头混合所有制改革的过程中孙某在明知B国有企业有100万元债权尚未收回，且该债权未体现在公司总账目的情况下，指使公司财务

[①] 中共天津市纪律检查委员会官网，https://www.tjjw.gov.cn/jiaoliuyantao/2022/02/10/detail_2022021066666.html。

人员不向评估公司提供与该债权有关的财务资料,导致该债权被人为漏估。同时,孙某通过暗中运作与民营企业负责人赵某商定共同出资,由孙某出资500万元,赵某出资500万元,以赵某公司名义参与国有企业混合所有制改革。2020年10月,孙某见混合所有制改革工作已经完成,便以国有企业的名义将100万元债权收回,并以私人名义将100万元投入企业进行生产经营。如图4—3所示,孙某通过钻国有资产交易制度的漏洞,与民营企业合谋侵吞了100万元的国有资产,为企业带来了不良影响。

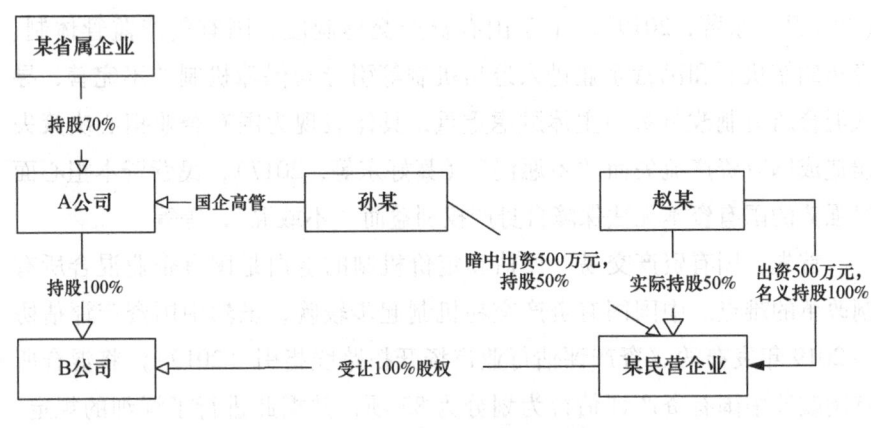

图4—3 B公司股权买卖示意图

其次,国资监管体系的约束性、严密性和复杂性约束了企业混合所有制改革步伐。张文魁(2017)在研究中指出,我国复杂、严密的国有资产监管体制将对混合所有制企业的公司治理及日常经营过程产生重要影响,与混合所有制难以兼容。我国的国有资产监管体系复杂,包括纪检部、组织部、审计署、国资委等众多部门,为防范国有资产流失,国有资产监管机构对于混合所有制改革项目的审查较为烦琐,如对国有企业的相关资产进行评估审计、监督双方交易过程、限制国有企业的部分投融资项目等,阻碍了企业混合所有制改革的进程,降低了民营资本参与混合所有制改革的热情。虽然国有资产监管体制改革以来,监管机构对国有资产的监管更为有效且科学,但我国的国有资产监管体系仍存在一些问题,如监管机构存在多重角色重合并产生监管"错位、越位、缺位"等问题(何瑛、杨琳,2021)、国有资产监管体系过于复杂、未能与混合所有制改革进度一致等，制约了混合所有制改革的实施效果。

再次，与混合所有制改革相兼容的容错纠错机制有待完善。混合所有制改革是一个复杂的系统工程，我国混合所有制改革的历程较短、经验较少，改革过程中难免出现各式各样的问题和困难，企业管理者能力或经验不足，员工执行能力、创新能力的欠缺等都会导致企业在混合所有制改革过程中出现决策或操作失误。但由于容错机制的内涵、外延、度量依据等不够清晰，混合所有制改革"红线"不清等原因，企业在出现上述错误时存在被审查机构"一刀切"的问题，导致混合所有制改革参与方承担了过多的责任，使民营资本乃至国有企业高管顾虑更多，从而限制了混合所有制改革的步伐。

最后，民营资本进入退出机制的不足也阻碍了混合所有制改革的步伐。一方面，受公司内部治理机制的影响，国有企业对民营资本的相关引入机制较为模糊，部分国有企业在引入民营资本时忽视了对民营资本的资质与引入价值的审查，导致企业在混合所有制改革过程中引入大量无效、低效的民营资本。如国务院国有资产监督管理委员会官网2020年8月披露，鞍钢集团在2020年自查发现，由于企业引进民营资本的程序较为混乱，未合理评估民营企业的实力及相关引入风险，集团内部共引入了52家与鞍钢集团无相关业务联系、高风险和无效低效的参股企业，极大地拖慢了集团混合所有制改革进度。[①] 另一方面，现阶段的混合所有制改革方案中基本都强调了国有企业应如何引入民营股东及相关的引入流程，却并未指出民营股东应如何退出混合所有制改革。由于国有企业在股权转让、股份回购等退出机制各方面未做出明确的规定，当企业无相应混合所有制改革项目推进时，不仅会使民营资本忧虑未来的股权是否"安全"，还会导致别有用心的股东抓住民营资本退出机制的漏洞谋取私利，损害参与混合所有制改革各方的利益。

二 市场与法治环境建设滞后

国有企业混合所有制改革须以市场化与法制化为导向。市场通过价

[①] 国务院国有资产监督管理委员会官网，http://www.sasac.gov.cn/n2588030/n2588924/c15393651/content.html。

格引导规律和供求竞争规律的有效发挥来保障要素资源的有序流动、充分竞争和高效配置，使各种所有制公司在公平竞争的基础上共同促进经济发展（Klausen, et al., 2021）。法律是一切行动的准绳，混合所有制改革应以法律为行动依据，在遵法守法的基础上合理探求混合所有制改革的实现途径，而市场与法治环境建设的不完善，将导致异质性股东的相关利益保障有所缺失。

首先，要素的市场化配置有利于提高资源配置效率，优化企业结构，降低资源错配，促进经济的发展（刘志成，2019）。随着市场的开放性与调节性越来越强，企业在进行混合所有制改革时生产要素交换的种类与规模越来越大，为混合所有制改革提供了不竭的动力。政府在资源配置中主要发挥宏观调控、经济监督、主导再分配等功能，以保障社会的公平正义。由于国有企业承担了较多的社会责任，政府对国有企业资源的获取及流通等诸多环节存在一定程度的干预，给企业资源的配置及创新活动带来了一定程度的影响。中国建材集团有限公司自 2006 年以来，面临较大的生存压力，在市场倒逼的情境下，陆续展开资本混合、资产重组等工作，并于 2015 年起逐步推进旗下子公司（如北新建材、中国玻纤等）参与混合所有制改革，但受政府体制约束和机制架构等方面的影响，在初步改革后仍难以释放体制内的资源、人才等方面的经济活力。2020 年，公司开展员工持股计划，意图突破资源配置局限，实现人才等资源的市场化配置与流通。①

其次，市场在资源配置中起决定性作用的核心是公平竞争，不同地区、不同行业、不同所有制企业能否得到公平对待是衡量市场环境是否健全的重要因素。公平竞争制度原则指出，为了避免市场扭曲，国有企业在市场竞争中应与民营企业处于公平竞争的状态。柳学信等（2022）指出，长久以来国有企业与民营企业存在较大的竞争地位差距，主要表现在国有企业存在行政性垄断、尚未建立公平有效的市场竞争体制、公平竞争执法受阻等方面，不利于混合所有制改革的持续推进与国民经济的健康发展。因而，非公有制企业在市场经济中尚未获得完全公平竞争的制度环境是实现混合所有制经济发展亟待解决的难题。

---

① 中国建材集团有限公司官网，https://www.cnbm.com.cn/CNBM/000000020002/38074.html。

再次，与混合所有制改革相关的法律法规的系统性不足是企业进行混合所有制改革的重要约束。法律应具有针对性、系统性，但我国混合所有制改革法律有所欠缺，尚未形成具有针对性、系统性的法律体系。如《中华人民共和国公司法》及《企业国有资产交易监督管理办法》对于混合所有制改革相关模式的规定、监管审批流程、资产交易事项、股权转让条件及员工持股退出、非国有资本产权保护等情况尚未完全界定，对混合所有制改革过程中涉及的问题缺少系统、详细的规范。从产权保护法律视角来看，我国对于产权保护法律及相关服务体系的重视度不足，对非国有资本的所有权等产权的保护不到位，而国有股东对知识产权、无形资产等相关产权的维权过程也较为艰难。深纺织于2016年采取增资扩股方式对其旗下的子公司盛波光电进行混合所有制改革。2022年，民营企业锦航基金提起诉讼，指出自身产权未得到有效保护，请求法院解散盛波光电。由于非国有股东产权保护方面的法律制度不完善，锦航基金作为盛波光电的民营股东认为其法定或约定的股东权利均未得到切实保障。[①] 同时，非国有股东依靠法律规则漏洞非法侵占国有股东的相关权益，如2022年国务院国资委颁布的《关于企业国有资产交易流转有关事项的通知》（国资发产权规〔2022〕39号）第九条"企业增资导致国家出资企业及其子企业失去标的企业实际控制权的，交易完成后标的企业不得继续使用国家出资企业及其子企业的字号"相关规定中并未对监管范围及相应监管机构做出明确规定，部分民营资本利用政策中规定的时间差进行违规操作，使用国有企业字号对外宣传企业。

最后，混合所有制改革法律法规更新的滞后性妨碍了"国"与"民"之间的融合共生发展。在混合所有制改革过程中，公司合法披露相关信息不仅能降低信息的不对称性，减少各方的交易成本，还能保护相关参与主体权益不受侵犯，促进混合所有制改革各方的合作。从信息披露法律视角来看，目前并未出台与混合所有制改革信息披露相关的法律，而2021年修订的《上市公司信息披露管理办法》对我国混合所有制企业的信息披露问题（如隐瞒混合所有制改革相关信息的披露、延迟相关信息

---

① 新浪财经网，http://vip.stock.finance.sina.com.cn/corp/view/vCB_AllBulletinDetail.php?gather=1&id=8314594。

的披露等）未做出明确的规定。我国混合所有制改革法律不完善，如代表人诉讼实际操作困难、民事责任失位、违规惩处不足等，导致部分国有企业在披露相关混合所有制改革信息时未做到"应披尽披"。据襄阳轴承（000678.SZ）2018 年 9 月 22 日及 10 月 8 日公告，其控股股东武汉三环集团有限公司（以下简称"三环集团"）于 2018 年公布混合所有制改革方案，意图引进战略投资者进行混合所有制改革，三环集团利用信息披露的法律漏洞进行招标，武汉金凤以 70 亿元获得三环集团 99.97% 的股份，成为三环集团的实际控制人。① 该次竞标过程中便存在违规隐瞒信息披露等问题：三环集团在公开招标时，共有 50 多家企业报名，其中最具竞争实力的企业为宁波华翔。宁波华翔从事汽车零部件研发、生产及销售，若与三环集团进行混合所有制改革，双方可优化产业链、提升资源利用率等，而武汉金凤则以销售黄金珠宝为主，双方业务关联性较小。宁波华翔在落选后向湖北省国资委及武汉光谷联交所发送《质疑函》，要求公开评审流程，公开最终投资者的选定理由，但均未收到二者的明确回复，因此信息披露法律的有效性仍有待考量。

第三节　要素增值与共创平台建设不足

企业混合所有制改革的目标是在价值创造的基础上实现"国民共进"。国有企业为各个混合所有制改革参与方提供相关互动场景并制定规范的程序规则，通过共创平台助推混合所有制改革各方要素资源有效流动，多途径促进要素资源的配置与整合，进而实现要素增值与价值创造。由于企业实现要素增值的路径较为单一且价值共创平台的建设缺位，使要素增值与价值创造的实现仍存在一定壁垒。

一　要素增值路径建设单一

混合所有制改革以资源的异质性和互补性为起点，资源相似是混合

---

① 巨潮资讯网，http://www.cninfo.com.cn/new/disclosure/detail?stockCode=000678&announcementId=1205462810&orgId=gssz0000678&announcementTime=2018-09-22；巨潮资讯网，http://www.cninfo.com.cn/new/disclosure/detail?stockCode=000678&announcementId=1205481517&orgId=gssz0000678&announcementTime=2018-10-08。

所有制改革的基础，资源互补是混合所有制改革的关键，但资源本身无法创造价值，只有企业对相似或者异质资源进行整合，才能实现资源要素增值。其中，要素增值是指企业初始的要素或资源经过交换、整合之后获得了额外的价值增加。企业主要有三条要素增值路径（如图4—4所示），包括资源优势互补路径、市场规模效应路径和产业协同发展路径。我国部分混合所有制改革参与主体资源整合能力较为匮乏，无法从时间、行业、组织和个体等层面实现异质性资源的动态匹配与价值升值，实现资源、人才、科技、文化的深度消化与融合。

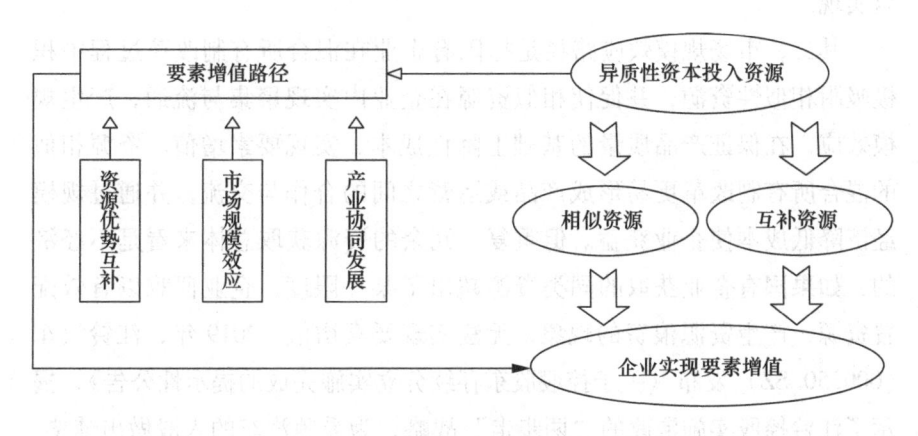

图4—4 要素增值路径

其一，资源优势互补路径是指国有资本具有政策上的资源优势，而参股的民营企业具有灵活运行的运营管理体系及异质企业资源，二者通过资源互补实现要素增值。异质性资源的加入能够促使国有企业不断吸附新资源，并将其转化为独特的企业资源，在提升企业核心竞争力的基础上实现要素增值。资源优势互补路径要求国有企业积极吸附互补性资源，而在混合所有制改革的现实条件下，异质性股东未必能提供给企业所需的互补资源，实现资源的优化配置。如2018年，北京庆丰包子铺有限公司与上海复星高科技有限公司、北京华天饮食集团公司、北京金融街资本运营集团有限公司三家企业进行混合所有制改革。北京庆丰包子铺主要售卖中餐（熟食）、饮料、酒等产品，上海复星高科技有限公司主要经营五金、机电等计算机设备的设计与研发，北京金融街资本运营集团有限公司则主要进行项目投资，提供投资咨询服务，二者难以为庆丰包子铺提供除资金外的其他异质性资源。同时，北京华天饮食集团公司虽与北京庆丰包子铺同处于餐饮行业，但北京华天饮食集团公司更倾向于购销饮食业的百货、炊事机械及配件等，能为北京庆丰包子铺提供的异质性资源较少，因而北京庆丰包子铺的混合所有制改革对象难以为企业提供相应的互补性资源，资源优势互补效应难以得到有效发挥。[①] 此外，当国有企业与参股民营企业的资源重叠时，双方若对彼此业务及流程不甚熟悉，会阻碍生产要素的相互利用与转化，使要素增值的目标难以实现。

其二，市场规模效应路径是指国有企业在混合所有制改革过程中积极吸附相似性资源，并促使相似资源在企业内实现聚集与流通，产生规模效应，在保证产品质量的基础上降低成本，实现要素增值。资源相似的混合所有制改革更易形成产品或运营之间的合作与交流，并通过规模经济降低成本使企业获益。但重复、冗余的资源获取总体来看是不经济的，如果国有企业获取的同类资源超出了某一限度，企业便难以有效配置资源，产生资源浪费的现象，无法实现要素增值。2019年，江铃汽车（000550.SZ）发布《关于控股股东存续分立实施完成的提示性公告》，揭示了江铃控股实施混改的"两步走"战略，为爱驰汽车的入股做出铺垫。同年，北京产权交易所显示江铃控股集团与爱驰汽车、长安汽车进行混合所有制改革，成为国内首例央企、地方国有企业和民营企业混合所有制改革的案例。民资爱驰汽车以17.47亿元持股50%，其董事长付强表示，将发挥爱驰和陆风两个品牌在技术、资源、渠道等方面的优势，达成相似资源的共享，以重构产业链，实现要素增值。二者在业务、资源、文化等方面存在极大的相似性，在混合所有制改革后也积极整合相关的产业链及资源，但由于相似资源过多而两家企业的资源配置能力有限等情况，市场规模效应难以得到有效发挥。混合所有制改革后，爱驰汽车不仅没能挽救江铃集团陆风汽车业绩下滑、深陷抄袭的危局，甚至因此陷入泥潭：由于爱驰在混合所有制改革中投入了过多的资源但无法得到

---

① 北京产权交易所官网，https://www.cbex.com.cn/wm/rddt/alfx/201903/t20190322_29481.html。

有效整合，双品牌资源共享战略成了爱驰汽车沉重的负担，资金、人才及资源的缺失导致爱驰汽车在2019年发布爱驰U5后，直至2021年都未能发布更优良的汽车产品。最终，爱驰汽车于2021年出售了江铃控股的股权。①

其三，产业协同发展路径是指国有企业引入处于同一产业链但不同环节的民营资本后，通过持续性的分工与合作，发挥产业协同效应，在提升要素价值的同时提高行业集中度，促进产业链的整合与延伸。首先，产业协同发展路径要求国有企业积极引入处于同一产业链不同生产环节的民营企业进行混合所有制改革，同时由于国有企业在选择混合所有制改革对象时往往提出相应的资质条件以确保自身资产的稳固性，因而符合上述条件的民营企业较少，适合的民营企业也未必积极参与，因此国有企业选择到合适的混合所有制改革对象的概率较小。其次，产业协同发展路径的实施须依靠国有企业多层级公司共同参与混合所有制改革，提高混合所有制改革的深入性。国有企业混合所有制改革的层级不够深入，国有企业混合所有制改革层级大多发生在三级孙公司。余澳和贾卓强（2019）也通过调研发现，某省2018年的混合所有制改革项目中，大部分地方国有企业混合所有制改革多发生在集团公司下属的三级公司，发生在一、二级层面的母公司或子公司的较少。最后，产业协同效应要求混合所有制改革参与方持续投入相关资源，进行循序发力，而参与混合所有制改革的企业拥有或可投入混合所有制改革的资源是有限的，如果其中一方在资源整合过程中无法持续性提供必要的资源（如价值共创所需的物质资源、时间、技术等），那么产业协同发展的过程将面临失败。我国多数企业在投入资源及整合资源方面仍有不足，无法聚焦要素价值，实现产业链的整合与延伸。因此，受制于路径自身缺陷等因素，产业协同发展路径的作用有限，难以从真正意义上构建资源互补、能力协同、要素增值、价值共创的混合所有制改革共同体。

---

① 巨潮资讯网，http：//www.cninfo.com.cn/new/disclosure/detail?stockCode=000550&announcementId=1205991933&orgId=gssz0000550&announcementTime=2019-04-04；北京产权交易所官网，https：//www.cbex.com.cn/zl_244/gqhgfwzq/jyal/201911/t20191107_42977.html。

二 价值共创平台建设缺位

混合所有制改革的过程是一个构筑复杂价值共创平台的过程，利益相关者的互动、规则程序的架构、资源整合活动的实施对企业进行混合所有制改革至关重要。混合所有制改革参与方只有在履行相关的程序与规则下合理协调、分配和整合各种资源（如物质、财产、知识或技术资源等），进行必要的场景互动与要素互动，才能实现企业价值增值。然而，价值共创平台的建设并非易事，当互动方未能以互利的方式整合资源时，便会导致一个或多个互动方价值的减少，形成价值共毁（Engen, et al., 2021）。由于混合所有制改革参与方缺乏必要的互动场景和协作工具、对相关程序规则了解不清、资源流通不畅等原因，混合所有制改革各方的合作和互动难以达到预期效果，价值共创平台的发展陷入困境。

互动场景的缺乏限制了混合所有制改革参与方的交流与互动，为价值共创平台创建的弊端之一。混合所有制改革的互动场景主要指国有企业通过业务融合、信息沟通等方式在特定的领域对部分物质资源、智力资源等要素进行多种组合的过程。国有企业引入异质性资本后，面临业务整合、资源共享、文化融合、机制重构等多重困境，这要求企业积极搭建互动场景，促进多方融合。当前，部分国有企业通过对多方混合资源的划分，分类搭建多维度、多方面的业务平台，利用业务平台引导多方资源在企业内部的有序流通，但部分企业内尚未形成稳定的混合所有制改革生态系统，缺乏互动场景及协作工具，难以实现价值创造、融合共生。例如奇瑞控股公司及其子公司奇瑞股份的混合所有制改革互动场景：二者在2018年9月25日于长江产权交易所发布增资扩股公告，共拟增资底价约162亿元，意图进行混合所有制改革，但二者在发布的公告及后续相关活动中并未阐明企业整体混合所有制改革计划与未来发展规划，也未积极为各方参与混合所有制改革创造条件，甚至要求非国有企业"不得参与企业实际运作和管理"，封闭了奇瑞与混合所有制改革参与方的互动场景，使本可以通过混合所有制改革解决市场地位下降现状的奇瑞混合所有制改革进程延期。① 因此，互动场景的缺乏不仅导致单方或多方福祉的减少，也阻碍了价值共创平台作用的发挥。

程序规则了解不清为价值共创平台的另一阻碍。价值共创平台的形成是多方运作的结果，这导致企业作为一个"整体"，其内部规章制度及企业文化受多方利益相关者的影响，具有复杂性、难以融合性等特点，增加了企业资源整合的难度。清晰的程序规则有利于凝聚组织的力量，共同创造价值，而不清晰的程序规则易导致组织越来越分散，形成价值共毁。各个混合所有制改革参与方的组织结构、内部规章、企业文化及员工的行为方式、思考方式不同，这就需要国有企业在混合所有制改革进程中积极关注多方互动关系，主动调整、及时转换相关的程序规则，形成健全的内部互动机制，如沟通机制、监督机制、激励机制与补偿机制等，以此来约束混合所有制改革参与方的行为，共谋企业发展。但由于程序规则及互动机制的缺失，部分企业在混合所有制改革过程中难以整合各方共识以形成新的、一致认可的程序及规则，使部分参与混合所有制改革的民营企业在混合所有制改革过程中试图在价值共创活动中"浑水摸鱼"，甚至拒不配合参与混合所有制改革流程，妨碍了共创平台的搭建。如 2019 年 10 月中国中车指出，由于企业内部规章制度及管理系统未随着企业混合所有制改革的进程逐步健全，忽视了对民营股东的监管及约束，导致部分民营企业违规使用"中国中车"的央企字号和资质参与市场竞争，扰乱市场秩序，阻碍了双方企业的价值共创。②

资源流通不畅也堵塞了价值共创平台搭建之路。资源整合与流通过程是影响价值共创效果的关键，资源只有在企业间顺利流通，才能得到合理配置，实现价值增值。混合所有制改革的过程是资源高消耗的过程，要求企业搭建资源流通体系，促进关键性或者稀缺性资源由低效率部门向高效率部门流动，由混合所有制改革方向被混合所有制改革方流动。资源流通渠道的搭建需要多个行动者之间的互相协同，受各方行为能力的影响（Štrukelj & Sternad, 2019; Stroud, et al., 2019）。企业管理者是

---

① 长江产权交易所官网，http://www.ccjex.com/htm/project_info.asp?id=4924。
② 国务院国有资产监督管理委员会官网，http://www.sasac.gov.cn/n2588030/n2588924/c15393651/content.html。

企业进行生产经营的核心，在整合企业资源、改善流通渠道、提升企业生产能力等方面发挥着"催化剂"的功能。因此，国有企业管理者必须具备识别、获取以及整合关键或稀缺资源的能力，以便及时疏通与调整企业内部资源流通的渠道。管理者资源构建与整合能力越高，越可以在减少对相关资源获取的基础上，合理有效地搭建与整改资源流通渠道。部分国有企业高管对于公司业务的运作模式、创新产品生产过程等关键性领域、环节的战略性决策能力不足，难以结合企业内外部环境的变化及时调整业务模式以疏通资源流通渠道，进而降低资源整合成本。因此，管理者难以进行高效的资源整合并疏通流通环节是混合所有制改革呈现出不同步性和差异性的重要原因。

第四节　利益整合与共享机制不到位

混合所有制改革的最终目的是实现价值共创与企业增值，并在此基础上通过整合利益关系、重塑利益共享机制等对混合所有制改革过程中产生的利益增量进行合理分配，协调好不同利益主体之间的合作关系、建立利益兼容的分配模式，以达到混合所有制改革多方的融合共生。目前我国混合所有制改革国有企业利益关系整合不足、利益共享机制缺失（如图4—5所示），实际上体现的是国有企业与参股企业之间的利益问题，企业利益分配不均易导致各方混合所有制改革过程中出现权、责、利等方面的纠纷。

一　利益关系整合复杂

利益相关者理论指出，凡是影响企业行为及企业目标的实现，或是受到企业目标实现过程影响的、能够拥有企业合法经营利益的个体或群体皆为利益相关者，主要包括企业股东、公司高管及员工等。国有企业混合所有制改革后虽然引入了异质性资本，实现了公司股权的多样化，但不同主体之间的利益诉求是不同的，这就需要国有企业对各利益主体之间的利益关系进行整合，以避免企业内部的对立与冲突。部分国有企业未能有效重视整合各方利益关系之间的整合与疏通，导致混合所有制改革各主体之间难以实现融合共生。

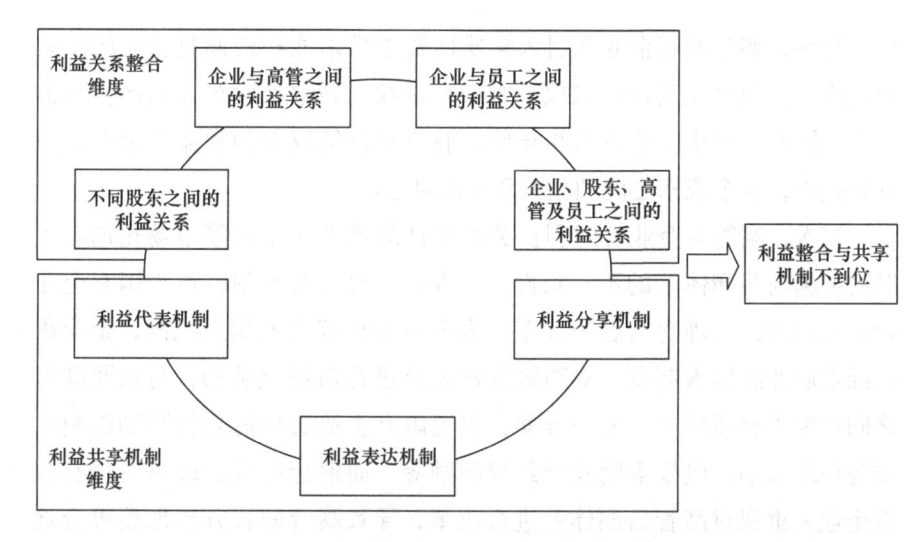

图4—5 利益整合与共享机制分析框架

首先，股东身份性质的差异及所有权结构的失衡是导致股东层面之间利益关系难以整合的重要因素（卢俊等，2015）。一方面，在混合所有制的国有企业中，国有股东代表国家利益，而民营股东代表自身利益，异质性股东之间身份性质的不同是导致二者产生利益冲突的根本原因。方正集团与北京招润投资管理有限公司（以下简称"北京招润"）进行混合所有制改革后，国有股东北大资产经营有限公司（以下简称"北大资产"）便仰仗国有身份蓄谋侵吞巨额利益，侵害非国有股东的权益。2017年12月，方正集团向国有股东北大资产上报《关于请求北大资产经营有限公司设立全资子公司购买深圳数码股权有关事宜的请示》，在方正集团仅有两位股东的情况下（北大资产持股70%，北京招润持股30%），利用股权比例优势违规操作，向自身输送巨额利益，蓄意侵害非国有股东的利益。2019年2月，北大资产在未付账款的情况下完成对深圳市北大方正数码科技有限公司（以下简称"深圳数码"）的100%股权收购，致使非国有股东利益损失达30亿元。[①] 另一方面，企业不同股东之间的利益关系本质上是所有权划分的问题。混合所有制改革是多方资本共同参与的过程，只有保证利益分配的合理与公平，才能实现多元股东利益共

---

① 澎湃财经网，https://www.thepaper.cn/newsDetail_forward_5263189。

生。当前，部分国有企业在引入异质性资本后未能积极调整企业的所有权结构，合理分配剩余索取权及剩余控制权，导致了股东之间产生利益冲突。因而，由于国有股东与异质性股东在价值取向和利益诉求等方面存在差异，各个股东之间利益关系尖锐对立。

其次，高管与企业之间利益关系梳理的难点在于高管市场化选聘机制的实施与薪酬体系的不一致性。一方面，混合所有制改革为国有企业带来先进的经营理念与管理体系，为进一步规范选人用人机制，企业积极探索职业经理人制度，对高级管理人员进行市场化选聘，与在职高管之间产生了利益冲突。另一方面，我国国有企业实行的高管激励机制主要为薪酬激励、股权激励及分红权激励等，而混合所有制改革后仍有国有企业未重视对高管薪酬体系进行改革，导致高管的晋升或加薪等合理诉求无法得到回应，引发了国有企业与高管之间的利益冲突。当前处于混合所有制改革中的国有企业薪酬激励政策与市场薪酬政策尚有差距，国有企业实行的限薪政策使国有企业高管的工资受国资监管部门严格管控，年薪普遍低于同行业同等地位的非国有企业高管，这严重抑制了高管对混合所有制改革的积极性。

再次，员工持股计划的不足也限制了国有企业员工的混合所有制改革热情。混合所有制改革国有企业主要通过员工持股计划等方法与国有企业员工分享剩余利益，袁德富和张俊伟（2020）指出，国有企业员工持股计划对员工持股设置了诸多严苛的限制条件，如对持股数量和范围有所限制、持股计划需经过行权报批、员工持股总体比例较低、出资困难等，无法满足不同员工的合理诉求，使员工持股计划的优势未能得到有效发挥，也严重抑制了国有企业员工参与混合所有制改革的积极性。2018年4月，五粮液集团实施员工持股计划，公司2018年年报显示，此次员工持股计划共发行2369.63万股股票，发行价格为21.64元/股，非公开发行股票规定的禁售期为3年，在此期间，公司可以通过加大利润分配的方式给员工发放福利。[1] 五粮液集团此次员工持股计划存在一些不足，具体如下。第一，五粮液集团面向公司员工仅发行了2369.63万股股

---

[1] 五粮液集团有限公司官网，https://www.wuliangye.com.cn/zh/main/main.html#/g=INVESTOR&id=51。

票，持股比例仅占公司总股本的2%，导致企业员工参与度不足。第二，此次员工持股计划解锁期为36个月，基本上按照《关于上市公司实施员工持股计划试点的指导意见》的最低持股期限来规定解锁期，并没有真正实现员工长期持股的强烈要求，无法将企业利益与员工利益进行长期捆绑。第三，该方案中未严格限制解禁后的员工股票转让行为，员工出于保障自身利益的目的，更为关注短期股价走势，导致禁售期满后出现了大量套现投机行为，不仅未实现长期激励的效果，还损害了企业的相关利益。第四，该计划并未对如何加大利润分配、怎样对利润进行分配、采取何种分配计划等方面做出严格规定，导致企业在分配利润时引发员工争议，激励效果有所欠缺。类似地，中粮集团2017年员工持股计划禁售期为36个月，长期激励效果不明显，而中国联通2017年进行混合所有制改革后员工持股比例为2.8%，持股比例也相对较小。由此可见，部分进行混合所有制改革的企业实施的员工持股计划只做到了"象征性员工持股"，最终成效仍有待观望。

最后，国有企业与股东、高管及员工之间的利益矛盾也是各方利益关系融合的阻碍。国有企业关注高管和员工短期及长期的收益有助于提高员工参与企业管理的水平、提升企业经济效益，但部分国有企业过度注重对高管及员工之间的利益分配，损害了股东的相关权益，引发股东与企业、高管及员工之间的利益冲突。以云南白药为例，公司在2019年10月发布了第一期员工持股方案（草案），公司2019年年报披露，该员工持股计划实际认购总金额为1.22亿元，锁定期为12个月。2020年12月，在该公司第一期员工持股计划锁定期届满后的1个月内，公司员工将所持股份全部抛售套现，减持金额总计4.04亿元，云南白药第一期员工持股计划在短短1年时间就暴赚2.82亿元。2020年3月，云南白药再次推出2021年度员工持股计划，2021年年报显示，此次员工持股计划的股票总数累计不超过公司现有已回购的股份总额1770万股，占当时公司股本总额的1.31%。按照3月24日收盘价123.98元/股计算，云南白药采取本次员工持股计划拟持股份对应市值高达21.94亿元，金额巨大。与此同时，云南白药还推出了股票期权激励计划和激励基金计划，仅股票期权激励计划就授予股票期权2000万份，对应最新市值接近25亿元。云南白药采取多种形式激励内部人的行为值得肯定，但其激励计划行权门槛较低、金额过高，存在损害其余外部股东利益之嫌，导致外部利益相关者（如参股民营企业）的利益诉求无法得到满足。①

二 利益共享机制缺失

国有企业的利益共享机制主要包括利益代表机制、利益表达机制及利益分享机制三方面（李东升等，2015），但在混合所有制改革过程中，部分国有企业未能根据实际情况做出相应调整，利益共享机制缺失，无法对企业产生的利益增量进行合理分配，以保证国有企业与异质性资本之间合作的延续性与价值性。

首先，利益代表机制是指在混合所有制改革的过程中应构建合理的公司治理机制，使非国有股东及普通员工有机会"发声"。委派董监高是保障非国有股东合理利益、健全利益代表机制的必要途径。股东大会、董事会与监事会是公司利益的代表，对企业战略性发展起到重要作用，非国有股东在董事会、监事会中委派一定比例的代表对其发挥治理作用、保障话语权地位具有重要意义。在混合所有制改革过程中，存在国有股东"一股独大"的局面，而非国有股东由于其股权的分散性等诸多原因，难以形成独立的利益代表。如中国海洋石油集团有限公司（以下简称"中海油"）自混合所有制改革政策颁布以来积极推进二、三级子公司与博时基金、易方达基金等多家民营企业进行混合所有制改革。2020年，中央企业全面开展参股经营投资自查整改工作，中石化经过自查发现，截至2020年8月16日，共有15家具有一定参股价值的民营企业由于持股比例有限等原因无法委派董监高，缺失利益代表。②

其次，利益表达机制是指混合所有制改革的参与方通过提案等方式表达自身的利益诉求，以期影响利益最终分配结果的机制。混合所有制改革中相关主体的利益表达是一个系统化过程，主要包括混合所有制改革主体产生相应的利益诉求、选择合适的渠道或途径进行表达、利益诉

---

① 云南白药集团股份有限公司官网，http://www.yunnanbaiyao.com.cn/uploadDir/pdf/20200608/1591607065381.pdf，http://www.yunnanbaiyao.com.cn/uploadDir/pdf/20220506/1651833998073.pdf。

② 国务院国有资产监督管理委员会官网，http://www.sasac.gov.cn/n2588030/n2588924/c15393651/content.html。

求是否得到回应三部分。其一，利益表达机制的有效运行需要混合所有制改革各方掌握客观、真实的企业内部信息，这是混合所有制改革各方提出合理利益诉求的前提。非国有股东主要通过委派董监高来获取更多内部信息，缓解信息不对称的情况，尽管非国有股东积极委派董事以谋求"发声"机会，但其委派董监高的占比仍然较低，当非国有股东没有能力及时探知公司的盈利情况时，便无法提出更为合理的利益需求。其二，不畅通的利益表达渠道阻碍了利益表达机制的完善。无效的利益表达渠道不利于企业统筹和协调混合所有制改革各方的利益关系，强化公司内部治理机制，纠正损害他方利益的不正之风。国有企业在一定时间内的信息处理能力有限，这需要各方在表达利益需求时注重利益表达的组织化问题，有选择地表达相关利益需求。部分国有企业利用利益表达渠道对非国有股东的利益表达进行限制，如企业过于重视正式的利益表达程序和表达方式，而不实际解决问题；企业内部利益表达渠道单一，没有铺陈更多的渠道来倾听非国有股东及企业内部人员的利益诉求；企业内部各种利益表达渠道纷繁复杂，缺乏整合性的理念与机构，使董事会、股东大会等利益表达机制难以真正倾听与有效解决利益相关者的合理诉求等。利益诉求无法得到有效回应是混合所有制改革各个参与方无法实现利益共享的关键。

最后，利益分享机制是指企业应不断进行利益分配机制的整合与创新，保障各个利益相关方的合理权益。实现融合共生的主要前提是利益共享，因此，应帮助参与混合所有制改革的各方利益相关者克服顾虑，在营造足够大的利益共享空间的基础上合理分配混合所有制改革内外部各方的利益，提高各方混合所有制改革的积极性。目前我国混合所有制改革的利益分享机制缺失，尚未做到公平分配，一些相关的利益主体便可以从中获取不当的利益，损害其他股东权益。海越能源集团股份有限公司（以下简称"海越能源"）与海南承睦商业贸易有限公司（以下简称"海南承睦"）、海南禧越投资有限公司（以下简称"海南禧越"）、海南科赛贸易有限公司（以下简称"海南科赛"）均为海航集团实际控制的公司，后三者为海越能源的实际关联人。据2022年11月海越能源收到的中国证券监督管理委员会《行政处罚决定书》，公司于2020年2月25日、4月8日及4月9日通过非经营性关联交易向海南承睦分别提供了

4000万元、5000万元、68533.49万元的资金；4月9日与4月21日，向海南科赛分别提供36000万元、24000万元的资金；5月25日与5月26日，向海南禧越分别提供了41420万元、19316.79万元的资金，共计非法侵占了公司19.8亿元的资金，占《海越能源集团股份有限公司2020年半年度报告》记载的净资产的63.19%，极大地损害了海越能源其他异质性股东的权益。[①] 另外，异质性股东的牟利性太强或对改革的贡献小但诉求多等问题也易导致其他参与方产生负面情绪，不利于混合所有制改革的有效推进。上海证券交易所2021年在《四川沱牌舍得集团有限公司关于天洋控股集团有限公司及其关联方资金占用事项的进展公告》中的披露显示，天洋集团及其关联方占用上市公司资金。天洋集团主要经营房地产、商业投资等业务，于2016年通过增资扩股持有舍得酒业21%的股份，正式成为舍得酒业的控股股东。2017年，天洋集团向银行贷款38亿元并全部投入北京房地产项目的开发之中，而北京同年开始推行房产限购政策，使天洋集团的房产项目遇到了销售困难、资金周转困难等一系列问题。在多重困境的局势下，天洋集团开始侵占、挪用舍得酒业的资金，最终，由于内部控制失效、内审失败等一系列原因，舍得酒业的资金被天洋集团违规占用，用来偿还集团的负债，直接损害了舍得酒业国有股东的利益，其他民营股东的分红也受到了不利影响。[②]

第五节　本章小结

通过上述分析可知，国有企业混合所有制改革的效率与效果受各方混合所有制改革的意愿、政策管理体系、市场环境与法律环境、资源协调性与互补性、利益分配方法等多层次、多方面的影响。在混合所有制改革过程中，由于异质性主体在权利、机会与实力等方面不对等，异质性主体之间的动机冲突与共识差异导致双方参与混合所有制改革的意愿

[①] 上海证券交易所官网，http://www.sse.com.cn/disclosure/listedinfo/announcement/c/new/2022-11-12/600387_20221112_8NRN.pdf。

[②] 上海证券交易所官网，http://www.sse.com.cn/disclosure/bond/announcement/company/c/2021-02-18/4110594826139673258983320.pdf。

不强。同时，混合所有制改革相关的配套政策保障制度与法律仍然存在空缺，各类资源参与跨企业的要素整合与共享、要素增值与价值创造的实现仍存在壁垒，利益关系有效整合存在一定困难、利益共享机制不健全。因此，国有企业在混合所有制改革过程中主要面临参与主体混合所有制改革意愿不强烈、政策保障与环境建设不完善、要素增值与共创平台建设不足、利益整合与共享机制不到位等多方面的阻滞困境，这抑制了各参与主体改革的积极性，亟待通过深化混合所有制改革推动"国民共进"，实现价值共创、融合共生。

第五章

混合所有制改革水平、高管团队异质性对企业绩效的影响

混合所有制改革是国有企业推进现代企业制度、提升效率的重要途径，可以助力企业实现高质量发展。混合所有制改革企业肩负着经济和社会双重使命，然而关于国有企业混合所有制改革绩效的现存研究，绝大多数从单一维度关注经营绩效的提升或政策性绩效实现，缺乏对企业经济、社会综合绩效的全面研究。

为了探究何种混合所有制改革形式才能提升企业的治理效率，提高企业的综合绩效，本章基于利益相关者理论分经济效应和社会效应两维度重构混合所有制改革企业的绩效评价指标体系，考虑到企业的混合所有制改革水平主要体现在股权结构的变化上，将企业混合所有制改革水平划分为企业混合所有制改革广度和企业混合所有制改革深度两方面，分别探究股权多样性、股权深入性和股权制衡度对混合所有制改革企业绩效的影响。其中，股权多样性代表着参股企业参与混合所有制改革的积极性，也是企业混合所有制改革在广度和范围上的体现；股权深入性代表着异质性资本参与企业治理的有效性，也是企业混合所有制改革在深度和程度上的体现；股权制衡度则是股权深入性的派生指标，考察混合所有制改革企业内部异质性资本的相互制衡度。此外，考虑到混合所有制改革企业股东可能通过委派董事参与混合所有制改革企业经营决策，且由于董事背后的利益主体诉求的差异会在董事会内部产生不同的派系，本章还试图探究因董事派系差异产生的断裂对混合所有制改革水平和混合所有制改革企业绩效之间关系

的影响。

在此基础上，基于高层梯队理论和委托代理理论，结合我国正处于深化混合所有制改革阶段的时代背景，且考虑到高管团队在制定和实施企业战略时所发挥的关键性作用，本章还试图探究经历了初步混合所有制改革后重组的高管团队成员的特征或异质性对企业未来的混合所有制改革水平及混合所有制改革企业绩效的影响，即重组后的高管团队的职业背景异质性和海外背景异质性是如何影响企业的混合所有制改革水平的，对混合所有制企业绩效的影响作用是促进还是抑制，并进一步探讨了企业生命周期、政治层级、企业类别的差异化影响。本书为合理评价混合所有制改革企业绩效水平、实现股权结构的优化、差异化配置高管团队与董事会，以实现混合所有制改革企业的高质量发展，提供了理论指导与现实借鉴。

第一节　混合所有制改革水平、董事会断裂对企业绩效的影响

一　研究背景

习近平总书记在党的二十大报告中指出，要以中国式现代化推进中华民族伟大复兴。实现高质量发展是发展中国式现代化的本质要求。混合所有制改革作为国有企业改革的关键抓手，对发挥战略支撑作用进而实现国家经济高质量发展具有重要作用。党的十八届三中全会提出要大力发展混合所有制经济；2015年中共中央、国务院出台《关于深化国有企业改革的指导意见》（中发〔2015〕22号），指出继续推进国有企业改革，切实破除体制机制障碍，坚定不移做强做优做大国有企业；2017年国家发展改革委等部门印发《关于深化混合所有制改革试点若干政策的意见》（发改经体〔2017〕2057号），指出对按规定程序和方式评估交易的国有资产，建立免责容错机制。系列政策的颁布体现了国家对混合所有制改革的高度重视，加快混合所有制改革进程，实现企业高质量发展助推中国式现代化刻不容缓。

如何对企业绩效水平进行准确且全面的评价一直是研究的热点话题，正确评价有利于企业明晰自身定位，制定适合的战略决策，这对于

混合所有制改革国有企业而言显得尤为重要。对于混合所有制改革国有企业绩效的研究，部分学者把利润最大化作为企业发展的最终目标，对于绩效的度量多采用资产收益率或托宾Q值等单一指标或多维度财务指标，忽略了国有企业所承担的维护社会稳定、促进就业等特殊使命。事实上，混合所有制改革国有企业的发展目标非常多元化，肩负着经济和社会双重动机，既关注股东、债权人等关键利益相关者的利益，注重企业自身经济绩效的提升，又兼顾社区、政府等较远端利益相关者的利益，对环境和社会负责。因此仅以财务指标来衡量混合所有制改革国有企业的发展存在一定的局限性，只关注混合所有制改革国有企业的政策性绩效也有失偏颇，由此看来，如何合理衡量混合所有制改革国有企业的绩效水平迫在眉睫。基于利益相关者理论，本书从经济效应和社会效应两个维度构建了混合所有制改革国有企业的绩效指标评价体系，以期合理衡量混合所有制改革国有企业的绩效水平，促进企业实现高质量发展。

  在国有企业深入推进混合所有制改革过程中，一方面股权多样性能否真正发挥治理作用，什么样的股权混合度能够改善绩效水平仍亟待回答。另一方面，在混合所有制改革企业中存在国有与非国有两派不同利益诉求的成员，成员间的认同、合作将影响到董事会作用的发挥，进而影响混合所有制改革水平与绩效之间的关系。同时，在中国特定情境下，作为董事会核心人物的董事长，其独特作用需要给予关注。以往学者对董事会治理的研究局限于分析非国有董事或国有董事占比情况对绩效水平的影响，而缺乏对不同类别董事会成员之间的合作及关键性人物的研究。且以往研究对混合所有制改革成效主要通过经营绩效单一维度评价，难以对其高质量水平做出科学评判。另外，针对不同类别国有企业的使命、目标与战略定位，探究在不同行业和市场化程度下如何差异化推进混合所有制改革，对实现国有企业高质量发展，提升企业绩效水平意义重大。

  针对上述现实问题，本书在对国有企业绩效水平进行综合评价的基础上，从企业混合所有制改革广度和深度维度分析对绩效水平的影响，探究异质性董事会构成所引致的断裂带的调节作用，进一步分析董事长权力在股权结构与绩效水平关系中的独特作用，并基于企业所处市场化水平及行业异质性，探讨在不同市场化水平和行业分类下，混合所有制改革水平与绩效关系的差异性。

本章研究存在的贡献在于以下几点。第一，进一步丰富了企业混合所有制改革水平对绩效的影响研究，一方面从经济效应和社会效应两角度综合评价混合所有制改革国有企业绩效水平，对绩效水平的多维度综合评价，兼顾了企业的经济效应和社会效应，能够客观反映混合所有制改革国有企业的绩效水平状况，为混合所有制改革国有企业全面提升绩效水平提供了参考；另一方面分别从股权多样性（广度）、股权深入性和制衡度（深度）三个维度来探究企业混合所有制改革水平对绩效的影响，是对现有研究的补充和拓展，为优化混合所有制改革国有企业股权结构设计提供了决策支撑，同时为完善混合所有制改革国有企业治理体系拓展了新的思路。

第二，进一步丰富了混合所有制改革国有企业董事会治理对绩效水平的影响研究，将董事会断裂带纳入企业混合所有制改革水平与绩效关系的分析框架，同时考虑了董事长权力的特殊作用，完善了董事会治理的相关研究，对国资委、非国有股东委派董事的选择和企业应赋予董事长权力的范围具有参考价值。第三，探究了企业混合所有制改革水平与绩效的关系在不同市场化程度和行业下的差异性，为分类推进国有企业混合所有制改革提供了理论指导。

二 理论分析

纵览国内外文献，以往学者从股权集中度、国有股东持股比例、股权多样性、股权深入性、股权制衡度等角度探究混合所有制改革水平变动的经济后果（谢海洋等，2018；郭冰、刘坤，2022），且学术界对于混合所有制改革企业绩效水平的测度尚未统一，同时以往研究主要从内部和外部两个维度对其影响因素进行探讨（倪宣明等，2022；潘胜文等；2020），关于股权多样性、深入性和制衡度对绩效水平的影响研究结论存在很大差异（Guan, et al., 2021；熊爱华等，2021）。

（一）企业混合所有制改革水平

混合所有制改革水平的变动主要体现在股权结构的差异上，股权结构也被称为所有权结构或持股结构，刘汉民等（2018）将股权结构界定为不同性质和类型的股份在权益资本中占有的比例。马连福等（2015）认为股权结构实际上是性质各异的股权经过博弈最终形成的权力配置。学者们对企业混合所有制改革水平的研究，主要从国有股东持股比例、股权集中度、股权多样性、非国有股东持股比例、股权制衡度等角度切入，并以此分析企业混合所有制改革水平变动带来的经济影响。

以往学者主要探究了国有股东持股比例对企业绩效、价值、效率、治理水平和高质量发展等方面的影响，但研究结论存在很大差异。在国有股东持股比例与企业绩效、价值、效率的研究中，主要有以下几种观点。一是正相关论。郭冰和刘坤（2022）在以国有控股上市公司为样本的研究中，发现国有股东持股比例的增加能够显著促进企业效率的提升。二是负相关论。张云等（2019）利用全要素生产率衡量企业的绩效水平，研究发现适当降低国有股东持股比例能够提升企业效率，且这种效应在国有控股的企业中表现更为显著。三是倒 U 形或 U 形的曲线关系论。刘莉等（2021）在对 2014—2019 年国有上市公司的研究中证实了国有股东持股比例与企业价值间的倒 U 形关系；董梅生和洪功翔（2017）通过对 5960 家混合所有制改革企业的数据进行分析，同样印证了国有股东持股比例与企业绩效的关系呈倒 U 形；胡加明和吴迪（2020）研究认为国有股东持股比例与企业绩效间并不是先升后降的倒 U 形关系，而是呈先降后升的 U 形关系。四是无关论。王曙光和王子宇（2018）研究发现，国家控股实际比例和企业绩效间并不存在直接关系，未来应该对推进混合所有制改革持谨慎态度。

另外，还有学者分析了国有股东持股比例对企业治理水平和高质量发展的影响。王曙光等（2019）研究认为国有股东持股比例与公司治理水平呈 U 形关系，民营或国有程度较高的企业能够实现很好的治理水平。范玉仙和张占军（2021）认为实现国有企业高质量发展的最优国有持股占比为 50%，因此混合所有制改革国有企业不应过度降低国有股东持股份额。

在以股权集中度衡量股权结构的研究中，学者们主要分析了其对企业绩效和创新的影响，但并未获得一致的研究成果。其中大部分学者认为股权集中度与公司绩效存在显著的倒 U 形关系。也有学者得出股权集中度与企业价值呈正 U 形关系。另外还有正相关、负相关、不相关的结论，徐莉萍等（2006）研究发现，股权集中度正向影响企业经营绩效，并且相比地方国有企业，中央直属国有企业股权集中度的激励程度更高；李小青等（2020）以混合所有制改革国有企业制造业为样本，认为股权集中度与创新绩效负相关；林峰和付强（2018）对比了中国6个垄断行业的数据，发现混合所有制股权集中度与企业绩效之间并不相关。

在以股权多样性作前因变量的研究中，大部分学者肯定了其在国有企业混合所有制改革进程中的积极作用。赵斌斌等（2020）利用2009—2017年A股国有企业上市公司的样本，研究发现股权多样性可以显著提升企业的可持续发展能力。也有学者对股权多样性的经济后果提出了异议，庄莹和买生（2021）研究发现国有企业股权多样性会降低企业的社会责任水平。

非国有股东持股比例，也有学者将其定义为股权深入性，是股权结构中衡量国有企业混合所有制改革程度的重要指标。大部分学者认为非国有股东持股比例越大，越能产生有利的经济后果。李明娟和金海钰（2020）以2008—2018年上市国有企业为样本，研究发现股权深入性与国有企业资本配置效率正相关。胡艳等（2020）研究发现股权深入性的提高能够显著抑制企业的非理性投资行为。车嘉丽和陈赞宇（2021）认为在国有企业中提高非国有股东持股比例对高管薪酬黏性的抑制效果更明显。姬怡婷和陈昆玉（2020）以混合所有制改革国有企业为研究对象，发现竞争性国有企业非国有股东持股比例对企业创新具有显著促进作用，但公益性国有企业股权深入性对创新的促进作用不明显。

混合所有制改革国有企业的股权制衡度是指非国有股东与国有股东持股比例的对比，对于股权制衡度的经济后果，学者们也提出了不同的见解。有学者认为股权制衡度能够发挥积极效应，廖冠民和沈红波（2014）研究指出股权制衡度能够抑制国有企业的政策性负担；谢海洋等（2018）研究表明股权制衡度可以促进企业绩效提升，且非国有股东委派董事能够在两者间发挥中介效应。另有学者探究了股权制衡度与企业绩效的非线性关系，王新红等（2018）以2014—2016年A股混合所有制改革企业为研究对象，指出股权制衡度与公司绩效呈U形关系，通过进一步计算发现当股权制衡度达到60.19%的阈值后才会促进企业绩效。

本书将企业混合所有制改革水平界定为参与混合的股权性质的数量

及不同类型股权的占比情况，具体包括股权多样性、股权深入性和股权制衡度。股权多样性是指混合所有制改革国有企业中不同性质股权的数量。本书首先区分混合所有制改革国有企业前十大股东的性质，将前十大股东分为国有股东、外资股东、民营股东、机构投资者和自然人五类，再以含有上述五类股东性质的数量来衡量股权多样性。股权深入性是指混合所有制改革国有企业前十大股东中非国有股东持股数量占总股的比重，从某种程度上股权深入性能够反映非国有股东的话语权大小，鉴于民营和外资股东在非国有股东治理中发挥更大的作用，本书以民营和外资持股比例之和衡量股权深入性。股权制衡度是指混合所有制改革国有企业前十大股东中非国有股东与国有股东间持股数量的比较，具体测量方式为民营和外资股东持股比例之和与国有股东持股比例的差值，由于国有股东与非国有股东存在不同的利益诉求，通过股权制衡度可以度量两类股东之间的博弈力量。股权深入性和股权制衡度常被用来衡量混合所有制改革企业的股权混合度。

（二）混合所有制改革企业绩效

以往学者对混合所有制改革企业绩效的研究集中在指标衡量和影响因素两个方面，其中，对绩效指标的衡量主要包括利润类、价值类、综合类三种方式，对绩效影响因素的探究主要从内、外部两个维度展开。

对于混合所有制改革国有企业绩效的最常见的衡量方式是采用单一会计指标（如资产收益率、净资产收益率、托宾Q值等）来衡量企业的绩效（倪宣明等，2022；郝阳、龚六堂，2017），使用这种方式的学者认为企业绩效提升的关键在于企业利润的增长，对企业的评价应充分体现企业的财务绩效。例如李向荣和张洪宝（2021）用ROA来衡量国有企业绩效，通过论述国有企业的二次混合所有制改革，探究了混合所有制改革程度对国有企业绩效的影响。李明敏等（2020）、李东升和杨荣（2020）同样采用ROA来度量企业混合所有制改革绩效，基于股东资源和治理结构双视角，分析了异质股东控制权配置对绩效水平的影响。朱嘉伟和陈洁（2020）对不同国有企业混合所有制改革模式下不同生产要素投入对企业绩效的影响进行了定量研究，其中，研究使用净资产收益率（ROE）来衡量绩效水平。经济增加值（EVA）常常也被认为是合适的企业绩效评价指标。任广乾等（2020）认为采用 ROA、ROE 等单一财务指标由于受到会计的核算方法、折旧等因素的影响具有一定失真的可能，不能准确地代表企业的经营状况；托宾 Q 值等基于市场的财务指标故而容易受到这类学者的青睐，但吕新军（2015）认为由于我国资本市场发展得不完善，股市有效性不足，股票价格会使托宾 Q 值的计算存在较大偏差。

考虑到单一的财务指标无法准确衡量混合所有制改革国有企业的发展情况，部分学者对混合所有制改革国有企业绩效展开了多指标衡量的研究。马连福等（2015）、谢海洋等（2018）学者选取了资产收益率和市净率从财务指标和市场价值两个方面衡量混合所有制改革企业的绩效水平，借此探究对企业过去与未来经营成果的影响。李小青和周建（2015）基于企业的盈利、成长和现金能力三个方面运用主成分分析法构建了企业战略绩效综合指标。潘胜文等（2020）、陈昭和刘映曼（2019）则通过企业全要素生产率来衡量混合所有制改革的效率与企业的高质量发展，认为促进企业绩效水平的关键在于提高其生产率，全要素生产率能够全面反映企业在技术更新、管理模式优化和产品质量提升等方面的要求。此外，近年来 ESG（环境、社会、治理）理念兴起，符合 ESG 标准的企业在环境保护、社会福祉和治理绩效方面都有突出的表现，越来越多的学者也将 ESG 得分作为评价企业效率的指南。

财务指标是对企业过去经营情况的反映，不能衡量企业未来的经营成果，故存在部分学者试图通过构建多维度指标体系实现对企业综合发展水平的衡量。部分学者通过研究与探索发现员工满意度、顾客满意度等非财务指标可以很好地衡量企业未来的经营成果（Orazalin & Baydauletov，2020），鉴于混合所有制改革国有企业的经济性和政策性双重目标，对于其绩效水平的衡量，不能仅从财务绩效的角度考察，还要兼顾企业对非财务目标的执行情况。郝书辰等（2011）基于国有企业利润最大化的中间目标和社会福利最大化的最终目标，分运行效率和功能效率两方面，构建了国有企业治理效率指标评价体系，指出了国有企业目标和功能的双重性；陈颖和吴秋明（2018）从公司运营成本、公司价值、公司收益、公司遵守法规的情况四个方面选取指标来衡量混合所有制改革企业的发展情况；杜运潮等（2016）同样构建了混合所有制改革国有企治理能力指标评价体系，主要包括股东结构、经理层、社会责任、治理绩效等十大模块；马宗国和曹璐（2020）从效益增长、创新发展、绿色发展、开放合作、社会共享五个维度运用组合赋权评价模型构建了制造企业高质量发展指标评价体系。

目前学术界对绩效影响因素的探索，可归类为内部影响因素和外部影响因素两方面。对影响混合所有制改革企业绩效的内部因素，学者们主要分析了高层治理和股权结构的影响。在高层治理层面，Hu 和 Xu（2022）以 2004—2014 年 230 家国有控股企业为样本，从财务绩效和政治绩效两个维度衡量企业绩效水平，研究发现增加 CEO 薪酬能够同时提升两个维度的绩效水平，但第二大股东为非国有股东时，增加 CEO 薪酬对财务绩效的提升更明显，对政治绩效的提升有所削弱。Garg 等（2019）研究发现较高的董事会治理估值会导致更高的董事更替，进而降低企业绩效水平，同时较高的董事会治理估值使旧董事为了减轻新董事压力，更倾向推荐资历较低的新董事进入董事会，反而使董事会内部更融洽，提高企业绩效水平。Schnatterly 等（2021）研究表明董事会专业知识与风险错位会降低企业绩效水平，但董事会重组后，将会促进绩效水平的提升。张天舒等（2018）研究了独立董事薪酬发挥的治理作用，发现过低或过高的薪酬均不利于提高企业绩效水平。陈颖和吴秋明（2018）以混合所有制改革国有企业为样本，发现董事长与总经理由同一人兼任并不会显著降低公司绩效水平。在股权结构层面，孙鲲鹏等（2021）研究发现国资控股下民资主导的企业绩效水平高于外资主导的企业。对影响混合所有制改革企业绩效的外部因素，学者们也进行了较为丰富的研究。Ye 等（2022）发现对社交媒体的灵活应用能够快速提升企业的敏锐性和适应性，增强企业的动态能力，进而提高企业绩效水平。Ljubownikow 和 Ang（2020）研究发现企业的绩效水平受到竞争程度的影响，竞争程度强的企业会尝试更多不相关业务提升效率，竞争程度弱的企业可能进行更多相关业务开发其资源基础，进而提升绩效水平。张耀辉和尹一军（2020）研究了企业的内外部能力对绩效水平的影响，发现企业的外部政治关联能力对绩效水平具有显著正向作用，且这一关系还会受到行业竞争程度和制度环境的调节。姜涛（2013）认为企业绩效水平会受到规制环境的影响，由于政治资源较强的企业来自市场竞争的压力较小，所以容易导致更低的企业效率。

混合所有制改革国有企业肩负经济和社会任务的双重使命，通过深化国有企业混合所有制改革，能够充分发挥异质性资本的协同效应，使混合所有制改革国有企业在提高经济效应的同时兼顾不同利益相关者在社会责任等方面的合理诉求，因此混合所有制改革国有企业绩效水平应包括经济效应和社会效应两方面。本书选取反映经济效益和市场价值的相关指标综合衡量国有企业的经济效应，其中经济效益指标包含企业的偿债能力、营运能力、盈利能力和发展能力；市场价值指标包括托宾 Q 值、市盈率和市净率。社会效应包括为员工提供福利（年人均收入增长情况、薪酬增加情况），为社会提供就业岗位，在法律框架内合法合规经营，等等。综上，企业的绩效水平是一个包含经济效应和社会效应的综合性指标，两者缺一不可，否则就会使对企业绩效水平的衡量过于片面。

（三）混合所有制改革水平与企业绩效

通过回顾关于企业混合所有制改革水平对绩效影响的文献，本书重点关注混合所有制改革的广度（股权多样性）和深度（股权深入性、制衡度）对绩效水平的影响。

1. 股权多样性与混合所有制改革企业绩效

目前关于股权多样性对混合所有制改革企业绩效的研究主要存在两种观点：一种认为异质性股东带来了更多互补性资源，增加了不同股东间相互学习借鉴的机会，有利于提高企业的绩效水平；另一种则认为只靠实现股权多样性无法给企业带来实质性的改变，更重要的是企业的内部机制能否发挥异质性股权间的协同效应。

大部分学者肯定了股权多样性对混合所有制改革企业绩效的积极作用。Zhu 等（2020）在对国有企业引入民营资本的研究中，发现非国有股东产生的知识溢出对国有企业改革后的绩效水平有积极影响。Guan 等（2021）利用 2008—2017 年沪深上市国有企业的数据，研究发现股权多样性降低了董事长对财务绩效的影响，可以缓解企业内部治理问题。任广乾等（2020）以托宾 Q 值来衡量企业价值，指出股权多样性能够显著提升国有企业价值。

也有部分学者认为股权多样性对混合所有制改革企业绩效不能产生实质影响，甚至会降低绩效水平。沈昊和杨梅英（2019）在对招商局集团的案例分析中指出，混合所有制改革引入非国有股东的类型与时机对公司业绩和治理更重要，并不是单纯地引入多种类型的非国有股东就能实现良好的治理效果。王倩等（2021）运用2004—2017年非金融类国有上市公司的数据，通过实证结果表明股权多样性会导致企业效率的降低。

2. 股权深入性与混合所有制改革企业绩效

目前股权深入性对混合所有制改革企业绩效的影响主要有以下两种观点。一种观点认为随着国有股比例的下降和非国有股比例的上升，混合所有制改革企业绩效水平得到改善。Liu等（2015）利用1997—2003年1100多家中国混合所有制改革企业的数据，实证验证了非国有股东持股比例的增加对企业绩效和效率均有提升作用。Phung和Mishra（2016）通过越南国有上市企业的数据，研究发现增加非国有股东持股比例对企业绩效有明显的促进作用，国家应该提倡引入更多的非国有资本。另一种观点认为股权深入性与混合所有制改革企业绩效并不存在显著的线性关系。郭于玮和马弘（2016）实证表明非国有股东持股比例与企业全要素生产率之间存在倒U形关系。

3. 股权制衡度与混合所有制改革企业绩效

针对股权制衡度对混合所有制改革企业绩效的影响，学者们也提出了不同的见解。李双燕和苗进（2020）基于混合所有制企业的证据，发现混合主体制衡度有利于全要素生产率的提升。刘新民等（2017）在分析央企控股上市公司时，发现外资股东股权制衡负向影响企业绩效。He和Kyaw（2018）研究发现国有企业经理人更倾向于追求自身的社会政治目标，而不是最大化所有股东的利益，通过股权制衡可以有效降低国有企业经理人实施更多过度投资行为。可见以往研究主要从正反两个角度阐述了混合所有制改革国有企业股权制衡度的治理效应，结论的不一致性为进一步探究股权制衡度对绩效水平的影响留下了空间。

此外，对于混合所有制改革水平对企业绩效的研究，也有学者根据市场化程度和行业类别进行了分组研究。董梅生和洪功翔（2017）将混合所有制改革国有企业分为垄断性和竞争性两类，探究了国有股占比与绩效水平间的关系。姬怡婷和陈昆玉（2020）将混合所有制改革国有企业分为竞争类和公益类两类，以分析在两类企业中股权深入性对绩效水平发挥的不同影响。杨兴全等（2020）将混合所有制改革国有企业划为央企和地方国有企业两类,并结合市场化进程探究了股权结构对企业多元化经营程度的影响。熊爱华等(2021)对国有企业基于行业特征和市场化水平的异质性,分析了混合所有制改革对绩效水平存在的差异化影响。可见,在不同市场化程度和行业分类下,混合所有制改革水平变动对绩效的影响有所差异。

在我国混合所有制改革国有企业中,同时存在两类委托代理问题,一方面,国有企业中存在过长的委托代理链条,国有控股股东代表全体股东行使监督权时,由于国有控股股东与经理人之间的信息不对称,容易导致第一类委托代理问题的产生。另一方面,国有企业经理人多由国资委任命,同时也由其负责国有企业经理人的考核,导致经理人可能更偏向于控股股东的利益,且其更容易与国有控股股东合谋,做出侵害非国有股东利益的行为,从而导致第二类委托代理问题。此时,通过提升非国有股东的持股比例、允许非国有股东委派董事进入董事会、增强非国有股东的话语权等方式,能够强化非国有股东对国有控股股东和经理人的监督,降低代理成本,进而提升企业绩效水平。

此外,对于国有企业而言,虽然国有企业在技术设备、信用评级、政治资源等方面具有先天优势,但同时也存在绩效水平低下的问题,而民营企业在创新能力、市场化水平、管理机制等方面更有优势。基于资源依赖理论视角,通过发展国有企业的混合所有制可以实现国有企业和民营企业的资源互补,进而帮助国有企业实现效率提升。在我国混合所有制改革国有企业中,国有董事大多由国资委直接委派,这些董事具备一定的政治资源,但缺乏一定的商业技能,而由非国有股东委派的董事常年在充满竞争性的环境中摸爬滚打,对市场反应更加灵敏,具备更好的商业嗅觉。基于资源依赖理论视角,混合所有制改革国有企业可以通过引入更多非国有董事来完善董事会治理结构,有利于提升董事会治理绩效。

(四)董事会断裂带

在国有企业混合所有制改革进程中,随着异质性股东的引入,为了维护非国有股东的权益及更好地吸收非国有资本的优势,会允许非国有股东委派自己的董事进入董事会共同参与公司治理,但国有董事和非国有董事之间往往基于利益诉求的不一致产生分歧,从而影响到整个董事会的治理效果,进而影响混合所有制改革效果,为了探究国有董事与非国有董事间的合作关系程度，本书引入了群体断裂带的概念。

Lau和Murnighan（1998）开创了群体断裂带理论，该理论认为仅从团队成员的单一维度特征来划分组别是不够的，成员间的异质性程度是由多种特征的排列组合共同决定的，假设每种特征都用若干线条将成员隔开，位于线条同一侧的成员相似度更高，不同侧的成员则有所差异，当多个特征的线条重合在一起时，群体间便出现了一条断裂带，将群体划分成了不同的子群体，子群体内部成员特征更加一致，而不同子群体间成员的差异更为明显。此后，Tuggle等（2010）在学术界首次提出了董事会断裂带这一概念，即基于董事会成员的若干特征将董事划分成不同的子群体。

群体断裂带是根据团队成员的特征相似性将团队划分为两个或多个子群体的分界线，董事会断裂带则是根据董事的特征属性，按相似性将董事划分成若干个小团体的分界线。董事会断裂带的概念提出后，国内外学者对其产生的经济后果展开了大量研究。目前主流观点认为董事会断裂带将降低团队绩效，进而不利于企业绩效水平的提升。也有学者认为断裂带的产生会激发团队间的相互学习行为，有利于提高团队绩效，进而提升企业绩效水平（刘丹等，2022）。

关于董事会断裂带对混合所有制改革企业绩效水平的影响研究，也有学者从不同派系的角度分析。在董事会群体中，董事会成员通常不是作为独立个体进入董事会，而是作为特定利益集团的代表进驻董事会，这为断裂带的形成提供了天然的分界线。Kaczmarek等（2012）研究发现执行董事和非执行董事之间的断裂带可能会对公司效率产生负面影响。这为本书的研究提供了有益思路，对于混合所有制改革国有企业而言，除独立董事，其余董事均代表不同性质股东的利益，可以根据其委派主体将董事成员划分成国有董事和非国有董事两个派系，由于利益诉求的不同，国有董事和非国有董事间的派系断裂带更容易被"激活"，从而可能对企业绩效水平产生不利影响。

此外，对于董事会治理效应的研究，除董事会断裂带，也有少数学者关注到董事长个人发挥的独特作用。代飞（2018）基于董事长个人动机视角，认为董事长为了完成政绩和业绩的双重考核，会过于追求企业的短期利益，最终损害企业的绩效水平。叶方冰等（2021）研究发现董事长权力的提升能够显著提高企业绩效水平，且企业经营环境的复杂性越高，董事长权力对公司绩效水平的促进作用就越强。因此，分别从团队角度分析董事会断裂带和个人角度分析董事长权力的调节效应，有利于完善董事会治理效果的研究。

本书认为混合所有制改革国有企业的董事会群体存在一条天然的分界线，按照董事背后利益集团的性质划分，可以将董事划分成国有董事和非国有董事，两派董事可能会基于不同的利益诉求产生分歧，从而形成董事会断裂带，本书研究的董事会断裂带专指国有董事与非国有董事间的派系断裂带。参考以往研究，选取董事学历、任期、持股份额、是否兼职董事、是否有高级职称五个特征属性作为董事会断裂带的计算指标。参考 Veltrop 等（2015）的 Fau 算法，首先分别计算出董事会断裂带强度（衡量子群体内部一致性）和董事会断裂带距离（衡量不同子群体间的差异程度），再利用两者的乘积来综合计算董事会断裂带。董事会断裂带强度越大表明国有董事内部更为相似，非国有董事内部也更为相似；董事会断裂带距离越大，表明国有董事和非国有董事之间差异性越大。董事会断裂带强度和距离越大，表明同质派系董事相似性越大，且异质派系董事间的差异性也越大。

本书基于社会认同理论假设每个独立个体对自身有较高的情感认同，个体往往根据自身特征属性（性别、年龄、学历、职业经历等）将自己与具有相似特征的人或群体归为一个子群，基于对自身的认同，个体对同一子群体内的其他成员更容易产生社会认同感，并同时给予子群体内其他成员较高的评价，内部成员间也更容易相互吸引（吴剑峰等，2022）。除此之外，由于刻板印象的存在，在肯定自己团队的同时，同一子群体的成员还会对其他子群体成员有较低的评价，甚至产生敌对行为。当同一团队中出现多个子群体，并且子群体间对彼此持负面评价和消极态度时，就会严重影响到整个团队的合作。因此，若个体基于整个团队对自己归类，就会增强其对整个团队的情感认同，若个体基于某个子群体对自己归类，就会增强其对这个子群体的认同。通常情况下，当出现群体断裂带时，个体会更倾向于认同自身所在的子群体，而不是整个团队。在混合所有制改革国有企业董事会中，由于国有董事大多由政府直接委派，他们往往有相对应的政治层级，有更相似的职业经历，彼此更可能产生社会认同而形成一个子群体。非国有董事基本都由非国有股东委派，从维护非国有股东的权益出发，非国有董事间更有可能凝聚在一起，形成一个子群体，这为本书董事会派系断裂带的形成提供了理论依据。

综上所述，本书认为以下几个方面值得关注。首先，目前企业混合所有制改革水平对绩效产生的影响仍未有定论，在绩效水平测度和两者关系上尚有继续探究的价值；其次，以往研究大多将董事会断裂带作为绩效水平的直接影响因素进行分析，将其纳入企业混合所有制改革水平与绩效的关系中，分析其调节效应的文献较少；再次，以往研究在分析董事会治理时多从董事会团体角度出发，鲜有文献关注作为董事会核心人物的董事长，其个人权力在股权结构与绩效水平关系中发挥的作用；最后，基于市场化程度和行业分类，探究企业混合所有制改革水平、董事会断裂带和绩效三者间关系的研究较少。因此，本章从以下方面进行研究。

第一，混合所有制改革国有企业肩负着经济和社会层面的双重任务，以往单考虑企业财务绩效或市场价值的利润类、价值类度量方式已不再适用，本书结合混合所有制改革国有企业高质量发展的要求，从经济效应和社会效应两方面构建综合类指标衡量绩效水平。

第二，将董事会断裂带纳入企业混合所有制改革水平与绩效的分析之中，由于国有董事和非国有董事两个派系之间有可能基于利益诉求的不同"激活"董事会断裂带，本书试探究董事会断裂带在企业混合所有制改革水平与绩效关系中的调节作用。

第三，董事长在国有企业改革中发挥特殊作用，董事长如何通过个人权力整合资源、调节各方利益关系，将会影响到企业混合所有制改革水平与绩效间的关系，本书将探讨董事长权力对两者关系的调节效应。

第四，不同的市场化程度意味着混合所有制改革国有企业面临不同的信息透明度和政府干预，企业所属行业的差别也让其拥有不同的资源禀赋，考虑到市场化程度和行业异质性的影响，本书基于市场化程度和行业类别对全样本进行分组，探究企业混合所有制改革水平、董事会断裂带和绩效三者间的关系在不同市场化程度、不同行业分类下的差异性。

三 研究假设

（一）股权多样性与混合所有制改革企业绩效

基于资源依赖理论，股权多样性可以实现国有股东与非国有股东的优势互补。国有企业具备市场竞争所需的全部资源是不现实的，相比国有资本，民营和外资等非国有资本拥有更高水平的市场化经营模式、更广阔的国际化视野和更先进的发展理念（张云等，2019），国有企业通过混合所有制改革引入非国有资本后，可以获得来自非国有股东在市场经验、管理机制或创新能力等多方面的优质资源（王欣、韩宝山，2018），同时整合自身在政治关联、体量规模、融资贷款等方面的优势，有利于弥补国有企业运营发展过程中的短板，从而快速提升企业的绩效水平（许光建、孙伟，2018）。有学者在对国有企业引入民资的实证研究中，发现非国有资本产生的知识溢出能够显著提升混合所有制改革国有企业的绩效水平（Zhu, et al., 2020）。也有学者认为在国有企业中引入更多匹配的战略投资者，不仅可以实现治理结构的调整，还能带动对知识和技术专长的相互学习，实现企业异质性资源的优势互补（朱磊等，2019），以上研究均印证了股权多样性能对混合所有制改革国有企业绩效水平起到促进作用。

混合所有制改革国有企业股权多样性还可能为企业带来更多声誉。长期以来，国有企业除受到政府和国资委等机构的监督，还受到媒体的监督（曹越等，2020），由于内部信息披露不透明等原因，国有企业经理人侵占国资的行为时有发生，被媒体曝光后，将会受到管理部门严格处罚，有损企业形象（逯东等，2015）。通过引入多种类型的异质性股东，可以督促国有企业经理人增强企业信息透明度，有利于国有企业对外塑造形象并获得利益相关者的支持，进而促进企业绩效水平提升。综上分析，本书提出以下假设。

H1：混合所有制改革国有企业股权多样性与绩效水平呈正相关。

（二）股权深入性与混合所有制改革企业绩效

一方面，混合所有制改革国有企业股权深入性的增加使非国有股权更加集中，提高了非国有股东参与治理的积极性。随着非国有股东持股的深入，混合所有制改革国有企业内部出现多个大股东并存的局面，出于对自身利益的保护，国有和非国有大股东均有意愿改善公司的治理机制（马勇等，2019）。另外，非国有股东持股占比决定了其所能分配到剩余索取权和控制权的多少，使非国有股东有动机强化对国有股东的监督，防范国有大股东合谋国有企业经理人侵占非国有股东利益的行为，让公司在制定决策时更加透明化、更遵循市场规律，进而提升企业绩效水平。

另一方面，混合所有制改革国有企业股权深入性的增加可以降低国有企业的政府干预和预算软约束。首先，增加股权深入性意味着国有股东持股比例的降低，有助于缓解政府对企业的干预程度，帮助企业建立灵活的市场机制（张辉等，2016），使国有股东和非国有股东的利益追求更加趋于一致，这将有利于企业绩效水平的提升。其次，引入更多的非国有资本也会逐步改变国有企业对政府资源的路径依赖，减少国有企业的预算软约束，拓宽国有企业寻求资源的渠道，树立企业自主经营、自负盈亏的意识（李向荣、张洪宝，2021），通过降低对政府的资源依赖倒逼企业提升绩效水平。综上分析，本书提出以下假设。

H2：混合所有制改革国有企业股权深入性与绩效水平呈正相关。

（三）股权制衡度与混合所有制改革企业绩效

基于委托代理理论，混合所有制改革国有企业存在股东与管理者及国有股东和非国有股东间的委托代理问题，进而产生两类委托代理成本。实现国有股东和非国有股东间的制衡，能够显著降低混合所有制改革国有企业的两类代理成本，进而提升企业绩效水平。

在混合所有制改革国有企业中，过长的委托代理链条让管理者缺乏足够的监督，由于信息不对称和道德风险，国有企业经理人为了寻求政治晋升可能实施一些自利行为，进而产生第一类代理成本。但随着非国有股东逐渐形成对国有股东的有效制衡，一方面，非国有股东会进一步完善国有企业现有的激励机制，有学者发现非国有股东注重管理者薪酬激励制度的建立与完善，混合所有制改革国有企业可以通过学习非国有资本的薪酬制度，提升管理者的工作积极性（吴怀军，2016）。此外，混合所有制改革国有企业中的非国有股东也更愿意支付给具有突出业绩的管理者与其能力相匹配的薪酬，以激励管理者努力工作（曹越等，2020）。另一方面，非国有股东可以担任监督者对管理者实施有效监督，避免管理层做出为了自身利益的短视行为（朱磊等，2019）。非国有股东通过激励机制和监督机制减少了管理层的机会主义行为，降低了第一类代理成本。由于代理问题和较高的监督成本会降低企业的绩效水平，因此通过降低第一类代理成本可以有效提升企业绩效水平。

另外，新加入的非国有股东持股量达到对国有股东制衡的效果时，非国有股东可以向董事会派遣董事,对于有损非国有股东和其他中小股东利益的决议投出否决票,降低国有股东对非国有股东和其他中小股东的利益侵占行为,可以有效降低第二类代理成本。只是单纯引入多元化的股权,未必能实现企业治理情况的改善,对控股股东进行有效的制衡,让非国有股东拥有更多的话语权,才能避免引发绩效水平的缺失(蔡贵龙等,2018)。以上分析表明非国有股东可以通过股权制衡监督国有股东和管理者,在维护自身利益的同时,降低企业的两类委托代理成本,进而提升企业绩效水平。综上分析,本书提出以下假设。

H3:混合所有制改革国有企业股权制衡度与绩效水平呈正相关。

(四)董事会断裂带对混合所有制改革水平与企业绩效之间关系的影响

基于社会认同理论,同一个群体中具有相似特征属性(性别、年龄、任期、学历等)的成员更可能在相处过程中相互认同,形成一个同质性的小群体,这样原来的群体就会因为成员间的自我分类形成若干个不同的子群体,从而形成群体断裂带。基于董事所属利益集团的不同,在混合所有制改革国有企业董事会国有董事和非国有董事之间可能存在着一条天然的断裂带(王婧、蓝梦,2019)。由于董事会断裂带反映的是同质派系内的相似程度和不同质派系间的差异程度,当人口统计特征与派系分类关系一致时,派系断裂带会变得更强(Li & Hambrick, 2005),即当国有派的董事特征属性更加相似,非国有派的董事特征属性也更加相似,且国有派别和非国有派别之间的董事特征属性更有差异时,两派的断裂带程度更强(梁上坤等,2020)。

基于已有研究,董事会断裂带增强时,将降低不同派系董事间的凝聚力,引发团队冲突,降低团队决策效率,进而损害团队绩效(Schölmerich, et al., 2016; Spoelma & Ellis, 2017)。另外,董事会断裂带也使董事成员的监督能力和监督意愿有所下降(梁上坤等,2021)。在混合所有制改革国有企业中,随着国有董事与非国有董事派系断裂带的增强,国有董事派系可能会排斥新加入的非国有董事派系,由于身份冲突,两派董事不太可能互相学习和共享知识,股权多样性虽然有助于整合异质性股东间的优势资源和先进管理理念,但董事会断裂带的增强使股权多样性的治理作用大打折扣。股权深入性和股权制衡度的增加原本有利于提升非国有董事的话语权,增强非国有董事对国有董事的监督作用,但董事会断裂带的增强,降低了董事间的监督能力和监督意愿,通过增加股权深入性和制衡性来改善公司绩效水平的目的也受到阻碍(刘丹等,2023)。综上分析,本书提出以下假设。

H4a:董事会断裂带增强时,会削弱混合所有制改革国有企业股权多样性与绩效水平的正相关关系;

H4b:董事会断裂带增强时,会削弱混合所有制改革国有企业股权深入性与绩效水平的正相关关系;

H4c:董事会断裂带增强时,会削弱混合所有制改革国有企业股权制衡度与绩效水平的正相关关系。

四　研究设计

(一)样本选取与数据来源

由于本书研究混合所有制改革国有企业股权结构的变化对绩效水平的影响,而在2007年底我国国有企业股权分置改革任务完成前,非国有资本难有机会进入国有企业发挥作用,因此本书将研究时间选在股权分置改革后,选取2008年至2021年间沪深A股混合所有制改革国有上市企业为研究样本。通过上市公司年报、巨潮资讯网、新浪财经网等渠道手工整理出样本企业前十大股东性质、股东关系、股东持股和董事性质的数据。其他数据均来自国泰安和锐思数据库,另外根据本书研究对样本数据的处理过程如下。

(1)剔除ST和*ST类上市混合所有制改革国有企业。

(2)考虑到单纯的参股不能影响混合所有制改革企业的经营决策,只有委派董事才能发挥实质性治理作用,本书对混合所有制改革国有企业进行了严格的限定,剔除样本企业中不存在非国有委派董事的混合所有制改革国有企业,即仅保留董事会成员中既存在国有董事又存在非国有董事的混合所有制改革国有企业。

(3)通过新浪财经、百度等网站弥补缺失值后,对仍无法收集到的数据予以删除。

经过严格的数据处理后,本书最终获得2008年至2021年期间418家混合所有制改革国有企业,共计2522个公司年度数据。为避免极端值影响最终结果,本书对所有的连续变量均进行上下1%的缩尾(Winsorize)

处理，数据计算采用 Excel 及 Stata16.0 软件完成。

（二）变量定义

1. 被解释变量

混合所有制改革企业绩效（Ge）。目前对企业绩效水平的评价方式还未形成一个相对主流的观点，梳理文献后发现以往对国有企业绩效水平的评价以 ROA 或托宾 Q 值等单一指标为主，而这些指标只能片面地衡量一个企业的经营绩效或市场价值，并不能从整体上全面衡量在新时代背景下对混合所有制改革国有企业高质量发展的要求。对我国混合所有制改革国有企业绩效水平评价方式应与时俱进，在重视企业经营绩效的同时，还要注重企业社会责任等多方面的考核。代飞（2019）在对央企混合所有制改革效应研究中，从经济效应和社会效应对企业绩效水平进行综合评价，其中社会效应包括企业合法合规经营、维护职工权益、承担社会责任维度，经济效应包括企业的经济效益和企业价值维度，本书借鉴其对央企混合所有制改革效应评价体系的构建指标，从经济效应和社会效应双维度对企业绩效水平指标进行加权测算，求出企业绩效水平综合得分。

（1）评价指标的选取

随着环境污染、食品安全等问题的爆发，人们开始关注企业的社会责任履行情况，认为对企业的合理评价不应该仅仅考虑经济利益，更应该关注企业对社会、环境的贡献，即企业不能单纯以利润最大化作为企业的发展目标，而是考虑企业对社会总福祉的影响（商华等，2022）。对于肩负着社会民生的混合所有制改革国有企业而言，更是责无旁贷（肖红军，2018）。混合所有制改革国有企业具备两大功能：一是政策性功能，即作为政府实现特定公共目标的资源；二是收益性功能，通过获取财务回报，提高企业经营效率。对企业绩效的有效评估是各方利益相关者们了解企业发展、维护自身权益的基础，故本书基于利益相关者理论，在考虑到指标选取的代表性、科学性、可获得性和可比性原则的基础上，并主要参考了国内外学者对 ESG 指标体系的构建、典型企业披露的社会责任报告、国内学者以往对企业绩效的研究等，从经济效应和社会效应两个维度，选取了 20 个子指标，构建了混合所有制改革企业绩效指标评价体系，具体指标及定义见表 5—1。

表 5—1　　　　　　　　　　指标评价体系的构建

一级指标	二级指标	二级指标	指标定义
经济效应	偿债能力	流动比率	流动资产/流动负债
经济效应	偿债能力	速动比率	（流动资产－存货）/流动负债
经济效应	偿债能力	资产负债率	负债合计/资产总计
经济效应	营运能力	应收账款周转率	营业收入/（应收账款期末余额＋应收账款期初余额）/2
经济效应	营运能力	存货周转率	营业成本/（存货期末余额＋存货期初余额）/2
经济效应	营运能力	总资产周转率	营业收入/（资产合计期末余额＋资产合计期初余额）/2
经济效应	盈利能力	总资产报酬率	（利润总额＋财务费用）/（资产合计期末余额＋资产合计期初余额）/2
经济效应	盈利能力	净资产收益率	净利润/（股东权益期末余额＋股东权益期初余额）/2
经济效应	发展能力	总资产增长率	（资产总计本期期末值－资产总计本期期初值）/（资产总计本期期初值）
经济效应	发展能力	营业收入增长率	（营业收入本年本期金额－营业收入上年同期金额）/（营业收入上年同期金额）
经济效应	发展能力	净资产增长率	（所有者权益本期期末值－所有者权益本期期初值）/所有者权益本期期初值
经济效应	市场表现	托宾Q值	市值A/（资产总计－无形资产净额－商誉净额）
经济效应	市场表现	市盈率	今收盘价当期值/（净利润上年年报值/实收资本本期期末值）
经济效应	市场表现	市净率	今收盘价当期值/（所有者权益合计期末值/实收资本本期期末值）
社会效应	社会表现	员工薪资	支付给员工以及为员工支付的现金/员工人数
社会效应	社会表现	管理培训	年新增应付职工薪酬/年初应付职工薪酬
社会效应	社会表现	就业机会	年新增人数/年初员工数量
社会效应	社会表现	依法纳税	支付的各项税费/资产总计
社会效应	社会表现	道德规范	用违规次数衡量，若违规次数为0，则赋值为1；否，则代入公式，$\ln(1/\text{企业违规次数}+1)$
社会效应	社会表现	可持续发展	净资产收益率×收益留存率/（1－净资产收益率×收益留存率）

其中，经济效应主要包括企业偿债能力、营运能力、盈利能力、发展能力、市场表现五个维度。这五个维度可以全面衡量企业的经济水平，代表着企业股东、债权人等关键利益相关者的利益（马宗国、曹璐，2020）。债权人和股东是企业的投资者。企业只有赢得巨额利润，实现经济利益的可持续增长，才是对投资者最好的回报，也是对股东和债权人责任的履行（李小青、周建，2015）。偿债能力、营运能力、盈利能力、发展能力则从多方面、全方位地考察了企业的发展经营情况，企业的市场表现代表了企业在股市上的表现，是企业未来发展前景的表征（陈昭、刘映曼，2019）。由此，本书基于以上方面进一步选取了细分指标。

同时，社会效应维度关注对较远端利益相关者权益的保障。利益相关者理论表明，为了获得合法性与良好的声誉，企业在发展过程中会向较远端利益相关者传递企业表现良好的信号，例如减少对环境的污染、增加就业岗位、依法纳税等（苏继成、刘现伟，2022）。因此，本书选取了员工薪资、管理培训、就业机会、依法纳税、道德规范、可持续发展六个指标来衡量企业为社会所做出的贡献。其中，员工薪资和管理培训关注的是员工的合法权益，指数越高，代表企业的员工福利越好，给员工带来了更大的成长空间和更高的职场幸福感（阳镇等，2021）；企业创造就业岗位，为社会提供就业机会，也是帮助政府解决就业问题；依法纳税既是企业的责任也是企业的义务；遵守道德规范、合规经营是企业的底线，也是国家和社会公众对企业最基本的要求（陈颖、吴秋明，2018）；可持续发展指标越高，代表着企业具备长远的发展眼光，不以牺牲环境为代价谋求短期利益，会更加注重人与自然的和谐相处（Orazalin & Mahmood，2021）。

（2）评价指标的处理

本书对收集到的指标进行了数据处理。首先进行了数据的描述性统计和相关性分析，初步确定了数据的质量；其次，考虑到各个指标之间的单位、数据性质和量级不同，进行了无量纲化处理；最后，研究进行了指标的信效度检验，主要采用 KMO 和 Bartlett 球形度检验，本书输出的结果为 $KMO = 0.563 > 0.5$，$Sig. = 0.000 < 0.01$。结果表明本书选取的因子有效，指标之间的相关性较强、不相互独立，可以继续进行因子分析。

研究首先基于因子的特征根大于1的标准进行了探索性因子分析，提取了8个主成分，累计的方差贡献率为57.46%。考虑到损失的信息较多，可能存在较大误差，研究又进行了验证性因子分析，提取了13个主成分，累计的方差贡献率为81.591%。其次通过成分矩阵计算得到了各主成分的权重，并基于方差贡献率为权重进一步合成了衡量混合所有制改革国有企业绩效的综合指数。

最后，本书借鉴Shi和Yang（2017）学者的研究，从长期的角度考虑，通过综合企业过去三年的绩效表现，并按1/2、1/4、1/8的权重，最终合成了衡量混合所有制改革国有企业长期绩效的综合指数。

2. 解释变量

企业混合所有制改革水平（Share）。国有企业混合所有制改革后，非国有资本进入必然带来股权结构的变化，本书对混合所有制改革水平的衡量参照马连福等（2015）的方法，通过股权多样性、股权深入性和股权制衡度来体现。具体衡量方式如下。

（1）股权多样性（Mix）

对前期手工收集的企业前十大股东性质数据进行分类，根据来源分为5类不同性质的股东，分别为国有股东、外资股东、民营股东、机构投资者和自然人，当样本企业仅有一种性质类型的股东时，股权多样性取值为1，当存在两种性质的股东类型时，股权多样性取值为2，并以此类推，由于本书样本中仅保留了国有资本和非国有资本都存在的数据，因此本书股权多样性至少为2，最高为5。

（2）股权深入性（Mixra）

计算前十大股东中国有股东、外资股东和民营股东的持股比例。鉴于股权结构变动对企业的影响关键看引入的外资和民资能否真正发挥作用，因此本书以外资股东和民营股东持股比例之和来衡量股权深入性。

（3）股权制衡度（Restr）

本书主要考察国有股东和非国有股东之间的制衡关系，延续上述将民营与外资持股之和作为非国有股东持股份额的代理变量，利用外资与民营股东持股比例之和减去国有股东持股比例的差来衡量股权制衡度。

3. 调节变量

董事会断裂带（Fau）。将董事会成员排除独立董事后按董事性质分为国有董事和非国有董事两派。将独立董事排除的原因在于，本书研究的董事会断裂带为国有董事与非国有董事间的派系断裂带，而我国上市企业独立董事的主要职能为监督和咨询，其并不参与公司日常决策，也不代表任何一方利益主体，无法将其纳入国有董事或非国有董事的任一派别，故排除独立董事。另外，与表层的一些属性（如年龄、性别、种族）相比，更深层次的属性（如受教育程度、任期等）对董事会决策行为和公司绩效水平改善能够产生更大的影响，故本书参考学者已有研究，选取董事会成员受教育程度、任期、持股份额、兼职董事、是否有高级职称五个深层次特征属性作为董事会断裂带的测度指标。

借鉴 Veltrop 等（2015）的测度方法，本书采用断裂带强度（即同一派别内部的相似程度）和断裂带距离（即不同派别之间的差异程度）的乘积来衡量董事会断裂带。因为派系断裂程度取决于子群体内部是否更加同质和子群体间是否更加不同，而断裂带强度和断裂带距离的乘积既可以捕获子组内的相似性，也能够捕获子组间的差异性。

首先，计算董事会断裂带强度（Fstrength），以此来衡量同派系董事成员间的相似程度，具体计算公式为：

$$Fstrength = \frac{\sum_{j=1}^{p} \sum_{k=1}^{2} n_k (\overline{X}_{kj} - \overline{X}_j)^2}{\sum_{j=1}^{p} \sum_{k=1}^{2} n_k (\overline{X}_{ijk} - \overline{X}_j)^2} \tag{5—1}$$

其中，Fstrength 为董事会断裂带强度；j 表示董事特征；p 为计算断裂带强度所用董事特征的总个数，本书选用 5 个特征属性，所以 p = 5；k 表示子群体，即本书的国有董事群体和非国有董事群体；i 表示子群体的成员；$\overline{X}_{kj}$ 表示 k 子群体中的成员在 j 特征上的平均数；$\overline{X}_j$ 表示所有群体成员在 j 特征上的平均数；$\overline{X}_{ijk}$ 表示 k 子群体中 i 成员的 j 特征值；n_k 表示 k 子群体中成员的个数。Fstrength 数值越大，表明董事会断裂带强度越大，同派系董事成员的相似程度越高。

其次，计算董事会断裂带距离（Fdistance），以此来衡量国有董事和非国有董事两个派系间的差异程度。计算公式如下：

$$Fdistance = \sqrt{\sum_{j=1}^{p} (\overline{X}_{j1} - \overline{X}_{j2})^2} \tag{5—2}$$

其中，$\overline{X}_{j1}$表示子群体1中成员在j特征上的平均数，$\overline{X}_{j2}$表示子群体2中成员在j特征上的平均值。该值越大，董事会断裂带距离越大，不同派系董事间的差异程度越高。

最后，董事会断裂带为断裂带强度和断裂带距离的乘积，该值越大，代表同质子群体内部的相似性越高且不同子群体间的差异性越大，即国有董事派系和非国有董事派系的断裂程度越大。计算公式如下：

$$Fau = Fstrength \cdot Fdistance \tag{5—3}$$

4. 控制变量

参考相关混合所有制改革文献，本书设置公司年龄（Age）、公司规模（Size）、总资产报酬率（Roa）、总资产增长率（Tgrate）、独立董事比例（Inde）、董事会规模（Board）作为控制变量，此外，实证部分设置年份（Year）和行业（Industry）虚拟变量来控制年份和行业的固定效应。表5—2为详细的变量测量。

表5—2　　　　　　　　　　变量定义

变量名称	变量符号	变量定义
混合所有制改革企业绩效	Ge	从经济效应和社会效应双维度进行加权测算，求出绩效综合得分
股权多样性	Mix	前十大股东中不同性质类别股东的数量
股权深入性	Mixra	前十大股东中民营股东和外资股东持股比例之和
股权制衡度	Restr	前十大股东中民营及外资股东持股比例的和与国有股东持股比例的差值
董事会断裂带	Fau	利用断裂带强度和断裂带距离的乘积计算董事会断裂带
公司年龄	Age	公司成立年份的自然对数
公司规模	Size	公司总资产的自然对数
总资产报酬率	Roa	（利润总额＋财务费用）/平均资产总额
总资产增长率	Tgrate	（资产总计本期期末值－资产总计本期期初值）/（资产总计本期期初值）
独立董事比例	Inde	董事会中独立董事人数占董事会成员总数的比例
董事会规模	Board	董事会成员总人数的自然对数
年份	Year	虚拟变量
行业	Industry	虚拟变量

(三) 模型设定

借鉴高明华和郭传孜（2019）、周观平等（2021）、刘汉民等（2018）学者的设计，对除被解释变量外的其他变量滞后一期，一是为了控制企业混合所有制改革水平变量和董事会结构变量可能存在的内生性，二是因为企业混合所有制改革水平的变动可能对绩效的影响存在一定程度的滞后效应。本书构建如下 6 个回归模型来检验企业混合所有制改革水平的变动对绩效的影响及董事会断裂带的调节效应：

$$Ge_{i,t} = \beta_0 + \beta_1 Mix_{i,t-1} + Controls_{i,t-1} + \sum Year + \sum Indus + \varepsilon_{i,t-1} \tag{5—4}$$

$$Ge_{i,t} = \beta_0 + \beta_1 Mixra_{i,t-1} + Controls_{i,t-1} + \sum Year + \sum Indus + \varepsilon_{i,t-1} \tag{5—5}$$

$$Ge_{i,t} = \beta_0 + \beta_1 Restr_{i,t-1} + Controls_{i,t-1} + \sum Year + \sum Indus + \varepsilon_{i,t-1} \tag{5—6}$$

$$Ge_{i,t} = \beta_0 + \beta_1 Mix_{i,t-1} + \beta_2 Fau_{i,t-1} + \beta_3 Mix_{i,t-1} \times Fau_{i,t-1} + Controls_{i,t-1} + \sum Year + \sum Indus + \varepsilon_{i,t-1} \tag{5—7}$$

$$Ge_{i,t} = \beta_0 + \beta_1 Mixra_{i,t-1} + \beta_2 Fau_{i,t-1} + \beta_3 Mixra_{i,t-1} \times Fau_{i,t-1} + Controls_{i,t-1} + \sum Year + \sum Indus + \varepsilon_{i,t-1} \tag{5—8}$$

$$Ge_{i,t} = \beta_0 + \beta_1 Restr_{i,t-1} + \beta_2 Fau_{i,t-1} + \beta_3 Restr_{i,t-1} \times Fau_{i,t-1} + Controls_{i,t-1} + \sum Year + \sum Indus + \varepsilon_{i,t-1} \tag{5—9}$$

其中，$Ge_{i,t}$ 表示企业 i 在 t 期末的绩效水平；$Mix_{i,t-1}$、$Mixra_{i,t-1}$、$Restr_{i,t-1}$ 表示企业 i 在 t-1 期末的股权多样性、股权深入性和股权制衡度；$Fau_{i,t-1}$ 表示企业 i 在 t-1 期末的董事会断裂带；$Mix_{i,t-1} \times Fau_{i,t-1}$、$Mixra_{i,t-1} \times Fau_{i,t-1}$ 和 $Restr_{i,t-1} \times Fau_{i,t-1}$ 分别为股权多样性、股权深入性、股权制衡度与董事会断裂带的交乘项；$Controls_{i,t-1}$ 代表所有的控制变量；Year 和 Indus 表示控制年度和行业的固定效应；$\varepsilon_{i,t-1}$ 表示随机干扰项。模型（5—4）、模型（5—5）和模型（5—6）分别用于检验 H1、H2 和 H3；模型（5—7）、模型（5—8）和模型（5—9）分别用于检验 H4a、H4b 和 H4c。

五 实证分析

(一) 描述性统计

由表 5—3 的描述性统计结果可以看出，混合所有制改革企业绩效 (Ge) 最大值为 1.37，最小值为 -0.63，均值为 -0.013，可见我国混合所有制改革国有企业的整体绩效水平偏低，企业间差距较为明显；股权多样性 (Mix) 最小值为 2，最大值为 5，均值为 3.59，说明虽然样本企业的股权性质数量有差异，但股权类型总体上更趋于多元化；股权深入性 (Mixra) 方面，非国有股东最大持股量为 67.1%，而平均持股比例只有 14.4%，说明我国混合所有制改革国有企业非国有股东持股占比仍然较低，与国有股东难以形成制衡；从股权制衡度 (Restr) 来看，非国有股东持股占比平均比国有股东持股占比少 20.9%，进一步印证非国有股东在持股份额上与国有股东仍存在较大差距。根据上述描述性统计结果来看，我国混合所有制改革国有企业的总体混合程度不高。董事会断裂带 (Fau) 的最大值为 0.329，均值为 0.043，表明不同混合所有制改革国有企业董事会的断裂程度有很大差别。

表 5—3　　描述性统计

变量	样本	均值	标准差	最小值	最大值
Ge	2522	-0.013	0.367	-0.630	1.370
Mix	2522	3.590	0.744	2.000	5.000
Mixra	2522	0.144	0.148	0.000	0.671
Restr	2522	-0.209	0.292	-0.731	0.633
Fau	2522	0.043	0.054	0.000	0.329
Age	2522	2.758	0.387	1.609	3.497
Size	2522	22.302	1.247	20.058	25.929
Inde	2522	0.358	0.040	0.308	0.500
Roa	2522	0.050	0.040	0.001	0.202
Tgrate	2522	0.204	0.429	-0.166	3.341
Board	2522	2.228	0.168	1.792	2.708

资料来源：笔者基于 Stata 输出结果整理，下同。

(二) 相关性分析

表5—4为主要变量间的相关性系数矩阵,如表中所列,股权深入性(Mixra)、股权制衡度(Restr)与绩效水平(Ge)的相关系数分别为0.12和0.044,且分别在1%和5%的水平下显著,初步印证股权深入性和制衡度均可以提升企业绩效水平的结论。但股权多样性(Mix)与绩效水平的相关系数并不显著,H1并未得到初步证明。另外,控制变量对绩效水平产生了不同程度的影响,需要在实证中加以控制。同时变量间的Pearson相关系数均在合理范围内,可以基本排除变量间存在严重的多重共线性问题。

表5—4　　　　　　　　主要变量间的相关性分析

变量	Ge	Mix	Mixra	Restr	Fau
Ge	1.000	-0.003	0.120***	0.044**	0.071***
Mix	-0.003	1.000	0.084***	0.097***	-0.001
Mixra	0.120***	0.084***	1.000	0.808***	-0.031
Restr	0.044**	0.097***	0.808***	1.000	-0.013
Fau	0.071***	-0.001	-0.031	-0.013	1.000

注:**、***分别代表在5%、1%的水平上显著。

(三) 回归分析

表5—5报告了本章的部分回归结果,其中模型(1)为基准模型,仅加入控制和调节变量,模型(2)、(3)、(4)是在模型(1)的基础上分别加入自变量股权多样性(Mix)、股权深入性(Mixra)、股权制衡度(Restr)来检验H1、H2和H3,模型(5)是在模型(2)的基础上加入股权多样性与董事会断裂带的交互项(Mix×Fau)以验证H4a,模型(6)是在模型(3)的基础上加入股权深入性与董事会断裂带的交互项(Mixra×Fau)验证H4b,模型(7)是在模型(4)的基础上加入股权制衡度与董事会断裂带的交互项(Restr×Fau)检验H4c。

表 5—5　　　　　　　　　回归分析结果

变量	(1) Ge	(2) Ge	(3) Ge	(4) Ge	(5) Ge	(6) Ge	(7) Ge
Fau	0.318** (0.128)	0.316** (0.128)	0.332*** (0.128)	0.332*** (0.128)	0.339*** (0.129)	0.313** (0.128)	0.301** (0.128)
Mix	—	0.005 (0.010)	—	—	0.005 (0.010)	—	—
Mixra	—	—	0.154*** (0.049)	—	—	0.151*** (0.049)	—
Restr	—	—	—	0.075*** (0.025)	—	—	0.073*** (0.025)
Mix × Fau	—	—	—	—	−0.318* (0.190)	—	—
Mixra × Fau	—	—	—	—	—	−1.934** (0.907)	—
Restr × Fau	—	—	—	—	—	—	−1.076** (0.440)
Constant	−0.778*** (0.204)	−0.787*** (0.204)	−0.736*** (0.204)	−0.737*** (0.204)	−0.788*** (0.204)	−0.712*** (0.204)	−0.717*** (0.204)
Controls	Control	Control	Control	Control	Control	Control	Control
Industry	Control	Control	Control	Control	Control	Control	Control
Year	Control	Control	Control	Control	Control	Control	Control
Observations	1918	1918	1918	1918	1918	1918	1918
R	0.383	0.383	0.387	0.386	0.384	0.388	0.388

注：*、**、***分别代表在10%、5%、1%的水平上显著；Controls是所有控制变量的总称，具体包括公司年龄（Age）、公司规模（Size）、总资产报酬率（Roa）、总资产增长率（Tgrate）、独立董事比例（Inde）、董事会规模（Board）。

从模型（2）的回归结果来看，股权多样性（Mix）与绩效水平（Ge）之间的回归系数虽然为正，但并不显著，H1未得到验证。本书认为，股权多样性未能促进企业绩效水平可能存在以下三个方面的原因。一是非国有股东作用的发挥依赖健全的外部制度环境，在外部制度环境不完善的情况下，由于信息不对称，非国有股东获取信息较为困难，股权多样性优势的发挥也会大打折扣。二是非国有股东仅靠参股不一定获得足够的话语权，非国有股东应以委派董监高的形式在战略决策层发出声音，绩效水平的提升不仅要靠股权的多元化，更要看多元化的股权能否发挥影响力。三是不同性质的股权拥有不同的价值理念和文化，异质性文化的碰撞可能会引发冲突，从而有损多方的合作关系，无法发挥资源优势互补的良好效益，也就造成股权多样性未能对绩效水平产生促进作用。因此，对我国混合所有制改革国有企业而言，让什么样的非国有资本进来，进来后如何才能发挥其效用是未来改革的重点，混合所有制改革国有企业要逐步树立起异质性股权重在质不在量的观念。

模型（3）检验了股权深入性（Mixra）与绩效水平（Ge）的关系，从结果来看，股权深入性（Mixra）与绩效水平（Ge）间的相关系数为0.154，且在1%的水平下显著，验证了H2，即混合所有制改革国有企业股权深入性越高，越能够提升企业的绩效水平。这进一步体现出国有企业混合所有制改革的意义所在，股权多元化未必能够提升企业绩效水平，只有在非国有股东拥有更高的持股比例时，才能提高非国有股东参与国有企业治理的积极性，减轻混合所有制改革国有企业的政府干预和预算软约束问题，降低代理成本，进而提升企业绩效水平。

模型（4）检验了股权制衡度（Restr）与绩效水平（Ge）的关系，两者之间的回归系数为0.075，且在1%的水平下显著，验证了H3，即随着混合所有制改革国有企业股权制衡度的增加，企业的绩效水平能够得到明显改善。这表明，当非国有股东与国有股东的持股份额能够形成足够的抗衡时，能够显著降低企业的代理成本，进而提升企业绩效。模型（5）是为了验证董事会断裂带（Fau）在股权多样性（Mix）和绩效水平（Ge）间的调节效应，可以看出股权多样性与董事会断裂带的交互项（Mix×Fau）与绩效水平之间关系显著为负，且股权多样性与绩效水平相关系数为正，说明董事会断裂带的增强弱化了股权多样性对绩效水平的正向影响，因此H4a得到验证。模型（6）验证了董事会断裂带（Fau）在股权深入性（Mixra）和绩效水平（Ge）间的调节效应，股权深入性与董事会断裂带的交互项（Mixra×Fau）与绩效水平的相关系数在5%的水平下显著为负，说明董事会断裂带的增强削弱了股权深入性对绩效水平的正向影响，H4b得证。从模型（7）的结果可以看出股权制衡度与董事会断裂带的交互项（Restr × Fau）的系数为负，且在5%的水平下显著，说明董事会断裂带的增强对股权制衡度和绩效水平之间的关系起到了削弱作用，H4c 得证。董事会断裂带在股权结构与绩效水平的关系中均起到了负向的调节作用，表明当国有董事和非国有董事两个派系间产生断裂时，由于两个派别代表不同的利益主体，非国有董事可能只关注背后非国有股东的利益，而国有董事只保障国有股东的权益，导致混合所有制改革国有企业异质性股权的优势无法在董事会层面得到有效的发挥，当双方存在利益冲突时会严重影响派系间的协力合作，从而阻碍绩效水平提升的进程。

（四）稳健性检验

为了检验实证结果的科学性，本书做了以下三种稳健性检验。

第一，替换股权深入性和制衡度的度量方式。若国有股东持股比例较大，说明股权深入性较低，且股权制衡度较弱，因此本书利用国有股东持股比例（State share）作为替代变量进行稳健性检验。结果如表5—6所示，其中模型（1）为基准模型，仅加入控制变量和调节变量，模型（2）为国有股东持股比例对绩效水平影响效应的检验，模型（3）为加入国有股东持股比例与董事会断裂带的交互项（State share × Fau），用以检验董事会断裂带的调节效应。表中数据显示，模型（2）中国有股东持股比例与绩效水平呈显著负相关关系，模型（3）中董事会断裂带对国有股东持股与绩效水平的关系起负向调节作用，说明结果依然稳健。

表5—6　　　　　　稳健性检验：替换解释变量

变量	(1) Ge	(2) Ge	(3) Ge
Fau	0.318** (0.128)	0.328** (0.128)	0.303** (0.129)
State share	—	−0.089** (0.039)	−0.09** (0.039)
State share × Fau	—	—	1.213** (0.598)
Controls	Control	Control	Control

续表

变量	(1)	(2)	(3)
	Ge	Ge	Ge
Industry	Control	Control	Control
Year	Control	Control	Control
Constant	-0.778***	-0.756***	-0.745***
	(0.204)	(0.204)	(0.204)
Observations	1918	1918	1918
R	0.383	0.385	0.386

注：**、***分别代表在5%、1%的水平上显著；Controls是所有控制变量的总称，具体包括公司年龄（Age）、公司规模（Size）、总资产报酬率（Roa）、总资产增长率（Tgrate）、独立董事比例（Inde）、董事会规模（Board）。

第二，对相关变量滞后两期。参照刘汉民等（2018）、曹越等（2020）学者的方法，对除被解释变量外的数据滞后两期，即绩效水平（Ge）使用t期末的数据，其他变量使用t-2期末的数据。回归结果如表5—7所示，模型（1）为基准模型，模型（2）、（3）、（4）分别检验假设H1、H2、H3，模型（5）、（6）、（7）分别验证假设H4a、H4b、H4c，从实证结果来看，与前文基本保持一致。

表5—7　　　　　　滞后两期的稳健性检验结果

变量	(1)	(2)	(3)	(4)	(5)	(6)	(7)
	Ge	Ge	Ge	Ge	Ge	Ge	Ge
Fau	0.172	0.169	0.181	0.184	0.168	0.157	0.101
	(0.144)	(0.144)	(0.144)	(0.144)	(0.145)	(0.144)	(0.145)
Mix	—	0.013	—	—	0.013	—	—
		(0.011)			(0.011)		
Mixra	—	—	0.097*	—	—	0.094*	—
			(0.056)			(0.056)	
Restr	—	—	—	0.051*	—	—	0.046
				(0.029)			(0.029)

续表

变量	(1) Ge	(2) Ge	(3) Ge	(4) Ge	(5) Ge	(6) Ge	(7) Ge
Mix × Fau	—	—	—	—	0.015 (0.209)	—	—
Mixra × Fau	—	—	—	—	—	−2.443** (1.023)	—
Restr × Fau	—	—	—	—	—	—	−1.990*** (0.502)
Controls	Control	Control	Control	Control	Control	Control	Control
Industry	Control	Control	Control	Control	Control	Control	Control
Year	Control	Control	Control	Control	Control	Control	Control
Constant	−0.429* (0.230)	−0.452* (0.231)	−0.396* (0.231)	−0.396* (0.231)	−0.452* (0.231)	−0.359 (0.231)	−0.352 (0.230)
Observations	1599	1599	1599	1599	1599	1599	1599
R	0.296	0.297	0.297	0.297	0.297	0.300	0.305

注：*、**、*** 分别代表在 10%、5%、1% 的水平上显著；Controls 是所有控制变量的总称，具体包括公司年龄（Age）、公司规模（Size）、总资产报酬率（Roa）、总资产增长率（Tgrate）、独立董事比例（Inde）、董事会规模（Board）。

第三，缩短研究时间区间。2013 年，党的十八届三中全会指明了国有企业深化改革的方向，从此国有企业混合所有制改革进入了新的阶段，考虑到相关政策的影响，本书选取 2013—2021 年的样本数据重新进行回归分析。表 5—8 为缩短研究时间区间后新的回归分析结果，可以看出结果与前文基本保持一致，书中结论依然成立。

表 5—8　　　　　　　缩短研究时间区间的稳健性检验

变量	(1) Ge	(2) Ge	(3) Ge	(4) Ge	(5) Ge	(6) Ge	(7) Ge
Fau	0.452*** (0.143)	0.448*** (0.143)	0.473*** (0.143)	0.466*** (0.143)	0.440*** (0.144)	0.437*** (0.143)	0.419*** (0.145)
Mix	—	0.013 (0.010)	—	—	0.013 (0.010)	—	—

续表

变量	(1) Ge	(2) Ge	(3) Ge	(4) Ge	(5) Ge	(6) Ge	(7) Ge
Mixra	—	—	0.184*** (0.053)	—	—	0.182*** (0.053)	—
Restr	—	—	—	0.067** (0.028)	—	—	0.064** (0.028)
Mix × Fau	—	—	—	—	0.089 (0.203)	—	—
Mixra × Fau	—	—	—	—	—	−2.122** (1.007)	—
Restr × Fau	—	—	—	—	—	—	−1.057** (0.500)
Controls	Control	Control	Control	Control	Control	Control	Control
Industry	Control	Control	Control	Control	Control	Control	Control
Year	Control	Control	Control	Control	Control	Control	Control
Constant	−0.846*** (0.234)	−0.865*** (0.235)	−0.811*** (0.234)	−0.825*** (0.234)	−0.864*** (0.235)	−0.786*** (0.234)	−0.811*** (0.234)
Observations	1301	1301	1301	1301	1301	1301	1301
R	0.381	0.382	0.387	0.384	0.382	0.389	0.386

注：**、***分别代表在5%、1%的水平上显著；Controls是所有控制变量的总称，具体包括公司年龄（Age）、公司规模（Size）、总资产报酬率（Roa）、总资产增长率（Tgrate）、独立董事比例（Inde）、董事会规模（Board）。

（五）进一步分析

1. 基于董事长权力的调节效应检验

前文中将董事会成员分成两个派系——国有董事派系和非国有董事派系，通过董事会断裂带衡量双方的异质性，从团队层面探讨了两派董事的断裂程度对企业混合所有制改革水平与绩效之间关系产生的影响，但没有单独考虑特殊个人尤其是董事长在其中发挥的作用。在国有企业改革中，2015年我国提出党委书记和董事长"两职合一"的要求，并且这一政策于2017年在央企得到全面落实，作为党委会和董事会的双核心，董事长的权力也随之扩大。因此，进一步分析董事长权力在企业混合所有制改革水平和绩效间的调节作用,为研究股权结构—董事会—绩效的关系链条提供了一个新的视角。

参考耿新和王象路(2021)、张建君和张闫龙(2016)、伊力奇等(2020)学者的方法,选取以下5个指标度量董事长权力(Power)。

(1) 独董比例,独董比例较高时,对董事长的监督更加明显,对董事长权力形成制衡。

(2) 董事长持股,持股较多的董事长在董事会决策中可以产生更大的影响力。

(3) 股权集中度,股权集中度较高时,股东会强化监督,董事长权力受到限制。

(4) 董事长任期,任期较长的董事长更具有一定的权威。

(5) 董事长学历,具有较高学历的董事长业务能力更强,容易获得更大的话语权。

根据上述指标设置5个虚拟变量,等权重求其均值,得出董事长权力的大小,该指标越大,表明董事长拥有的权力越大。具体衡量方式见表5—9。

表5—9 董事长权力大小测算方法

名称	定义
独董比例	若独董比例低于行业一年度中位数,赋值为1,否则为0
董事长持股	若董事长持股,赋值为1,否则为0
股权集中度	若第一大股东持股低于行业一年度中位数,赋值为1,否则为0
董事长任期	若董事长任期超过行业中位数,赋值为1,否则为0
董事长学历	若董事长拥有硕士及以上学历,赋值为1,否则为0

本书构建以下回归模型,来检验董事长权力的调节效应:

$$Ge_{i,t} = \beta_0 + \beta_1 Mix_{i,t-1} + \beta_2 Power_{i,t-1} + \beta_3 Mix_{i,t-1} \times Power_{i,t-1} + \\ Controls_{i,t-1} + \sum Year + \sum Indus + \varepsilon_{i,t-1} \quad (5—10)$$

$$Ge_{i,t} = \beta_0 + \beta_1 Mixra_{i,t-1} + \beta_2 Power_{i,t-1} + \beta_3 Mixra_{i,t-1} \times Power_{i,t-1} + \\ Controls_{i,t-1} + \sum Year + \sum Indus + \varepsilon_{i,t-1} \quad (5—11)$$

$$Ge_{i,t} = \beta_0 + \beta_1 Restr_{i,t-1} + \beta_2 Power_{i,t-1} + \beta_3 Restr_{i,t-1} \times Power_{i,t-1} +$$
$$Controls_{i,t-1} + \sum Year + \sum Indus + \varepsilon_{i,t-1} \qquad (5—12)$$

其中，$Power_{i,t-1}$ 代表董事长权力，$Mix_{i,t-1} \times Power_{i,t-1}$、$Mixra_{i,t-1} \times Power_{i,t-1}$、$Restr_{i,t-1} \times Power_{i,t-1}$ 分别表示股权多样性、股权深入性、股权制衡度与董事长权力的交互项，其余变量保持不变，和前文保持一致，对解释变量和控制变量均滞后一期。

表5—10 为回归结果，模型（1）为基准模型，仅加入调节变量和控制变量，模型（2）在模型（1）的基础上加入股权多样性（Mix）及其与董事长权力的交互项（Mix×Power），模型（3）在模型（1）的基础上加入股权深入性（Mixra）及其与董事长权力的交互项（Mixra×Power），模型（4）在模型（1）的基础上加入股权制衡度（Restr）及其与董事长权力的交互项（Restr×Power）。

表5—10 　　　　　　　　董事长权力的调节作用

变量	(1) Ge	(2) Ge	(3) Ge	(4) Ge
Power	0.020 (0.031)	0.018 (0.031)	0.020 (0.031)	0.005 (0.032)
Mix	—	0.006 (0.010)	—	—
Mix × Power	—	0.081** (0.040)	—	—
Mixra	—	—	0.133*** (0.049)	—
Mixra × Power	—	—	−0.676*** (0.209)	—
Restr	—	—	—	0.058** (0.026)
Restr × Power	—	—	—	−0.402*** (0.106)
Constant	−0.731*** (0.204)	−0.728*** (0.204)	−0.710*** (0.204)	−0.691*** (0.204)

续表

变量	(1) Ge	(2) Ge	(3) Ge	(4) Ge
Controls	Control	Control	Control	Control
Industry	Control	Control	Control	Control
Year	Control	Control	Control	Control
Observations	1918	1918	1918	1918
R	0.381	0.383	0.388	0.389

注：**、***分别代表在5%、1%的水平上显著；Controls是所有控制变量的总称，具体包括公司年龄（Age）、公司规模（Size）、总资产报酬率（Roa）、总资产增长率（Tgrate）、独立董事比例（Inde）、董事会规模（Board）。

根据表5—10的结果来看，模型（2）中，股权多样性与董事长权力的交互项（Mix×Power）的系数为正，且在5%的水平下显著，说明董事长权力强化了股权多样性对绩效水平间的正向影响，而模型（3）和模型（4）中，股权深入性与董事长权力的交互项（Mixra×Power）、股权制衡度与董事长权力的交互项（Restr×Power）的系数均为负，且分别显著，说明董事长权力削弱了股权深入性、制衡度与绩效水平间的正向关系。分析其中的原因，本书认为，在股权多样性情况下，由于异质性利益群体可能拥有不同的目标和策略，彼此容易产生冲突和不信任，引发董事会层面非国有董事与国有董事间的矛盾，另外，股权过于分散，导致董事会决策效率低下，但权力较大的董事长在董事会中更具有影响力，能够整合协调不同利益方的诉求，从而可以将股权多样性的资源优势充分发挥出来，实现绩效水平的提升。随着非国有股东持股比例的增加，股权深入性和制衡度提高，非国有股东渐渐与国有股东形成制衡，在董事会中非国有董事有了一定的话语权，可以监督董事长，但如果国有企业董事长权力过大，非国有董事的监督作用变弱，由于政治晋升的激励作用，董事长可能会将企业经营重心放在满足控股股东诉求上。此时非国有股东难有机会表达自身的合理诉求，也就弱化了股权深入性和制衡度对绩效水平的促进作用。这也说明董事长权力在不同情景下的作用存在差异。

2. 基于市场化程度高低的分组检验

我国不同地区的市场化发展程度存在显著差异，企业面临的外部制度环境因区域差异而有所区别，导致混合所有制改革的效果也会受此影响。因此本书进一步分析在不同的市场化程度条件下，企业混合所有制改革水平变动对绩效的影响是否有所差异及董事会断裂带是否依然存在调节作用。市场化程度（Market degree）参考樊纲等（2011）的《中国市场化进程对经济增长的贡献》一文，其以当年所有地区的市场化程度中位数为分界线，高于中位数的划为高市场化程度分组，其余列为低市场化程度分组。

根据表5—11的回归结果，由模型（1）、（2）、（3）可以看出，在高市场化程度的混合所有制改革国有企业中，股权多样性（Mix）与绩效水平（Ge）的关系不显著，股权深入性（Mixra）和制衡性（Restr）与绩效水平（Ge）的关系正向显著。由模型（4）、（5）、（6）的结果可知，在高市场化分组条件下，股权多样性与董事会断裂带的交互项（Mix × Fau）不显著，股权深入性与董事会断裂带的交互项（Mixra × Fau）和股权制衡度与董事会断裂带的交互项（Restr × Fau）均在5%的水平下负向显著。根据表5—12的回归结果，模型（7）—（12）为在低市场化分组条件下的结果，可以看出股权多样性（Mix）、深入性（Mixra）、制衡度（Restr）对绩效水平（Ge）的影响均不显著，且董事会断裂带（Fau）也未起到调节作用。

表5—11　　　　　　　　高市场化程度分组回归结果

变量	(1) Ge（高）	(2) Ge（高）	(3) Ge（高）	(4) Ge（高）	(5) Ge（高）	(6) Ge（高）
Fau	0.317** (0.141)	0.331** (0.141)	0.339** (0.141)	0.339** (0.143)	0.296** (0.141)	0.281** (0.143)
Mix	0.006 (0.011)	—	—	0.006 (0.011)	—	—
Mixra	—	0.152*** (0.057)	—	—	0.146** (0.057)	—
Restr	—	—	0.082*** (0.029)	—	—	0.079*** (0.029)

续表

变量	(1) Ge(高)	(2) Ge(高)	(3) Ge(高)	(4) Ge(高)	(5) Ge(高)	(6) Ge(高)
Mix × Fau	—	—	—	-0.244 (0.212)	—	—
Mixra × Fau	—	—	—	—	-2.519** (1.007)	—
Restr × Fau	—	—	—	—	—	-1.259** (0.488)
Controls	Control	Control	Control	Control	Control	Control
Industry	Control	Control	Control	Control	Control	Control
Year	Control	Control	Control	Control	Control	Control
Constant	-0.963*** (0.266)	-0.895*** (0.265)	-0.917*** (0.264)	-0.974*** (0.266)	-0.848*** (0.265)	-0.888*** (0.264)
Observations	1478	1478	1478	1478	1478	1478
R	0.365	0.368	0.369	0.366	0.371	0.372

注：**、*** 分别代表在5%、1%的水平上显著；Controls 是所有控制变量的总称，具体包括公司年龄（Age）、公司规模（Size）、总资产报酬率（Roa）、总资产增长率（Tgrate）、独立董事比例（Inde）、董事会规模（Board）。

究其原因，本书分析认为，在市场化水平较高的地区，企业面临的外部治理环境更优越，相应的配套制度政策也更完善，随着非国有股权的深入，在开放包容的氛围中更能够发挥非国有股东的制衡作用，降低国有企业信息不对称性及委托代理问题，提高企业效率。在市场化水平较低的地区，外部制度环境较差，企业面临更多的政府干预，非国有股东治理难免会受到地方政府的制约，不能有效约束国有企业管理者，这种情况下，即使股权深入性和制衡度增加，也对绩效水平起不到促进作用。另外，在市场化程度高的地区，企业信息更加透明，非国有董事有足够的积极性参与决策，此时董事会断裂带更容易被"激活"，从而引发国有董事和非国有董事间的利益冲突，削弱了股权深入性和制衡性对绩效水平的正向影响，而在市场化程度较低的地区，存在更多政府干预，非国有董事的话语权受到压制，此时董事会断裂带更可能处于"休眠"

状态，从而无法调节企业混合所有制改革水平与绩效的关系。

表5—12 低市场化程度分组回归结果

变量	(7) Ge（低）	(8) Ge（低）	(9) Ge（低）	(10) Ge（低）	(11) Ge（低）	(12) Ge（低）
Fau	−0.225 (0.353)	−0.194 (0.353)	−0.244 (0.352)	−0.212 (0.356)	−0.216 (0.355)	−0.168 (0.358)
Mix	0.011 (0.020)	—	—	0.009 (0.020)	—	—
Mixra	—	0.192 (0.121)	—	—	0.174 (0.125)	—
Restr	—	—	0.089 (0.062)	—	—	0.067 (0.064)
Mix × Fau	—	—	—	−0.184 (0.559)	—	—
Mixra × Fau	—	—	—	—	−2.109 (3.614)	—
Restr × Fau	—	—	—	—	—	−1.891 (1.616)
Controls	Control	Control	Control	Control	Control	Control
Industry	Control	Control	Control	Control	Control	Control
Year	Control	Control	Control	Control	Control	Control
Constant	−0.048 (0.412)	−0.094 (0.412)	0.008 (0.412)	−0.028 (0.417)	−0.087 (0.412)	0.010 (0.411)
Observations	440	440	440	440	440	440
R	0.550	0.553	0.552	0.551	0.553	0.554

注：Controls是所有控制变量的总称，具体包括公司年龄（Age）、公司规模（Size）、总资产报酬率（Roa）、总资产增长率（Tgrate）、独立董事比例（Inde）、董事会规模（Board）。

3. 基于混合所有制改革国有企业行业分类检验

为了探究非国有股东治理是在传统行业还是在科技含量高的高新技术企业发挥的作用更大，本书参考熊爱华等（2021）对行业的分类，将样本划分成高新技术企业组和传统企业组。具体分类方式如下。根据证监会2012年行业分类代码,将所有的信息技术业（I类）,医药制造业（C27）,铁路、船舶和航空航天等运输设备制造业（C37）,计算机、通信等电子设备制造业（C39）定义为高新技术企业,剩余样本列为传统企业。

表5—13中模型（1）—（6）和表5—14中模型（7）—（12）分别为高新技术企业和传统企业组的回归结果。从模型（1）—（6）依次看股权多样性（Mix）、股权深入性（Mixra）、股权制衡度（Restr）、股权多样性与董事会断裂带的交互项（Mix×Fau）、股权深入性与董事会断裂带的交互项（Mixra×Fau）、股权制衡度与董事会断裂带的交互项（Restr×Fau）的回归系数均不显著,而在表5—14中,除股权多样性（Mix）与绩效水平（Ge）的回归,其余均显著,与原结论保持基本一致。与高新技术企业相比,传统企业面临更加激烈的市场竞争,随着股权深入性和制衡度的提高,非国有股东拥有了一定的话语权,可以帮助国有企业快速取得同行竞争优势,进而提升企业的绩效水平。具有高附加值的高新技术企业承担的政策性负担偏低,减轻了国有股东的利益侵占行为,国有董事与非国有董事的合作也更融洽,董事会断裂带处于"休眠"状态,而传统企业非国有董事与国有董事易因企业政策性负担问题产生矛盾,此时董事会断裂带处于"激活"状态,进而对企业混合所有制改革水平与绩效的关系产生负向影响。

表5—13　　　　　　　　高新技术企业回归结果

变量	(1) Ge（高新）	(2) Ge（高新）	(3) Ge（高新）	(4) Ge（高新）	(5) Ge（高新）	(6) Ge（高新）
Fau	0.217 (0.245)	0.210 (0.247)	0.209 (0.245)	0.208 (0.246)	0.345 (0.289)	0.211 (0.248)
Mix	0.013 (0.017)	—	—	0.013 (0.017)	—	—
Mixra	—	-0.038 (0.092)	—	—	-0.033 (0.092)	—
Restr	—	—	-0.042 (0.047)	—	—	-0.041 (0.048)

续表

变量	(1) Ge（高新）	(2) Ge（高新）	(3) Ge（高新）	(4) Ge（高新）	(5) Ge（高新）	(6) Ge（高新）
Mix×Fau	—	—	—	0.166 (0.355)	—	—
Mixra×Fau	—	—	—	—	1.960 (2.169)	—
Restr×Fau	—	—	—	—	—	0.105 (1.305)
Controls	Control	Control	Control	Control	Control	Control
Industry	Control	Control	Control	Control	Control	Control
Year	Control	Control	Control	Control	Control	Control
Constant	-0.392 (0.358)	-0.385 (0.358)	-0.421 (0.360)	-0.369 (0.361)	-0.389 (0.358)	-0.422 (0.361)
Observations	445	445	445	445	445	445
R	0.402	0.401	0.402	0.402	0.402	0.402

注：Controls 是所有控制变量的总称，具体包括公司年龄（Age）、公司规模（Size）、总资产报酬率（Roa）、总资产增长率（Tgrate）、独立董事比例（Inde）、董事会规模（Board）。

表5—14　　　　　　　　　传统企业回归结果

变量	(7) Ge（传统）	(8) Ge（传统）	(9) Ge（传统）	(10) Ge（传统）	(11) Ge（传统）	(12) Ge（传统）
Fau	0.367** (0.151)	0.372** (0.150)	0.392*** (0.150)	0.421*** (0.152)	0.407*** (0.151)	0.356** (0.151)
Mix	0.003 (0.011)	—	—	0.001 (0.011)	—	—
Mixra	—	0.211*** (0.057)	—	—	0.203*** (0.057)	—
Restr	—	—	0.110*** (0.029)	—	—	0.108*** (0.029)
Mix×Fau	—	—	—	-0.562** (0.225)	—	—

续表

变量	(7) Ge（传统）	(8) Ge（传统）	(9) Ge（传统）	(10) Ge（传统）	(11) Ge（传统）	(12) Ge（传统）
Mixra × Fau	—	—	—	—	-2.856*** (1.048)	—
Restr × Fau	—	—	—	—	—	-1.118** (0.473)
Controls	Control	Control	Control	Control	Control	Control
Industry	Control	Control	Control	Control	Control	Control
Year	Control	Control	Control	Control	Control	Control
Constant	-0.924*** (0.235)	-0.869*** (0.234)	-0.862*** (0.234)	-0.896*** (0.235)	-0.815*** (0.234)	-0.841*** (0.234)
Observations	1473	1473	1473	1473	1473	1473
R	0.396	0.402	0.402	0.399	0.405	0.405

注：**、*** 分别代表在5%、1%的水平上显著；Controls是所有控制变量的总称，具体包括公司年龄（Age）、公司规模（Size）、总资产报酬率（Roa）、总资产增长率（Tgrate）、独立董事比例（Inde）、董事会规模（Board）。

（六）研究结论

本书选取2008—2021年418家混合所有制改革国有企业为研究对象，通过构建多元回归模型实证检验股权多样性、深入性、制衡度与企业绩效水平的关系，同时探索董事会断裂带对上述关系的调节作用。另外，在进一步分析中，本书还分别对董事长权力的调节效应、市场化程度和行业的分组效应做了分析检验。得出结论如下。

第一，混合所有制改革国有企业股权多样性与绩效水平并无显著正相关关系。这说明股权多样性可能并不是实现企业绩效水平提升的充分条件，在外部制度环境不健全、信息不对称等情况下，股权多样性优势难以发挥作用。另外，多元化的股权结构仅迈出了混合所有制改革的第一步，能否充分吸收非国有股东的优势才是关键，董事会中非国有董事没有足够的话语权，便难以在企业决策中发挥影响力。此外，不同类型的股东如果缺少文化交融，也可能引发冲突，没有适合的沟通机制就无法实现股权"1+1>2"的效果。

第二，混合所有制改革国有企业股权深入性、制衡度与绩效水平呈显著正相关关系。股权深入性的增加使非国有股东参与公司治理的积极性得以提升，并降低了政府干预程度，同时拓宽了国有企业获取资源的渠道，使其不再过度依赖政府的补贴，企业预算软约束问题得到有效缓解，进而绩效水平提高。随着股权制衡度增加，非国有股东通过有效介入强化了对国有董事的监督，有效降低了高管利益侵占的第一类委托代理成本和对中小股东利益侵占的第二类委托代理成本，进而提高企业绩效水平。

第三，董事会断裂带对股权多样性、深入性、制衡度与绩效水平之间的关系均起到负向调节作用。这些结果说明，董事会断裂带会加深两派董事间的不信任，影响团队有效合作，国有董事与非国有董事之间相互学习、分享资源的途径受到阻碍，股权多样性的优势在董事会中难以体现。另外，股权深入性和制衡度作用的发挥主要靠强化董事间的监督，由于董事会断裂带的存在，董事的监督能力和监督意愿也有所下降，进而削弱了股权深入性、制衡度对绩效水平的促进作用。

第四，董事长权力对股权多样性与绩效水平之间的关系起到正向调节作用，而负向调节了股权深入性、制衡度与绩效水平之间的关系。说明董事长权力在不同的股权结构下起到的作用是不同的，在股权多样情况下，由于股权过于分散，导致董事会决策效率偏低，增加董事长权力可以促进决策效率的提升，进而提高企业绩效水平。随着股权深入性、制衡度的增加，虽然非国有董事掌握了一定的话语权，但若董事长权力过大，最终的决策往往按董事长的个人意愿实施，难以发挥非国有董事的治理作用，便会削弱股权深入性、制衡度对绩效水平的正向影响。

第五，在高市场化程度分组中，股权多样性与绩效水平的关系不显著，股权深入性、制衡度与绩效水平的关系正向显著；董事会断裂带对股权多样性与绩效水平的关系无调节作用，但对股权深入性、制衡度与绩效水平的关系起负向调节作用。在低市场化程度分组下，以上关系均不显著。这说明，市场化程度高的地区，企业透明度高，能够充分调动非国有董事参与治理的积极性，但股权多样性无法带给非国有董事更多话语权，进而难以提升企业绩效水平。在股权多元化条件下，由于非国有董事话语权不高，董事会断裂带处于"休眠"状态，随着股权深入性和制衡度的增加，非国有董事能够积极参与企业决策，董事会断裂带更容易被"激活"。在低市场化条件下，企业面临更多政府干预，企业混合所有制改革水平变动难以对绩效产生影响，且由于政府干预等因素，非国有董事少有发言权，董事会断裂带更可能处于"休眠"状态。

第六，在高新技术企业中，股权多样性、深入性、制衡度与绩效水平的关系均不显著，董事会断裂带对上述关系的调节作用也不显著。在传统企业中，除股权多样性与绩效水平的关系不显著，其余均显著，且股权深入性、制衡度与绩效水平呈正相关关系，董事会断裂带负向调节股权多样性、深入性、制衡度与绩效水平的关系。以上结果说明，相对于高新技术企业，传统企业面临更激烈的竞争，通过混合所有制改革引入非国有资本，让非国有股东拥有了更多参与企业治理的机会，可以帮助国有企业取得竞争优势，实现效率提升。而高新技术企业承担了较低的政策性负担，董事会断裂带处于"休眠"状态，传统企业肩负着较重的政策性负担，董事会断裂带处于"激活"状态，进而导致董事会断裂带在不同行业产生了不同的影响。

第二节　高管团队异质性对混合所有制改革企业绩效的影响

一　研究背景

高层管理者作为制定和实施企业战略决策的关键性人物，是企业资源中独特的人力资源，在整个企业的发展中发挥了决定性作用。身处复杂的外部环境，管理者只能部分地理解环境中的各种事件，战略制定和决策过程更多以团队的方式进行。高管团队作为重要的决策主体，相较于单一决策者来说，其所具备的群体性这一属性使其在进行战略决策时面临更多交流和理解上的困难，不同决策团体的决策水平和决策效率很大程度上受团队构成的影响，而团队构成又是由其中个体的各种特征决定的，比如表层的人口统计学特征以及深层的性格特征等。相较于对个体决策者的研究，对高管团队特征的研究向来关注团队特征的异质性，大量研究也证实了团队特征的构成能够对团队产出产生影响。此外，那些基于表层的特征如年龄、性别、种族等往往会造成社会认同的差异从而带来冲突与争执，使团队难以达成一致，影响团队进程，降低团队产出，而那些与知识、技能有关的特征如职业背景、海外背景等却能够规避关系冲突，鼓励团队分享新鲜的观点，接纳不同领域的知识，为团队高效、创新的产出奠定了基础。基于此，本书试图探究体现高管深层认知的职业背景异质性和海外背景异质性对企业发展的影响具有一定的现实意义。

在国家大力推进混合所有制改革的时代背景下，以往研究主要关注政府层面和企业层面对混合所有制改革的影响，而将企业层面中高管特质与混合所有制改革两者结合在一起的研究尚不充分，较少有学者探讨经历了混合所有制改革后重组的高管团队成员的异质性会如何影响混合所有制改革国有企业的绩效水平，企业的混合所有制改革水平是否是其发挥作用的中介机制，等等。此外，企业规模在一定程度上代表了企业自身的资源禀赋，规模较大的企业代表了自身雄厚的实力与完善的治理结构，因此忽视企业规模差异的研究是缺乏现实意义的。

综上所述，本书在深入混合所有制改革的背景下，将混合所有制改革纳入研究框架，在分经济和社会两维度构建混合所有制改革国有企业绩效指标评价体系的基础上，考察高管团队职业背景异质性对混合所有制改革国有企业绩效水平的影响；从企业的混合所有制改革深度和广度两方面引入企业混合所有制改革水平作为中介变量，探讨高管团队职业背景异质性影响混合所有制改革国有企业发展的内部机制，同时探究在不同的企业规模下对研究产生的差异性影响。

二 理论分析

纵览国内外相关文献，关于高管团队异质性对于组织的影响已成为很多公司治理研究领域学者关注的焦点，且大多数是基于高管团队人口统计结构（如年龄、性别等）特征展开，对于职业背景异质性等凸显高管团队深层认知的相关研究较少且目前尚未达成一致的结论。

本书首先对相关概念进行了界定。高层管理团队的定义至今尚未形成统一定论，而团队涵盖成员的差异将直接影响异质性的后续度量。既有研究主要存在两种衡量方式，一种是通过向企业 CEO 发放问卷或访谈，获悉影响企业决策的高管成员（陈忠卫、常极，2009）；另一种则是通过年报、年鉴等文本资料获取（姜付秀等，2009）。考虑到样本量、数据可得性、客观性等一系列因素的限制，本书倾向于后者，通过查阅年报等文本资料中管理者的头衔，对企业高管团队成员进行界定。高管团队是指企业管理层中担任重要职务、负责企业经营管理以及掌握公司重要信息的人员组成的集体，主要包括总经理、副总经理、财务负责人，同时上市公司中的董事会秘书和公司章程规定的其他人员也包括在内。高管团队职业背景则是指隶属于高管团队的成员在不同的行业、不同的企业或相同企业不同的岗位的工作经历（黄登仕、祝晓斐，2016；Gao，et al.，2021），具体可将高管团队成员的职业背景划分为生产、研发、设计、人力资源、管理、市场、金融、财务、法律九类，此外，高管团队的职业背景还包括海外背景、政府背景、外部空降背景等特殊职业背景。高管团队职业背景异质性则为高管团队成员在职业背景方面存在的差异，异质性指数越大，代表着高管团队内部的职业背景种类越丰富，反之，则代表着高管团队职业背景的种类越趋于一致。

基于研究思路的演变，本书将国内外学者的研究分成三个阶段，具体如下。首先探究职业背景异质性对绩效的直接影响。现有学者主要依据群体决策理论和社会分类理论探讨高管团队职业背景异质性对企业绩效的影响。基于群体决策理论的学者认为异质性会促进企业绩效的提升。多元化的高管背景可以为相关决策提供广阔的认知和丰富、全面的信息（郄海拓等，2021；李东升等，2021）；创业团队在知识、经验等方面的异质性可以为团队决策提供多元化视角，进而提高决策质量和创新性，促进绩效的提高（曾楚宏、李敏瑜，2022；王宁等，2021）；团队的人力资本和社会资本的异质性能够形成互补，缓解企业的资源约束问题并实现绩效提升；Knyazeva 等（2021）通过实证验证了董事会多元化对公司治理和企业绩效的积极影响；Wang 和 Xia（2022）发现随着高层管理团队更加差异化，公司在市场上的竞争力以及对行业环境的适应性会更强。另外，基于社会分类理论的学者认为异质性会抑制企业绩效水平的提升。王雪莉等（2013）认为高管团队的职能背景在提升海外绩效的同时降低了短期内绩效水平；张平（2006）在对高管任职经历和企业决策的研究中发现，当企业高管内部提升比例较高时，因为缺乏对外界信息的敏感性，缺少变革经验，往往会使企业错失良好机会进而影响企业绩效水平；

高管团队包容性作为多样性和异质性的后续研究，被认为存在"包容性陷阱"，即企业只有增强包容性程度到一定水平之后才会实现绩效的提升，使包容性和绩效实现双赢局面（周启微、邵剑兵，2021）。

随着外部环境越来越复杂，管理者需要及时对环境的变化做出响应，这需要管理者面对大量的信息、习得多种技能，大大超出了单个管理者所能承受的范畴，企业决策越来越成为一个共享的活动（Lee, et al., 2021）。因此本书把高层管理团队整体而非高层管理人员个人作为研究对象。其次，高管团队成员作为企业的管理者、主要决策者，过往的工作经历所形成的认知在他们脑海中早已形成路径依赖，他们更倾向于基于过往的经验、认知进行决策，而职业背景特征相较年龄、性别、任期、受教育水平、种族等其他特征对高管团队成员施加的影响更强（Schubert & Tavassoli, 2020），企业中不同职业背景的高管成员会形成不同的认知风格和管理方式，在决策过程中可以从多角度全面地思考问题，通过对异质性的信息进行整合，可以更加理性地处理决策过程中存在的问题，优化高管团队的决策认知，引致理想的决策结果（郗海拓等，2021），因此本书探究了高管团队职业背景异质性的影响作用。

其次探究两者之间存在的中介机制。国内外学者大多从竞争优势、企业创新、环保行为等展开对高管团队异质性与企业绩效之间的中介机制的研究。邓新明等（2021）通过结构化内容分析方法聚焦中国家电行业，发现高管团队教育异质性可以显著增强竞争复杂性，而竞争复杂性与市场绩效呈现显著的 U 形关系；Zhang 等（2021）实证检验了创新对高管背景特征促进公司绩效的中介效应，研究发现创新对董事会成员职能背景多元化起到了完全中介作用，对董事兼职多元化起到了部分中介作用；Lee 等（2021）研究发现高管团队异质性通过抑制企业的温室气体排放行为促进了企业绩效水平的提升，且资源冗余在其中起到了调节作用；杨俊等（2020）基于新创企业探究了高管团队异质性是否能通过商业模式创新获得竞争优势从而实现绩效的提升。

本书认为混合所有制改革企业的高管团队的行为意向会影响企业的混合所有制改革行为。在行为态度方面，职业背景异质性优势的发挥使高管对企业的混合所有制改革行为更加偏爱，态度更加积极。经历过初步混合所有制改革的企业高管团队职业背景的组成存在较大的差异，具体表现为国有背景的高管更多的是从政、管理经历,而非国有背景的高管更多的是市场、运营、财会等经营经历,混合所有制改革给国有资本和非国有资本的资源相互融合搭建了平台(盛明泉等,2021),在享受了初步混合所有制改革的红利后,职业背景异质性所带来的优势效应更倾向于发挥作用,高管团队感知到异质性资源的融合给企业带来的便利后,会增强对有助于异质性资源融合的喜爱,而混合所有制改革的本质就是通过国有资本与非国有资本的异质性资源融合实现共生发展(张斌等,2022)。因此,具有较高职业背景异质性的高管团队,对于混合所有制改革会形成更加积极的态度,会对促进企业的混合所有制改革进程具有强烈的偏好。从直觉行为控制的维度看,高管团队职业背景的异质性有助于提供实施混合所有制改革行为所必需的机会和资源。经历初步混合所有制改革重组的高管团队成员的职业背景异质性越强,对企业混合所有制改革的了解就更加透彻,经验会更加丰富,能够给企业下一步的混合所有制改革提供针对性的意见,避免无效、低效混合所有制改革(李敏、夏思宇,2022)。同时,多元的职业背景对内给企业带来了丰富的知识和技能,提高了企业参与混合所有制改革的能力,对外传递了良好的信号,表明了企业是一个具有包容性的领导班子和合法的、抗风险的、有信誉的集团,值得投资与信任(Madera,2018),使企业更容易吸引优质资本参与混合所有制改革,提高了高管团队对推进混合所有制改革进程的信心。

此外,我国国有企业控制链条过长、所有者缺位从而导致内部人控制现象突出,从而导致了第一类委托代理问题。国有资本一股独大,其他民营资本、外资资本等非国有资本"用脚投票"等现象,使第二类委托代理问题也同时存在。通过推进国有企业混合所有制改革,一方面引入了民营、外资等非国有成分,提高了混合所有制改革国有企业的内部控制质量,同时对管理者形成了有效监督,可以有效缓解第一类代理问题,另一方面,通过引入更大比例的非国有资本参与国有企业混合所有制改革,对国有资本形成制衡,使非国有资本能够对混合所有制改革国有企业的经营决策施加重大影响,增强非国有资本参与治理的意愿,从而实现国有资本与非国有资本的取长补短、相互促进,可以有效缓解混合所有制改革国有企业的第二类代理问题,实现混合所有制改革国有企业的高质量发展。

最后则是在中介机制的基础上引入调节变量，考察在不同的情境下异质性与企业绩效之间的关系是否存在差异。国内外学者通常选取市场化程度、资源冗余、管理自由度等作为高管团队职业背景异质性对绩效影响的调节因素。张秋萍等（2018）认为市场化程度通过提供更透明的信息、更具有竞争力的外部环境能够强化异质性对绩效的作用；企业可用冗余水平给具有不同职能背景的高管提供宽松的资源条件，可确保异质性的知识共享优势发挥，进而提高企业绩效（Lee，et al.，2021；郄海拓等，2021）；企业关键人物（如 CEO）的个人特征、股权集中度可能会减弱管理者的自主权，降低其管理积极性，使其难以发挥人力资本优势，进而影响企业绩效（Buyl，et al.，2011）。

通过对国内外文献进行梳理可知，首先，以往学者针对混合所有制改革的影响因素研究主要从政府层面和企业层面展开，研究发现政府主要通过选取混合所有制改革对象、政绩压力、政府干预、行政管理体制等手段影响企业的混合所有制改革；企业层面则发现员工担忧与企业效率、盈余管理需求、投资者保护与利益让渡可能性、控制链长度、权力配置等都会影响企业混合所有制改革进程的推进。从微观角度切入，针对高管人员的特质对混合所有制改革进程的影响研究存在着不足。其次，高管团队作为影响企业战略决策的关键性人物，其对混合所有制改革政策的认知、价值观影响着企业混合所有制改革进程的推进。与高管团队年龄、性别、受教育水平等特征相比，关于高管团队职业背景异质性的研究较少，且由于研究样本、研究环境的不同导致高管团队职业背景异质性对组织的直接影响尚未得出一致的结论；中介效应研究中关于高管团队特征与组织结果之间的心理和社会学过程值得进一步探讨；调节效应主要关注的是环境动态与稳定性的调节作用，较少研究涉及深化混合所有制改革的时代背景下，高管团队的特征对组织混合所有制改革的影响。最后，以往研究对于混合所有制改革国有企业绩效的衡量方式不一，学者们尚未形成一致的意见，在指标选取上更多学者采用资产收益率、净资产收益率、托宾 Q 值等单一财会类指标或市场类指标，部分学者考虑到单一指标的片面性，通过多维财务指标体系合成综合指数或考察对多维度绩效指标的影响，但对于肩负着政策性与经济性双重动机的混合所有制改革国有企业而言，兼顾公司内部和外部因素，重视财务指标与非财务指标的结合，采用多维指标综合衡量企业的发展会更合理，其降低了单一指标的片面性，是未来研究的趋势。此外，通过梳理国内外学者对混合所有制改革国有企业治理效果的研究发现，混合所有制改革一方面可以通过优化资源配置、减轻国有企业政策性负担、缓解非国有企业融资约束等手段改善企业的内部治理机制，提高企业的绩效水平，另一方面混合所有制改革也带来了风险问题，导致部分学者对混合所有制改革治理效果的发挥产生了质疑。

基于此，本书在国家深入推进混合所有制改革的时代背景下，试图探讨经历混合所有制改革后重组的高管团队成员的异质性对企业绩效水平的影响，并考虑了不同的企业规模下高管团队异质性与企业混合所有制改革水平之间的关系呈现的差异性影响。

三 研究假设

（一）高管团队职业背景异质性对混合所有制改革企业绩效的影响

混合所有制改革是通过国有资本与非国有资本交叉融合实现规模经济、资源优化配置与企业高质量发展的重要手段（胡叶琳等，2023），而高层管理团队作为管理者、决策者和执行者，其对企业的重要性不言而喻（Shahab, et al., 2020）。关于高管团队异质性与产出的研究一直是公司治理领域学者们研究的热点话题，但由于研究背景、研究样本、指标选取、度量方式等存在差异，以往学者的研究成果尚未形成统一的结论。与此同时，学者们大多青睐年龄、性别、学历等高管外显的特征（Tang, et al., 2021），对于职业背景等体现高管认知的潜在特征研究不足。基于此，本书聚焦混合所有制改革国有企业，探究能够体现高管潜在认知的高管团队职业背景异质性对混合所有制改革国有企业绩效的影响。

首先，高管团队职业背景异质性提高，会促进企业的决策理性和有效性。由于资源、环境、战略和行为的差异，没有两个公司是完全相同的，因此，公司从事的活动不同且面临的风险也不同。管理层纵使在一个领域拥有全面的知识，也会在其他的领域有所缺失，这将大大限制管理层有效监督、管理公司的能力。因此，具有相互补充知识的高层管理团队成员是决策机制良好运行的必要条件（郄海拓等，2021）。管理者作为影响企业战略决策的关键性人物，想要有效履行职责，需要具备有价值的知识和技能，高管的职业背景、过往经历为高管认知的形成奠定了基础，不同高管成员过往所从事的职业不同，对相同事件往往也具有不同的见解（古家军、胡蓓，2008）。例如，产出型职能强调拓宽市场份额、开发新产品以满足消费者需求，生产型职能强调对企业生产效率的提高，而外围型职能则是远离企业核心活动的支持性工作（黄登仕、祝晓斐，2016）。通过高管团队职业背景异质性的增强，管理者可以随时调动相关的专业知识去理解他们所面临的不断变化的环境（Krause, et al., 2013），同时使管理者在应对风险时能够汇集跨领域的知识，并融合不同的观点，增强管理者应对挑战和有效监督公司的能力（Boivie, et al., 2016），为管理层理性决策奠定了良好的基础。

其次，高管团队职业背景异质性的提高，会降低企业的人力资本成本。专业知识或理解手头问题的能力是一个特定领域的人力资本维度，从管理者之前的经验获得，并且因管理者的不同而存在差异（Kor & Sundaramurthy, 2009）。人才作为企业最宝贵、最具有竞争力且难以模仿的资源，在进行团队决策时，高管团队的职业背景异质性，一方面可以作为企业的一种内部资源减少组织对外部资源的依赖，另一方面可以为组织提供更多的异质资源（赖妍、刘小丽，2022）。高管团队职业背景的异质性越低，对于疑难杂症问题的解决，企业可能需要额外花费大量成本去寻求外援；相反，高管团队职业背景的异质性越高，意味着企业有着更少的专业知识和技能的重叠，使团队拥有了更广泛的资源池，降低了企业的人力资本成本，继而会促进企业绩效水平的提升。

最后，高管团队职业背景的异质性有助于增强企业的合法性，提高企业的商誉，增强市场对公司的信心。高管团队的职业背景异质性越高，代表着混合所有制改革国有企业的包容性越强，能够接纳来自不同职业背景的高管团队成员的多元化见解。例如具备法律职业背景的高管可以监督混合所有制改革国有企业的不合规行为，具有财务背景的管理者是更有效的欺诈监督者，同时还可以通过个人联结帮助企业获得潜在的融资优势（Emuron & Tian, 2020），拥有管理、营销和运营专业知识的管理者可以通过使用他们领域特定的专业知识监督混合所有制改革国有企业的内部控制水平（Whitler, et al., 2018），通过多元化职业背景的高管团队提高彼此之间的监督水平增强了混合所有制改革国有企业的合法性，同时向外界和市场传递了企业具有稳定性以及具备长期投资价值的信号，增强了外界对混合所有制改革国有企业投资的信心（Madera，2018）。

综上，不同于种族、年龄、性别等可观察的异质性特征，职业背景通常反映了高管团队成员在进入团队之前所拥有的专业知识或技能，很大程度上构成了团队成员的认知基础，影响团队成员的思维模式与行为决策（郄海拓等，2021）。职业背景决定了个体如何看待问题、提出问题和解决问题的方式，异质的高管成员对同一事物的看法会多种多样。高管团队职能背景异质性的增强会通过促进决策理性、降低企业的人力资本成本、提高企业的合法性和声誉，从而实现混合所有制改革国有企业绩效水平的提升。因此，提出以下假设。

H1a：高管团队职业背景异质性与混合所有制改革国有企业绩效之间存在显著正相关关系。

在上述假设推导的基础上，作为高管团队成员特殊的职业背景，高管团队的海外背景异质性值得特别关注。在过去的几十年里，我国经济飞速发展，但和发达国家相比仍然存在较大的差距，每年我国各行各业都会聘请海外人才来华服务，海外人才为我国建设现代化事业做出了不可磨灭的贡献。落实到微观企业层面，经历了初步混合所有制改革的国有企业通过引入外资，可以吸纳具备国际眼光、跨文化沟通能力、通晓国际规则的海外高管（赖妍、刘小丽，2022）。企业可以学习到先进的科学技术和企业管理经验，以及广泛的人际关系网络，为企业与国际接轨、获得国际竞争力、做大做强企业发挥了不可替代的作用（刘凤朝等，2017）。混合所有制改革国有企业高管团队的海外背景异质性越强，对企业整合国内外资源、开拓国际市场、洞察海外发展机会越有利，会促使企业采用先进的生产技术和管理手段，提高企业的工作效率，缩小混合所有制改革国有企业与海外发达国家或国际一流企业的差距，助力混合所有制改革国有企业实现高质量发展。基于此，提出以下假设。

H1b：高管团队海外背景异质性与混合所有制改革国有企业绩效之间存在显著正相关关系。

（二）企业混合所有制改革水平的中介机制检验

现如今，上市企业已基本完成初步混合所有制改革，但混合所有制改革的步伐还未停止，混合所有制改革来到了深水区，下一步如何顺利推进混合所有制改革，以何种形式推进，是政府和企业需要共同探讨的问题。自混合所有制改革以来，国有企业由全资持股演变为部分持股，通过非国有资本的进驻，混合所有制改革企业的高层管理团队结构已经发生了变动重组，混合所有制改革企业由国有和非国有两种性质的成员共同组成。异质性的高管团队成员的组成给企业带来了什么变化？他们的认知是否会影响混合所有制改革企业下一步混合所有制改革进程的推进及其绩效水平？

基于此，本书引入企业混合所有制改革水平作为中介变量，探讨经历初步混合所有制改革后重组的高管团队成员的职业背景的异质性对于企业下一步混合所有制改革推进程度及其绩效水平的影响。

1. 基于混合所有制改革广度的中介机制检验

混合所有制改革作为当下国有企业改革的重点，在我国由来已久。尤其是肩负着就业、民生等社会责任的国有企业，在国家政策的引导下，通过引入战略投资者、民营资本、外资资本、员工持股等形式，已基本实现了初步混合所有制改革。自然而然，混合所有制改革国有企业高管团队内部的人员配置也由"一家亲"逐步向"众乐乐"发展。通过来自多方的异质性资源的相互补充，实现"众人拾柴火焰高"，促使混合所有制改革国有企业变得更大、更优、更强，在资源融合共生的基础上实现价值共创，从而使自身也可以从中获益（刘丹、崔金玲，2023）。

然而企业混合所有制改革并不是一成不变的，在不同的阶段企业参与混合所有制改革的形式可能并不相同。混合所有制改革企业的高管团队成员，肩负着来自多方利益主体的期望，承担着妥善经营混合所有制改革企业的重任，其作为影响企业决策的关键性人物，对于企业下一步混合所有制改革的方向或形式具有很大的话语权。高管团队职业背景异质性代表的是高管团队成员在认知上的差异，影响着管理者的行为选择（郄海拓等，2021）。当高管团队职业背景异质性较低时，代表着混合所有制改革企业的高管团队成员对于事物的认知较为相似，当有新的异质性资本加入时，它们会担忧自己的话语权较弱，从而无法对已经形成的小团队施加重大影响，自身权益得不到主张与保护，从而选择拒绝参与混合所有制改革。当混合所有制改革国有企业高管团队职业背景异质性较高时，代表着企业内部是包容、兼收并蓄的企业文化，并向外界传递了一种信号，即它们投资和领导的公司值得信任与投资（古家军、胡蓓，2008），会激发异质性资本对于混合所有制改革的热情，吸引异质性资本的加入，从而通过异质资源的相互补充，实现混合所有制改革双方的合作共赢。

此外，解释或预测成员行为的最佳方式是查看他的行为意向。在复杂的外部环境下，混合所有制改革企业需要丰富的异质性资源的支持（Schnatterly, et al., 2021）。高层管理团队职业背景的异质性促使混合所有制改革企业高管团队成员通过理性决策，使企业有幸在激烈的竞争中得以存活。作为企业发展的掌舵手，高层管理团队在享受了自身因异质性所具备的优势所带来的红利后，会对异质性资源的引入具有更加强烈的偏好与意向（黄越等，2011）。混合所有制改革本质上就是非国有资本与国有资本异质资源的融合共生，相互促进。与国有企业相比，民营和外资企业拥有更加灵活的市场机制、更超前的发展理念和更辽阔的国际化视野，具有较强的危机意识和逐利动机（黄速建等，2020），但抗风险能力差，时常面临融资困难、融资成本高的窘境；而国有企业则具有明显的融资、资金和信息优势，但资源配置效率和盈利水平低下（倪宣明等，2022）。国有企业通过混合所有制改革引入非国有资本后，可以获得来自非国有股东在技术、资本运营、经营机制、企业家精神和商业模式等多方面的优质资源（霍晓萍等，2021），整合自身在政治联结、融资贷款等方面的优势，有利于弥补国有企业自身在生产经营方面的缺陷，提升运行效率。由此可以推断，高管团队成员会对推进企业的混合所有制改革广度具有强烈的意向，即通过引入更加多元化的资本，使企业得到丰富的异质资源便利。

更进一步地，企业混合所有制改革广度的增强会通过优化资源的配置、提高企业创新水平、塑造良好声誉等途径实现混合所有制改革国有企业绩效水平的提升。

首先，企业混合所有制改革广度促进了混合所有制改革国有企业的创新能力。创新是一项极具不确定性与失败风险的事业，通过创新可以培育企业持续健康发展所必需的核心竞争力，而大多数情况下国有企业高管的创新动力不强，短期内不利于绩效表现而长期可以增加企业价值的项目往往不被重视，而创新则备受对于天然具有逐利属性的非国有资本的青睐（冯璐等，2021），异质性资本的加入使混合所有制改革企业发挥了不同所有制资本的优势，增加了创新产出和核心竞争力的培育，从而提高了混合所有制改革国有企业的绩效水平。其次，混合所有制改革广度的增强，还可能给企业带来良好的声誉（庄莹、买生，2021）。在国家大力推进混合所有制改革进程的政策引导下，国有企业主动推进混合所有制改革是对国家政策的积极支持与回应，重塑了国有企业与政府的形象，更容易受到政府乃至社会各界人士的青睐，并且由于信息不对称和内部信息披露得不透明，国有资产流失现象令人担忧，通过非国有股东的引入，会加强对国有企业经理人的监督，促使混合所有制改革企业提高信息披露水平，减少自利与违规行为的发生，使国有资本实现保值增值，赢得外界的支持和良好的企业声誉（綦好东等，2017）。最后，国有企业和非国有企业具备异质的资源禀赋，混合所有制改革广度的增强使混合所有制改革企业通过引入多元的股东，形成了多元的股权结构和更加完善的治理机制，提高了混合所有制改革企业的内部控制质量，促进了混合所有制改革国有企业治理水平的提升（何瑛、杨琳，2021）。

综上所述，高管团队职业背景的异质性会通过塑造兼收并蓄的企业文化促进高管团队成员对增强混合所有制改革资本多样性的偏好，进而促进企业的混合所有制改革广度，而混合所有制改革广度则会通过提高企业创新能力、带来良好声誉、促进治理水平等进一步促进混合所有制改革国有企业绩效水平的提升。因此，本书提出以下假设。

H2a：企业混合所有制改革广度在高管团队职业背景异质性与混合所有制改革国有企业绩效的关系中存在中介作用。

H2b：企业混合所有制改革广度在高管团队海外背景异质性与混合所有制改革国有企业绩效的关系中存在中介作用。

2. 基于混合所有制改革深度的中介机制检验

与混合所有制改革广度不同，混合所有制改革深度代表了参股的非国有资本参与治理的有效性，即参股的非国有资本的话语权大小。马新啸等（2021）研究表明，只有当非国有股东获得充分的信息和话语权参与企业治理时，才能提升混合所有制改革企业治理水平，否则很难对企业经营决策产生重大影响。

一方面，高管团队职业背景异质性越大，代表着重组后的高管团队成员对事物的认知存在较大的差异，会在高管团队成员内部形成较强的监督水平进而影响企业的战略决策（王益民等，2015），例如企业是否参与混合所有制改革、混合所有制改革是否起到了应有的效用、未来如何调整企业混合所有制改革战略等。监督力度的增强有利于减少高管团队成员的机会主义行为与非效率投资，尤其是处于混合所有制改革深水区，在国家大力推动更进一步混合所有制改革的时代背景下，混合所有制改革企业高管团队成员会更关注混合所有制改革政策的落实与成效，提高非国有资本的话语权，使其能够对混合所有制改革国有企业经营决策施加重大影响（黄速建等，2021），从而通过优化企业治理水平促进混合所有制改革企业发展。与之相反，当高管团队职业背景异质性较低时，囿于既得利益的分配，高管团队成员不愿接受外来者的加入，或者迫于外界的压力进行表面功夫，不会选择增加参股资本的话语权，使其真正影响企业战略决策（冯慧群、郭娜，2021）。

另一方面，身处外部竞争较为激烈的大背景下，企业对信息的获取具有较高的需求，高管团队职业背景异质性的增强使高管团队成员对行业的发展、市场竞争环境的态势认知更加深刻、敏锐，并期待在混合所有制改革企业经营管理决策中发挥更大的作用，实现自我价值，赢得外界的声誉和较高的社会地位（乐云等，2021）。而企业混合所有制改革深度的增加可以增强对国有股权优势地位的有效制衡，通过有效的股权制衡可以提升公司治理的有效性，继而避免大股东对经营决策过程的过度干预，实现高管团队成员自身作用的发挥与自我价值的体现，真正做到混合所有制改革企业业内部经营、决策、监督权作用的有效发挥（黄速建等，2021）。

此外，在竞争激烈的市场环境中，高管团队职业背景异质性的优势效应得以发挥，高管团队成员会增强对异质性资源的偏好。多元的异质性资本的引入虽然带来了丰富的资源，但由于无法保障参股的非国有资本的话语权，多元化股东所带来的资源，其优势效应可能无法正常发挥（何瑛、杨琳，2021）。因此，增加非国有资本的持股比例以提高非国有资本的话语权，增强非国有资本的治理有效性，提高混合所有制改革国有企业的活力、效率和市场竞争力，真正实现国有资本与非国有资本的资源互补、融合共生（张斌等，2022），成为高管团队成员可能的选择，故职业背景异质性较高的高管团队成员可能会选择通过增加非国有的持股比例即企业混合所有制改革深度来达到实现资源互补的优势效应的效果。

更进一步地，企业混合所有制改革深度的增加会通过优化混合所有制改革企业内部治理水平提高混合所有制改革国有企业的绩效水平。

首先，企业混合所有制改革深度的增加，可以降低政府干预以及预算软约束。国有企业肩负着维护社会稳定、促进就业等社会民生问题，因此受政府管制力度较大，随着企业混合所有制改革深度的增加，民营和外资股东的话语权在逐渐加强，弱化政府的管控及预算软约束（黄速建等，2021），使混合所有制改革企业真正成为自主经营、自负盈亏的企业。

其次，企业混合所有制改革深度的增加，提升了非国有股东参与治理的能力。非国有股东持股数量的多少决定了其在混合所有制改革企业所能拥有的决策权和剩余索取权的大小（郝阳、龚六堂，2017）。当企业混合所有制改革深度较小（即非国有资本持股较低）时，非国有资本没有足够的力量与国有资本抗衡，话语权较弱，不能左右大股东的意愿，无法发挥治理作用。同时，参股的非国有资本自身的权益难以得到有效保障，会导致其丧失对参与混合所有制改革的信念，使其不敢混合所有制改革、不愿混合所有制改革（李东升等，2017）。

最后，随着非国有资本的持股数量增加，非国有股东有动力也有实力去监督国有企业经理人，首先可以通过非国有资本参股缓解代理问题、减少管理者的道德风险；其次可以在提高混合所有制改革企业税收规避程度的同时增加其纳税贡献（马新啸等，2021）；最后可以改善国有企业高管的监督和激励机制，促使企业高管积极投身于改善国有企业经营能力，做到真正盘活混合所有制改革国有企业，提高其绩效水平，实现混合所有制改革国有企业的高质量发展。

综上，高管团队职业背景的异质性可以通过促进高管团队成员自我价值的提升需求、增强高管团队成员对企业混合所有制改革深度的偏好，进而推动混合所有制改革企业的混合所有制改革深度，而混合所有制改革深度则通过降低国有资本对政府的路径依赖、保障非国有资本的治理能力等手段倒逼企业绩效水平的提升。因此，本书提出以下假设。

H3a：企业混合所有制改革深度在高管团队职业背景异质性与混合所有制改革国有企业绩效的关系中存在中介作用。

H3b：企业混合所有制改革深度在高管团队海外背景异质性与混合所有制改革国有企业绩效的关系中存在中介作用。

3. 企业规模的调节效应

随着研究的不断深入，在研究高管团队职业背景异质性与混合所有制改革国有企业绩效关系及其中介机制时还需要考虑适用的边界条件，即企业处于什么环境条件下研究才成立。企业规模在一定程度上代表了企业自身的资源禀赋，规模较大的企业代表了自身雄厚的实力与完善的治理结构，因此忽视企业规模差异的研究是缺乏现实意义的。因此，本书探究企业规模在存在差异的情况下，是否会影响企业混合所有制改革水平在高管团队职业背景异质性与混合所有制改革国有企业绩效之间的中介作用。

在企业的现代化发展进程中，决策不再是一个人的事情，随着企业规模的增大，决策更多以团队的方式进行，高管团队应运而生。市场通过优胜劣汰机制筛选优质企业，企业之间的经营差异被放大，产品竞争激烈，企业面临经营不善和破产等风险的可能性增大（杨俊等，2020），高管团队作为负责企业经营管理的关键人物，对企业负有妥善经营的责任，复杂的外部环境增加了高管团队管理企业、制定重大战略决策的难度（赖妍、刘小丽，2022）。当规模较小的企业面临经营风险时，更需要的是决策的及时性，企业的管理者通过整合内外部信息，可以及时应对外部风险，做出正确的决策，若规模较小的企业的高管团队异质性较大，反而容易产生冲突、矛盾，降低企业决策效率，不利于企业的发展。随着企业规模的增加，单个管理者囿于注意力的有限性，无法准确分析企业内外部信息，容易做出偏颇的决策，不利于企业的发展，但规模大的企业高管团队的职业背景异质性也大时，高管团队可以通过整合企业内外部多样化的信息，从多角度思考问题，集百家之长促进混合所有制改革国有企业的决策理性和有效性，及时地应对企业所面临的各种风险和挑战（黄登仕、祝晓斐，2016）。同时，企业规模是企业资源禀赋的集合，代表了企业的实力，当企业规模较大时，高管团队职业背景的异质性向外界传递了一种包容、兼收并蓄的信号，即它们领导的企业内部治理机制完善，是值得信赖和投资的（Madera，2018），会吸引更多种类的非国有资本的加入，通过实现国有资本与非国有资本的异质性资源相互融合，从而实现混合所有制改革双方的合作共赢。基于此，提出以下假设。

H4a：企业规模正向调节企业混合所有制改革广度在高管团队职业背景异质性与混合所有制改革国有企业绩效之间的中介作用。

H4b：企业规模正向调节企业混合所有制改革广度在高管团队海外背景异质性与混合所有制改革国有企业绩效之间的中介作用。

此外，企业规模的差异同时也影响着非国有资本参股国有资本的难度，当混合所有制改革国有企业规模较小时，较高的高管团队职业背景异质性虽然会带来更丰富的信息来源，但更可能会带来团队内部的冲突，不同的人想法各异，资源的有限性限制了高管团队的发挥（邓新明等，2021），管理者没有广阔的平台或资源施展自己的抱负，故而不愿意引入更大比例的非国有资本以加深高管团队内部的矛盾；当混合所有制改革国有企业规模相对较大时，企业对于信息的获取具有较高的需求，对市场机制和经营目标会更加敏感，公司治理相对来说会更加规范（高明华、刘波波，2022），高管团队职业背景异质性的增强提高了高管团队成员对于行业发展、市场竞争态势的认知水平，高管团队拥有了施展才华的平台并期待在企业经营决策中发挥更大的作用，通过促进非国有资本的引入来有效制衡大股东对经营决策的过度干预，实现所有权和经营权的分离，从而获取较高的社会地位，实现自我价值。基于此，提出以下假设。

H4c：企业规模正向调节企业混合所有制改革深度在高管团队职业背景异质性与混合所有制改革国有企业绩效之间的中介作用。

H4d：企业规模正向调节企业混合所有制改革深度在高管团队海外背景异质性与混合所有制改革国有企业绩效之间的中介作用。

四　研究设计

（一）数据来源

本书选取了2008—2021年中国沪深A股混合所有制改革国有上市企业作为研究样本，所使用的数据来自国泰安（CSMAR）数据库、中国研究数据服务平台（CNRDS），并对部分缺失数据基于年报进行了手工搜集填补。对收集的数据处理如下：删除了ST、PT和*ST上市公司；删除了金融业企业；删除了研究数据不完整或严重缺失的上市公司；为消除样本离群值的影响，本书对所有连续变量在99%和1%分位处进行缩尾处理；考虑到高管特征影响可能会产生的内生性问题，本书将高管团队职业背景异质性滞后一期处理，最终得到10295条企业年度观测值，数据处理与回归过程采用Excel和Stata16.0软件完成。

（二）变量选择

1. 被解释变量

混合所有制改革企业绩效（CSP）。本书基于利益相关者理论，借鉴杜运潮等（2016）、秦廷奎（2019）的研究，构建了分经济效应和社会效应两个维度的混合所有制改革企业绩效指标评价体系，并运用主成分分析法通过SPSS软件进行指标合成，最终得到了一个综合的衡量混合所有制改革国有企业高质量发展的指标评价指数。具体指标衡量同表5—1保持一致。

2. 解释变量

（1）高管团队职业背景异质性（Hocc）

鉴于高管团队的认知和价值观受职业背景的潜在影响，本书借鉴李秀萍等（2022）、王雪莉等（2013）的研究，将企业高管团队成员的职业背景分为生产、研发、设计、人力资源、管理、市场、金融、财务、法律九类，并分别赋值1—9，采用赫芬达尔指数度量高管职业背景异质性，计算公式为：

$$H = 1 - \sum_{i}^{n} p_i^2 \qquad (5\text{—}13)$$

其中，i表示高管团队职业背景的类别，p_i表示高管团队成员在每个职业背景类别i中的百分比，n表示高管团队职业背景类别的总数量，H表示高管团队职业背景的异质性，其值在0—1之间。H值越大，代表着高管团队的职业背景异质性越强，混合所有制改革国有企业高管团队成员在职业背景方面的差异性就越大；相反，H值越小，代表着高管团队的职业背景异质性越小，混合所有制改革国有企业高管团队成员的职业背景就越相似。

（2）高管团队海外背景异质性（Hsea）

作为高管团队职业背景的一种特殊职业背景，本书借鉴刘凤朝等

(2017)、王雪莉等（2013）的研究，将高管团队的海外背景划分为有无海外背景两类，并赋值0—1，其中有海外背景的高管团队成员包括有海外任职经历和海外求学经历两类，采用赫芬达尔指数计算高管团队海外背景的异质性，计算过程同上。

3. 中介变量

企业混合所有制改革水平。本书鉴于存在形式和程度的差异，基于曹越等（2020）学者的研究把企业混合所有制改革水平划分为混合所有制改革广度和混合所有制改革深度两方面。混合所有制改革广度指参与混合所有制改革的异质主体的多少，代表着参与混合所有制改革的积极性；而混合所有制改革深度则指非国有资本参与混合所有制改革的程度，代表着非国有资本发挥作用的有效性，具体衡量指标如下。

（1）混合所有制改革广度（MixTypes）

本书借鉴马连福等（2015）、黄速建等（2020）的研究，依据企业前十大股东的性质，将其分为国有股东、民营股东、外资股东、机构投资者、自然人五类，股东性质根据实际控制人判断。因此，当存在两种异质的股东时，混合所有制改革广度取2；当存在三种异质的股东时，混合所有制改革广度取3；依此类推，最大值为5，指标衡量与表5—1保持一致。

（2）混合所有制改革深度（MixSum）

考虑到股权制衡度是股权深入性的进一步细化指标，本质上属于同质指标，故本书借鉴马连福等（2015）、任广乾等（2022）的研究，仅采用前十大股东中非国有资本的持股比例，即民营股东持股比例和外资股东持股比例之和来衡量企业的混合所有制改革深度，指标衡量与表5—1保持一致。

4. 调节变量

企业规模（Size）。借鉴倪宣明等（2022）的研究，采用年末总资产的自然对数来衡量企业的规模。

5. 控制变量

参照郝阳和龚六堂（2017）、黄速建等（2021）的研究，本书选取的控制变量包括：董事会规模（Board）、董事会结构（Indep）、高管团队女性高管比例（TMTgen）、高管团队平均年龄（TMTage）、环境不确定性

(EU),同时还控制了行业(Industry)和年份(Year)的固定效应。详细的变量定义见表5—15。

表5—15 主要变量定义及说明

变量类型	变量名称	变量符号	变量定义
被解释变量	混合所有制改革国有企业绩效	CSP	根据指标评价体系通过主成分分析法使用SPSS软件得出的因子综合值
解释变量	高管团队职业背景异质性	Hocc	把企业高管团队成员的职业背景分为生产、研发等九类,并赋值1—9,采用赫芬达尔指数度量异质性
解释变量	高管团队海外背景异质性	Hsea	把企业高管团队成员的海外背景分为有无海外背景两类,并赋值0—1,采用赫芬达尔指数度量异质性
中介变量	混合所有制改革广度	MixTypes	前十大股东中不同性质类别股东的数量
中介变量	混合所有制改革深度	MixSum	前十大股东中民营股东和外资股东持股比例之和
调节变量	企业规模	Size	年末总资产的自然对数
控制变量	董事会规模	Board	董事会人数取自然对数
控制变量	董事会结构	Indep	独立董事人数/董事会总人数
控制变量	高管团队女性高管比例	TMTgen	高管团队女性高管人数在高管团队总人数的百分比
控制变量	高管团队平均年龄	TMTage	高管团队成员的年龄均值
控制变量	环境不确定性	EU	采用经行业调整后的过去5年销售收入的标准差来衡量环境不确定性
控制变量	年份	Year	年度虚拟变量
控制变量	行业	Industry	行业虚拟变量

(三)模型设置

为了检验高管团队职业背景异质性对混合所有制改革国有企业绩效的影响以及企业混合所有制改革水平在其中发挥的中介作用,本书依据温忠麟等(2004)提出的检验中介效应的方法建立以下回归模型:

$$CSP_{i,t} = \alpha_0 + \alpha_1 X_{i,t-1} + Size_{i,t} + \sum Con_{i,t} + \varepsilon \quad (5\text{—}14)$$

$$M_{i,t} = \beta_0 + \beta_1 X_{i,t-1} + Size_{i,t} + \sum Con_{i,t} + \varepsilon \quad (5\text{—}15)$$

$$CSP_{i,t} = \gamma_0 + \gamma_1 X_{i,t-1} + \gamma_2 M_{i,t} + Size_{i,t} + \sum Con_{i,t} + \varepsilon \quad (5\text{—}16)$$

其中，CSP 为被解释变量，是衡量混合所有制改革国有企业绩效的综合性指标；X 为解释变量，衡量高管团队的异质性，具体包括高管团队职业背景的异质性和海外背景的异质性；Con 代表所有的控制变量；M 为中介变量，具体包括企业混合所有制改革广度和混合所有制改革深度；Size 为调节变量，α、β 和 γ 为回归系数，ε 为误差项。其中，模型（5—14）衡量的是在控制了控制变量之后，高管团队职业背景异质性对混合所有制改革国有企业绩效的影响，是中介效应检验的第一步；模型（5—15）衡量的是高管团队职业背景异质性对企业混合所有制改革水平的影响，是中介效应检验的第二步；模型（5—16）则衡量的是在控制了企业混合所有制改革水平之后，高管团队职业背景异质性对混合所有制改革国有企业绩效的影响，是中介检验的第三步。只有当模型（5—14）中的 α_1、模型（5—15）中的 β_1、模型（5—16）中的 γ_2 都在显著的情况下中介效应才成立，否则就需要用 Bootstrap 进行进一步检验确认是否存在中介效应。在中介效应成立的情况下，若 γ_1 显著，则为间接中介效应，即解释变量部分地通过中介变量影响被解释变量；若 γ_1 不显著，则为直接效应，即解释变量完全通过中介变量影响被解释变量。当 β_1 与 γ_2 的乘积与 α_1 的方向一致时，为中介效应；若方向不一致，则为遮掩效应。

借鉴温忠麟和叶宝娟（2014）的研究，为了检验有调节的中介效应，本书在上述检验中介机制的基础上，构建了以下模型：

$$M = b_0 + b_1 X + b_2 Size + b_3 X \times Size + \sum Cons + \varepsilon \quad (5\text{—}17)$$

$$CSP = c_0 + c_1 X + c_2 Size + c_3 X \times Size + c_4 M + \sum Cons + \varepsilon \quad (5\text{—}18)$$

其中，X×Size 是自变量与调节变量的交乘项，若模型（5—17）中的 b_3 和模型（5—18）中的 c_4 显著，则代表有调节的中介效应（调节前半路径）显著，否则就需要进一步用 Bootstrap 法对系数乘积进行区间检验。

五 实证分析

(一) 描述性统计

本书关键变量的描述性统计分析结果如表5—16所示。本书构建的混合所有制改革国有企业绩效（CSP）指标均值为-0.006，最小值为-0.256，最大值为0.439，标准差为0.124，表明不同混合所有制改革企业之间存在较大的绩效差异。高管团队职业背景异质性（Hocc）的均值为0.6，最小值为0.219，最大值为0.768，标准差为0.117，表明混合所有制改革企业的高层管理团队成员职业背景的异质性水平虽然存在差异，但普遍来看异质性都表现出了较高的水平。高管团队海外背景异质性（Hsea）的均值为0.039，最小值为0，最大值为0.48，标准差为0.106，表明不同的混合所有制改革国有企业内部高管团队成员是否具有海外背景的高管存在较大差异。混合所有制改革广度（MixTypes）的均值为3.36，标准差为0.801，表明不同企业在引入异质性资本多样性方面存在一定差异，但差异不大。混合所有制改革深度（MixSum）的均值为9.548，标准差为12.27，表明不同企业非国有股东的持股比例存在较大差异。同样，其他变量的统计值也较为符合实际，处于合理范围之内。

表5—16　　　　　　　　描述性统计

变量	观测值	均值	标准差	最小值	最大值
CSP	12926	-0.006	0.124	-0.256	0.439
Hocc	12926	0.600	0.117	0.219	0.768
Hsea	12926	0.039	0.106	0.000	0.480
MixTypes	12926	3.360	0.801	2.000	5.000
MixSum	9303	9.548	12.27	0.150	57.62
Size	12926	22.70	1.390	19.41	26.43
Board	12926	2.202	0.193	1.609	2.708
Indep	12926	0.370	0.055	0.250	0.600
TMTgen	12926	0.126	0.144	0.000	0.600
TMTage	12926	48.42	3.355	40.17	55.58
EU	11450	1.230	1.206	0.010	17.08

资料来源：笔者基于Stata输出结果整理，下同。

(二) 相关性分析

表5—17中列示了主要变量的Person相关系数。通过VIF检验，得出的VIF<10，表明各变量之间不存在严重的多重共线性问题。高管团队职业背景异质性、海外背景异质性均与混合所有制改革国有企业绩效之间呈现正相关关系，回归系数分别为0.072、0.086，且在1%的水平下显著。此外，高管团队职业背景异质性、海外背景异质性均在1%的显著性水平下促进企业的混合所有制改革广度和混合所有制改革深度，企业混合所有制改革广度的增强抑制了混合所有制改革国有企业绩效的提升，且在5%的水平下显著，企业混合所有制改革深度的增强则促进了混合所有制改革国有企业绩效的提升，且在1%的水平下显著，表明将混合所有制改革广度和混合所有制改革深度作为中介变量纳入模型是科学合理的。最后，各变量之间具体的关系尚待进一步的检验与分析。

表5—17　　　　　　　　关键变量的相关性分析

	CSP	Hocc	Hsea	MixTypes	MixSum	Size
CSP	1	—	—	—	—	—
Hocc	0.072***	1	—	—	—	—
Hsea	0.086***	0.110***	1	—	—	—
MixTypes	-0.018**	0.053***	0.063***	1	—	—
MixSum	0.072***	0.073***	0.179***	0.054***	1	—
Size	0.139***	0.094***	0.168***	0.039***	0.155***	1

注：**、*** 分别表示系数在5%、1%的统计水平上显著。

(三) 回归结果分析

1. 高管团队职业背景异质性与混合所有制改革企业绩效关系检验

表5—18中的模型（1）为基准模型，研究首先将所有的控制变量纳入了回归模型。模型（2）和模型（3）表示在基准模型的基础上分别引入了高管团队职业背景异质性和高管团队海外背景的异质性的滞后一期指标，探究其对混合所有制改革国有企业绩效水平的影响，模型（4）则是考虑职业背景异质性和海外背景异质性共同存在对混合所有制改革国有企业绩效的影响。

通过分析实证结果可得，高管团队职业背景异质性的回归系数为0.0609，且在1%的水平上显著，高管团队海外背景异质性的回归系数为0.0378，且在1%的水平上显著，假设H1a和H1b均得证，实证结果表明，一方面，无论是多样化的职业经历所带来的广泛认知还是国内外文化的交融碰撞，使高管团队成员通过吸收来源广泛的异质性意见，从不同的角度全面地思考问题，进行了思想上的交流与碰撞，提高了企业创新、创造的能力，进而提升了混合所有制改革国有企业的绩效水平；另一方面，高管团队成员在进行决策时具有丰富的资源池，可以及时地应对来自竞争对手、市场和行业中存在的风险和挑战，提高组织存活的可能性，进而有利于混合所有制改革国有企业绩效水平的提升。

表5—18　高管团队异质性对混合所有制改革国有企业绩效的回归分析

	(1) CSP	(2) CSP	(3) CSP	(4) CSP
Hocc	—	0.0609*** (5.88)	—	0.0583*** (5.57)
Hsea	—	—	0.0378*** (3.61)	0.0324*** (3.06)
Size	0.0155*** (15.57)	0.0140*** (13.60)	0.0138*** (12.99)	0.0135*** (12.80)
Board	-0.0289*** (-4.29)	-0.0313*** (-4.42)	-0.0296*** (-4.19)	-0.0308*** (-4.35)
Indep	-0.0693*** (-3.26)	-0.0738*** (-3.34)	-0.0751*** (-3.41)	-0.0726*** (-3.29)
TMTgen	0.00853 (1.01)	0.00362 (0.41)	0.00254 (0.29)	0.00295 (0.34)
TMTage	0.000465 (1.22)	0.000556 (1.40)	0.000306 (0.77)	0.000575 (1.45)
EU	0.00332*** (2.85)	0.00324*** (2.72)	0.00319*** (2.67)	0.00330*** (2.77)
Year	Control	Control	Control	Control
Industry	Control	Control	Control	Control

第五章 混合所有制改革水平、高管团队异质性对企业绩效的影响 / 141

续表

	(1)	(2)	(3)	(4)
	CSP	CSP	CSP	CSP
Constant	-0.418*** (-14.10)	-0.405*** (-12.83)	-0.361*** (-11.54)	-0.396*** (-12.48)
N	11450	10295	10295	10295
adj. R	0.121	0.119	0.117	0.119
F	39.51	34.42	34.09	34.19

注：*** 表示系数在1%的统计水平上显著。

2. 混合所有制改革广度和混合所有制改革深度的中介机制检验

表5—19探讨了企业混合所有制改革广度在高管团队职业背景异质性和海外背景异质性与混合所有制改革国有企业绩效之间的中介作用。模型（1）表明高管团队职业背景异质性与混合所有制改革广度的回归系数为0.0966，但是并不显著，假设H2a未得到验证，可能存在的原因是异质性存在双刃剑效应，一方面可以通过整合企业内外部资源，促进企业的决策理性，治理的完善，继而吸引异质性资本的进驻；另一方面，异质性越大，可能越不利于高管团队内部的团结和凝聚力，所有人都各抒己见，在面对风险时，无法形成一致的意见，反而降低了企业决策的效率，不利于企业的发展。

模型（3）表明高管团队海外背景异质性与企业混合所有制改革广度的回归系数为0.356，且在1%的水平下显著，模型（4）表明在控制了高管团队海外背景异质性的情况下，企业混合所有制改革广度对混合所有制改革国有企业绩效的回归系数为-0.00708，且在1%的水平下显著，由于模型（3）中海外背景异质性的系数与模型（4）中企业混合所有制改革广度的系数乘积为负，而表5—19的模型（3）则表示海外背景异质性对混合所有制改革国有企业绩效有促进作用，与乘积系数不符，表现为遮掩效应，即高管团队海外背景异质性的增强一方面可以直接促进混合所有制改革国有企业绩效的提升，另一方面高管团队海外背景异质性的增强又会通过促进企业混合所有制改革广度的增加而抑制混合所有制改革国有企业绩效的提升，但遮掩力度较弱，总效应表现为促进效应，因此假设 H2b 未得到验证，可能存在的原因是企业混合所有制改革广度的增强虽然完善了企业的股权结构，带来了异质性的资源，但同时由于股权的分散，中小股东不能对混合所有制改革国有企业经营决策施加重大影响，无法对大股东形成有效的制衡，无法保障自身的权益，第二类代理问题并没有得到缓解，混合所有制改革停留在表面的混合阶段，并没有达到实质性的混合所有制改革。

表 5—19　　　　　企业混合所有制改革广度的中介效应回归

	(1) MixTypes	(2) CSP	(3) MixTypes	(4) CSP	(5) CSP
Hocc	0.0966 (1.29)	0.0615*** (5.94)			0.0588*** (5.61)
Hsea	—		0.356*** (4.36)	0.0403*** (3.87)	0.0349*** (3.31)
MixTypes	—	-0.00696*** (-4.89)	—	-0.00708*** (-4.96)	-0.00715*** (-5.01)
Size	0.0157** (2.28)	0.0141*** (13.71)	0.0105 (1.50)	0.0139*** (13.08)	0.0136*** (12.89)
Board	-0.0427 (-0.92)	-0.0315*** (-4.47)	-0.0362 (-0.78)	-0.0298*** (-4.23)	-0.0310*** (-4.40)
Indep	-0.246 (-1.58)	-0.0755*** (-3.43)	-0.236 (-1.52)	-0.0768*** (-3.50)	-0.0743*** (-3.37)
TMTgen	0.252*** (4.21)	0.00537 (0.61)	0.244*** (4.08)	0.00427 (0.49)	0.00470 (0.53)
TMTage	-0.00573** (-2.11)	0.000516 (1.30)	-0.00583** (-2.17)	0.000264 (0.67)	0.000536 (1.36)
EU	-0.0185*** (-2.71)	0.00311*** (2.60)	-0.0180*** (-2.64)	0.00306** (2.56)	0.00317*** (2.65)
Year	Control	Control	Control	Control	Control
Industry	Control	Control	Control	Control	Control
Constant	3.281*** (15.62)	-0.382*** (-11.94)	3.416*** (16.53)	-0.337*** (-10.57)	-0.372*** (-11.54)

第五章 混合所有制改革水平、高管团队异质性对企业绩效的影响 / 143

续表

	(1)	(2)	(3)	(4)	(5)
	MixTypes	CSP	MixTypes	CSP	CSP
N	10295	10295	10295	10295	10295
adj. R	0.016	0.121	0.018	0.119	0.121
F	5.605	34.77	6.078	34.54	34.54

注：**、*** 分别表示系数在5%、1%的统计水平上显著。

表5—20探讨了企业混合所有制改革深度在高管团队职业背景异质性和海外背景异质性与混合所有制改革国有企业绩效之间的中介作用。模型（1）表示高管团队职业背景异质性对企业混合所有制改革深度的回归系数为6.548，且在1%的水平下显著，同时模型（2）中企业混合所有制改革深度的回归系数也在10%的水平下显著为正，实证结果表明，企业混合所有制改革深度在高管团队职业背景异质性与混合所有制改革国有企业绩效之间存在部分中介作用，假设H3a成立。模型（3）表示高管团队海外背景异质性对企业混合所有制改革深度的回归系数为16.77，且在1%的水平下显著，同时，模型（4）中企业混合所有制改革深度的回归系数也在10%的水平下显著为正，结果表明，企业混合所有制改革深度在高管团队海外背景异质性与混合所有制改革国有企业绩效之间存在部分中介作用，假设H3b成立。

表5—20　　　　企业混合所有制改革深度的中介效应分析

	(1)	(2)	(3)	(4)	(5)
	MixSum	CSP	MixSum	CSP	CSP
Hocc	6.548***	0.0514***	—	—	0.0500***
	(5.25)	(4.06)			(3.91)
Hsea	—	—	16.77***	0.0202*	0.0156
			(11.94)	(1.70)	(1.30)
MixSum	—	0.000214*	—	0.000214*	0.000193
		(1.75)		(1.73)	(1.54)

续表

	(1)	(2)	(3)	(4)	(5)
	MixSum	CSP	MixSum	CSP	CSP
Size	2.105***	0.0131***	1.828***	0.0130***	0.0128***
	(17.62)	(10.46)	(15.16)	(10.18)	(10.09)
Board	2.079**	-0.0235***	2.573***	-0.0218***	-0.0231***
	(2.54)	(-2.92)	(3.18)	(-2.70)	(-2.86)
Indep	-6.480***	-0.0602**	-5.522**	-0.0596**	-0.0594**
	(-2.60)	(-2.42)	(-2.23)	(-2.40)	(-2.39)
TMTgen	3.441***	-0.0169	2.960***	-0.0182*	-0.0171*
	(3.49)	(-1.64)	(3.04)	(-1.78)	(-1.67)
TMTage	0.0444	0.000950**	0.0335	0.000761	0.000960**
	(0.96)	(2.04)	(0.74)	(1.62)	(2.06)
EU	0.120	0.00436***	0.140	0.00428***	0.00439***
	(0.92)	(3.05)	(1.08)	(2.99)	(3.08)
Year	Control	Control	Control	Control	Control
Industry	Control	Control	Control	Control	Control
Constant	-46.54***	-0.444***	-39.10***	-0.412***	-0.441***
	(-13.20)	(-12.47)	(-11.23)	(-11.85)	(-12.33)
N	7277	7277	7277	7277	7277
adj. R	0.091	0.129	0.109	0.127	0.129
F	18.64	29.59	22.33	29.46	29.16

注：*、**、***分别表示系数在10%、5%、1%的统计水平上显著。

通过对实证结果进行分析可知，无论是高管团队职业背景的异质性还是海外背景的异质性，都对高管团队成员的人生观、价值观产生了重大影响，潜移默化地影响高管团队成员的行为、决策，代表了高管团队成员多样化的认知，同时，当异质性水平增加时，高管团队对行业的发展、市场的竞争态势有了更清晰的认知，会期待发挥自身的主观能动性，施展自己的抱负，以获得良好的声誉与较高的社会地位，而这一前提离不开非国有资本的深入从而对大股东形成制衡，实现事权的分离，故而高管团队的异质性水平越强，会更倾向于引入更高比例的非国有资本，

第五章　混合所有制改革水平、高管团队异质性对企业绩效的影响 / 145

从而优化治理结构，促进混合所有制改革国有企业的高质量发展。

3. 有调节的中介效应分析

表5—21报告了企业规模（Size）对混合所有制改革广度（MixTypes）在高管团队职业背景异质性和海外背景异质性与混合所有制改革国有企业绩效之间的中介效应的调节作用。模型（1）和模型（3）是在控制了控制变量的基础上，分别引入了高管团队职业背景异质性和海外背景异质性与企业规模的交乘项，检验交乘项对企业混合所有制改革广度的调节效应。模型（2）和模型（4）则分别是在模型（1）和模型（3）的基础上，同时控制了企业混合所有制改革广度，考察企业混合所有制改革广度对混合所有制改革国有企业绩效的显著性。若模型（1）和模型（3）中的交乘项系数显著，且模型（2）和模型（4）中企业混合所有制改革广度的系数显著，则可以证明有调节的中介成立。

实证结果如表5—21所示，高管团队职业背景异质性和海外背景异质性与企业规模的交乘项分别在1%和10%的水平下显著，且企业混合所有制改革均在1%的水平下显著，表明假设H4a和H4b得证。实证结果表明，当混合所有制改革国有企业规模较大时，无论是高管团队的职业背景异质性还是海外背景异质性的增强都给企业塑造了包容的企业文化，向外界传递了一种积极的信号，会加强多样化的异质性资本参股的意愿，从而优化治理结构，实现企业绩效水平的提升。

表5—21　有调节的中介：企业规模对混合所有制改革广度的调节效应

	(1)	(2)	(3)	(4)
	MixTypes	CSP	MixTypes	CSP
Hocc	0.104 (1.38)	0.0608*** (5.89)	—	—
Hocc × Size	0.220*** (4.20)	-0.0206*** (-2.84)	—	—
Hsea	—	—	0.298*** (3.35)	0.0537*** (4.68)
Hsea × Size	—	—	0.0911* (1.81)	-0.0208*** (-3.32)

续表

	（1）	（2）	（3）	（4）
	MixTypes	CSP	MixTypes	CSP
MixTypes	—	-0.00679*** (-4.79)	—	-0.00700*** (-4.91)
Size	0.0142** (2.06)	0.0143*** (13.80)	0.00974 (1.39)	0.0140*** (13.14)
Controls	Control	Control	Control	Control
Year	Control	Control	Control	Control
Industry	Control	Control	Control	Control
Constant	3.328*** (15.85)	-0.387*** (-12.07)	3.445*** (16.65)	-0.344*** (-10.67)
N	10295	10295	10295	10295
adj. R	0.018	0.121	0.018	0.119
F	5.957	34.21	6.031	33.87

注：*、**、***分别表示系数在10%、5%、1%的统计水平上显著；Controls包括全部的控制变量，具体包含董事会规模（Board）、董事会结构（Indep）、高管团队女性高管比例（TMTgen）、高管团队平均年龄（TMTage）、环境不确定性（EU）。

同理可得，表5—22报告了企业规模（Size）对混合所有制改革深度（MixSum）在高管团队职业背景异质性和海外背景异质性与混合所有制改革国有企业绩效之间的中介效应的调节作用。模型（1）和模型（3）是在控制了控制变量的基础上，分别引入了高管团队职业背景异质性和海外背景异质性与企业规模的交乘项，检验交乘项对企业混合所有制改革深度的调节效应。模型（2）和模型（4）则分别是在模型（1）和模型（3）的基础上，同时控制了企业混合所有制改革深度，考察企业混合所有制改革深度对混合所有制改革国有企业绩效的显著性。若模型（1）和模型（3）中的交乘项系数显著，且模型（2）和模型（4）中企业混合所有制改革深度的系数显著，则可以证明有调节的中介成立。

表 5—22　有调节的中介：企业规模对混合所有制改革深度的调节效应

	(1) MixSum	(2) CSP	(3) MixSum	(4) CSP
Hocc	6.233*** (5.02)	0.0517*** (4.05)	—	—
Hocc × Size	4.724*** (5.50)	−0.00550 (−0.64)	—	—
Hsea	—	—	11.69*** (7.96)	0.0396*** (3.05)
Hsea × Size	—	—	6.340*** (7.52)	−0.0250*** (−3.75)
MixSum	—	0.000218* (1.80)	—	0.000249** (2.00)
Size	2.041*** (17.21)	0.0131*** (10.39)	1.745*** (14.54)	0.0133*** (10.31)
Controls	Control	Control	Control	Control
Year	Control	Control	Control	Control
Industry	Control	Control	Control	Control
Constant	−44.58*** (−12.79)	−0.446*** (−12.37)	−36.10*** (−10.31)	−0.423*** (−11.97)
N	7277	7277	7277	7277
adj. R	0.094	0.129	0.116	0.129
F	18.74	28.86	23.35	28.82

注：*、**、***分别表示系数在10%、5%、1%的统计水平上显著；Controls包括全部的控制变量，具体包含董事会规模（Board）、董事会结构（Indep）、高管团队女性高管比例（TMTgen）、高管团队平均年龄（TMTage）、环境不确定性（EU）。

实证结果如表5—22所示，高管团队职业背景异质性和海外背景异质性与企业规模的交乘项均在1%的水平下显著，且企业混合所有制改革深度分别在10%和5%的水平下显著，表明假设H4c和H4d得证。实证结果表明，当混合所有制改革国有企业规模较大时，较高的高管团队职业背景异质性和海外背景异质性提高了高管团队成员对于行业发展、市场竞争态势的认知水平，高管团队拥有了施展才华的平台并期待在企业经营决策中发挥更大的作用，即通过促进非国有资本的引入来有效制衡大股东对经营决策的过度干预，实现所有权和经营权的分离，从而获取较高的社会地位，实现自我价值。

4. 稳健性检验

高管团队职业背景的异质性会影响混合所有制改革国有企业的绩效水平，反过来，混合所有制改革国有企业绩效水平的高低同样也有可能对高管团队的组建产生影响，为了缓解研究存在的内生性问题，本书把解释变量进行了滞后一期处理。与此同时，本书还通过工具变量法来缓解研究可能存在的内生性问题。

（1）两阶段—工具变量法

由于滞后变量已经发生，属于前定变量，因此通常可作为工具变量（高明华、郭传孜，2019），故本书在已有研究的基础上选取了高管团队职业背景异质性和海外背景异质性的滞后两期变量作为工具变量，高管团队职业背景异质性可能会影响当年企业的绩效水平或未来一年高管团队的组建情况，但对未来两年的绩效水平并不存在直接影响，因此满足工具变量选取的相关性和外生性要求。同时，本书还对工具变量的选取进行了统计学上的有效性及相关性检验，检验结果也表明选取的工具变量有效，符合研究的要求。

实证结果如表5—23所示，第一阶段是工具变量对解释变量的回归，回归结果显示，工具变量对高管团队职业背景异质性和海外背景异质性的回归系数分别为0.827和0.883，且均在1%的水平上显著，这表明解释变量与工具变量高度相关，第二阶段是修正后的解释变量对被解释变量的回归，回归结果显示，经工具变量修正的高管团队职业背景异质性和海外背景异质性的回归系数分别为0.0748和0.0489，且均在1%的水平上显著，与前文回归的结果保持一致，进一步支持了高管团队职业背景异质性和海外背景异质性对混合所有制改革国有企业绩效的促进作用。

第五章　混合所有制改革水平、高管团队异质性对企业绩效的影响 / 149

表 5—23　　　　　　　　　　工具变量法回归

变量	第一阶段		第二阶段	
	Hocc	Hsea	CSP	
Size	0.00158***	0.00236***	0.0126***	0.0122***
	(0.000494)	(0.000464)	(0.00101)	(0.00103)
IV	0.827***	0.883***	—	—
	(0.00518)	(0.00534)		
Hocc	—	—	0.0748***	
			(0.0128)	
Hsea	—	—		0.0489***
				(0.0134)
Controls	Control	Control	Control	Control
Year	Control	Control	Control	Control
Industry	Control	Control	Control	Control
Constant	0.131***	-0.0297**	-0.333***	-0.268***
	(0.0158)	(0.0143)	(0.0328)	(0.0317)
Observations	9248	9248	9248	9248
R-squared	0.785	0.764	0.120	0.118
IV F-stat	—	—	25529	27323
Durbin pval	—	—	0.203	0.574

注：**、***分别表示系数在5%、1%的统计水平上显著；Controls包括全部的控制变量，具体包含董事会规模（Board）、董事会结构（Indep）、高管团队女性高管比例（TMTgen）、高管团队平均年龄（TMTage）、环境不确定性（EU）。

（2）Bootstrap 中介效应检验

温忠麟和叶宝娟（2014）指出，三步法检验中介效应存在着第一类错误率较低但检验力较弱的问题，可以采用Bootstrap法对中介效应进行进一步检验。基于此，本书采用了检验力更强的偏差校正的非参数百分位Bootstrap法，并设定抽样次数为1000次，检验中介效应的稳健性。其中，基于混合所有制改革广度为中介变量的检验，高管团队职业背景异质性的间接效应的95%的偏差校正的置信区间为 [-0.0017154, 0.0002838]，置信区间包含0，代表"高管团队职业背景异质性—混合所有制改革广度—混合所有制改革国有企业绩效"的中介机制检验不成立，高管团队海外背景异质性的间接效应的95%的偏差校正的置信区间为[-0.0044477, -0.0011086]，置信区间不包含0，代表"高管团队海外背景异质性—混合所有制改革广度—混合所有制改革国有企业绩效"的中介机制检验成立，检验结果与实证结果保持一致，结果较稳健。

其中，基于混合所有制改革深度为中介变量的检验，高管团队职业背景异质性的间接效应的95%的偏差校正的置信区间为[0.0002337, 0.0031613]，置信区间不包含0，代表"高管团队职业背景异质性—混合所有制改革深度—混合所有制改革国有企业绩效"的中介机制检验成立，高管团队海外背景异质性的间接效应的95%的偏差校正的置信区间为[0.0004833, 0.0075381]，置信区间不包含0，代表"高管团队海外背景异质性—混合所有制改革深度—混合所有制改革国有企业绩效"的中介机制检验成立，检验结果与实证结果保持一致，结果较稳健。

(3) 替换被解释变量

为了检验以上实证结果的科学性，针对混合所有制改革国有企业绩效的衡量，本书还分别使用1/2、1/3、1/6作为权重，重新计算了混合所有制改革国有企业的绩效水平，得到了新的混合所有制改革国有企业绩效指数CSP1。回归结果如表5—24和表5—25所示，模型（1）衡量的是高管团队职业背景异质性和海外背景异质性对混合所有制改革国有企业绩效的影响作用，回归系数分别为0.0696和0.0432，且都在1%的水平上显著，表明高管团队职业背景异质性和海外背景异质性的确对混合所有制改革国有企业绩效具有促进作用，证明了H1a和H1b的稳健性。模型（2）和模型（3）是中介效应检验的第三步，其中自变量和中介变量的回归系数的显著性均与前文结论保持一致，证明了中介效应的稳健性。模型（4）和模型（5）是替换了被解释变量后的有调节的中介变量回归，在控制了自变量与控制变量的交乘项后，企业混合所有制改革广度和混合所有制改革深度的回归系数均显著，与前文结论均保持一致，结果稳健。

表 5—24　稳健性检验：替换被解释变量的衡量方式回归
（基于高管团队职业背景异质性）

	（1）	（2）	（3）	（4）	（5）
	CSP1	CSP1	CSP1	CSP1	CSP1
Hocc	0.0696***	0.0704***	0.0592***	0.0696***	0.0596***
	(5.87)	(5.92)	(4.08)	(5.87)	(4.08)
MixTypes	—	-0.00812***	—	-0.00792***	—
		(-4.98)		(-4.88)	
MixSum	—	—	0.000244*	—	0.000250*
			(1.74)		(1.79)
Hocc×Size	—	—	—	-0.0244***	-0.00710
				(-2.93)	(-0.72)
Size	0.0163***	0.0164***	0.0152***	0.0166***	0.0153***
	(13.78)	(13.89)	(10.62)	(13.98)	(10.54)
Controls	Control	Control	Control	Control	Control
Year	Control	Control	Control	Control	Control
Industry	Control	Control	Control	Control	Control
Constant	-0.468***	-0.441***	-0.511***	-0.447***	-0.514***
	(-12.97)	(-12.06)	(-12.55)	(-12.20)	(-12.46)
N	10295	10295	7277	10295	7277
adj. R	0.119	0.121	0.130	0.122	0.130
F	34.68	35.09	29.76	34.55	29.03

注：*、*** 分别表示系数在10%、1%的统计水平上显著；Controls 包括全部的控制变量，具体包含董事会规模（Board）、董事会结构（Indep）、高管团队女性高管比例（TMTgen）、高管团队平均年龄（TMTage）、环境不确定性（EU）。

表 5—25　稳健性检验：替换被解释变量的衡量方式回归
（基于高管团队海外背景异质性）

	（1）	（2）	（3）	（4）	（5）
	CSP1	CSP1	CSP1	CSP1	CSP1
Hsea	0.0432***	0.0462***	0.0234*	0.0618***	0.0462***
	(3.62)	(3.88)	(1.72)	(4.73)	(3.12)
MixTypes	—	-0.00825***	—	-0.00817***	—
		(-5.05)		(-5.00)	

续表

	(1)	(2)	(3)	(4)	(5)
	CSP1	CSP1	CSP1	CSP1	CSP1
MixSum	—	—	0.000245 * (1.72)	—	0.000285 ** (1.99)
Hsea × Size	—	—	—	−0.0243 *** (−3.40)	−0.0293 *** (−3.84)
Size	0.0160 *** (13.18)	0.0161 *** (13.27)	0.0151 *** (10.33)	0.0163 *** (13.33)	0.0154 *** (10.46)
Controls	Control	Control	Control	Control	Control
Year	Control	Control	Control	Control	Control
Industry	Control	Control	Control	Control	Control
Constant	−0.417 *** (−11.67)	−0.389 *** (−10.69)	−0.474 *** (−11.92)	−0.397 *** (−10.79)	−0.486 *** (−12.05)
N	10295	10295	7277	10295	7277
adj. R	0.117	0.119	0.128	0.120	0.129
F	34.35	34.86	29.64	34.18	28.99

注：*、**、***分别表示系数在10%、5%、1%的统计水平上显著；Controls 包括全部的控制变量，具体包含董事会规模（Board）、董事会结构（Indep）、高管团队女性高管比例（TMTgen）、高管团队平均年龄（TMTage）、环境不确定性（EU）。

5. 异质性分析

（1）基于企业生命周期的分组回归

早期研究发现，企业也同生物个体存在生长曲线一样存在不同阶段。当企业处于不同的生命周期阶段时，企业的规模、盈利能力、资源禀赋、投资策略、创新能力等都会存在明显的差异（刘诗源等，2020）。混合所有制改革国有企业绩效水平的提高需要企业高管团队成员结合企业内外部环境特征、自身资源禀赋、发展需求后做出谨慎的决策，因此探究高管团队职业背景异质性在不同的企业生命周期阶段是如何影响企业的绩效水平的，是否存在差异，具有一定的现实意义。本书借鉴刘诗源等（2020）学者对企业生命周期的测度，基于现金流模式法，把企业生命周期划分为成长期、成熟期和衰退期三个阶段，实证结果如表5—26所示。

表 5—26　　　　　　　　　基于生命周期的分组回归

	(1)	(2)	(3)	(4)	(5)	(6)
	成长期	成长期	成熟期	成熟期	衰退期	衰退期
Hocc	0.0496*** (3.23)	—	0.0733*** (4.14)	—	0.0415* (1.80)	—
Hsea	—	0.0583*** (4.14)	—	0.0234 (1.29)	—	0.0161 (0.59)
Size	0.0143*** (9.66)	0.0136*** (9.05)	0.0146*** (9.06)	0.0146*** (8.94)	0.0111*** (4.70)	0.0112*** (4.63)
Board	−0.0407*** (−4.30)	−0.0392*** (−4.15)	−0.0196* (−1.77)	−0.0186* (−1.68)	−0.0435*** (−2.69)	−0.0419*** (−2.58)
Indep	−0.0825** (−2.54)	−0.0834** (−2.57)	−0.0634 (−1.62)	−0.0678* (−1.73)	−0.128** (−2.51)	−0.125** (−2.45)
TMTgen	−0.0107 (−0.86)	−0.0106 (−0.84)	0.00501 (0.36)	0.00314 (0.23)	0.0296 (1.64)	0.0292 (1.61)
TMTage	−0.000916 (−1.60)	−0.00107* (−1.89)	0.00151** (2.29)	0.00121* (1.84)	0.000889 (1.01)	0.000654 (0.76)
EU	0.00465*** (3.37)	0.00458*** (3.32)	0.00252 (1.38)	0.00235 (1.29)	0.00225 (1.04)	0.00229 (1.06)
Year	Control	Control	Control	Control	Control	Control
Industry	Control	Control	Control	Control	Control	Control
Constant	−0.193*** (−2.60)	−0.154** (−2.09)	−0.445*** (−6.80)	−0.395*** (−6.08)	−0.116 (−1.27)	−0.0975 (−1.07)
N	4167	4167	4002	4002	2080	2080
adj. R	0.140	0.140	0.131	0.128	0.135	0.133
F	18.79	18.86	16.90	16.43	9.513	9.423

注：*、**、*** 分别表示系数在 10%、5%、1% 的统计水平上显著。

当企业处于成长期时，高管团队职业背景异质性和海外背景异质性的回归系数分别为 0.0496 和 0.0583，且在 1% 的水平上显著，这表明了处于成长期的企业处于融资约束较强、尚未建立起良好的市场声誉、盈利能力较低的环境中，高管团队职业背景和海外背景异质性的增强给企业积累了丰富的资源池,降低了企业的人力资本成本,使企业得以迅速积累企业发展所需的资源,促进了企业的绩效水平。

当企业处于成熟期时,高管团队职业背景异质性的回归系数为0.0733,且在1%的水平上显著,但高管团队海外背景异质性的回归系数并不显著,这表明企业的生产经营模式已步入正轨,组织结构不断完善,企业开始实现稳定的盈利,并形成了范围较广的销售网络,同时也面临生产经营过程中的机会与挑战,高管团队职业背景异质性的增强,通过提供多元化的想法与意见,使企业得以应对复杂的外部环境所带来的挑战,增强组织韧性,可以促进企业的绩效水平。随着企业的稳定发展,企业各项业务都已经成熟,由于创新具备不稳定性和风险高等特点,企业的创新意愿可能并不强烈,海外人才的加入无法轻易动摇企业的经营决策战略,因此高管团队海外背景的异质性对混合所有制改革国有企业的促进效应并不明显。

当企业处于衰退期时,高管团队职业背景异质性的回归系数为0.0415,在10%的水平下显著,高管团队海外背景异质性的回归系数并不显著,表明处于衰退期的企业,销售额和市场份额开始出现下滑的趋势,企业由促发展转向保生存阶段,避险态度强烈,异质性资源所带来的创新可能与理性决策无法发挥作用,所以对于处于衰退期的企业,高管团队职业背景异质性对混合所有制改革国有企业绩效的促进作用较弱,高管团队的海外背景异质性因为创新意愿的低迷也起不到对绩效的促进作用。

(2)基于行政层级的分组回归

与地方国有企业相比,中央国有企业一般规模更大,经营业务更加复杂且涉及多方利益主体,掌握着优质的政治与经济资源,形成了强大的政治联结,常常占据着行业的龙头地位,资源禀赋的差异可能对异质性发挥作用产生影响。因此,本书将混合所有制改革国有企业进一步细分为中央国有企业和地方国有企业,探究不同行政层级差异下,高管团队职业背景异质性和海外背景异质性对混合所有制改革国有企业绩效的影响。

实证结果如表5—27所示,当企业为地方国有企业时,高管团队职业背景异质性和海外背景异质性的回归系数分别为0.0772和0.0481,且均在1%的水平下显著,而中央国有企业则不显著。原因可能在于,地方国有企业日常运行更加的自由,高管团队成员高异质性所带来的充分沟通和集思广益的优势可以得到更充分的体现,而对于中央国有企业而言,管理者的行为受到了较严格的管控,缺乏自主性,异质性所带来的决策理性等优势无法得到有效发挥。同时,从混合所有制改革的力度来谈,地方国有企业与中央国有企业相比,力度更大,与市场融合得更彻底,故灵活性更强。由此推断,与中央国有企业相比,当行政层级为地方国有企业时,高管团队职业背景异质性和海外背景异质性更有可能促进混合所有制改革国有企业绩效的提升。

表 5—27　　　　　　　　　基于行政层级的分组回归

	(1)	(2)	(3)	(4)
	地方国有企业		中央国有企业	
Hocc	0.0772*** (6.34)	—	0.0208 (1.06)	—
Hsea	—	0.0481*** (3.35)	—	0.00291 (0.16)
Size	0.0187*** (15.61)	0.0185*** (15.26)	0.00129 (0.74)	0.00138 (0.78)
Board	-0.0417*** (-5.34)	-0.0416*** (-5.30)	0.0342*** (2.71)	0.0353*** (2.80)
Indep	-0.0723*** (-2.65)	-0.0733*** (-2.68)	-0.0293 (-0.71)	-0.0298 (-0.72)
TMTgen	-0.00632 (-0.67)	-0.00730 (-0.78)	0.0406** (2.31)	0.0403** (2.29)
TMTage	0.000616 (1.38)	0.000294 (0.66)	-0.0000934 (-0.11)	-0.000170 (-0.21)
EU	0.00332*** (2.97)	0.00331*** (2.96)	0.00235 (1.16)	0.00226 (1.12)
Year	Control	Control	Control	Control
Industry	Control	Control	Control	Control

续表

	(1)	(2)	(3)	(4)
	地方国有企业		中央国有企业	
Constant	-0.521*** (-14.38)	-0.462*** (-13.03)	-0.161*** (-2.90)	-0.152*** (-2.77)
N	7369	7369	2773	2773
adj. R	0.143	0.140	0.165	0.164
F	33.43	32.54	15.76	15.72

注：**、*** 分别表示系数在5%、1%的统计水平上显著。

(3) 基于企业类别的分组回归

目前，国有企业推进混合所有制改革已由过去的"一刀切"阶段发展到现在的分类改革阶段，后者成为统领的改革思路，并将国有企业划分为公益类和竞争类国有企业，前者的功能定位是改善民生、提供公共产品和服务社会，而后者则被要求运用灵活的市场机制开展商业运作。本书借鉴黄速建等（2021）学者的研究，参照国务院颁布的《关于国有企业发展混合所有制经济的意见》（国发〔2015〕54号）中的分类标准进行了企业类别的划分，并探究在企业类别差异下，高管团队职业背景异质性和海外背景异质性对混合所有制改革国有企业绩效的影响是否存在差异。

实证结果如表5—28所示，当企业类别为竞争类国有企业时，高管团队职业背景异质性和海外背景异质性的回归系数分别为0.0667和0.0444，且均在1%的水平上显著；反之，当企业类别为公益类国有企业时，高管团队职业背景异质性的回归系数为0.0623，且在1%的水平下显著，高管团队海外背景异质性的回归系数并不显著。这表明，高管团队职业背景异质性无论是在竞争类国有企业还是公益类国有企业都没有显著性差异，但对于高管团队海外背景异质性来说，与公益类国有企业相比，处于竞争类国有企业对于创新具有较高的需求，高管团队海外背景异质性的优势效应更容易得以发挥。

表 5—28　　　　　　　基于企业类别的分组回归

	(1)	(2)	(3)	(4)
	竞争类国有企业		公益类国有企业	
Hocc	0.0667*** (5.29)	—	0.0623*** (3.27)	—
Hsea	—	0.0444*** (3.31)	—	0.0209 (1.00)
Size	0.0170*** (14.34)	0.0166*** (13.80)	0.00739*** (4.16)	0.00779*** (4.29)
Board	-0.0456*** (-5.45)	-0.0435*** (-5.19)	0.000608 (0.05)	0.00132 (0.12)
Indep	-0.0862*** (-3.26)	-0.0836*** (-3.16)	-0.00467 (-0.10)	-0.0172 (-0.38)
TMTgen	0.0199** (2.04)	0.0167* (1.71)	-0.0339** (-2.12)	-0.0298* (-1.86)
TMTage	0.000807* (1.72)	0.000465 (1.00)	0.000126 (0.18)	0.00000862 (0.01)
EU	0.00149 (1.20)	0.00154 (1.23)	0.00558*** (3.41)	0.00541*** (3.30)
Year	Control	Control	Control	Control
Industry	Control	Control	Control	Control
Constant	-0.317*** (-5.73)	-0.254*** (-4.66)	-0.0720 (-1.20)	-0.0354 (-0.59)
N	7217	7217	3077	3077
adj. R	0.131	0.129	0.111	0.108
F	37.20	36.55	12.95	12.61

注：*、**、*** 分别表示系数在 10%、5%、1% 的统计水平上显著。

六　研究结论

本书通过选取 2008—2021 年混合所有制改革国有上市企业作为研究样本，以重构混合所有制改革国有企业的绩效为切入点，把企业的混合所有制改革程度纳入高管团队职业背景异质性和海外背景异质性与混合所有制改革国有企业绩效之间关系的分析框架，从混合所有制改革广度和混合所有制改革深度两方面分析了其中介机制，并探究了模型成立的边界条件，即探究了企业规模的有调节的中介作用，并在异质性分析中探讨了企业生命周期、政治层级、企业类别的差异化影响。通过理论分析与实证检验，最终得出以下结论。

第一，高管团队职业背景异质性和海外背景异质性与混合所有制改革国有企业绩效均呈现显著正相关关系。一方面，企业面临严峻的风险与挑战，异质的职业背景和海外背景会造成高管团队成员异质的认知、思维方式与行事风格，促进企业的创新水平，高管团队成员通过集思广益，从多角度、多方面思考问题，可以进行更理性的决策，有效应对企业面临的各种风险和挑战；另一方面，人才是最宝贵的资源，高管团队的职业背景异质性或海外背景异质性越强，代表着重复的知识和技能越少，给企业带来了广泛的资源池，从而降低了企业的人力资本成本，最终实现混合所有制改革国有企业绩效水平的提高。

第二，在深入混合所有制改革的背景下，企业混合所有制改革深度是高管团队职业背景异质性和海外背景异质性与混合所有制改革国有企业绩效之间的中介机制，企业混合所有制改革广度则起不到中介作用，甚至产生遮掩效应。在经历了初步混合所有制改革后重组的高管团队成员，其职业背景或海外背景异质性越大，对于混合所有制改革的了解、经验就越丰富，能为混合所有制改革企业下一步的混合所有制改革方案提供建设性意见，会更倾向于采取更实质性的企业混合所有制改革方案，而不是表面上形式上的混合所有制改革，通过强化企业的混合所有制改革深度，优化混合所有制改革国有企业的治理机制，提高混合所有制改革国有企业绩效，从而实现企业高质量发展。

第三，企业规模大小能显著调节混合所有制改革广度和混合所有制改革深度对高管团队职业背景异质性和海外背景异质性与混合所有制改革国有企业绩效之间的中介关系。实证结果表明，只有当企业规模足够大时，高管团队职业背景或海外背景异质性的优势效应才能得以发挥，高管团队成员才能有平台各抒己见，施展自己的抱负，实现个人价值，当企业规模较小时，异质性的增强，带来更多的是团队成员之间的矛盾，降低了企业的决策效率。

第四，在异质性分析中，实证结果表明，企业所处的生命周期阶段不同，高管团队职业背景异质性和海外背景异质性对混合所有制改革国有企业绩效的影响不同，当企业处于成长期时对绩效水平的提升作用显著，而对处于成熟期和衰退期的企业而言，异质性对绩效的提升效应变弱甚至不产生影响。此外，研究结果还发现，当行政层级为地方国有企业、企业类别为竞争类国有企业时，高管团队职业背景异质性和海外背景异质性对混合所有制改革国有企业绩效的提升影响更显著。

第三节 本章小结

本章通过选取 2008—2021 年混合所有制改革国有企业作为研究样本，进行理论分析与实证检验，研究发现以下几点。

第一，增强非国有股东话语权，提升非国有资本参与国有企业治理的积极性。当仅实现股权多元化时，由于股权分散难以对国有大股东形成足够的制衡，非国有股东发挥不出自身优势，导致无法改善企业绩效水平。由此可见，国有企业实施混合所有制改革的关键在于增强非国有股东的话语权，允许非国有股东委派更多董事进入董事会参与公司治理，通过营造公平的氛围，建立保障非国有股东利益的机制，进而提升非国有股东参与治理的积极性。

第二，优化董事会人员构成，提升董事会成员的认同度。董事会断裂带在股权结构与绩效水平的关系中产生了负面影响，弱化了异质性股权对企业绩效水平的促进作用。因此对于混合所有制改革企业而言，可以通过优化董事会人员结构，提升董事会成员的认同度，来降低董事会断裂程度，避免国有董事和非国有董事各自为营，增加异质性董事间的特征相似性与情感认同，凝聚董事成员向心力。

第三，混合所有制改革企业对董事长灵活赋权。董事长权力是把"双刃剑"，对于股权多样性高的混合所有制改革国有企业，需要董事长整合各方意见提高决策效率，应适当赋予这类企业的董事长更大的权力。对于股权深入性和制衡度高的企业，应充分发挥非国有董事和国有董事的协同治理，减少董事长集权。

第四，注重混合所有制改革企业高管团队成员在职业背景方面的差异性配置。高管团队作为推动治理能力现代化的核心，在配置时应更注重职业背景的差异性，提高其异质性水平，降低企业的人力资本成本，发挥资源配置的优势效应，促进决策的合理性和有效性，增强企业对抗风险的能力，实现治理成果的高效化和持久化发展。

第五，构建国有混合所有制企业综合绩效评价体系。立足国有混合所有制改革企业的经济和社会双重使命，构建与当前国有资本授权经营体系相适应的新型国有企业绩效评价指标体系，关注国有混合所有制企业的经济效益和社会表现，重构企业的绩效评价指标体系，助力企业实现高质量发展。

第 六 章

"国民共进"的企业混合所有制改革案例研究

为进一步探索异质性股东对于企业混合所有制改革的深层作用机制，本章在前文实证分析的基础上，采用案例研究方法，结合委托代理理论、利益相关者理论以及资源基础理论等，进行案例深入剖析研究，一方面，以国药控股为例，创新地以价值共创为视角，分析在混合所有制改革推进过程中国有资本与非国有资本间的交互关系，研究混合所有制改革企业如何搭建互动平台，对融合的异质性资源进行高效配置与整合、完成战略转型，保证参与混合所有制改革各方互利共赢式发展，实现多种所有制资本的价值共创，为企业混合所有制改革实践中面临的资源融合问题提供经验借鉴。另一方面，借助QCA多案例研究分析方法，基于委托代理理论、资源基础理论以及资源依赖理论等，分析参股企业与治理效率紧密相关的特征和条件，构建治理效率条件变量的组态模型。在此基础上，对参股国有企业的27家具有代表性的非国有上市公司组态效应的治理效率进行研究，通过对参股企业治理的前因变量股权集中度、独立董事比例、CEO权力、董事派遣以及行业相关度进行组态匹配，探索触发提升企业混合所有制改革治理效率的路径条件，以期为"和谁混"这一问题提供理论依据与实践指导。

第一节 国药控股混合所有制改革案例研究

一 研究背景

国药控股进行混合所有制改革的时期较早，混合所有制改革时间长，混合所有制改革经验丰富，是我国较早进行混合所有制改革的代表性企业，以国药控股作为案例研究对象具有较强的代表性。[①] 在国药控股混合所有制改革过程中，混合所有制改革意愿是对国有资本和非国有资本的混合所有制改革驱动因素进行分析，总结出激发国药控股混合所有制改革意愿的决定性因素。条件激发是分析医药行业改革和混合所有制改革政策发展对企业混合所有制改革的推动作用，相继出台的混合所有制改革政策为企业混合所有制改革中的价值共创、"国民共进"提供有效的制度环境条件。价值创造是分析混合所有制改革过程中的资源匹配问题，具有相关性和互补性的异质性资本通过混合所有制改革对双方资源进行整合，使企业要素增值，进一步优化企业治理结构，搭建业务平台，最后实现混合所有制改革企业的价值创造。融合共生是关注企业实现混合所有制改革后的价值分配问题，包括利益整合与机制重塑，以确保参与混合所有制改革各方能够实现更深度的融合共生基础上的"国民共进"。

本章通过梳理国药控股混合所有制改革历程，分析国有企业与非国有企业的混合所有制改革动因以及双方在混合所有制改革过程中的具体互动模式与实现资源增值的途径，从机制角度剖析国有企业混合所有制改革实现价值共创的原因与"国民共进"的实现路径，以探求企业混合所有制改革过程中国有资本与非国有资本"国民共进"的形成机理。本章通过深入剖析国药控股混合所有制改革进程中由于企业内部权力变化所导致的国有资本与非国有资本之间的利益关系调整与重构，在以"国民共进"为导向的混合所有制改革中，构建多主体协同共生的治理机制以及实现路径，为加快国有企业混合所有制改革，实现高质量发展提供参考依据。

二 案例介绍

国药控股股份有限公司（以下简称"国药控股"）成立于 2003 年 1 月，注册资本 10.3 亿元，2009 年在香港上市。国药控股旗下有两家上市公司，分别是国药集团药业股份有限公司（以下简称"国药股份"）和国药集团一致药业股份有限公司（以下简称"国药一致"）。国药控股主营

---

① 本章所有资料（含数据）均来自国药控股年报等公开数据。

医药分销业务，是我国药品、医药保健品以及医疗器械分销和零售领域的龙头企业，其供应链服务也处于领先地位，国药控股已经形成医药健康产品分销配送、医疗器械、化学试剂、零售诊疗等多元业态协同发展的一体化产业链。

国药控股在21世纪初期就开始探索混合所有制改革，并在2014年7月被确定成为首批进行混合所有制改革的试点企业，国药控股以此为契机，不断探索适合混合所有制经济发展的体制机制和管理模式，积极参与改革，并取得了一定成效。2021年，国药控股实现营业收入5210.51亿元，成为国内首家营业收入超过5000亿元的医药流通企业，其规模、效益以及综合实力均处于我国医药行业的领先地位。国药控股的混合所有制改革路径多样化，具体包括引入战略投资者、赴港上市、并购重组、引入员工持股、引入国际投资者，其混合所有制改革的主要历程如表6—1所示。

表6—1　　　　　　　　国药控股混合所有制改革历程

时间	主要事件
2003年1月	引入战略投资者复星集团子公司上海复星产业投资有限公司
2004年3月	复星投资将其持有的国药控股49%的股权转让给复星医药及其子公司
2006年6月	国药集团和复星医药同时对国药控股进行增资
2008年7月	国药集团与复星医药成立国药产业投资有限公司，出资占比51%和49%
2009年6月	国药控股在香港上市，股权结构得到优化
2016年2月	国药股份启动与国药控股重大资产重组项目
2016年9月	现代制药拟通过与国药系关联企业进行重大资产重组
2016年11月	国药控股宣布实施为期10年的股权激励计划
2017年9月	国药一致与国际医药零售巨头沃博联合成立国药控股国大药房
2018年11月	国药控股限制性股票第一期解锁
2019年4月	国药控股收购国药慧鑫清源（北京）科技发展有限公司70%股权
2021年9月	国药控股与华领医药在上海签署供应链战略合作协议
2021年11月	国药控股与华为战略合作签约

资料来源：笔者根据公开资料整理。

（一）引入战略投资者复星医药

2003年，国药集团开始进行混合所有制改革，主要为了整合集团商业资产，搭建医药流通网络，提升企业整体实力。2003年1月，国药集团引入上海复星产业投资有限公司，两者共同成立国药控股，复星医药向国药控股派遣管理人员参与企业日常经营。2006年6月，国药集团和复星医药对国药控股增资，增资完成后，国药集团成为国药控股的控股股东，拥有其44.01%的股权。2008年7月，国药控股进行股份公司改造，国药控股与复星医药成立国药产业投资有限公司，双方出资占比为51%和49%，国药控股所持股权的96%转移给国药产投。

（二）国药控股赴港上市

国药控股成立后采取扩展战略，不断进行并购整合，以拓宽销售网络、完善产业布局，面临较大的资金压力。2009年，国药控股在香港上市，首次发行股份5.6亿股，发行价为每股16港元，其融资额达到100亿港元，在短期内筹集到大量资金，为国药控股搭建全国医药流通网络提供了资金支持。国药控股的上市说明其积极参与资本市场，股东结构得到进一步改善，有利于优化公司治理结构。

（三）国药控股资产重组

国药控股为了消除集团公司同业竞争问题，开始对旗下公司进行业务重组。2016年3月，国药控股对国药一致进行业务整合。为解决国药一致与国药集团其他子公司在医药工业业务上的重合问题，国药一致的医药工业业务被削减，同时将国大药房转入其中。重组后，国药一致的发展方向定位为医药商业，主要包括医药零售与医药分销。2016年7月，国药控股将北京地区的大部分医药企业股权转给国药股份，国药股份主要负责北京地区的医药分销业务。

（四）国药控股实施股权激励计划

股权激励有利于调动员工工作的积极性，加强员工薪酬制度改革。2016年7月，国药控股发布限制性股票激励计划，激励对象主要是公司高管及骨干成员，实施期为10年。2016年11月，国药控股首次授予190名员工限制性股票，授予股票数为723万股，占已发行股本的0.2613%。2018年11月16日，国药控股首次解锁公司H股股票，股数为175.23万股。通过实施股权激励计划，国药控股管理人员的业绩与企业业绩相互关联，激发了管理人员工作的积极性，企业的薪酬管理制度向现代企业管理制度转变。

(五) 国药一致引入沃博联

国大药房由国药集团在2004年成立，并在2016年被转入国药一致。国大药房作为国药控股的主要零售平台，在全国范围内的市场布局已经基本成熟，主要营收板块的利润率水平开始下降，利润增长率面临突破需要，需要打开国际市场，增加新的利润增长点。2017年，国药一致引入境外投资者沃博联，将其拥有的国大药房40%的股份转让给沃博联旗下子公司，转让后，国药一致拥有国药控股剩余60%的股份。在引入沃博联后，国大药房具有更充裕的资金以及医药资源，以支持公司投资、扩张医药批发和医药零售板块，有利于加强国药一致的全国医药产业销售网络布局。

三 国药控股混合所有制改革中的"国民共进"机制分析

(一) 混合所有制改革意愿：资源互补与价值认同

国药控股进行混合所有制改革的混合所有制改革意愿包括资源互补和价值认同。从国药控股与战略投资者选择混合所有制改革对象的标准来看，双方都在选择具有互补性资源且产业实力强的企业来进行混合所有制改革。国药控股与战略投资者间的价值认同进一步调动了双方参与混合所有制改革的积极性，为混合所有制改革后资源的顺利融合打下基石。

1. 资源互补

(1) 国药控股资源分析

国药控股的优势资源主要包括品牌知名度与影响力和成熟的医药分销网络两方面。首先，在品牌知名度与影响力方面，国药控股相较于非国有企业，在政府资源、土地使用、特殊经营权、销售网络以及人力资源等方面具有明显优势。国药控股以直接经营和特许经营方式管理零售连锁药店网络，处于医药零售行业领先地位，具有良好的品牌知名度与影响力。国药控股依托已形成的规模优势、客户资源、网络平台以及品牌地位，在市场竞争中的地位不断提升。其次，国药控股的医药分销网络成熟，其旗下子公司国药一致本身拥有两广区域完整的医药分销网络，之后又收购国大药房，并将其作为集团战略性零售平台，医药分销网络进一步扩张。截至2021年底，国药控股的零售门店数突破一万家，旗下国大药房零售连锁网络分布在20个省份，共拥有33个物流中心（其中委托物流中心9个，自有物流中心24个）、配送中心，能够充分保障客户商品配送。

国药控股的资源需求主要包括资金需求和销售网络扩张需求两方面。首先，国药控股的资金需求。20世纪初，医药产业链上的企业普遍存在资金流通压力，国药集团也面临相同的压力，紧张的资金流使其发展受到限制。进入21世纪，我国市场经济发展迅速，医药产业的竞争压力也随之加大，为了提高竞争力，国药一致旗下国大药房通过新开店铺、外延并购等方式扩大营销网络、抢占市场。企业的发展需要大量资金支持，为了应对资金短缺问题，国药集团需要引入战略投资者以缓解企业的发展困境。其次，国药控股的国内销售网络扩张需要资源支持。我国医药零售行业的市场集中度相对较低，为整合医药零售行业，国家接连出台相应政策，行业资源因此向大企业集中，企业间竞争激烈。我国加入WTO后，医药市场逐渐开放，外资医药企业进入国内医药流通市场，挤占医药市场份额，行业竞争进一步加剧。面对国内外竞争对手的双重压力，国药控股需要寻求合作伙伴，通过并购、重组等方式完善物流建设、扩张销售网络、创新业务模式，从而增强企业整体实力。

（2）引入战略投资者的资源分析

复星医药是国药控股初次混合所有制改革时引入的战略投资者，对复星医药的资源分析包括发展困境和资源优势两方面。首先，是复星医药的发展困境分析。复星医药作为医药企业，其医药工业体系较为成熟，但关于医药商业的经验却略显不足。为了提升医药业务的核心竞争力，复星医药将发展医药商业作为突破口，以完善产业链、扩大市场份额。当时，国药集团作为国内较大的医药流通企业，其完善的医药分销体系对复星医药极具吸引力，因此复星医药选择与国药集团合作成立国药控股。借助国药集团销售渠道，复星医药能够完善自身的销售网络建设，弥补医药商业方面的短板。其次，是复星医药资源优势分析。复星医药前身是上海复星实业公司，是国内最早开发生物医药领域的上市公司之一，主营业务包括基因工程药物、化学合成药、中成药、医药器械等产品的开发、生产与销售。在2003年之前，复星医药陆续投资医药项目，开展医药领域兼并，企业得到快速发展，成为一个庞大的医药产业综合体，同时与其他医药企业合作在华东、华北和华中搭建医药分销零售渠道。

沃博联是国药控股引入的境外战略投资者，从发展困境和资源优势两方面对沃博联的资源进行分析。首先，是沃博联发展困境。沃博联的财务数据显示，其业绩增长速度并不理想，2017年，沃博联的销售额为1182亿美元，同比增长0.7%，净收益达55亿美元，同比增长9.9%，伴随着欧美医药零售市场日益激烈的竞争压力，沃博联亟须寻求新的业绩增长点。作为全球药品销售的第二大市场，沃博联越发看重中国国内的医药零售市场。其次，是沃博联的资源优势分析。沃博联在11个国家拥有13200家药店，并通过进行自营和股权投资方式在全世界超过25个国家开展业务。沃博联的药品流通网络覆盖20多个国家，配送中心达到390多家，每年向23万余家药店、医院和保健中心提供配送服务。

(3) 国药控股与引入战略投资者的资源互补性分析

国药控股在选择战略投资者时，重点关注投资者与企业的协同效应和互补效应，其引入战略投资者的异质性资源如表6—2所示。国药控股的品牌知名度以及成熟的医药分销网络符合复星医药和沃博联的战略发展目标，复星医药和沃博联的异质性资源也给国药控股带来了独特的核心竞争优势。在组织资源上，复星医药和沃博联具有专业背景的企业家，为国药控股的日常管理注入新鲜血液；在物质资源上，复星医药的医药研发力量和沃博联的分销网络均能为国药控股铺设医药分销网络提供助力；在技术资源上，复星医药拥有先进的管理经验，沃博联的"药店直送"模式正是国药控股需要发展的业务；在市场资源上，复星医药和沃博联都拥有稳定的客户资源和业务资源，有利于国药控股开拓市场。国药控股通过混合所有制改革整合异质性资源，合理配置优化资源，发挥各方优势资源的最大效用，实现价值创造。

表6—2 战略投资者拥有的异质性资源

战略投资者	异质性资源			
	组织资源	物质资源	技术资源	市场资源
复星医药	具有专业背景的企业家及其所具有的知识与能力等	雄厚的医药研发力量	先进的管理经验	投资对象的潜在合作机会
沃博联		分销网络是全球最大的医药批发分销配送网络之一	积极探索业务模式的创新，是第一家采用"药店直送"模式的分销商	沃博联拥有众多医药品牌，有利于国药控股引进产品，改善产品结构

资料来源：笔者根据企业年报整理。

公司的长期持续发展离不开优质资产的支持，企业开拓市场更需要强大的资本实力作为后盾，国药控股引入的战略投资者资本实力如表6—3所示。国药控股进行混合所有制改革，不仅面临组织结构、人员配备方面的变革，还需要利用异质性战略资源开拓市场，提升企业竞争力。国药控股采取扩张战略，不断铺设销售网络，需要大量资本支持，复星医药是国内最早开发生物医药领域的上市公司之一，在与国药控股进行混合所有制改革时，具有充裕的资金，复星投资以5.04亿元现金入股国药控股，解决了混合所有制改革企业成立初期的资金问题。沃博联在多个国家拥有药店，并在全世界超过25个国家开展业务，其药品流通网络覆盖广泛，沃博联在配送服务方面的经验以及先进技术为国药控股开拓分销业务提供了技术支撑。

表6—3　　　　　　　　　　战略投资者的资本实力

战略投资者	资本实力	
	行业地位	市场规模
复星医药	最早涉足生物医药行业的上市公司之一	发展态势良好，拥有强势的营销网络
沃博联	全球零售药店巨头	在11个国家和地区拥有13200家药店，药品流通网络覆盖20多个国家和地区，拥有390多家配送中心

资料来源：笔者根据企业年报整理。

2. 价值认同

（1）国药控股的企业文化与战略目标

国药控股的企业文化理念是"关爱生命，呵护健康"，国药控股通过建设负责任的员工团队，提供更丰富完善、环境友好的医药健康产品，将企业的发展优势与社会公益活动实现广泛、充分的共享，积极有效地回馈社会，努力打造成为世界领先的医药健康整体服务提供商。国药控股作为中国最大以及最具实力的医药分销企业，其分销网络已经覆盖了中国大陆所有省、自治区和直辖市，国药控股聚焦医院终端和零售终端，以求加快信息化和网络布局，打造其核心竞争力，并依托现有的网络资源，延伸并整合医药商业的上下游产业链，拓展医疗服务产业，发挥产业协同效应,公司价值不断提升。

(2)战略投资者的企业文化与战略目标

复星医药的企业使命是促进人类健康,重视多元文化的融合,重视团队的集体成就,激励员工将个人发展与企业发展大局相连接,实现员工对企业文化的认同和融合,增强企业竞争力。复星医药以"4IN"[创新(Innovation)、国际化(Internationalization)、整合(Integration)、智能化(Intelligentization)]作为战略指导,坚持"创新转型、整合运营、稳健增长"的可持续发展理念,致力成为全球主流医疗健康市场的一流企业。

沃博联是一家保健、药店和零售业务一体化的公司,企业宗旨是帮助更多人凭健康的身体去充分享受生活的快乐,企业愿景是成为为大家重塑社区健康保健的首选合作方,沃博联致力于营造多样化、公平和包容的企业文化。沃博联的企业价值观包括勇气、关联、投入和好奇,公司一直敢于挑战现状、直面冲突,并不断学习适应市场环境。沃博联是全球首家主打"药店"概念的医药跨国公司,其战略目标是聚焦药店、多元化经营,由最大连锁药店运营商沃尔格林公司(Walgreens)和欧洲最大的药品分销商联合博姿(Alliance Boots)两家公司合并而成。

(3)国药控股与引入战略投资者的价值认同

混合所有制改革企业在企业文化、使命、发展战略上的相互契合是混合所有制改革企业引入战略投资者并开展合作的基础。混合所有制改革企业双方对彼此的价值认同可以实现国有资本与民营资本的布局联动,因其布局方向一致,可以在后续发展上进一步共享资源。国药控股与战略投资者的企业文化、公司战略以及布局契合情况如表6—4所示,彼此间的价值认同主要体现在文化理念和战略布局上。第一,文化理念一致。国药控股的企业文化理念是"关爱生命,呵护健康",重视员工团队的建设。复星医药则秉承"持续创新,乐享健康"的经营理念,强调团队的集体成就。国药控股与复星医药都致力于促进人民健康,并强调团队精神,希望实现员工对企业的认同感。沃博联的企业宗旨是帮助更多人凭健康的身体去充分享受生活的快乐,希望营造多样化、公平和包容的文化环境,这与国药控股的文化理念也是不谋而合的。国药控股与复星医药、沃博联在文化上的一致性有利于混合所有制改革后的员工更好地融入彼此文化之中,促进企业的发展。第二,战略布局契合。国药控股希望延伸并整合医药商业的上下游产业链，拓展医疗服务产业，发挥产业链上下游的协同效应。复星医药致力于成为全球主流医疗健康市场的一流企业，国药控股可以利用复星医药的资源布局分销网络。国药控股布局医药分销行业，沃博联的战略目标是聚焦药店、多元化经营，国药控股与沃博联合作有助于国药控股打造差异化零售模式，为进军国际市场打下基础。

表6—4　　　国药控股与战略投资者的企业文化和公司战略

战略投资者	价值认同情况
复星医药	企业文化：以促进人类健康为使命 公司战略：坚持以人类健康为使命，致力于医药产业链的资源整合 布局契合：国药控股能够利用复星医药的资源布局分销网络
沃博联	企业文化：帮助更多人凭健康的身体去充分享受生活的快乐 公司战略：多元化经营，拓展海外市场 布局契合：国药控股布局医药分销行业，有助于国药控股打造差异化零售模式，为进军国际市场打下基础

资料来源：笔者根据企业年报整理。

3. 小结：混合所有制改革意愿过程机理

国有企业与非国有企业在企业文化、经营理念等方面具有明显的差异，各参与主体会对混合所有制改革后的合作存在一定的担忧，致使混合所有制改革的内在需要不足，需要调动企业混合所有制改革的积极性，国药控股混合所有制改革的意愿驱动过程如图6—1所示。国药控股与战略投资者结合市场变化以及行业趋势对自有资源进行分析，在资源缺口的推动下，企业的混合所有制改革意愿被激发，积极寻求与其资源互补的企业合作。文化的异质性对于混合所有制改革企业的融合具有挑战性，价值认同是驱动企业进行混合所有制改革的另一重要因素。国药控股的企业文化是"关爱生命，呵护健康"，其战略目标定位为最大及最具实力的医药分销企业。复星医药坚持以人类健康为使命，致力于医药产业链的资源整合。沃博联的企业文化则是重视健康保健，其战略目标在于积极拓展海外市场。国药控股与复星医药、沃博联在文化方面具有一致性，将人类健康放在首位,其次在战略目标上也具有相对一致性,在企业文化与战略目标的驱使下,国药控股与复星医药和沃博联进行混合所有制改革的意愿加强。对于参与混合所有制改革的企业来说,资源互补与价值认同是推动企业进行混合所有制改革的主要驱动力。

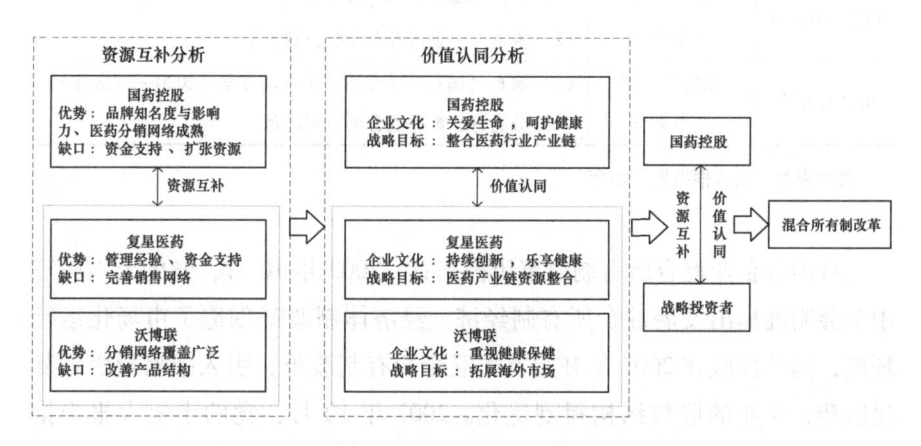

图6—1 国药控股的混合所有制改革意愿驱动过程

(二)条件激发:政策引导与监管保障

政策引导与监管保障营造了良好的制度环境,为国药控股进行混合所有制改革提供了有效的制度条件。混合所有制改革政策以及医疗改革相关政策的制定,引导国药控股谋求发展机会,积极进行改革。同时,相关监管政策的制定强化了权益保障机制和对各类产权的保护,避免因监管不到位导致混合所有制改革保障条件不足。

1. 政策引导

(1)国有企业改革相关政策引导

我国混合所有制改革的政策演变对国药控股的混合所有制改革进程产生了重要影响,自改革开放以来的混合所有制改革历程如表6—5所示。

表6—5 混合所有制改革历程

时期	标志性会议	会议内容
1978—1992年	党的十一届三中全会	(1)扩大国有企业自主经营权 (2)中小型国有企业试点股份制改革

续表

时期	标志性会议	会议内容
1993—2002 年	党的十四届三中全会	(1) 鼓励中小型国有企业转变为混合所有制企业 (2) 深化国有企业股份制改革，建立现代企业制度
2003—2013 年	党的十六届三中全会	(1) 首次明确界定混合所有制经济 (2) 推进大中型国有企业股份制改革
2013 年至今	党的十八届三中全会	(1) 颁布《国有企业改革三年行动方案（2020—2022 年）》 (2) 分类分层推进混合所有制改革

资料来源：笔者根据资料整理。

从国有企业混合所有制改革历程来看，2003 年 10 月，党的十六届三中全会明确提出发展混合所有制经济，经济体制改革创造了市场化运行环境，国药控股在 2003 年开始首次混合所有制改革，引入战略投资者复星医药，企业的股权结构得到优化。2007 年 10 月，党的十七大报告指出，混合所有制经济应当在现代产权制度的基础上发展，国药集团和复星医药出资成立国药产业投资有限公司，2009 年，国药控股赴港上市，推动了国药控股的市场化改革。2013 年，党的十八届三中全会从具体政策层面明确了混合所有制改革的要求。2014 年发布的《政府工作报告》进一步强调"加快发展混合所有制经济"，同年 7 月，国务院国有资产监督管理委员会正式启动试点混合所有制改革的消息，国药控股入选了国务院国资委"四项改革"试点企业。2015 年，中共中央、国务院《关于深化国有企业改革的指导意见》出台，提出了探索实行混合所有制企业员工持股等一系列新政策，为国药控股开展混合所有制改革活动、完善现代治理体系提供了政策支持。国药控股把握混合所有制改革契机，充分发挥公司已有管理优势、人才优势和业务优势，完善公司治理体系，提升公司核心竞争力，2016 年公司旗下公司进行资产重组，零售业务在新的资本平台得到更好发展。

（2）医药行业改革相关政策引导

从国内医药产业环境角度来说，在计划经济时期药品是通过调拨的药品流通体系被分配的，但由于集体经济逐渐被淘汰，该流动体制也被废除，医药流通体系得到开放。1999 年，原国家经济贸易委员会（简称"原国家经贸委")提出深化医药流通体制改革,希望推动医药企业发展,完善医药流通网络。开放医药流通体系后,我国药品企业的发展呈现"多、小、散"的态势,为了完善医药流通网络、规范市场行为,原国家经贸委提出深化全国范围医药流通体制改革。国药集团抓住机遇,引入战略投资者复星医药组成国药控股,同时,入股优秀民营医药企业,以扩大市场份额。

2009年,新医改方案开始实施,国家基本药物目录及基本药物的零售指导价格、国家基本医疗保险目录等一系列相关医药政策也相继出台,各级政府相关部门纷纷表态要推动医药行业的整合、加强药品流通行业的管理,因此,大型医药集团开始进行并购整合,小型医药企业也寻求相互合作,行业集中趋势明显。2010年,公立医院改革试点方案的出台,基本药物目录扩展版以及基层医疗机构基本药物覆盖率的提升,各省市药品招标制度的实施,又进一步促进了国内医药行业的整合与发展。伴随深层次的行业变革,医药需要进行行业结构性的调整,大型医药流通企业有望借助并购与整合继续做大。《全国药品流通行业发展规划纲要(2011—2015)》提出了未来国内医药流通行业的发展方向,包括鼓励支持医药流通企业的兼并重组、鼓励药品零售连锁业态的发展、大力发展现代物流等,相关政策反映了医药流通行业兼并重组、资源整合的趋势。国药控股抓住战略契机,将政策驱动与资本驱动相结合,加快推进并购重组,以期实现全国医药流通市场的全覆盖。医药行业改革的相关政策如表6—6所示。

表6—6 医药行业改革代表性政策

发布时间	文件名称	发文机关	发文字号	主要内容及影响
2009年	《国务院关于扶持和促进中医药事业发展的若干意见》	国务院	国发〔2009〕22号	营造良好的中医药发展环境,促进中医药发展
2012年	《国务院办公厅关于印发深化医药卫生体制改革2012年主要工作安排的通知》	国务院办公厅	国办发〔2012〕20号	公立医院改革将取消药品加成
2015年	《国务院办公厅关于城市公立医院综合改革试点的指导意见》	国务院办公厅	国办发〔2015〕38号	取消药品加成(中药饮片除外)

续表

发布时间	文件名称	发文机关	发文字号	主要内容及影响
2016 年	《国务院办公厅关于印发深化医药卫生体制改革2016年重点工作任务的通知》	国务院办公厅	国办发〔2016〕26 号	医药流通环节实行两票制，两票制的推行提高了行业集中度，经销商减少，其话语权提高，应收账款周期延长

资料来源：笔者根据医药行业改革政策整理。

2012—2015 年，两票制、药品零加成政策出台后，使流通药企的资金链紧张，医药流通行业加速集中化。国药控股受益于医改政策，后者为国药控股优化战略布局提供了契机。同时，药品招标降价与带量采购政策出台，传统的药品分销行业受到冲击，行业利润率降低，医药流通企业面临开展新业务的压力。为了开展新的利润增长点，国药控股在 2016 年制定了一体化发展战略，推进药械分销和零售业务，自 2008 年开始对旗下企业进行战略重组。在零售业务方面，国药控股整合零售业务资源划归国药一致经营，国药控股则发展专业药房体系。

2. 监管体制改革

（1）国资监管体系的转变

自改革开放后，我国经济体制不断改革，对国有企业改革和发展产生了重大影响。2003 年，国家构建"管资本与管人事相结合"的监管模式。2006 年，地方国资委相继组建，代表地方政府履行出资人职责。这一举措有利于推动国资监管职能与政府社会管理职能分开，缓解国有企业政企不分的问题，在制度上为国有企业现代企业制度建设提供了保障。

国务院国资委印发《国务院国资委关于以管资本为主加快国有资产监管职能转变的实施意见》（国资发法规〔2019〕114 号），指出以管资本为主转变国有资产监管职能，从监管理念、监管重点、监管方式、监管导向等方面做出全方位、根本性转变。实现以管资本为主的目标，要推进国有资产监管机构职能的转变，界定出资人监管边界，不干预企业自主经营权，推动所有权和经营权分离。通过加大国有企业混合改革力度,将国有资本向关系国民经济和民生的行业、重点基础设施行业以及前瞻性战略产业集中。

(2) 完善现代企业制度

国务院出台了一系列关于国有企业混合所有制改革的相关政策文件,以公平竞争、有效监管为基本导向,完善现代企业制度,调动不同性质所有制资本参与混合所有制经济的积极性。在各类政策的激励下,国药控股通过董事会改革、公司治理结构引入党建、完善激励机制等方式,完善了企业制度,混合所有制改革取得显著成效。

首先,国药控股董事会改革。在国务院国资委的指导和帮助下,国药控股公司治理和董事会建设工作取得了积极进展和明显成效,具体如下。一是董事会制度体系不断健全,国药控股形成了成熟的董事会制度和运作体系,董事会与其他治理主体权责边界清晰,董事会运转有章可循,强化董事会经营决策主体作用。二是国药控股公司治理结构融入党建。国有企业党建工作自党的十八大以来不断加强,全国党建会议上强调:"把党的领导融入公司治理各环节,把企业党组织内嵌到公司治理结构之中",对我国国有企业管理组织与党的组织如何融合,具有指导性和现实性。国药控股构建国有企业党建与法人治理结构同步,合理平衡党委会与董事会的关系,规范重大决策、重要人事任免以及重大项目安排等决策程序和制度。2016年9月29日,国药控股党委召开混合所有制企业党建试点项目推进会,根据混合所有制党建试点方案要求,提出"混合所有制党建试点项目任务清单",明确了12个试点项目,并由参会的12家公司分别承担三项试点任务。

其次,国药控股完善激励机制。国药控股建立市场化选人用人机制,建立职业经理人制度,推动实行经理层成员任期制和契约化管理,积极探索建立与市场接轨、与考核结果紧密挂钩的经理层激励制度。国药控股对高管绩效考评进行了改革,国药控股要求子公司制订经营业绩责任书,包含财务、民主评议、日常管理等考核指标,按考核结果清算全年薪酬。在业绩考核的压力下,国药控股高管提高了工作的积极性,公司建立起行之有效的考核机制。此外,为了完善治理结构,国药控股2016年发布限制性股权激励计划,核心员工的收入与经营绩效、公司股价挂钩,有助于解决公司委托代理问题。

3. 小结：条件激发过程机理

混合所有制改革政策的发布以及医药行业改革为国药控股提供了政策指引，国药控股混合所有制改革的条件激发过程如图6—2所示。在混合所有制改革政策方面，国药控股紧跟政策的演变开展系列混合所有制改革活动。在医药改革方面，"两票制""药品集中采购"等医改政策对医药行业造成冲击，国药控股趁机开展横向并购，不断扩大市场，提升行业集中度。随着混合所有制改革政策的相继出台，"1＋N"政策体系形成，促使国有企业成为真正的市场主体，为非国有资本提供产权保护，使双方没有后顾之忧，从而积极地参与国有企业混合所有制改革。

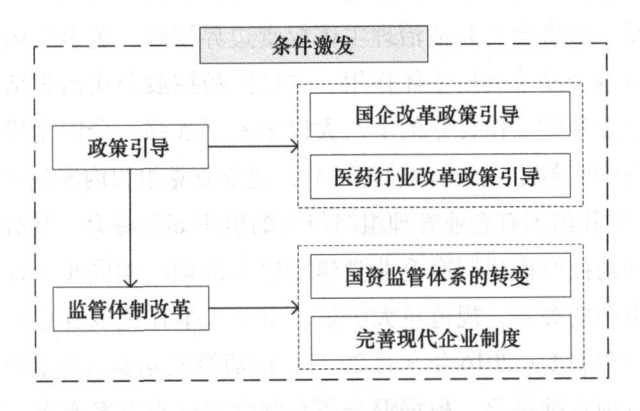

图6—2 国药控股混合所有制改革的条件激发过程

（三）价值创造：要素增值与平台治理

国药控股混合所有制改革后的价值创造主要包括要素增值和平台治理。要素增值是在分析获取的异质性资源的基础上，合理分配资源，实现双方优势资源产生协同效应。平台治理是通过搭建价值共创平台，选择能够激发各主体参与混合所有制改革的合作模式，实现资源的价值增值。

1. 要素增值

（1）获取异质性资源

混合所有制改革引进的战略投资者为企业带来了异质性资源，根据前文驱动因素分析，国药控股获取的异质性资源主要如表6—7所示。

表 6—7　　　　　　　　　国药控股获取的异质性资源

资源种类	具体资源
组织资源	非国有股东带来的治理结构改变及其高管人员的能力、知识背景等
物质资源	强大的医药研发能力，遍布全球的医药批发分销配送网络，丰厚的资金
技术资源	新的医药分销模式、投资管理经验
市场资源	品牌影响力与知名度，潜在客户与合作机会

资料来源：笔者根据企业年报整理。

在组织资源方面主要体现为，混合所有制改革后，复星医药派遣成员进入国药控股董事会、监事会，国药控股董事会结构发生改变，董事会下设委员会，共同参与公司治理。由于复星医药、沃博联的高管具有多元化背景和专业知识，能够给国药控股带来有才能的企业家，激发知识、能力等资本。

在物质资源方面主要体现为，在医药工业方面，复星医药具有较多的经验，为国药控股拓展产品线提供支持。此外，国药控股在香港上市，吸引公众股东，为企业后续的发展提供了强有力的资金支撑。沃博联的分销网络遍布全球，旗下具有较多的国外药品品牌，国药控股能够在原有的店面渠道之上，借助其分销网络进行布局。

在技术资源方面主要体现为，沃博联是全球首家主打"药店"概念的医药跨国公司，在连锁药店运营方面有着丰富的经验，有利于国药控股的模式创新。例如沃博联与广州医药集团开设的合营公司转变零售经营思路，先后打造九家"产品+服务"的健民新概念店，强调以顾客为中心。

在市场资源方面主要体现为，复星医药在医药工业方面的发展态势良好，其品牌影响力和知名度会助力国药控股开拓市场和客户。沃博联拥有沃尔格林、杜安雷德、博姿、联合医药等品牌，以及诸如 No7、Soap&Glory、SleekMakeUP 以及 Botanics 等日益全球化的健康美容产品品牌，国药控股能够通过与沃博联的合作，在引入进口产品进而丰富公司商品品类的同时改善产品结构，提高国药控股的毛利率水平。

（2）与战略投资者的优势互补

国药控股通过引入战略投资者以及与华领医药和华为签署战略协议，

有效促进了企业成长进步与高效发展，国药控股与战略投资者的优势互补如表6—8所示。

表6—8　　　　　　　　国药控股与战略投资者的优势互补

项目	内容
药械流通	优化网络覆盖能力和运营效率，提高服务基层、服务民生的水平，提升服务黏性
零售领域	加大内生增长和外部并购力度，和沃博联合作，积极布局产品及服务优势显著的DTP药房、"医保统筹"药房
器械制造	强化核心技术和产品研发储备，推动技术迭代和升级，收购国药慧鑫清源，拓展器官移植专业领域的医疗器械销售，丰富公司产品种类
医药分销	加快国药控股批零一体化进程，在北京地区设立专业的药房零售平台，推动公司业务链向零售和C端的延伸

资料来源：笔者根据企业年报整理。

复星医药、沃博联等战略投资者具有一定的资本实力、市场化的管理方式、良好的经营业绩和声誉，国药控股与其深度融合，强化产业链、供应链的有效连接。国药控股还收购了中国科学器材有限公司60%的股权以及国药慧鑫清源70%的股权，有利于整合内部资源，进一步升级分销主业、零售、器械+器械智能化制造业"3+1"战略。国药控股与混合所有制改革获得的各方资源，通过共享资本、市场、技术、管理等，形成良好的优势互补效应，实现价值共生、共享，填补业务弱势领域，激发了企业活力，实现了国家和社会资本在医药领域的互惠共赢。

（3）混合所有制改革的资源协同效应

国药控股与复星医药的资源协同效应。国药控股成立后，其自有的品牌优势、销售网络与复星医药的资本运作能力共同发力，公司发展迅速。2004年上半年开始，在复星医药资金支持下，国药控股陆续在上海、沈阳等地成立分公司，与其他公司合作，快速抢占"快批"领域市场。2004年9月，国药控股成立国大药房，将其作为零售企业总部，此后，国大药房开始对外收购、整合药房连锁公司，铺设医药分销网络。国药控股收购一致药业，利用其地域资源优势完成对广东、广西等地主要子公司的整合，商业业务扩大延伸至华南、西南地区，在我国南部区域的战略布局逐步成形。2006年上半年，国药控股以增资的方式获取国药股份超过50%的股权，通过国药股份开展对我国北部区域的战略扩张。至此，国药控股在医药商业板块的战略规划基本达成，形成"北国药，南一致"的战略布局，具体整合路径如图6—3所示。

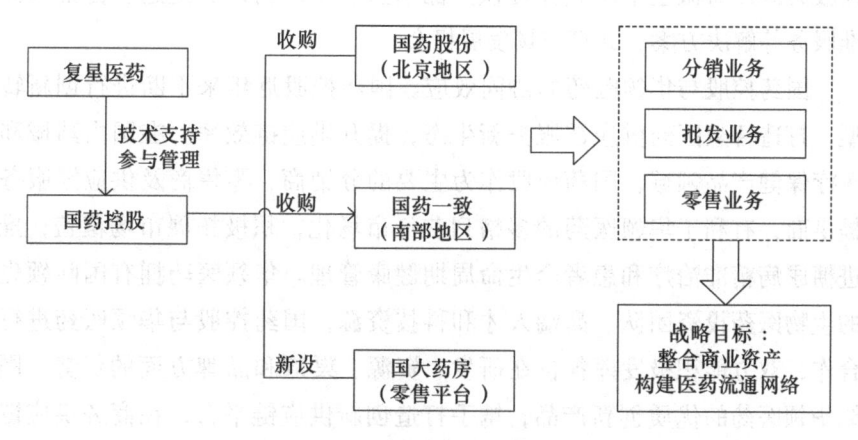

图6—3 国药控股资源整合过程

国药控股与沃博联的协同效应。沃博联主营业务包括国际药品零售和国际药品批发，是全球大型药店批发零售企业之一。通过引入沃博联，国大药房可以借鉴其先进的管理理念、运营方式以及技术、方法等，形成区别于国内零售连锁竞争方式的差异化商业模式，创新服务方式，促进国大药房的内部运营水平和对外扩张能力。沃博联在管理连锁药店、运营DTP药房方面经验丰富，能够帮助国药控股开展医药零售创新业务，促进国药控股效益提升。沃博联拥有丰富的国外医药资源，能够增加国药控股的进口医药资源种类，在药品进口市场树立资源优势，有利于国药控股稳定国内市场、开拓国际业务。国大药房在引入战略投资者沃博联后，门店数快速增加。2016年国大药房门店数为3500家，到2017年国大药房门店数为3834家，共覆盖全国19个省份，药店网络辐射华东、华北、华南等城市群，并逐步向西北、中原和内陆城市推进，销售规模超过100亿元，处于行业顶尖销售规模。

国药控股与国药慧鑫清源的协同效应。国药集团探索器械检验领域的特色业务发展，通过收购国药慧鑫清源，全面接手其在医疗器械销售的全部结构产业链，拓展国药控股旗下子公司在器官移植领域的专业医疗器械销售，有利于公司丰富产品线、挖掘新的利润增长点。引入国药慧鑫清源后，国药控股按照专业路线长远规划、布局公司的医疗器械销售业务，同时，依托强大的渠道优势和平台背景，结合资本融合，国药控股为医疗器械上下游企业提供产品引进、生产研发、配送、营销和标准服务等解决方案，共享市场发展机会。

国药控股与华领医药的协同效应。国药控股近年来不断进行创新转型，打造智慧医药供应链服务新生态，提升供应链效率。在国内药械和医疗保健产品领域，国药控股作为主要的分销商、零售商及供应链服务提供商，有利于华领医药的多格列艾汀市场化，积极拓展市场覆盖，推进糖尿病精准治疗和患者全生命周期健康管理。华领医药拥有国际领先的生物医药投资团队、高端人才和科技资源，国药控股与华领医药进行合作，双方能积极发挥各自在研发、资源、渠道和品牌方面的优势，围绕华领医药的优质创新产品，携手打造创新供应链平台，在商务供应链管理、渠道信息化等领域进一步开展深入合作，快速铺开中国网络市场，提高产品可及性，惠及广大患者。

国药控股与华为的协同效应。国药控股与华为在打造医药新零售、智能制造和数字化转型等方面开展深度战略合作，进一步加深创新合作，推进医药新零售、数字化转型等领域的持续联合创新，将为公众提供更方便、快捷的医药健康服务。国药控股专注于药品医疗器械流通及综合服务领域，国药控股与华为借助此次战略合作的契机优势互补，结合国药控股领先的医药供应保障体系和华为的ICT技术与服务能力，在大健康产业发展与创新等领域持续深入合作，探索数字化转型、医药新零售、医药智能制造以及医养康养等领域的创新融合，推动行业高质量发展。双方在数字化转型紧密合作的基础上，还将重点探索医药新零售等创新领域，打造可复制推广的创新零售模式。

2. 平台治理

（1）业务重组：避免同业竞争，搭建专业化平台

国药控股旗下拥有国药股份、国药一致两个上市公司以及众多子公司，各公司在经营范围上存在叠加，在持续发展过程中，不可避免地会

出现同业竞争现象，降低资源使用效率，对国药控股的整体经营效率产生不利影响。国药控股通过集团重组，重新划分各子公司业务领域，打造专门的业务平台，优化企业业务布局，减轻了子公司间因竞争造成的企业资源浪费。

2016年3月，国药控股开始对国药一致进行资产重组，国药控股将旗下医药商业企业国大药房以非公开认购的方式注入国药一致，同时，国药一致剥离原有医药工业板块业务，并将剥离后的"工业+业务"注入国药集团子公司。重组后，国药控股的零售业务集中在以处方药为主的"SPS+国药控股专业药房"，国药一致明确了医药商业的发展方向，专注于全国医药零售药房业务，分销业务向两广地区集中，主营业务由"批发+工业"转向"医药+零售"。

2016年7月，国药股份开始进行资产重组，通过发行21444.56万股股份，收购了国药控股旗下北京地区四家医药企业。重组前，国药控股与收购企业的经营区域重叠，存在横向竞争问题，重组后，国药控股负责北京之外的医药分销业务，国药股份负责北京区域的医药分销业务，减少了国药控股在相同区域的重复资源投入，提升了国药控股的资源利用效率。

（2）医药分销整合：打造协同供应链平台

国药控股旗下国药一致对分销板块的资源持续整合，完善网络布局和平台建设，致力打造智慧型供应链，如图6—4所示。国药控股建设两广一体化采购平台，主导分销整体的采购规划与落实区域战略性采购；

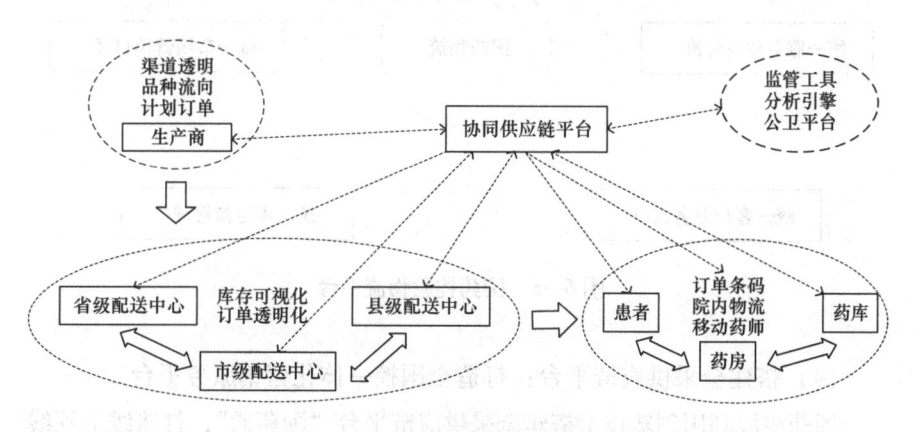

图6—4 国药控股协同供应链平台

设立供应链管理服务部，整合运营、采购、销售、物流等内部流程，加强内部运作效率和促进环节协同。国药控股创新性提出搭建简洁高效的前台与协同有序的后台：前台负责掌握并拉动供应商与客户需求，为上下游客户提供增值服务，包括业务规划与管理品种结构以及相关商务与公关职能，前台的搭建能够快速响应市场需求；后台则是根据运营、财务、质管制定的相关标准，实现库存管理、订单管理、客户服务管理，以专业化服务支撑前台，提供增值服务，后台的搭建能够为客户专业化服务提供支持，快速响应前台需求。

（3）国药物流整合：建设全国物流多仓服务新平台

国药物流板块以国药控股全国网络资源为依托，围绕"安全、可及、可视、高效"战略方针，面向全球健康产业的企业，打造中立、开放的供应链管理增值服务平台（如图6—5所示）。国药物流率先建立了第三方物流网络，为国药控股进一步利用多仓优势推动采购整合和供应链优化提供了保障，国药物流多仓运营的"就近的配送模式、更短的配送周期和更低的物流及管理成本"，为国药控股分销业务从传统的商业贸易服务向专业的供应链服务转型、扩大生存空间提供了助力。

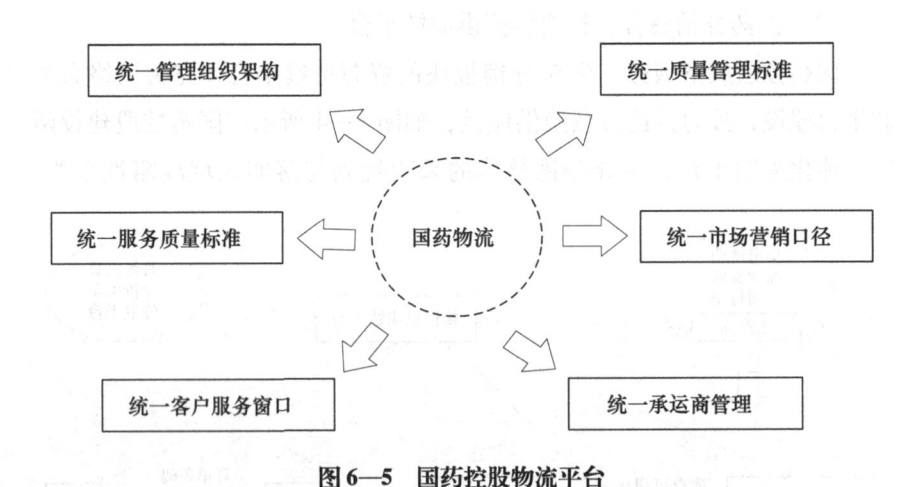

图6—5　国药控股物流平台

（4）搭建全采供应链平台：打造全国控一体化营销服务平台

国药控股利用创新技术搭建全采供应链平台"国药通"，打造线上到线下、厂家到终端的多维度全产业链医药产业服务平台。国药控股基于数字化转型构建智慧供应链，致力于打通零售渠道与医疗渠道、零售业务与批发业务、线上业务与线下业务。2020年，国药控股建成线上"F2B"全链通医药供应链服务平台，涵盖药品研发及上市、生产、流通、销售终端等不同业务板块，为客户提供一站式服务。国药控股还不断丰富"B2all"零售产品服务平台资源，持续推进"药灵通"B2B业务平台及"关爱优"特药服务平台，不断创新服务模式，推进公司业务多元发展。

3. 价值创造成果

（1）盈利能力分析

盈利能力是企业经营发展最直观的体现，盈利能力分析能够反映出企业的经营状况及资产增值情况。本书通过分析国药控股2009年至2021年的营业收入、总资产报酬率和净资产收益率，评价国药控股的盈利能力（如表6—9所示）。

表6—9　　　　2009—2021年国药控股盈利能力指标

年份	营业收入（亿元）	总资产报酬率（％）	净资产收益率（％）
2009	526.68	10.13	14.68
2010	692.34	8.59	10.25
2011	1022.25	8.92	11.40
2012	1365.02	8.81	12.05
2013	1668.66	8.23	11.51
2014	2001.31	8.25	11.69
2015	2286.73	8.50	13.10
2016	2583.88	8.89	15.01
2017	3083.54	9.70	15.75
2018	3445.26	8.43	14.39
2019	4252.73	8.01	13.86
2020	4564.15	7.73	13.85
2021	5210.51	7.51	13.12

数据来源：笔者根据企业年报整理计算。

通过图6—6可以看出，从2009年开始，国药控股的营业收入一直稳定上升，到 2021 年已经增长至 5210.51 亿元，约是 2009 年的 10 倍，收入增长迅速，说明国药控股具有较好的成长性。国药控股营业收入快速增长，一方面由于公司在 2009 年上市后得到资金支持，利用广泛的网络渠道和政府资源，不断强化物流配送体系建设，扩大业务规模；另一方面受益于混合所有制改革与医药改革的双重推动，国药控股抓住契机，适应市场化环境变化，积极开展混合所有制改革，通过引入战略投资者、合并重组等行为保持良好的市场竞争力与活力，营业收入稳定增长。

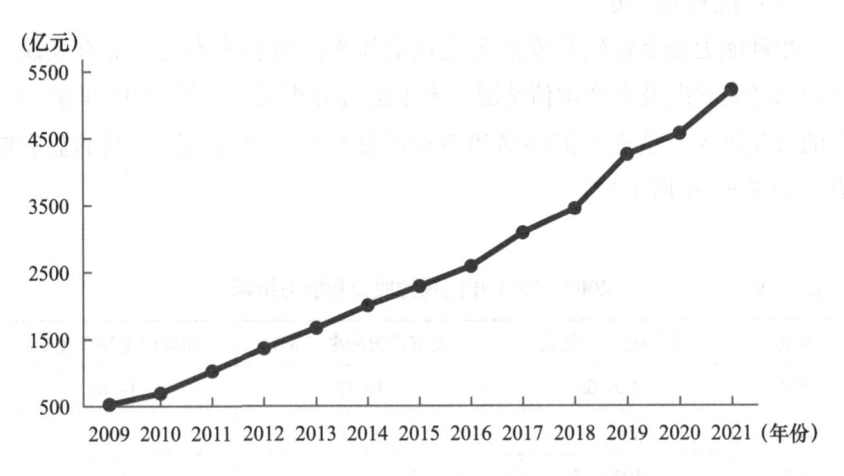

图 6—6 2009—2021 年国药控股营业收入变化

从图 6—7 可以发现，国药控股的总资产报酬率和净资产收益率在 2009 年快速下降，2010 年到 2017 年之间稳定上升，自 2017 年之后又开始出现下降趋势。2009 年之前，国药控股处于混合所有制改革初期，在引入战略投资者复星医药后净利润不断增长，股本权益总额没有太大变动，到 2009 年总资产报酬率和净资产收益率均处于较高水平。2009 年，国药控股上市后，社会公众股东加入，股东权益总额增加，在其净利润正常增长的情况下，净资产收益率呈现大幅度下降。国药控股在 2016 年开展资产重组，并在 2017 年引入战略投资者沃博联，带动企业的利润总额和净利润增幅加速，总资产报酬率和净资产收益率明显上升。在 2017 年之后，由于"两票制"药品流通等监管从严，医药行业企业面临挑战，企业增长放缓。

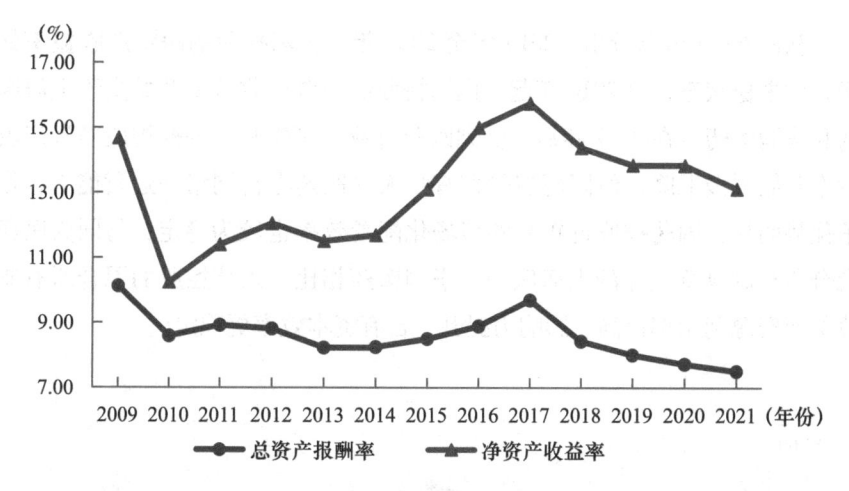

图 6—7　2009—2021 年国药控股总资产报酬率与净资产收益率变化

通过图 6—8 可以看出，国药控股营业收入稳定上升，与上海医药、华润医药的差距逐年加大，2017 年之后，差距幅度明显增大，公司营业收入增速变快，这与国药控股开展资产重组、引入战略投资者沃博联等行为密切相关。在进行资产重组后，国药控股与国药股份明确了各自业务领域，同业竞争问题被有效化解。2017 年，引入战略投资者沃博联后，国药控股的医疗器械业务得到发展，拓展了新的利润增长点，营业收入显著提升。

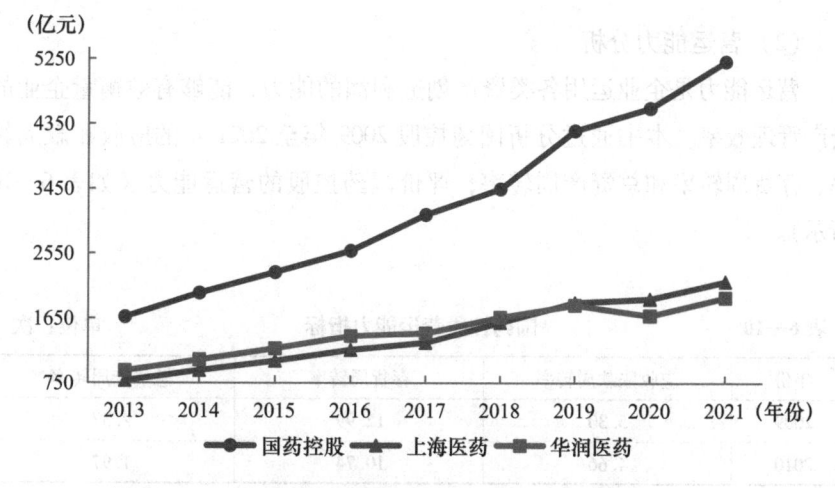

图 6—8　2013—2021 年国药控股与主要竞争者营业收入对比

从图6—9可以看出，2013年至2021年，国药控股的净资产收益率处于相对平稳状态，自2016年起，国药控股的净资产收益率开始高于上海医药和华润医药。在2017年后，受到医药行业政策影响，国药控股净资产收益率开始缓慢下降，但国药控股拥有强大的医药零售网络和运营能力，竞争优势明显，国药控股近年来的市场化配置效率也较为稳定，与同为医药混合所有制改革企业的上海医药、华润医药相比，国药控股的混合所有制改革使资源利用率提高、影响力提升，自有资本效率更稳定。

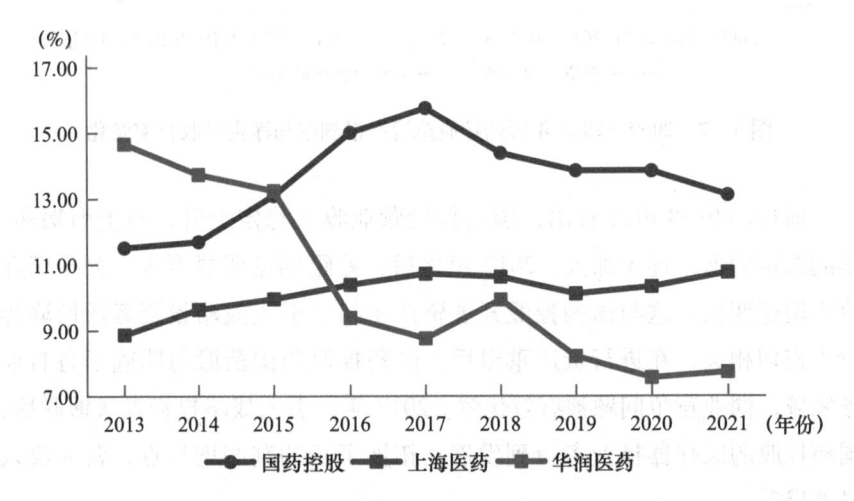

图6—9　2013—2021年国药控股与主要竞争者净资产收益率对比

（2）营运能力分析

营运能力是企业运用各类资产创造利润的能力，能够有效衡量企业的资产管理效率。本书通过分析国药控股2009年至2021年的应收账款周转率、存货周转率和总资产周转率，评价国药控股的营运能力（如表6—10所示）。

表6—10　　　　　　　　国药控股营运能力指标　　　　　　　　单位：次

年份	应收账款周转率	存货周转率	总资产周转率
2009	5.30	12.99	2.37
2010	4.66	10.74	1.97

续表

年份	应收账款周转率	存货周转率	总资产周转率
2011	4.61	9.51	1.86
2012	4.21	9.67	1.84
2013	3.71	10.12	1.80
2014	3.39	9.93	1.71
2015	3.49	9.77	1.70
2016	3.85	9.88	1.75
2017	4.10	9.70	1.70
2018	3.67	10.08	1.70
2019	3.72	9.94	1.68
2020	3.41	9.28	1.57
2021	3.29	9.68	1.61

数据来源：笔者根据企业年报整理计算。

由图6—10可以看出，2009年至2021年，国药控股的应收账款周转率约为4次，有缓慢下降趋势，但整体来看，较为稳定。国药控股的存货周转率在2009年到2011年由12.99次下降至9.51次，2011年之后则一直维持在10次左右。国药控股的总资产周转率处于平稳状态，2009年至2021年，其周转次数约为2次。

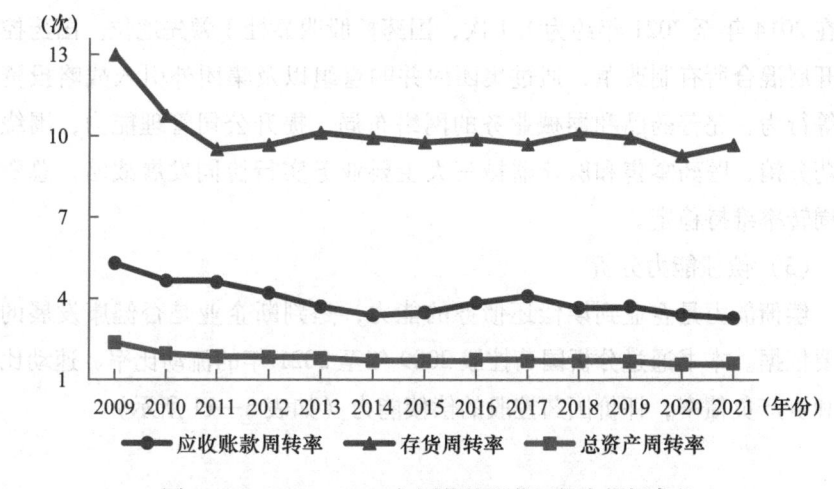

图6—10 2009—2021年国药控股营运能力指标变化

通过图6—11可以看出，2013—2021年，国药控股的存货周转率约为10次，上海医药的存货周转率为6—7次，华润医药的存货周转率为7—8次，国药控股具有明显优势。主要原因在于国药控股通过并购重组不断整合、拓展全国分销网络，顺利规划并完成分销网络下沉，终端网络覆盖持续扩大，存货周转率保持领先。

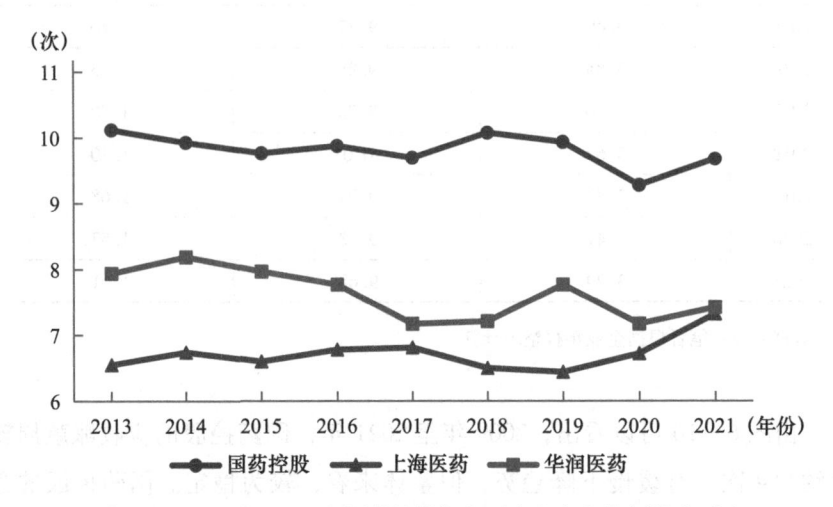

图6—11　2013—2021年国药控股与主要竞争者存货周转率对比

通过图6—12可以看出，2013—2021年，国药控股的总资产周转率约为1.7次，上海医药的总资产周转率约为1.3次，华润医药的存货周转率在2014年至2021年约为1.1次，国药控股明显处于领先地位。国药控股开展混合所有制改革，通过集团内并购重组以及集团外引入战略投资者等行为，完善药品和器械业务的网络布局、提升公司管理能力，围绕医药分销、医药零售和医疗器械三大主要业务实行协同发展战略，总资产周转率维持稳定。

（3）偿债能力分析

偿债能力是企业到期偿还债务的能力，是判断企业是否健康发展的重要依据。本书通过分析国药控股2009年至2021年的流动比率、速动比率和资产负债率，评价国药控股的偿债能力（如表6—11所示）。

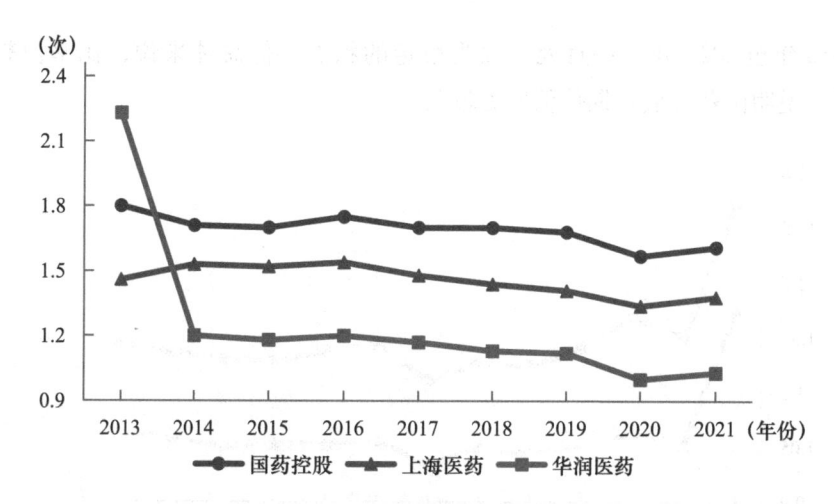

第六章 "国民共进"的企业混合所有制改革案例研究 / 189

图6—12 2013—2021年国药控股与主要竞争者总资产周转率对比

表6—11　　　　　　　国药控股偿债能力指标

年份	流动比率	速动比率	资产负债率（%）
2009	1.71	1.42	55.78
2010	1.35	1.06	64.97
2011	1.40	1.09	69.85
2012	1.32	1.05	71.52
2013	1.27	1.03	72.87
2014	1.28	1.05	71.79
2015	1.23	1.00	70.60
2016	1.33	1.07	71.76
2017	1.31	1.06	69.76
2018	1.28	1.06	71.04
2019	1.29	1.05	71.49
2020	1.31	1.08	71.10
2021	1.33	1.09	70.29

数据来源：笔者根据企业年报整理计算。

流动比率、速动比率、现金比率反映了企业的短期偿债能力，指数越高，代表企业变现能力越强。通过图6—13可以发现，国药控股短期偿债能力指数在2009年到2010年有明显波动，主要受到公司上市影响，自

2010年至2021年，一直处于较为稳定的状态，但总体来说，比率值较低，说明国药控股短期偿债能力较弱。

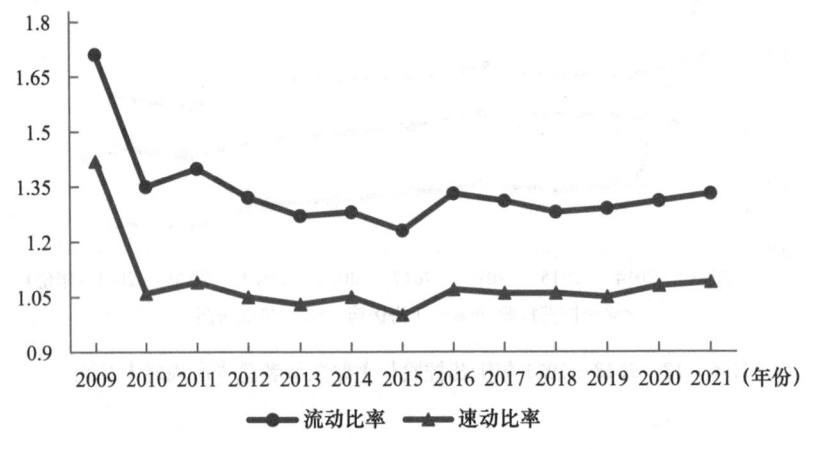

图6—13　2009—2021年国药控股流动比率和速动比率变化

通过图6—14可以看出，2009年国药控股的资产负债率为55.78%，2010年，资产负债率上升到64.97%，2010年之后，国药控股的资产负债率就处于相对稳定状态，在70%上下浮动，整体负债率水平较高。主要考虑国药控股在收购国大药房后其零售门店数量快速增长，对资金的需求较大，同时为了开拓医疗器械、医药物流业务等，国药控股常年保持较高的负债水平，为企业的发展提供充足的资金保证。

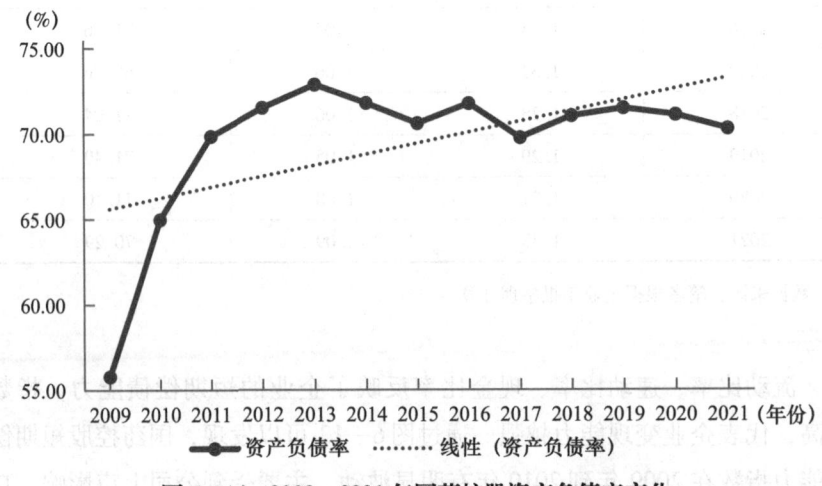

图6—14　2009—2021年国药控股资产负债率变化

通过图6—15和图6—16可以看出，国药控股的流动比率和速动比率与主要竞争者相比较为平稳，处于缓慢上升状态，但偿债能力较弱，企业财务风险较高。国药控股混合所有制改革后的快速扩张政策，带动了利润的增长，但较高的财务风险为企业的长远发展埋下了隐患。与上海医药和华润医药相比，国药控股正在逐渐提高企业流动比率和速动比率，调整资本结构，以谋求企业更长远的发展。

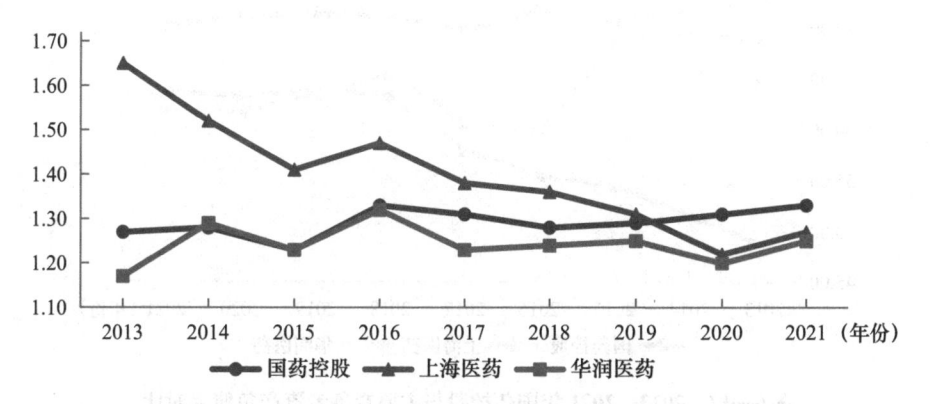

图6—15　2013—2021年国药控股与主要竞争者流动比率对比

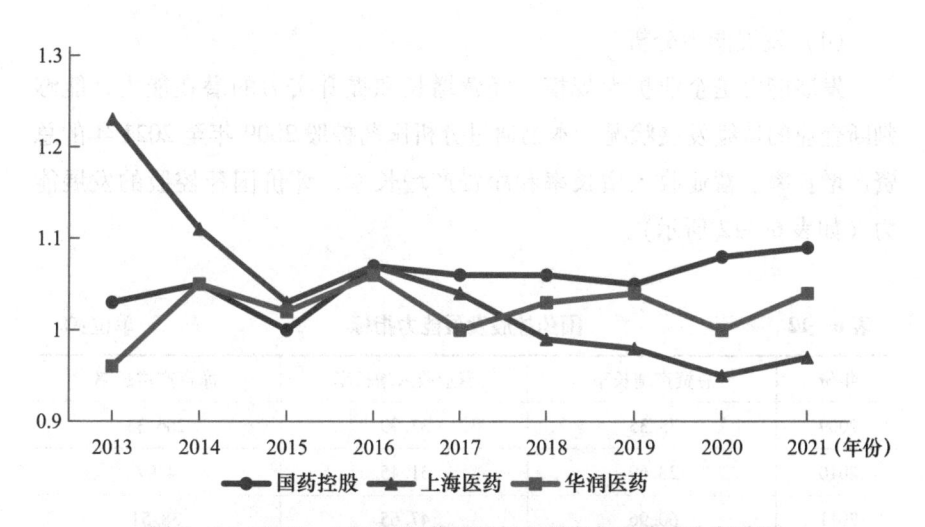

图6—16　2013—2021年国药控股与主要竞争者速动比率对比

通过图6—17可以看出，国药控股与主要竞争者的资产负债率在2014年之后均超过50%，主要由于"两票制""带量采购"等医改政策的推行，医药行业利润率下降，对于医药企业来说，仅依靠自有资本维持企业发展较为困难。国药控股想要持续扩张市场，需要资金作为支撑，在自有资本缺乏的情况下，国药控股通过发行公司债券、向银行借入短期借款等方式筹集资金，因此其资产负债率较高。

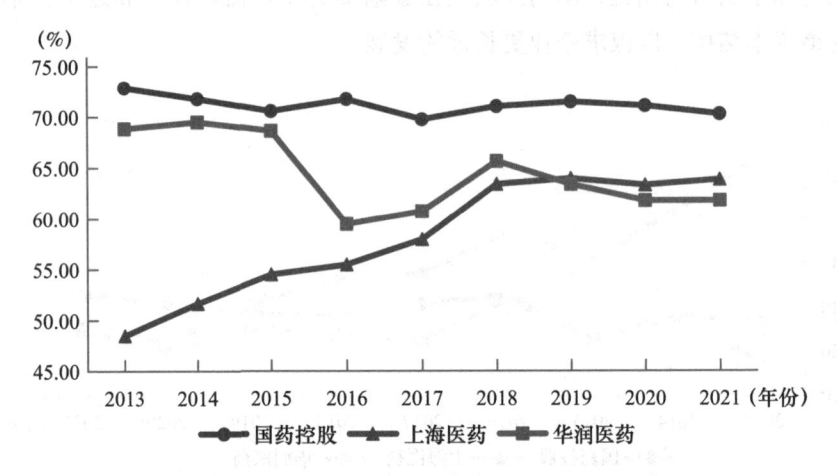

图6—17　2013—2021年国药控股与主要竞争者资产负债率对比

（4）发展能力分析

发展能力是企业扩大规模、经营增长和提升实力的潜在能力，能够判断企业的持续发展状况。本书通过分析国药控股2009年至2021年的总资产增长率、营业收入增长率和净资产增长率，评价国药控股的发展能力（如表6—12所示）。

表6—12　　　　　　　　国药控股发展能力指标　　　　　　　　单位：%

年份	总资产增长率	营业收入增长率	净资产增长率
2009	75.35	37.90	266.33
2010	28.69	31.45	4.97
2011	60.96	47.65	38.51
2012	18.07	32.83	11.55
2013	29.98	22.24	24.68
2014	22.00	19.94	26.84

续表

年份	总资产增长率	营业收入增长率	净资产增长率
2015	7.47	13.46	12.03
2016	13.11	12.99	8.94
2017	7.50	7.48	15.13
2018	23.64	11.73	17.82
2019	14.47	23.44	12.69
2020	15.32	7.32	16.91
2021	7.77	14.16	10.79

数据来源：笔者根据企业年报整理计算。

国药控股在2009年至2021年的总资产增长率和营业收入增长率如图6—18所示。总资产增长率反映了企业在一定时期内的经营扩张速度，国药控股的总资产增长率和营业收入增长率在2009年至2012年之间波动幅度较大，原因在于国药控股上市后结合资本驱动，不断开拓市场，医药分销网络由2009年的39个分销中心扩张至2012年的51个。2016年至2017年之间，国药控股的总资产增长率和营业收入增长率有所下降，并在2017年至2018年上升，由于国药控股自2016年开始进行资产重组和

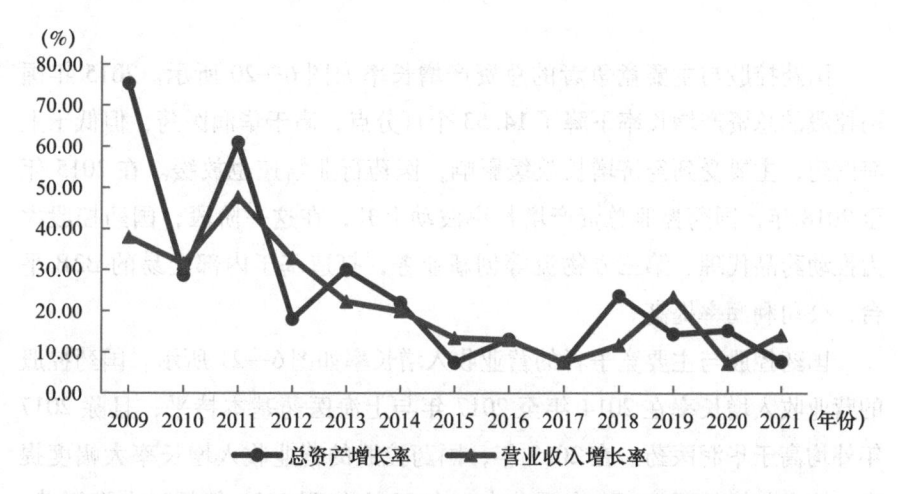

图6—18　2009—2021年国药控股总资产增长率和营业收入增长率变化

员工持股计划，国药控股旗下子公司划分了具体的业务领域，避免了同业竞争问题，股权激励又激发了高管人员提升公司经营绩效的积极性，随后又在2017年引入境外战略投资者沃博联，公司业务规模进一步扩张，公司发展前景良好。

国药控股的净资产增长率如图6—19所示，在2009年到2010年骤降，主要由于国药控股在2009年上市，其所有者权益出现大幅度提升，所以2009年的净资产增长处于较高数值。2010年之后，国药控股的净资产增长率波动幅度不大，公司的财务状况较为稳定。

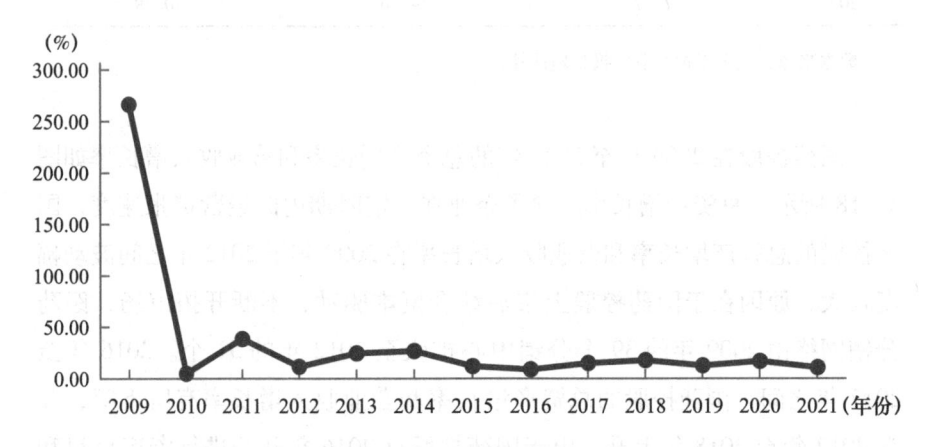

图6—19　2009—2021年国药控股净资产增长率变化

国药控股与主要竞争者的总资产增长率如图6—20所示。2015年国药控股的总资产增长率下降了14.53个百分点，高于华润医药，但低于上海医药，主要受到经济增长放缓影响，医药行业增速也放缓。在2015年至2018年，国药控股总资产增长率波动上升，在这一阶段，国药控股大力推动药品代理、第三方物流等创新业务，打造基于内部交易的B2B平台，公司利润率提高。

国药控股与主要竞争者的营业收入增长率如图6—21所示。国药控股的营业收入增长率在2014年至2017年与上海医药基本持平，且除2017年外均高于华润医药。在2019年，国药控股的营业收入增长率大幅度提升，比上年增长了11.71个百分点，在2019年到2021年超过上海医药。2019年国药控股收购了国药慧鑫清源，拓展专业医疗器械业务，开拓了

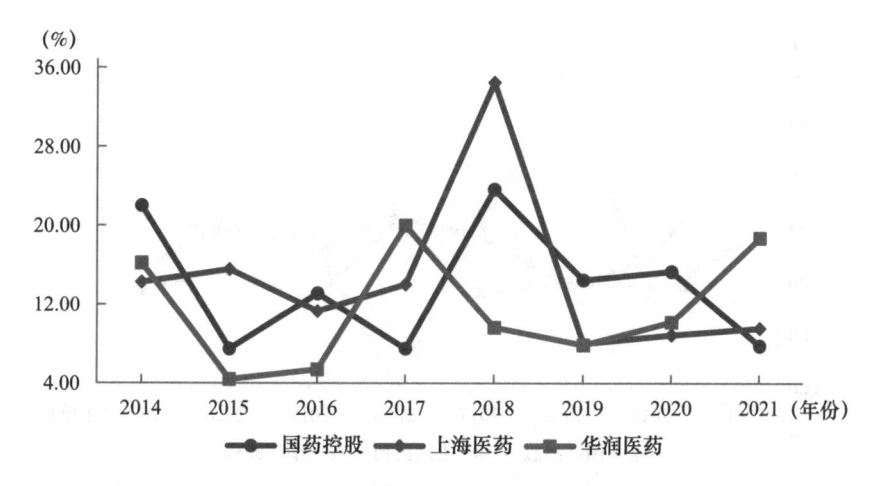

图 6—20 2014—2021 年国药控股与主要竞争者总资产增长率对比

新的利润增长点,并且公司围绕医药分销、医药零售和医疗器械三大业务,不断优化业务结构,巩固了企业的核心竞争优势。

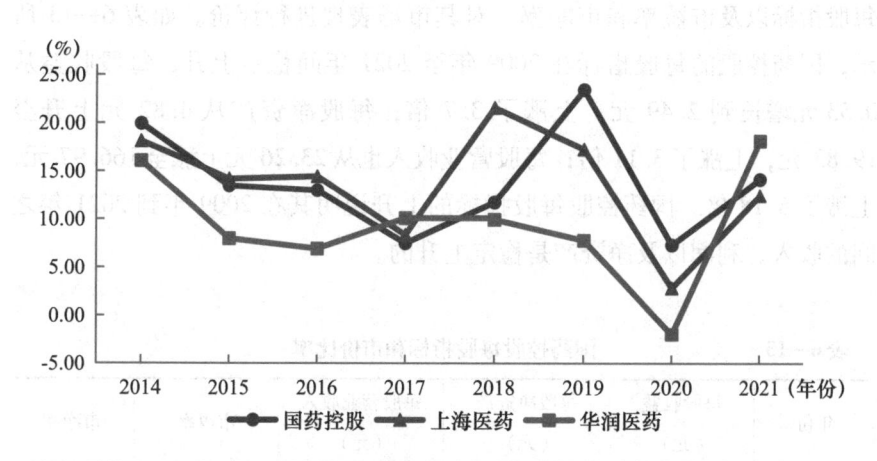

图 6—21 2014—2021 年国药控股与主要竞争者营业收入增长率对比

国药控股与主要竞争者的净资产增长率如图 6—22 所示。国药控股的净资产增长率在 2014 年至 2021 年一直领先于上海医药,并且与华润医药相比,波动幅度较小,说明国药控股在完成混合所有制改革后,其资源整合能力较强,公司的发展相对稳定。

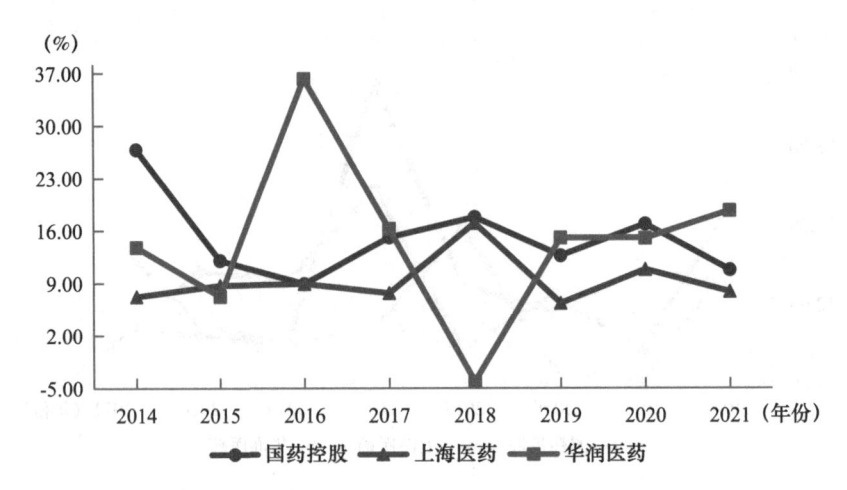

图 6—22　2014—2021 年国药控股与主要竞争者净资产增长率对比

(5) 市场表现分析

市场表现是市场对公司资产质量的评价,本书通过分析国药控股的每股指标以及市盈率和市净率,对其市场表现进行评价。如表 6—13 所示,国药控股的每股指标在 2009 年至 2021 年间稳步上升,每股收益从 0.53 元增长到 2.49 元,上涨了 3.7 倍;每股净资产从 4.82 元上升至 19.83 元,上涨了 3.11 倍;每股营业收入也从 23.26 元上涨至 166.97 元,上涨了 6.18 倍。国药控股每股指标的上升说明其在 2009 年到 2021 年之间的收入、利润以及净资产是稳定上升的。

表 6—13　　　　　　国药控股每股指标和市价比率

年份	每股收益（元）	每股净资产（元）	每股营业收入（元）	市盈率	市净率
2009	0.53	4.82	23.26	64.95	5.03
2010	0.53	5.17	30.57	43.20	4.46
2011	0.66	6.52	42.55	23.29	2.32
2012	0.82	7.11	56.52	23.93	2.77
2013	0.89	8.49	64.97	19.97	2.06
2014	1.11	9.9	72.33	20.84	2.19
2015	1.36	10.86	82.06	19.17	2.40

续表

年份	每股收益（元）	每股净资产（元）	每股营业收入（元）	市盈率	市净率
2016	1.68	11.5	93.38	17.02	2.49
2017	1.91	12.74	100.36	14.80	2.22
2018	1.97	14.41	115.94	14.68	2.00
2019	2.11	15.96	143.11	12.11	1.60
2020	2.31	18.06	146.26	6.89	0.88
2021	2.49	19.83	166.97	5.58	0.70

数据来源：笔者根据企业年报整理计算。

通过图6—23可以看出，2009年至2021年，国药控股的市盈率和市净率均呈下降趋势。国药控股的市盈率从2009年的64.95下降至2021年的5.58，市净率也从5.03下降至0.70，市盈率和市净率都在2009年达到最高值，主要由于国药控股上市后，投资者对其估值存在较大预期，随后股票数值开始下降，说明股票市场对国药的估值向正常水平回归，一定程度上反映了国药控股在混合所有制改革后进入了较为稳定的发展阶段。

图6—23 2009—2021年国药控股市盈率和市净率变化

(6) 社会效应分析

企业混合所有制改革价值共创成果的评价，不仅需要分析与经济效益相关的指标，也需要分析企业在社会效应方面带来的影响，本书从国药控股的员工情况和就业机会、年人均收入以及年纳税情况等方面对国药控股的社会效应进行分析。

国药控股的员工情况及就业机会如表6—14和图6—24所示，可以看出员工总数自2007年至2021年在逐年递增，员工累计增加了102179人。国药控股每年的新增职工人数与每年提供的就业机会几乎呈现相同的波动趋势，两者都在2007年至2010年呈现上涨趋势，2011年至2014年开始下降，2016年至2019年再次呈上升趋势，并在2020年和2021年再次下降。国药控股新增职工人数和就业机会出现变动的原因主要是国药集团和复星医药在2003年进行混合所有制改革后，又在2006年共同对国药控股进行增资，同时，国药控股2009年赴港上市后公司获得资本支持企业发展，在这一阶段企业就业机会增多；随后，国药控股的发展渐趋稳定，新增职工人数开始减少，就业机会也随之降低；而自2016年起国药控股开始进行资产重组和引入境外战略投资者，企业的就业机会又开始逐渐增加；2020年和2021年新增职工数和就业机会降低主要是受到新冠疫情的影响。通过上述分析可以看出，国药控股通过混合所有制改革提供了更多的就业机会。

表6—14　　　　　　　国药控股员工情况及就业机会

年份	员工总数（人）	新增职工数（人）	就业机会（%）
2007	11055	483	0.05
2008	12259	1204	0.11
2009	15110	2851	0.23
2010	24117	9007	0.60
2011	35394	11277	0.47
2012	40737	5343	0.15
2013	45415	4678	0.11
2014	47132	1717	0.04

续表

年份	员工总数（人）	新增职工数（人）	就业机会（%）
2015	54735	7603	0.16
2016	55241	506	0.01
2017	61694	6453	0.12
2018	69722	8028	0.13
2019	93764	24042	0.34
2020	108316	14552	0.16
2021	113234	4918	0.05

数据来源：笔者根据企业年报整理。

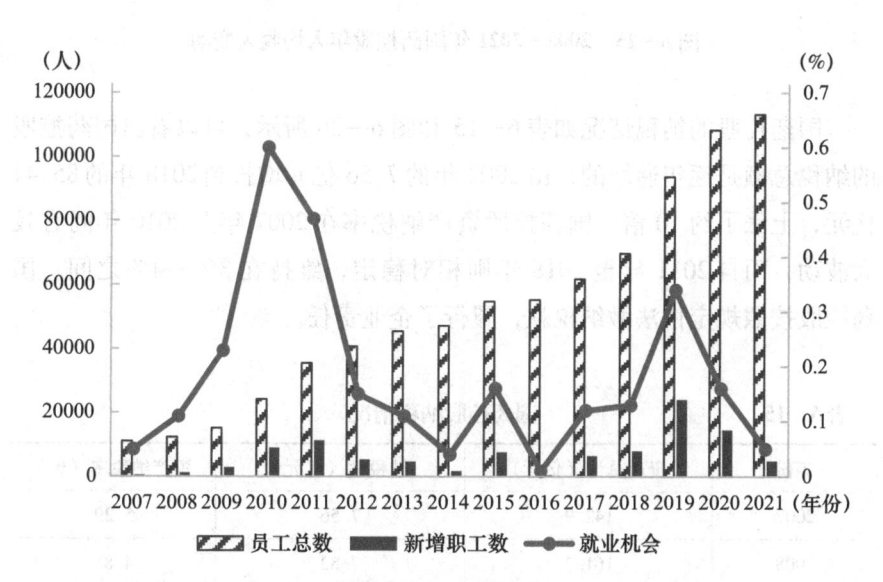

图 6—24　2007—2021 年国药控股员工及就业机会变动情况

国药控股的年人均收入如图 6—25 所示，可以看出国药控股在 2008 年至 2021 年的年人均收入整体呈现上涨趋势，由 2008 年的 7.3 万元上涨至 2021 年的 11.87 万元，累计上涨 4.57 万元。国药控股建立并完善包括工资、社保、医药等在内的薪酬福利体系和各类激励机制，为员工提供良好的薪酬待遇，并关注员工发展，定期开展培训，保障了员工的合法权益。

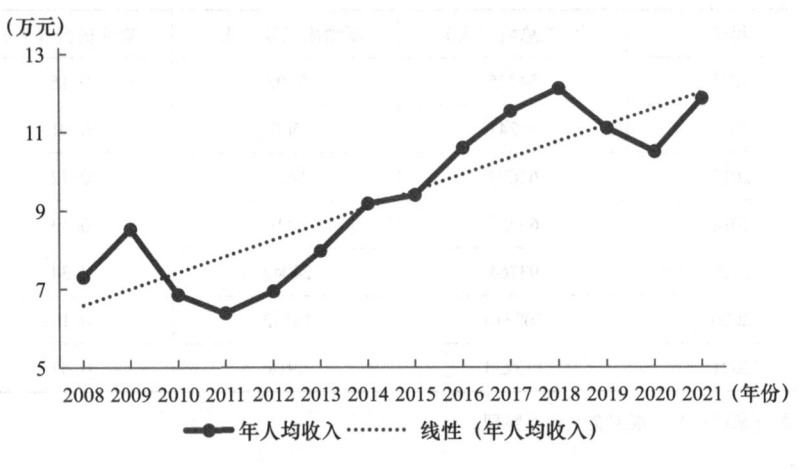

图 6—25 2008—2021 年国药控股年人均收入变动

国药控股的纳税情况如表 6—15 和图 6—26 所示，可以看出国药控股的纳税总额是逐年递增的，由 2007 年的 7.56 亿元增长到 2018 年的 85.41 亿元，上涨了约 10 倍。国药控股资产纳税率在 2007 年至 2010 年间有较大波动，而自 2011 年至 2018 年则相对稳定，维持在 3%—4% 之间。国药控股按照规定依法缴纳税款，履行了企业责任。

表 6—15   国药控股纳税情况

年份	资产总计（亿元）	纳税额（亿元）	资产纳税率（%）
2007	142.9	7.56	5.29
2008	161.3	7.82	4.85
2009	326.5	10.86	3.33
2010	420.1	18.39	4.38
2011	676.3	22.7	3.36
2012	811.3	32.36	3.99
2013	1055	39.92	3.78
2014	1287	44.99	3.50
2015	1394	54.86	3.94

续表

年份	资产总计（亿元）	纳税额（亿元）	资产纳税率（%）
2016	1577	62.69	3.98
2017	1907	75.01	3.93
2018	2358	85.41	3.62

数据来源：笔者根据企业年报整理计算。

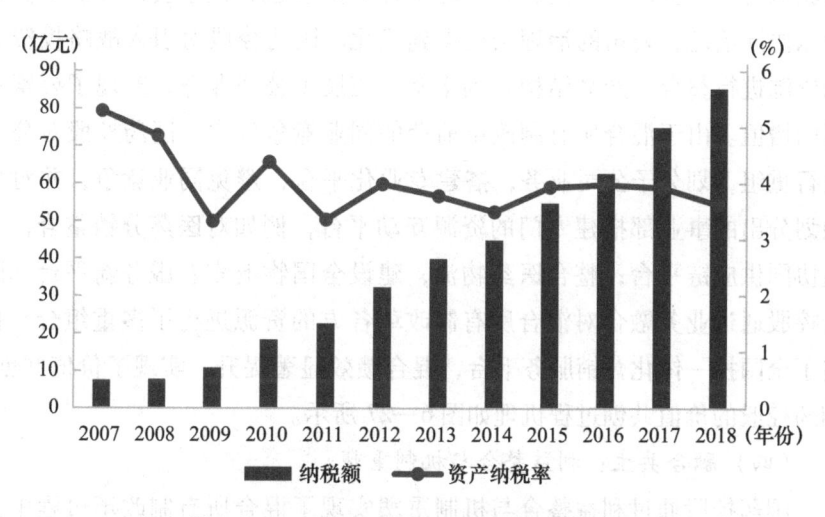

图6—26 2007—2018年国药控股纳税情况

混合所有制改革后国药控股用较小的国有资本金撬动数十倍的总资产，实现国有资产增值，呈现出良好的发展态势。在业务结构方面，国药控股通过引入战略投资者、入股优秀民营企业以及并购重组等方式，不断调整优化业务结构，注重业态结构和产品比重的优化调整，由一业独大向零售诊疗、电商、金融服务、院内医疗服务、第三方物流与全国一体化冷链物流服务等相关多元协同发展转变。在转型创新方面，国药控股加强供应链科技创新以及供应链增值服务，大力推动创新转型，多元化地拓展业务发展，推动综合服务平台建设，构建全国一体化的营销服务模式。在员工方面，国药控股注重与员工共享发展成果，推进员工持股，采用多项奖励机制考核员工并调整薪金，员工收入逐年递增。在治理结构方面，混合所有制改革后的国药控股股权多元化分散，建立并完善现代企业治理结构，搭建专门的治理委员会、给予战略投资者董事会席位，公司治理水平得到提升。

4. 小结：价值共创过程机理

国药控股的混合所有制改革路径包括了引入战略投资者、资产重组、员工持股，混合所有制改革获取了组织、物质、技术以及市场等方面的异质性资源。混合所有制改革后，国药控股的股权结构得到了优化，并对获取的组织资源进行配置，合理设置了董事会和监事会，实现了多元股东协同治理，公司的治理结构得到优化。国药控股对引入战略投资者的资源进行整合，产品结构得到丰富，拓展了公司业务，实现了要素资源的增值。由于混合所有制改革前期的同业竞争较多，国药控股对公司进行重组，划分子公司业务，搭建专业化平台，避免同业竞争，并对单独划分出的事业部搭建专门的资源互动平台，例如对医药分销整合，打造协同供应链平台；整合医药物流，建设全国物流多仓服务新平台。国药控股通过业务融合对混合所有制改革各方的资源进行了多重组合，打造了全国控一体化营销服务平台，混合绩效显著提升，实现了价值共创。国药控股的价值共创过程机理如图6—27所示。

（四）融合共生：利益整合与机制重塑

国药控股通过利益整合与机制重塑实现了混合所有制改革过程中异质性主体的融合共生。利益整合通过调整股权结构、员工激励和文化融合等方式整合相关方利益关系，并保持信息公开透明，使参与混合所有制改革的各利益主体相互信任，与企业利益合为一体。机制重塑通过重构和健全利益表达机制、强化利益分享机制，满足各利益主体诉求，深度融合企业资源，打造互惠互利的协同共生关系。

1. 利益整合

（1）调整股权结构

混合所有制改革的过程中引入不同所有制性质的资本，利用异质性资本优势发挥金融市场价值，推动企业不断发展。在国药控股的混合所有制改革过程中，其引入的非公有资本并不仅仅是某一类资本，而是契合企业发展战略，引入不同类别资本。在初始进行混合所有制改革时，引入了战略投资者复星医药，改善了国药控股一股独大的股权结构，并借助复星医药布局企业的医药商业平台。随后国药集团和复星医药通过

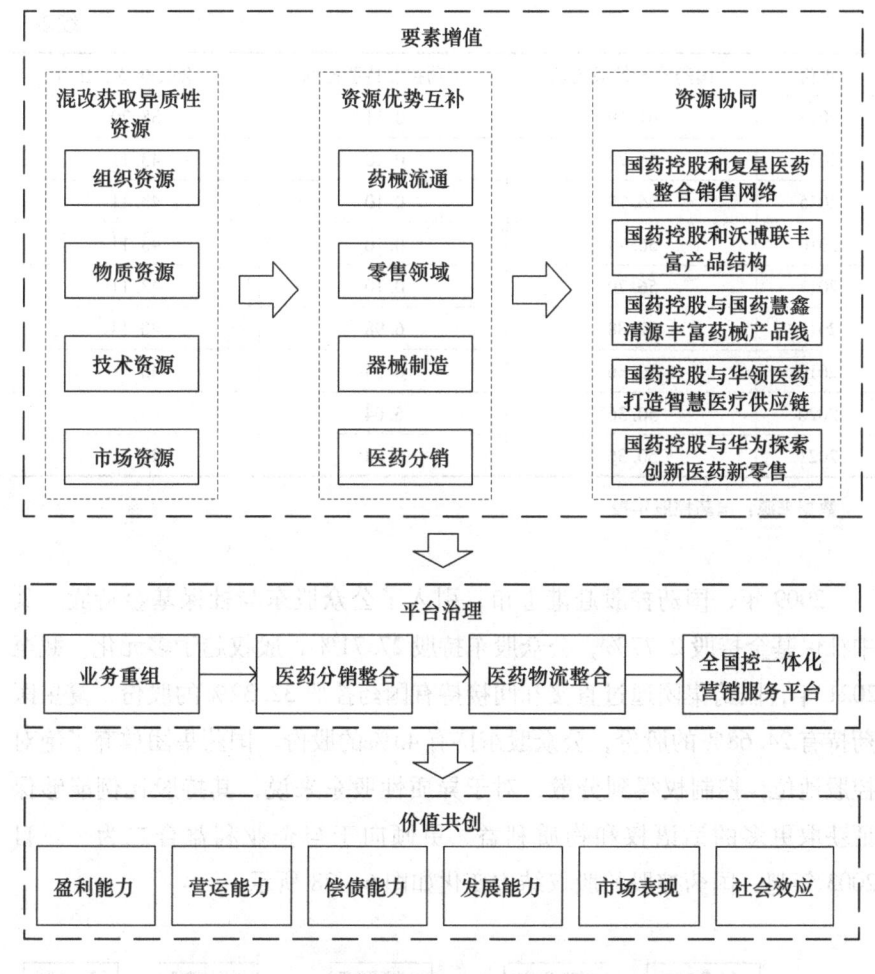

第六章 "国民共进"的企业混合所有制改革案例研究 / 203

图6—27 国药控股混合所有制改革的价值创造过程

共同出资成立国药产投间接持股国药控股,其股权被进一步分散,"内部人控制"和"所有制缺位"问题得到缓解。国药控股股权比例变化如表6—16所示。

表6—16　　　　2011—2021年国药控股股权结构变化　　　　单位:%

年份	国药产投持股比例	国药控股持股比例	社会公众持股比例
2011	65.41	0.11	34.48
2012	61.19	0.11	38.70

续表

年份	国药产投持股比例	国药控股持股比例	社会公众持股比例
2013	61.19	0.11	38.70
2014	56.79	0.10	43.11
2015	56.79	0.10	43.11
2016	56.79	0.10	43.11
2017	56.79	0.10	43.11
2018	52.88	6.98	40.14
2019	50.36	6.64	43
2020	50.36	6.64	43
2021	50.36	6.64	43

数据来源：国药控股年报。

2009年，国药控股赴港上市，引入了公众股东与社保基金持股，其中社保基金持股2.77%，公众股东持股27.71%，股权趋于多元化。截至2021年，国药集团通过直接和间接持有国药控股32.32%的股份，复星医药持有24.68%的股份，公众股东持有43%的股份。国药集团放弃了绝对控股地位，控制权得到分散，对于异质性股东来说，其持股比例能够保证获取更多的话语权和物质利益，更倾向于与企业利益合二为一。自2003年起，国药控股的股权结构变化如图6—28所示。

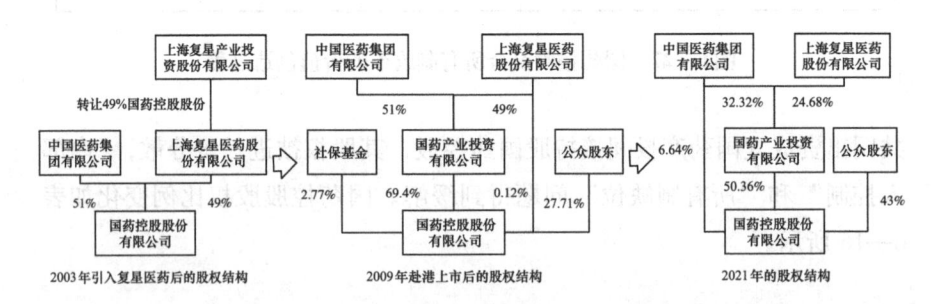

图6—28 2003—2021年国药控股股权结构变化

（2）员工激励

国药控股决定实行股权激励计划以保留和吸引人才，同时促进企业、股东、员工的利益趋同。2016年7月，国药控股发布限制性股票激励计划，主要对象是中、高层管理人员以及部分核心骨干人员。2016年11月，国药控股发布首批限制性股票激励人员名单。通过股权激励计划，国药控股员工被赋予监督与决策权，公司的中、高层管理人员以及业务、技术骨干人员不仅能参与到公司重大事项决策中，其收益也与公司收入相关联，能够激发高管与技术骨干人员的工作积极性，提升公司治理绩效。此外，推行员工持股计划，也能从心理层面提升员工对企业的归属感、责任感，更利于国药控股保障公司的人才供应。国药控股的首次股票激励明细如表6—17所示。

表6—17　　　　　　　　国药控股首次激励明细

激励对象	人数（人）	授予限制性股票数量（万股）	占总授予量的百分比（%）
董事	1	26	3.6
高级管理人员	4	84	11.62
集团中层管理人员及其他关键骨干人员	185	613	84.78
合计	190	723	100

数据来源：国药控股年报。

（3）文化融合

国药控股在对混合所有制改革资源的整合过程中，保留并融合混合所有制改革各方的先进文化元素，确立统一的企业理念和价值观，通过文化融合协调平衡利益主体的相互关系。国药控股坚持加强宣传思想工作，提升企业文化建设质量，以提升公司发展软实力，确保公司持续发展。国药控股利用《国药控股报》宣传企业文化，传达价值观导向和实施动态，并不断创新文化活动，提高文化宣传的吸引力，激发混合所有制改革后员工对国药控股的认同感和归属感。国药控股子公司通过内刊、网站和宣传栏广泛传扬，营造浓厚的企业文化氛围，推动国药控股文化的宣传学习，促进文化融合。建立在统一价值观基础上的合作，能够更坚定地维持，并带给企业长久健康的发展。

国药控股还积极探索党建工作的科学化、制度化、规范化模式，把完成党建工作总体要求写进公司章程，使党组织在公司法人治理结构中的作用得到明确和落实。在党务人员的选拔上，国药控股的选拔对象来自企业生产经营人员，并保证党务人员与生产经营人员薪酬公平分配，实现党建工作与经营工作深度融合。国药控股通过加强党建工作，激发党组织活力，不断完善组织体系，保障党组织作用发挥。

不论混合所有制改革前后，国药控股始终将人才的培养发展放在首位，建立了以业绩评价、能力评估为基础的职业发展通道。国药控股为员工提供轮岗锻炼的平台，总部各部门之间、总部与二级子公司、二级子公司之间均可相互派驻员工，提供轮岗锻炼机会，促使员工能够快速适应公司文化，帮助员工更好更快成长。国药控股还对干部选拔任用方式、选拔程序、审批、任职手续等均进行了明确的规范，进一步优化人力资源管理体系，加快职业经理人建设，建立以劳动合同为核心、以岗位管理为基础的市场化用工机制。

2. 机制重塑

（1）重构利益代表机制

要实现国有企业与非国有企业的有效融合，需要构建规范的法人治理结构，合理设置股权比例，使原股东与国药控股形成利益共同体。国药控股采取"我中有你，你中有我"的股权架构，投资并购民营企业时，在保持控股地位的前提下，允许原股东保留一定比例的股权。合理的股权结构能够避免国有企业"一股独大"对中小股东的压制，但在混合所有制改革中，公司还需要优化治理结构，使非国有股东拥有更多的话语权、决策权去参与公司治理，避免国有资本一言堂的弊端，构成多元股东协同治理局面。混合所有制改革后国药控股的治理结构如图6—29所示。

2003年，国药集团引入复星医药后，董事会由5名成员组成，其中，国药控股3人，复星医药2人。复星医药委派人员加入国药控股董事会，在管理层任免中加入了市场化元素。混合所有制改革后，国药控股考虑多方利益代表，其高管选任方式也发生转变，主要包括国药方推荐人选、民营股东推荐人选以及社会化选聘职业经理人三种方式。国药控股坚持股东间平等、尊重、互利的价值观，通过公平公正的方式选任高管人员，各方人员在日常管理中能够相互监督。董事会下设了五个战略委员会，

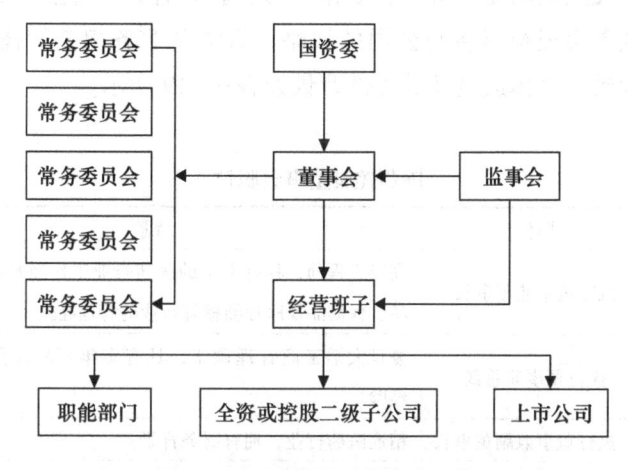

第六章 "国民共进"的企业混合所有制改革案例研究 / 207

图6—29 国药控股董事会结构

在董事会及战略委员会成员结构方面，国药控股与复星医药各自委派的董事与其持股比例相当，充分保障了民营资本的话语权，有助于董事会科学、民主决策，避免股东权益被忽视或侵占。国药控股董事会、监事会和战略委员会的成员结构如表6—18所示。

表6—18　　董事会、监事会与战略委员会的成员结构

治理机构	成员结构
董事会	共14人：5名来自国药控股，4位来自复星医药，独立董事5人
监事会	共4人：1人来自国药控股，1人来自复星医药，剩余2人为职工监事
战略与投资委员会	共10人：2名独立董事，剩余8人中，复星医药3人，国药控股5人
审核委员会	共5人：3名独立董事，剩余2人中，复星医药、国药控股各1人
提名委员会	共7人：4名独立董事，剩余3人中，复星医药1人，国药控股2人
薪酬委员会	共5人：3名独立董事，剩余2人中，复星医药和国药控股各1人
法律合规与环境、社会及治理委员会	共3人：1名独立董事，剩余2人来自国药控股

资料来源：国药控股年报。

2021年，国药控股董事会成员增长到14名，其中，国药控股5人，复星医药4人，独立董事5人。国药控股甄别董事会人员按照多元化政

策，考虑相关人员的专业背景、工作经历、教育背景、专业领域等因素，其选任的董事会成员具备与公司的战略、管治及业务相关的技能、经验和多元化背景，具体成员及其关键背景如表6—19所示。

表6—19　　　　　　　　　　国药控股董事会职位

姓名	职位	背景
于清明	执行董事兼董事长	高级工程师，具有丰富的医药行业工作经验，特别是药品、保健品及医疗器械等行业的管理经验
刘勇	执行董事兼总裁	复旦大学工商管理硕士，具有多年药品及保健品管理经验
陈启宇	非执行董事兼副董事长	精通医药行业，拥有财务背景
李东久	非执行董事	教授级高级工程师，有34年医药行业工作经验
冯蓉丽	非执行董事	工商管理学硕士，有丰富的人力资源管理领域经验
胡建伟	非执行董事	担任过国药集团的党委委员、副经理以及法律顾问等
邓金栋	非执行董事	非执业注册会计师，具有丰富的财务工作经验
马平	非执行董事	复旦大学化学系学士学位，具有丰富的管理经验
文德镛	非执行董事	在制药领域担任过重要职位
李培育	独立非执行董事	公共管理硕士学位，担任过多家公司的高管职位
卓福民	独立非执行董事	经济硕士学位，具有多年的企业管理及资本市场经验
吴德龙	独立非执行董事	公共管理硕士学位，担任过多家公司的独立董事，中国香港会计师公会会员
俞卫锋	独立非执行董事	复旦大学法学学士学位，拥有20多年律师工作经验
陈方若	独立非执行董事	上海交通大学安泰经济与管理学院院长，兼任上海交通大学行业研究院院长

资料来源：国药控股年报。

国药控股设立监事会，监督董事会及经营管理层，防止董事与高管以权谋私、损害企业利益，保障公司决策机制的合理性，确保公司各项规章制度顺利实施。国药控股监事会由职工监事和独立监事、股东代表监事组成，其中，职工监事通过职工大会、职工代表大会或其他民主形式选举和罢免，充分代表职工利益行使监督权力。截至2021年，国药控股监事会具体构成如表6—20所示。

表6—20　　　　　　　　　国药控股监事会职位

姓名	监事会职位
姚方	监事长
陶武平	监事
李晓娟	监事
张宏余	职工代表监事
金艺	职工代表监事

资料来源：国药控股年报。

（2）健全利益表达机制

面对混合所有制改革过程中的多重利益冲突，国药控股不断地完善自身治理机制。国药控股通过混合所有制改革实现了股权的多样化，但股权的分散导致了矛盾的产生，国药控股通过多元化的董事来源，调整董事结构，规范董事会议事规则，公司治理更趋规范化，保证了各类股东利益表达的充分性。2018年，国药控股的股权多元化改革工作基本完成，公司治理结构如图6—30所示，国药控股股东大会对董事会及其专业委员会的构成、职责进行了明确的界定和细化，并对制度和操作进行梳理，为执行层面的可操作性提供保障，由各类出资人选派的董事、内部董事、独立董事构成的董事会负责国药集团日常的经营决策，董事会成员一人一票行使决策职能，保证了决策公正性，在引入战略投资者之后，国药控股还建立了选聘机制、评价机制、问责机制、罢免机制、审计机制等来加强对经营者的监督，保证股东合理诉求。

国药控股为激发改革活力和创造力，采用市场化选聘职业经理人机制。职业经理人是从外部市场、原国有企业员工或非国有资本投资者的企业中招聘选拔的高级管理人才，职业经理人的建设符合市场需求，选聘的优秀管理人才有利于提高企业管理决策能力。职业管理人能够为企业带来新的发展思路，国药控股给予职业经理人一定管理权，运用其专业能力和丰富经验改革创新国药控股原有的管理方式，谋求企业更深层次发展。同时，相较于职业经理人，国药控股原有管理者对公司文化、发展战略、业务模式以及公司业务流程等更为熟悉，将原管理者与职业经理人相结合，能够为国药控股的制度化建设带来更多益处。

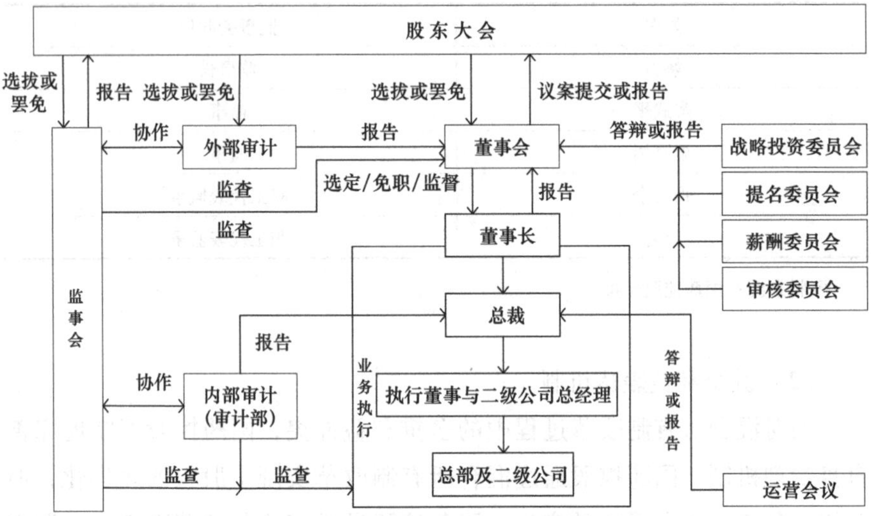

图 6—30 国药控股公司治理结构

(3) 强化利益分享机制

国药控股重视投资者的权益保障，并积极为股东创造价值。混合所有制改革企业是由多种性质资本组成的利益集合体，各资本代表的利益取向不尽相同，混合所有制改革后需要构建合理、有效的治理结构和机制，合理分配企业剩余价值，平衡利益主体间的相互关系。混合所有制改革后国药控股合理配置各方资源，致力于提高运营效率，促进公司整体收入和股东财富增长，以良好的收益回报股东，创建和维护和谐的股东关系。根据国药控股年报，公司自 2006 年至 2021 年之间，资产总额由 115.9 亿元递增至 3354.12 亿元，其归属母公司所有者权益也从 17.6 亿元递增到 618.81 亿元。国药控股通过完善制度体系、加强投资者管理来保障投资者的权益，重视股东回报，定期分红回报股东与社会，将剩余利益分享给企业投资者。国药控股每年发布分红方案，其每股派息由 2009 年的每股 0.01 元递增到 2021 年的每股 0.75 元，如图 6—31 所示。同时，重点关注试点企业内部监督与风险防范体系建设，保证企业合规、合法经营，提高企业的风险防范能力。通过利益分享机制，使各投资方、高管、员工参与到企业剩余收益的分享，激发各参与主体的积极性，保障公司长期稳定发展。

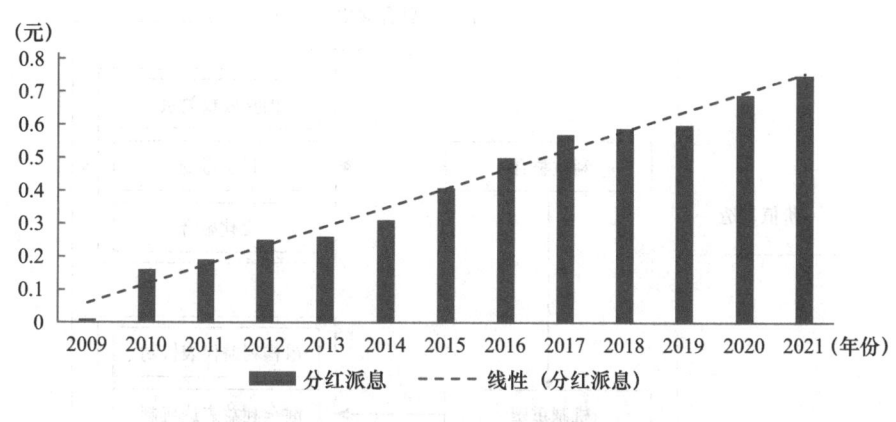

图6—31 2009—2021年国药控股股利分配

3. 小结：融合共生过程机理

混合所有制改革是多方资本共同参与的过程，必须保证利益分配的合理与公平，才能实现多元股东利益共生，保障混合所有制改革的效果。国药控股通过对异质性资源的整合配置实现了价值创造，在此基础上，国药控股通过调整股权关系、员工激励、文化融合，整合不同主体的利益，兼顾混合所有制改革各方的核心利益诉求。国药控股通过重构利益代表机制、健全利益表达机制、强化利益分享机制来对机制进行重塑，为各利益主体合理表达诉求、行使权力提供了途径，合理分享剩余价值，保证了混合所有制改革企业各股东利益，使双方的合作能够更长久地持续下去。国药控股的融合共生过程机理如图6—32所示。

四　结论

本节主要是在国药控股混合所有制改革背景下，从需求驱动、条件激发、价值创造、融合共生四个方面具体展开对国药控股的案例分析，具体结论有以下几点。

第一，需求互补激发国药控股混合所有制改革。充分利用非国有资本的资源与产业优势，在筛选战略投资者时，应首先选择行业领域内具有竞争力、产业资源且具备资金实力的企业。国药控股混合所有制改革

```
                        ┌─────────────┐
                        │  融合共生    │
                        └─────────────┘
                                              ┌──────────────┐
                        ┌─────────┐           │ 调整股权关系 │
                        │ 利益整合 │──────────│ 员工激励     │
                        └─────────┘           │ 文化融合     │
        价值创造            │                 └──────────────┘
        ─────────►          │
                            ▼                 ┌──────────────────┐
                        ┌─────────┐           │ 重构利益代表机制 │
                        │ 机制重塑 │──────────│ 健全利益表达机制 │
                        └─────────┘           │ 强化利益分享机制 │
                                              └──────────────────┘
```

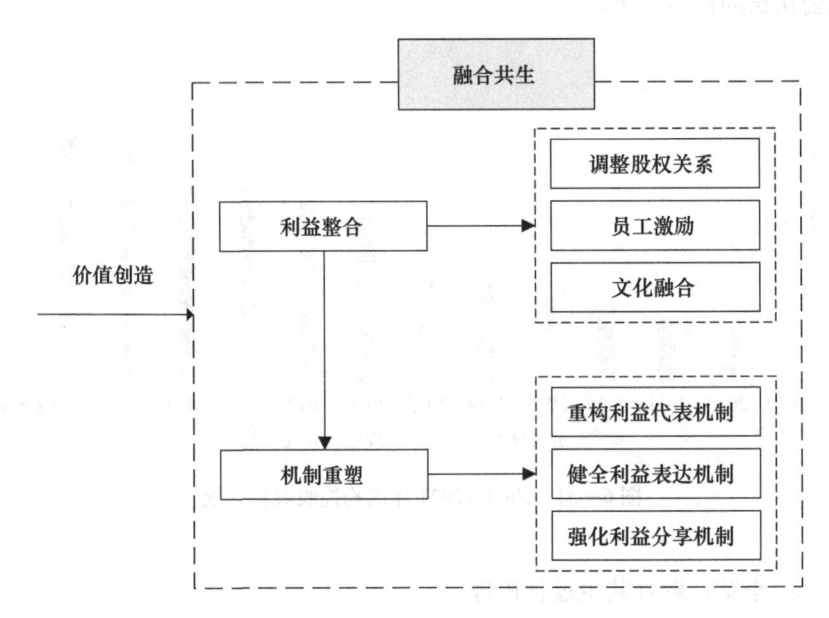

图 6—32　国药控股混合所有制改革的融合共生过程

路径多样化，在混合所有制改革过程中坚持由"混"到"改"，根据企业的战略发展目标，在不同发展阶段选择契合当下发展的混合所有制改革路径与对象。在混合所有制改革初期，国药集团在工业制药领域的不足以及医药市场环境变化激发了其改革需求，通过引入复星医药迈出了混合所有制改革的第一步。复星医药希望扩大医药商业领域，国药集团的医药流通体系和丰富的医药商业领域资源，正好契合复星医药的发展方向。国药集团与复星医药达成合作，具有互补性、科学性与战略性，不仅能够弥补各自的弱势，更能充分发挥双方的优势产业资源，完善医药业务领域，实现企业效益的增长。2016 年，国药控股提出批零一体化战略，国药控股开始对旗下公司进行业务整合。国药一致剥离了工业资产，将国大药房纳入旗下，顺利转型成为"医药+零售"的商业模式，主要负责两广地区的药品销售，国药控股则接收了北京地区的医药企业，主要负责北京区域的医药业务。明确了子公司的各自战略定位后，国药控股根据国药一致的实际情况，决定引入沃博联，以拓展医疗器械领域。

第二,政策环境助力国药控股混合所有制改革。国药控股的发展,与我国国有企业改革、医疗卫生体制改革密切相关,外部的市场环境和制度环境为其混合所有制改革的顺利进行提供了政策引导,创造了混合所有制改革的条件。国家政策是影响混合所有制改革的重要因素,在混合所有制改革政策方面,我国由国有企业混合所有制改革试点向加快竞争性行业混合所有制改革转变,全面提升国有资本的市场化配置效率。国药控股根据政策指引,结合自身战略目标以及发展规划,选择合适的路径进行混合所有制改革,不断推进、深化混合所有制改革进程。在市场环境转变方面,医药流通体制放开,医药产业布局得到合理规划,促使大中型医药国有企业开展市场化转型,国药控股也借此机会引入民营企业,以改变僵化的计划经济发展方向。"两票制""药品零加成""药品集中采购"等医改政策冲击了医药行业的末端企业,国药控股借机开始进行横向并购并布局医药流通行业,医药行业集中得到提升。复星医药具有典型的民营企业特征,其市场化程度高、追求股东回报,国药控股则在流通医药领域较为专业化,两者战略结合,符合国家混合所有制改革政策的倡导,目前,国药控股已经建立了完善的医药流通网络,混合所有制改革成效明显。

第三,价值共创平台推动国药控股混合所有制改革。混合所有制改革引入了不同性质的资本,为企业带来了多元化的资源,国药控股的混合所有制改革不局限于资本的混合,而是进一步实现了资源的融合。通过混合所有制改革,国药控股本身成为汇集各异质性资本资源的平台,依托该互动平台,混合所有制改革后的国药控股开展了一系列活动,改善资源在混合所有制改革企业内的流通渠道,合理配置整合的异质性资源,实现资源、人力、科技等方面的深度融合。国药控股以"新理念、新战略、新动能、新目标"为战略指引,整合平台资源和发挥规模效应,对混合所有制改革获取的异质性资源进行资源配置和利用,通过混合所有制改革实现企业战略转型,同时对战略投资者带来的异质性资源进行进一步整合,依托医药商业平台,打造协同供应链平台和建设全国物流多仓服务新平台,与异质性资源实现协同效应。国药控股还顺应"互联网+"趋势,推动传统业务与互联网相融合,利用创新技术搭建全供应链平台,从线上到线下,从厂家到终端,打造多维度全产业链的医药产业服务平台。基于搭建的价值共创平台，国药控股进行资源整合并合理配置资源，最终实现国有资本与非国有资本的价值共创。

第四，利益共享深化国药控股混合所有制改革。国药控股通过混合所有制改革实现了价值创造，但混合所有制改革企业包含了不同性质的利益，为了使混合所有制改革不断纵深推进，需要满足不同主体的利益诉求。国药控股在改革过程中，不断地完善制度建设和治理结构、加强投资者关系管理、重视股东回报，创建和维护和谐的股东关系。在股权结构方面，国药控股由国药集团和复星医药共同控制，并通过上市和其他股东的加入，使企业股权结构更加趋于多元化。在治理结构上，国药控股董事会和监事会是制衡协作的形式，既有利于各方间的相互监督，还保证了非国有股东的话语权，职业经理人制度则更利于提高企业运行效率。国药控股还在2016年开始推行股权激励计划，将员工自身利益与企业利益相结合，以发挥企业员工在日常工作中的主动性与积极性。国药控股保持良好的经营状态，并在每年度对股东进行分红，其分红金额逐年增长，加深投资者对集团业务的理解和信任，让企业与股东结成的利益体共同受益。

第二节 参股企业组态对混改企业治理效率影响的多案例分析

一 研究背景

随着国有企业混合所有制改革的广度和深度不断加深，越来越多的民营企业可以通过持股甚至派遣董事的方式参与国有企业实际经营与决策。引入民营企业作为混合所有制改革参与对象已经成为促进国有企业高质量发展、实现不同所有制经济协同发展的关键。特别是在"国民共进"新时代背景下，选择何种民营参股企业参与混合所有制改革才能有效实现国有企业与民营企业"融合共生，价值共创"已经成为学术界讨论的重点方向，学术界将其归纳为"和谁混"问题。

在实际探究"和谁混"这一问题的过程中，由于国有企业治理效率受多种内外部因素共同作用影响，传统定性或者定量研究方法对于国有企业混合所有制改革中复杂因果关系的探索不够深入，而定性比较分析法（QCA）兼具定性和定量研究方法的优势，在深入分析复杂因果关系的内在作用机制方面具备独特优势，已经逐渐成为治理领域的重要研究方法。

基于对于"和谁混"这一问题的深入研究，本节主要是结合委托代理理论、资源依赖理论以及资源基础理论，借助定性比较分析法，基于民营企业参股国有企业多案例样本，通过构建国有企业治理效率的前因条件组态模型，探究前因条件间的相互依赖关系对于国有企业治理效率影响的复杂因果关系。本节主要研究意义在于以民营参股企业作为研究主体，探究治理条件间相互作用关系对于治理效率的内在作用机制，在"国民共进"的混合所有制改革趋势下，为实现国有企业高质量发展，构建国有企业与民营企业"融合共生，价值共创"的生态模式，为解决国有企业混合所有制改革中的异质性股东参与的"和谁混"问题提供案例指导意见。

二　治理组态模型构建

（一）治理组态前因条件识别

第一，目前企业股权关系逐渐呈现集中化趋势，股东对于管理层的监督逐渐加强，第一类代理问题得到缓解，但是随着大股东持股比例的增加，会导致大股东的控制权与现金流权出现严重偏离，为了攫取私人利益，大股东可能会出现侵占中小股东利益的行为导致第二类代理问题突出。现有的委托代理理论研究主要围绕第一类代理问题与第二类代理问题展开研究，并且广泛应用于股东监督（曾志远等，2018；王垒等，2022；黄蕙舟、王维，2022）以及管理层激励（胡楠等，2021；徐悦等，2021；翟淑萍等，2022）等公司治理问题研究中，尤其在混合所有制改革领域，委托代理理论为解决国有企业内部"一股独大"的治理问题提供了重要理论支撑（陈瑶、余渡，2022；张斌等，2022）。为了降低民营企业内部代理冲突，缓解委托代理问题，一方面，企业需要平衡股东权力和 CEO 权力，减少权力争夺冲突（张洽，2019）；另一方面，企业也应该提升独立董事话语权，有效发挥其对股东与管理层的监督作用（Souther，2021）。民营企业内部股东与管理层之间的代理冲突越小，越能具备更多的时间与精力，发挥对国有股东的监督（杨振中、万丛颖，

2020）。因而基于委托代理理论，本书认为民营企业股权集中度、CEO权力、独立董事比例这三个重要因素在国有企业混合所有制改革中发挥重要作用。

第二，资源基础理论是分析企业竞争优势，完善企业发展战略的重要理论基础，其主要思想在于将企业看作资源集合体，企业对于不同特性资源的使用以及配置，是决定企业可持续优势以及企业竞争差异的重要基础。在现有研究中，张琳等（2021）对这一理论发展进行梳理与展望，认为学界关于这一理论的观点目前主要分为两个方面：一是在复杂多变的外部背景下，基于动态能力理论构建动态资源基础观；二是针对组织获取以及运用资源行为构建资源行动观。目前在企业研究方面，现有学者对于资源基础理论应用不断拓展，例如基于资源基础理论解释企业创新模式（李亚兵等，2022）、并购治理效率（马勇等，2022）以及非国有股东治理（马新啸等，2021）等研究。在混合所有制改革的过程中，不同行业背景下，混合所有制改革双方所控制以及使用的资源不同，双方的合作可以促进不同资源的合理搭配（李明敏等，2019）。不同行业下的混合所有制改革双方的合作有利于发挥优势互补效应，相同行业下混合所有制改革双方的合作有利于发挥协同效应（胡亚飞、苏勇，2020）。因而基于资源基础理论，本书认为混合所有制改革双方的行业相关度对混合所有制改革双方意义重大。

第三，基于长期实践发展经验，资源依赖理论认为组织内部自给自足无法使组织获得生存和发展，因此任何组织的生存与发展都离不开环境的支持。组织通过与环境相互联系，从外部环境中获得组织所需要的必要资源，因而其对于环境具有依赖性。随着理论研究的不断深入，资源—权力依赖理论逐渐成为研究的重要理论支撑，即强调由于资源的稀缺性与重要性，不同组织之间可以通过交换资源的方式来获得共同发展，在资源交换的过程中，拥有重要资源的一方获得权力（李东升等，2023）。在现有研究中大多依据资源—权力观这一基础，对于资源依赖理论在企业治理研究中进行全新阐释，主要认为企业作为组织的一种形式，需要通过不同股东的资金、技术以及人力等资源的投入获得持续发展，大股东可以凭借资源投入优势获取董事会的控制权，对企业经营决策产生重要影响（潘克勤等，2022；李姝、李丹，2022）。在混合所有制改革中，不同性质股东间资源的相互依赖构成了混合所有制改革的基本前提。随着混合所有制改革不断深入，非国有股东可以凭借技术资源、信息资源以及人力资源等获得其相应的董事会话语权，通过委派董事参与到国有企业经营管理中，促进国有企业创新发展，提升国有企业价值（马连福、张晓庆，2021）。因而基于资源依赖理论，本书认为民营企业董事派遣在混合所有制改革中具有重要作用。

（二）治理组态前因条件探究

根据委托代理理论、资源基础理论以及资源依赖理论，本书分别选择民营企业股权集中度、CEO 权力、独立董事比例、行业相关度、董事派遣这五个前因变量，并在后续对以往文献进行梳理的基础上具体分析五个前因条件对于国有企业治理效率的影响机制，并由此构建组态框架。

1. 股权集中度与国有企业治理效率

股权集中度主要反映公司内部的股权分布状态。大股东持股比例的增加有助于促使其加强对管理层的监督，减少其机会主义行为，提升企业价值（黄薏舟、王维，2022）。在参与国有企业混合所有制改革过程中，面对双方的诸多合作事项，股权集中度较高的民营企业，其内部决策较为统一，协调成本较低，决策效率高（Wang, et al., 2019），在投入的资本数量高低、委派哪位董事以及表达何种利益诉求等方面较为容易达成一致意见，有利于进一步提升双方的合作效率，促进混合所有制改革双方深入合作，提高国有企业治理效率。

2. 独立董事比例与国有企业治理效率

独立董事的主要作用在于独立行使监督与决策的职责与权力，维护中小股东的利益。独立董事席位的增加有助于其监督职能的发挥，改善公司内控质量，提升公司治理水平（Bonini, et al., 2022）。民营企业内部具备较高话语权的独立董事可以在这一过程中充分发挥自身监督与咨询作用，一方面监督高管层与大股东，防止其攫取不当利益，损害双方合作（李莉等，2018）；另一方面可以依据自身专业知识，为混合所有制改革过程中的决策制定与实施提供咨询服务，最大限度推动混合所有制改革双方在混合所有制改革过程中的资源整合，为彼此合作提供支持与帮助，从而推动国有企业治理效率的提高（刘春等，2015）。

3. 董事派遣与国有企业治理效率

董事会作为公司关键决策机构，是公司治理的重要部分。民营企业通过向国有企业派遣董事获得董事会席位，从而参与到国有企业重要经营决策中，充分发挥民营企业参与治理的优势（郑志刚等，2019）。同时，民营企业可以凭借委派董事获得额外的内部信息，这有助于缓解双方合作过程中信息不对称的问题，发挥信息媒介作用（马勇等，2020），从而推进民营企业与国有企业的合作，推动混合所有制改革顺利推进，提升国有企业价值。

4. CEO 权力与国有企业治理效率

CEO 作为公司管理层的核心，决定公司战略实施和资源分配（李海霞，2017）。CEO 作为公司的高级管理人员，对公司诸多决策具有重要影响力。同时，CEO 能够准确掌握公司的实际情况，利用信息优势降低决策的风险（Han, et al., 2016）。在混合所有制改革的大背景下，混合所有制改革双方的诸多业务都需要 CEO 直接或者间接推动，此时 CEO 的权力是影响其决策力与话语权的重要因素。权力给 CEO 带来的归属感更有利于推动其从企业的战略大局出发，针对合作过程中的各种问题进行及时调整，进一步提升决策的制定和执行效率（林润辉等，2021），助力国有企业治理效率提升。

5. 行业相关度与国有企业治理效率

行业相关度反映的是不同企业所处行业的差异。混合所有制改革双方处于同一行业可以减少双方业务整合难度，充分发挥协同效应，提高混合所有制改革治理效率（沈昊、杨梅英，2019）。混合所有制改革双方处于不同行业有利于国有企业开拓新的市场，促进产业多元化发展，提升企业价值（王梅婷、余航，2017）。国有企业需要根据战略需求不同，引入不同行业类型的民营企业，促进企业价值的提高（綦好东等，2017）。

总之，本书根据委托代理理论、资源基础理论以及资源依赖理论，选择民营企业股权集中度、独立董事比例、董事派遣、CEO 权力、行业相关度五个前因变量分析对国有企业治理效率的影响，并构建治理组态模型如图 6—33 所示。

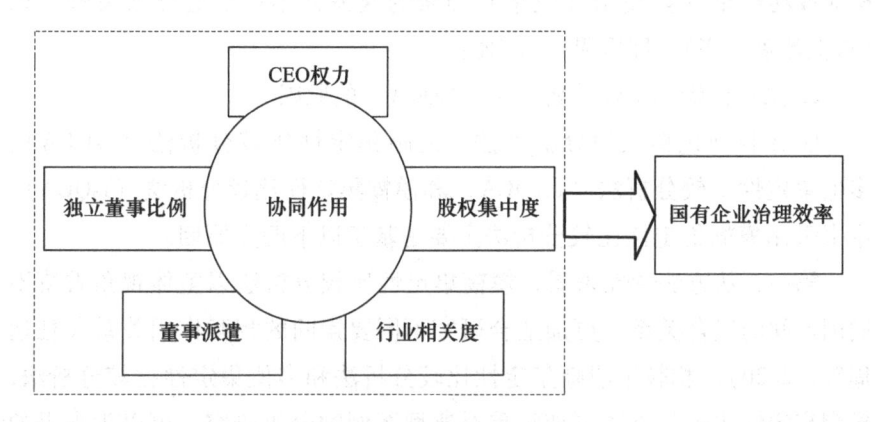

图6—33 治理组态效应模型

三 案例样本处理与治理组态分析

（一）研究方法

1. 定性比较分析方法的基本原理与优势

定性比较分析方法是由 Ragin（2014）提出的，其在处理复杂因果关系以及小样本方面具备独特优势，因而该方法逐渐被应用于公司治理、政治管理以及文化传播等领域。

该方法与传统多元回归方法不同，主要是因为传统多元回归方法注重探讨单一变量对于结果变量的影响，主要考察单个变量的"净效应"关系，但是针对自变量与因变量之间的复杂因果关系，传统实证方法无法予以探究。而实际情境下，影响企业治理效率的各种因素并非独立存在，而是相互作用、相互依赖的，因此在解释这种自变量和因变量之间复杂因果关系时需要使用 QCA 方法从多元、整体视角予以研究。

针对复杂因果关系，定性比较分析方法基于集合理论，认为在复杂因果关系中各项前因变量之间存在相互作用关系，并非独立线性的作用于结果变量。因而，定性比较分析方法主要将各个前因变量视作一个整体，强调不同前因变量间相互影响共同作用于结果变量。在定性比较分析方法研究中，不同前因变量的组合关系被称为"条件组合"或"组态构型"；由于因果关系之间的复杂性，QCA 方法认为不同组合路径均可以实现同一个结果——"殊途同归"——等价性原则；在因果关系研究中，构成成功结果（如高治理效率）因素的缺失并不一定会导致失败结果（如低治理效率），即因果不对称性。

2. 采用模糊集定性分析方法（fsQCA）的原因

QCA 目前包括三种分析方法，清晰集定性比较分析法（csQCA）、多值集定性比较分析法（mvQCA）和模糊集定性比较分析法（fsQCA）。本书采用模糊集定性比较分析法主要是基于以下两点原因。

第一，从方法特性来看，模糊集定性比较分析法以整体视角看待不同因素间的组合关系，更加适合研究不同要素间的相互作用关系（杜运周等，2020）。相较于清晰集定性比较分析法和多值集定性比较分析法，模糊集定性比较分析法更加注重对典型案例的分析研究，可以为本书的复杂因果关系提供更加详细的解释。

第二，从数据类型和样本规模来看，清晰集定性比较分析法和多值集定性比较分析法无法处理非 0—1 简单赋值的连续型数据。而 fsQCA 方法可以将变量赋值为介于 0 和 1 之间的隶属度，适用于处理连续型数据并且其适合中小样本（10 个至 50 个样本）以及大样本（超过 100 个样本）的研究（张明、杜运周，2019）。本书选择了 27 个样本案例与中等样本相匹配，且样本数据中存在连续型变量，因而更加适用于模糊集定性比较分析法。

3. 模糊集定性分析方法的基本步骤

fsQCA 方法一般使用 fsQCA 3.0 软件作为研究工具，通常遵循以下步骤。

第一，变量校准。为了进行 fsQCA 研究，首先要对各个前因变量的原始数据进行校准，将原始数据转化为处于 [0，1] 之间的隶属度分数。校准的一般做法为先确定三个关键锚点，即完全不隶属、交叉点、完全隶属，利用这三个锚点将原始数据转化为模糊集数据。

第二，单个条件的必要性分析。在进行组态充分性分析之前，要对单个因素的必要性进行检验，一般认为必要性条件一致性大于等于 0.9 则认为该条件是结果变量的必要性条件，若一致性小于 0.9 则需要进行组态充分性分析。

第三，组态充分性分析。将校准后的模糊集数据输入 fsQCA 3.0 软件中，通过设置频数阈值和一致性阈值来精简真值表，随后对于真值表进行标准化分析,将得到三种条件组合的解,分别为复杂解、中间解、简单解。将既在简单解中出现也在中间解中出现的条件称为核心条件,将仅在中间解中出现的条件称为辅助条件。现有研究一般认为中间解的解释力度强于复杂解与简单解,所以一般只对中间解进行分析。

第四,稳健性检验。通过调整频数阈值和一致性阈值来对组态结果的稳健性进行检验。

第五,结论讨论。对组态结果进行横向与纵向分析,发现不同组态条件之间的相互作用关系,并且选取组态典型案例对于组态结果进行深入分析与理解。

(二)案例选取与数据来源

在案例选取方面,鉴于上市公司的数据披露较为全面且具有一定行业代表性,本书案例样本选择 A 股上市公司中参股国有企业的民营上市公司作为研究对象,具体的筛选方法如下。首先,借鉴国有企业混合所有制改革双百名单,查阅国有上市公司年报,找到实行混合所有制改革的国有上市公司。其次,在筛选的国有上市公司十大股东中,根据公司年报进一步找到参与混合所有制改革的上市民营企业。最后,在筛选的上市民营企业中,为避免异常数据对研究结论的影响,剔除 ST、*ST、PT 企业。本书一共选择了 27 个上市民营企业作为案例样本。

在数据来源方面,考虑到新冠疫情对于企业治理效率的影响,本书研究选取 2018 年的案例作为民营企业变量数据,由于治理效率影响具有滞后性,因而分析影响效应则采用企业对应国有上市公司 2019 年的企业治理效率作为结果变量。本书的数据来源主要是根据笔者对 CSMAR 数据库、企业披露年报等的手工整理。

(三)变量衡量与校准

在 fsQCA 方法中为对数据进行模糊集定性比较分析,所有的原始数据都需要通过校准转化为模糊集隶属度数据。依据相关理论经验与样本的特征,本书使用直接校准法,具体为在进行数据校准前,需要确定三个校准点(如表 6—21 所示),分别为完全隶属点、交叉点以及完全不隶属点,使用校准点将原始数据校准为隶属度为 [0, 1] 的模糊集数据。各个初始变量具体衡量方式以及校准方式如下。

1. 企业治理效率（ROA）

主要参考黄速建等（2021）的研究，使用资产收益率（ROA）来衡量企业治理效率。为了使校准更为客观准确，参考杜运周等（2020）变量的校准方式，以2019年A股上市国有企业ROA全行业样本分布的四分位数作为标准，设置三个门槛值，取值样本75%分位数0.053作为完全隶属点，样本25%分位数0.012作为完全不隶属点，样本50%分位数0.029设置为交叉点。

2. 股权集中度（TOP1）

主要参考祝继高等（2020）的方法，采用第一大股东持股比例衡量股权集中度。变量的校准方式为依据2018年A股上市民营企业股权集中度全行业样本的四分位数设置三个门槛值，取值样本75%分位数39.825作为完全隶属点，25%分位数21.495作为完全不隶属点，50%分位数30.023设置为交叉点。

3. 独立董事比例（ID）

主要参考连燕玲等（2019）的研究，通过非国有独立董事人数与董事会全体董事人数的比值来衡量独立董事比例。根据2018年A股上市民营企业董事会独立董事比例全行业样本的四分位数设置三个门槛值，取75%分位数0.429作为完全隶属点，取25%分位数0.333作为完全不隶属点，取50%分位数0.364作为交叉点。

4. 董事派遣（AD）

主要参考冯慧群和郭娜（2021）的研究，若民营企业向国有企业派遣董事，则赋值为1，否则赋值为0。

5. CEO权力（CPOWER）

这一指标目前的研究一般主要参考权小锋和吴世农（2010）的做法，通过CEO的四类权力共8个虚拟变量来度量CEO权力，具体包括如下几点。①组织权力。通过CEO是否为内部董事和CEO与董事长是否两职兼任来衡量。②专家权力。通过CEO任职年限是否高于行业平均水平和CEO是否具有高级职称来衡量。③所有制权力。通过CEO是否具有股权与机构投资者持股水平来衡量。④声誉权力。通过CEO是否在外兼职与CEO是否有高学历来进行衡量。本书将上述八个虚拟变量相加取平均值来合成CEO权力这一指标，其取值介于0—1。变量的校准依据样本分布的四分位数设置三个门槛值,取值样本 75% 分位数 0.75 作为完全隶属点,25% 分位数 0.562 作为完全不隶属点,50% 分位数 0.625 作为交叉点。

6. 行业相关度(IND)

主要参考杨振中和万丛颖(2020)的研究,若民营企业与国有企业属于同一行业,即视作行业相关赋值为 1,否则赋值为 0。

表 6—21　　　　　　　　　变量测量与校准

变量名称	测量方式	完全隶属点	交叉点	完全不隶属点
企业治理效率(ROA)	净利润/总资产	0.053	0.029	0.012
股权集中度(TOP1)	第一大股东持股比例	39.825	30.023	21.495
独立董事比例(ID)	独立董事人数/董事会全体董事人数	0.429	0.364	0.333
董事派遣(AD)	有董事派遣记为 1,否则记为 0	1	—	0
CEO 权力(CPOWER)	通过 CEO 四类权力度量 CEO 权力	0.75	0.625	0.562
行业相关度(IND)	若民营企业与国有企业属于同一行业,视作行业相关赋值为 1,否则赋值为 0	1	—	0

(四)必要性分析

在充分性分析之前,需要确认单个条件变量是否为结果变量必要性条件,当单个条件变量一致性高于 0.9 时,那么该条件为必要性条件,反之则不是必要条件。如表 6—22 所示,各个条件变量的一致性水平均未超过 0.9,单个条件变量不构成结果变量的必要条件,因此需要进行组态充分性分析,即组态分析。

表 6—22　　　　　　　　　　必要性检验

前因变量	结果变量	
	高治理效率	低治理效率
TOP1	0.645	0.501
~TOP1	0.510	0.629
AD	0.488	0.300
~AD	0.590	0.766
ID	0.504	0.517
~ID	0.590	0.562
CPOWER	0.641	0.631
~CPOWER	0.452	0.448
IND	0.779	0.668
~IND	0.299	0.397

注：~表示逻辑非。

（五）组态分析及稳健性检验

1. 组态分析

借鉴张明和杜运周（2019）的研究，综合样本实际情况，将频数阈值设置为1，将一致性阈值设置为0.8。在组态结果中有三种解，分别为简约解、中间解、复杂解，参考杜运周等（2020）、Wu 等（2021）的研究，选择解释力较强、覆盖度较广的中间解作为用于分析的解，同时，将既在中间解中出现也在简约解中出现的条件作为核心条件，将仅存在于中间解的条件作为辅助条件。由表 6—23 可知，在高治理效率组态中，三条组态路径的一致性分别为 0.94、0.84、0.92，总体解的一致性为 0.90，总体解的覆盖率为 0.46，符合 fsQCA 方法的标准，说明高治理效率组态具有较好的解释性。

表 6—23　　　　　　　　　　高治理效率组态

前因变量	解（Solution）		
	高治理效率组态路径		
	H1	H2	H3
股权集中度（TOP1）	●	●	●

续表

前因变量	解（Solution）		
	高治理效率组态路径		
	H1	H2	H3
独立董事比例（ID）	●	⊗	⊗
董事派遣（AD）	—	⊗	●
CEO 权力（CPOWER）	●	⊗	●
行业相关度（IND）	⊗	●	●
一致性	0.94	0.84	0.92
原始覆盖率	0.18	0.24	0.16
唯一覆盖度	0.12	0.18	0.10
总体解的一致性	0.90		
总体解的覆盖率	0.46		

注：●表示该条件存在，⊗表示该条件缺乏，空白表示该条件可以存在可以缺乏；大圈表示该条件为核心条件；小圈表示该条件为辅助条件。

(1) 独立董事监督——CEO 推进型

H1 路径表明，无论董事派遣是否存在，对于一些高股权集中度的民营企业而言，如果独立董事比例较高，董事会独立性比较强，CEO 拥有较高权力，其将更加有利于促进国有企业治理效率的提升。具体分析如下：股权集中度较高的企业，内部决策分歧较小，决策效率较高。在与国有企业合作的过程中，民营企业内部大股东持股比例较高，公司价值的提升有利于增加其股权价值，因而大股东有动机监督 CEO 提高企业价值。在这一组态中，高独立董事比例发挥了核心条件作用，独立董事主要作用在于其监督与咨询能力的发挥，提高独立董事比例有利于增加其在董事会的话语权，便于对混合所有制改革双方的业务合作提供更多的建议与审查。同时，CEO 权力也发挥了核心条件作用。民营企业参股国有企业后，高权力为 CEO 提供了发挥自身才干的权力基础，有利于 CEO 有效推进混合所有制改革双方的合作。但是同样也导致 CEO 出现"寻租现象"，即 CEO 利用自身权力，攫取不当利益。当企业独立董事持股比例较高时，独立董事为维护自身声誉会对 CEO 的不当行为进行有效监督，从而减少 CEO 舞弊风险，促进CEO有效执行股东大会以及董事会的决定，提高国有企业混合所有制改革资源整合效率，从而提升混合所有制改革治理效率。

（2）高股权集中下行业协同型

H2路径显示，对于股权集中度较高的民营企业而言，即使是其自身独立董事比例低，未向国有企业派遣董事，同时CEO权力较弱，但若民营企业与国有企业二者业务内容高度相关，其将来依旧可以实现国有企业高治理效率。进一步分析发现：H2路径与H1组态存在相似之处，其股权集中度同样较高，决策协调成本低，决策效率高，但不同之处在于H2中缺乏高独立董事比例、高CEO权力以及未派遣董事。此时，高行业相关度在组态中发挥关键作用，混合所有制改革双方业务内容相似，能够减少双方业务整合的难度，进一步提升混合所有制改革的效率，有利于发挥协同效应。因此在混合所有制改革的过程中，当混合所有制改革双方行业高度相关时，那么民营企业高股权集中度有助于提升决策效率和混合所有制改革双方合作效率。

（3）高股权集中下董事派遣型

H3路径显示，对高股权集中度的民营企业而言，即使是缺乏高独立董事比例，但若是能够向参股的国有企业派遣董事，并且满足企业内部CEO权力较高，业务类型高度相关的情况下，依旧可以达成较好的混合所有制改革效果。在股权集中的状态下，民营企业大股东具有最终决策权，决策较为统一。董事派遣作为核心条件在该组态中发挥关键作用，通过董事派遣的方式，一方面可以获得更多的国有企业的内部信息，有利于混合所有制改革双方的信息交流；另一方面进一步增强在国有企业董事会的话语权，使其真正参与到国有企业的决策中，提升自身的决策参与度。但是同样不可忽视的是集中化的股权结构，高度集中的决策权能够在反映企业利益诉求方面更加具有针对性，派遣的非国有董事能够有效参与国有企业经营决策，促进双方的业务合作，增强双方的信息交流与沟通，充分发挥行业相似的协同作用。

2. 组态稳健性检验

参考张明和杜运周（2019）的方法，本书采用改变一致性阈值的方法，提高高治理效率的一致性阈值，从0.8提升至0.85来进行稳健性检验。如表6—24所示，高治理效率组态总体解的一致性提高至0.95，总体解的覆盖率降至 0.28。研究发现，提升一致性阈值后高治理效率组态都是调整前组态的子集，由此表明研究结论的稳定性。

表6—24 提高一致性后高治理效率组态

前因变量	解（Solution）高治理效率组态	
	H1	H3
股权集中度（TOP1）	●	●
独立董事比例（ID）	●	⊗
董事派遣（AD）	—	●
CEO权力（CPOWER）	●	●
行业相关度（IND）	⊗	●
一致性	0.94	0.92
原始覆盖率	0.18	0.16
唯一覆盖度	0.12	0.10
总体解的一致性	0.95	
总体解的覆盖率	0.28	

注：●表示该条件存在，⊗表示该条件缺乏，空白表示该条件可以存在可以缺乏；大圈表示该条件为核心条件；小圈表示该条件为辅助条件。

四 治理组态效应的典型案例分析

（一）歌华有线案例分析

1. 案例企业介绍

北京歌华有线电视网络股份有限公司（以下简称"歌华有线"），是一家由国有控股的高新技术公司。公司于1999年成立，2001年成功在上海市证券交易所上市（股票代码600037）。作为北京市首批的改革试点单位，歌华有线负责全市有线广播的建设、经营与管理，并且从事互联网数据传送增值、视频点播、网络信息服务等相关业务。近年来，公司不断推进"一网两平台2.0"战略，积极进行产业布局，不断拓展三网融合业务，打造多平台电视新媒体，积极推广高清交互数字电视新媒体，带动相关传媒产业发展，不断向全业务综合服务商转型。

新湖中宝股份有限公司（以下简称"新湖中宝"），是一家从事房地产经营的上市公司，1999年在上海证券交易所上市（股票代码600208）。近年来，该公司倡导"价值地产"理念，注重长期价值，不断探索房地产高质量发展模式，逐渐在房地产行业占据一席之位。在企业的发展历程中，新湖中宝坚持"地产+"战略策略，在实现地产产业发展的同时兼顾金融、科技等板块的投资发展，注重为投资企业持续赋能，提升企业发展价值。2020年5月，新湖中宝连续第五年荣获"沪深上市房地产公司综合实力TOP10"，其多样化的产业发展战略取得显著成效。

2. 混合所有制改革动机

近年来，歌华有线正在进行企业战略转型，努力从单一电视传媒的传统媒体向提供综合服务的新媒体升级。对于新湖中宝而言，入股歌华有线有利于完善企业在互联网领域的战略布局，助力企业多元化发展战略。而对歌华有线而言，战略投资者的引入有助于企业对云服务平台和优质版权进行升级发展，增加更多优质业务内容，改善企业治理效率。

3. 引入新湖中宝后歌华有线股权结构情况

如表6—25所示，北广传媒的持股比例为37.42%，依然是歌华有线的最大股东，而新湖中宝参股后持股比例为1.46%，位于前十大股东行列，具有一定的话语权。

表6—25　　　　歌华有线股权结构（前十大股东）

股东名称	持股比例（%）
北京北广传媒投资发展中心	37.42
中国证券金融股份有限公司	4.87
全国社保基金一零三组合	4.67
金砖丝路投资（深圳）合伙企业（有限合伙）	2.92
中央汇金资产管理有限责任公司	2.19
中信证券	2.05
东方明珠新媒体股份有限公司	1.46
新湖中宝股份有限公司	1.46
中国工商银行股份有限公司	1.29
中国电影股份有限公司	0.97

数据来源：2018年歌华有线年报。

4. 新湖中宝组态因素分析

本小节主要是在组态分析的基础上，选取组态典型案例企业新湖中宝，结合企业报表实际披露信息，探究治理效率的前因条件相互作用关系。

新湖中宝独立董事任职情况如表6—26所示，2018年末新湖中宝有独立董事三名，分别为薛安克、蔡家楣、徐晓东。如图6—34所示，新湖中宝董事会人数为7名，独立董事人数为3人，其占比为42.9%，高于上市公司平均独立董事比例33%，属于独立董事比例较高的企业，独立董事在董事会具备一定的话语权。从其独立董事背景来看，独立董事专业背景较强，具备一定的专业素质，拥有较高的履职能力。

表6—26　　　　　　　　　独立董事情况

独立董事	年龄（岁）	身份背景
薛安克	62	现任杭州电子科技大学教授
蔡家楣	73	历任浙江工业大学实验室主任、软件学院院长，浙江省软件行业协会理事长、杭州计算机学会理事长，已退休
徐晓东	51	现任上海交通大学安泰经济与管理学院会计系教授、博士生导师

资料来源：根据新湖中宝年报整理。

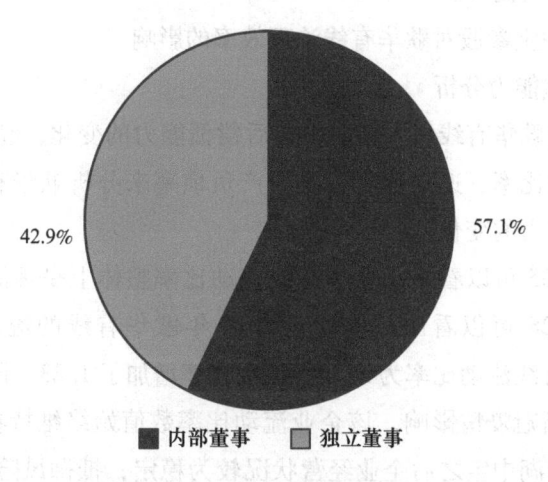

图6—34　新湖中宝董事会人员占比

新湖中宝 CEO 权力情况如表 6—27 所示，从新湖中宝 CEO 权力情况来看，该公司 CEO 在公司任职 20 多年，任职时间较长，属于公司内部晋升，对于公司经营业务情况更加熟悉，并且持有一定的公司股权，总体而言 CEO 权力基础较好。

表 6—27　　　　　　　　　　CEO 简介

姓名	任职经历	持股情况
赵伟卿	1998 年起历任浙江新湖房地产集团有限公司副总经理、常务副总经理，沈阳新湖房地产开发有限公司总经理，本公司副总裁、副董事长、董事，现任本公司总裁	期末持股 12000000 股

资料来源：根据新湖中宝年报整理。

综上而言，新湖中宝内部独立董事比例近 43%，高于行业平均水平 33%，说明独立董事在董事会具备一定话语权，可以对 CEO 行为起到监督作用。同时，CEO 入职公司时间较长，且拥有公司股权，权力基础较好。该公司入股歌华有线后，CEO 能够在受到监督的基础上推动混合所有制改革过程中国有企业与民营企业的资源整合，促进了国有企业歌华有线治理效率的提升。

5. 新湖中宝参股对歌华有线治理效率的影响

（1）偿债能力分析

为了研究歌华有线引入新湖中宝后偿债能力的变化，经过综合考虑，本书选择流动比率、速动比率以及资产负债率来分析歌华有线引入新湖中宝后偿债能力的变化。

由图 6—35 可以看出，歌华有线流动比率整体上呈现波动式上升趋势。由表 6—28 可以看出，相较于 2014 年歌华有线的流动比率 4.06，2019 年歌华有线流动比率为 5.29，流动比率增加了 1.23。即使是 2020—2021 年受到新冠疫情影响，该企业流动比率数值始终维持在 4 以上，这说明了引入新湖中宝之后企业经营状况较为稳定，抵御风险的能力提高，短期偿债能力得到一定程度的提升。

表 6—28　　　　　　　　歌华有线偿债能力指标

衡量指标	2014 年	2015 年	2016 年	2017 年	2018 年	2019 年	2020 年	2021 年
流动比率	4.06	6.48	6.72	6.32	5.23	5.29	4.46	4.92
速动比率	3.95	6.35	6.56	6.14	5.02	5.07	4.25	4.70
资产负债率（%）	39.78	17.74	15.87	16.59	18.11	17.53	19.30	19.83

数据来源：歌华有线年报以及笔者计算。

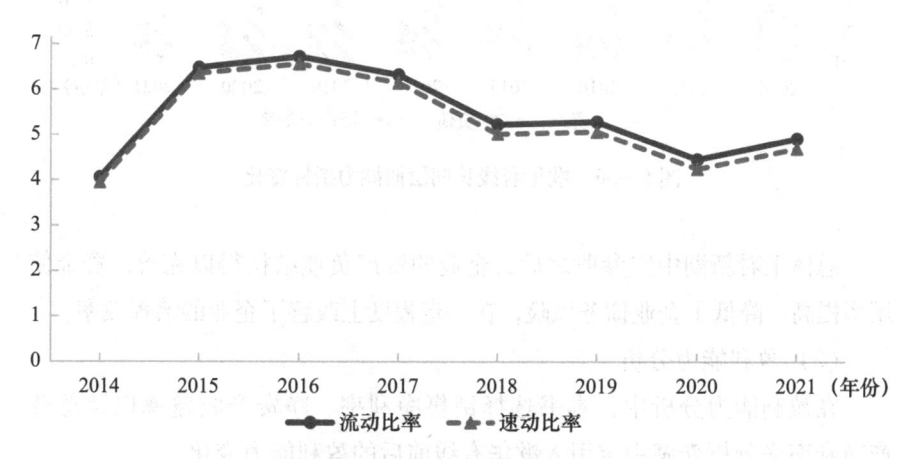

图6—35　歌华有线短期偿债能力指标变化

由表6—28和图6—35可知，在2014年企业速动比率为3.95，2015年引入歌华有线后速动比率呈现显著上升趋势，说明新湖中宝的加入使歌华有线使用流动资产变现偿还短期债务的能力得到增强。

总体来看，新湖中宝参股后，歌华有线短期偿债能力有所提升，说明企业资金运用能力提升，资金使用效率较高，即使在2020—2021年受新冠疫情封控影响，企业经营受到影响，但是企业短期偿债能力始终保持在一个较高的水平，资金短期压力较小。

如图6—36所示，企业资产负债率在2014—2015年呈现较为明显的下降趋势。相较于2014年，歌华有线2016年资产负债率下降了2.61个百分点，之后资产负债率稳定在18%左右。在2019—2021年受新冠疫情影响，企业资产负债率略有提升，2021年资产负债率为19.83%，但是总体上低于新湖中宝参股之前，这表明新湖中宝的参股使歌华有线资产负债率显著降低，企业长期偿债能力有所提升，财务状况逐渐好转。

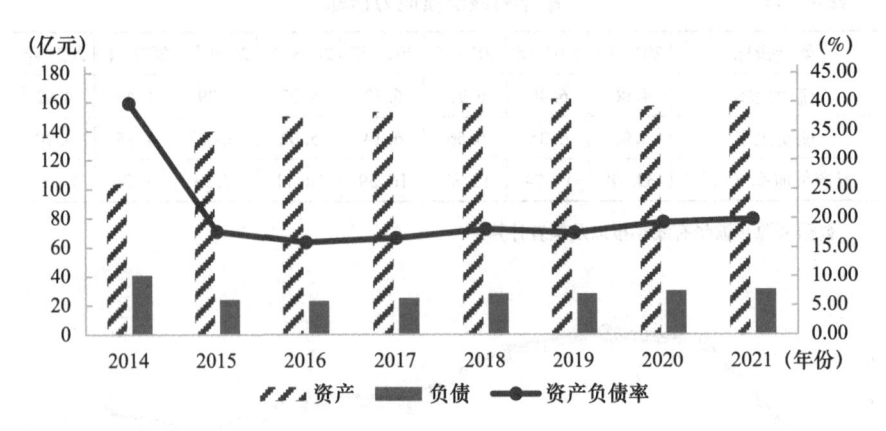

图6—36 歌华有线长期偿债能力指标变化

总体上看新湖中宝参股之后，企业的资产负债结构得以完善，资金使用率提高，降低了企业债务风险，在一定程度上改善了企业的治理效率。

（2）盈利能力分析

在盈利能力分析中，本书选择销售净利率、净资产收益率以及总资产净利率来分析新湖中宝引入歌华有线前后的盈利能力变化。

由表6—29所示，在引入新湖中宝后，2016年歌华有线销售净利率为27.22%，相较于2014年的23.07%，企业盈利能力略有上升。在2017年销售净利率达到最高值28.22%，在此之后开始逐渐下降。由图6—37可以看出，在2019—2020年受新冠疫情影响出现较为显著的下降趋势，2021年新冠疫情缓和后销售净利率有所回升。从长期来看，新湖中宝的参股使歌华有线的销售获利能力不断提升。

表6—29 歌华有线盈利能力指标 单位：%

衡量指标	2014年	2015年	2016年	2017年	2018年	2019年	2020年	2021年
销售净利率	23.07	26.20	27.22	28.22	25.47	21.09	6.36	8.19
净资产收益率	9.44	8.99	6.15	6.00	5.39	4.40	1.26	1.64
总资产净利率	5.48	5.50	4.98	5.01	4.44	3.61	1.02	1.32

数据来源：歌华有线年报以及笔者计算。

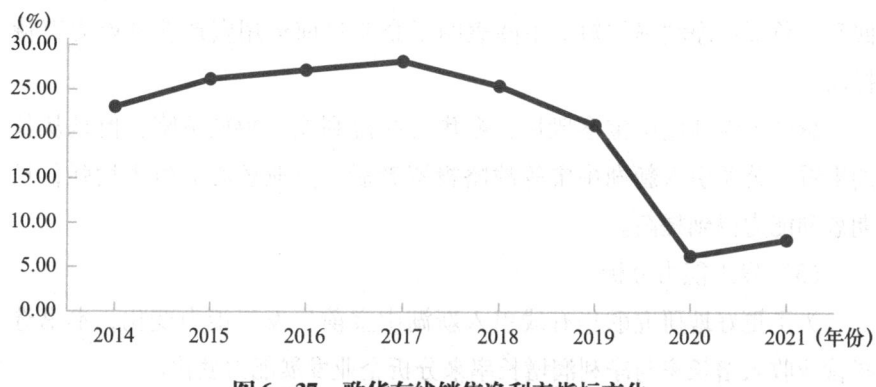

图6—37　歌华有线销售净利率指标变化

由表6—29可以看出，歌华有线净资产收益率由2014年的9.44%下降到2016年的6.15%，下降了3.29个百分点。由图6—38可以看出，新湖中宝参股之后，企业净资产收益率总体上依旧呈现下降趋势，从2016年的6.15%下降到2019年的4.4%，下降了1.75个百分点。在2019年之后受新冠疫情影响企业的净资产收益率出现了明显的下降趋势，但是在2020年之后，开始逐渐回升，反映了企业的盈利能力逐渐改善。

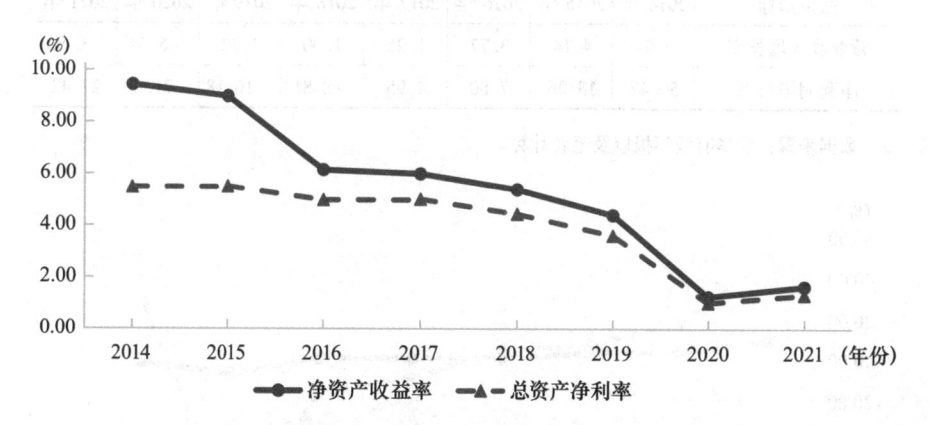

图6—38　歌华有线净资产收益率与总资产净利率指标变化

如表6—29所示，歌华有线总资产净利率由2014年的5.48%降低到2016年的4.98%，下降了0.5个百分点。在2016—2018年，歌华有线总资产净利率呈现下降趋势，但是下降幅度较小。在2019年到2021年新冠疫情期间，总资产净利率短期呈现下降趋势，但在新冠疫情缓和后有所回升。总资产净利率的短期下降表明了企业目前运用资产获利能力有待提高。

总体上看新湖中宝参股后，歌华有线盈利能力短期下降，但是从长期来看，公司引入新湖中宝等战略投资者后，企业核心竞争力增强，长期盈利能力得到提高。

（3）发展能力分析

为了更好地研究歌华有线引入新湖中宝前后发展能力变化，本书选择营业收入增长率与净利润增长率来分析企业发展能力变化。

由表6—30可知，相较于2014年的9.62%，2016年歌华有线营业收入增长率下降到3.77%。由图6—39可以看出受新冠疫情影响，2019年之后企业营业收入增长率出现了较为明显的下降趋势，但是2020年之后开始逐渐上升，这表明引入新湖中宝之后虽然短期内营业收入增长放缓，但是长期来看企业营业收入的增速呈现上升趋势，企业发展态势较为良好。

表6—30 　　　　　　歌华有线发展能力指标分析　　　　　　单位:%

衡量指标	2014年	2015年	2016年	2017年	2018年	2019年	2020年	2021年
营业收入增长率	9.62	4.14	3.77	1.25	1.00	1.22	-6.64	-0.93
净利润增长率	50.47	18.26	7.80	4.95	-8.81	-16.18	-71.83	27.42

数据来源：歌华有线年报以及笔者计算。

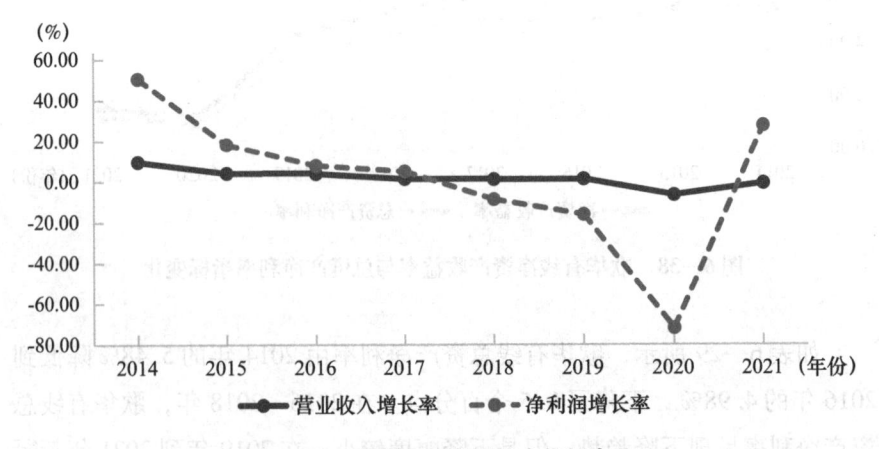

图6—39 歌华有线发展能力指标变化

由图6—39可以发现，歌华有线在2014年净利润增长率最高达到50.47%，在2015年净利润增长率下降到18.26%，下降了32.21个百分点，下降幅度较大。在2018—2020年，企业净利润短期内出现负增长，主要原因在于一方面歌华有线积极开拓新业务，短期内盈利较少；另一方面歌华有线受到新冠疫情影响，净利润下降。

总体而言，歌华有线在引入新湖中宝之后，企业发展能力增强，但是业务整合需要一定的过渡期，短期内无法体现，从长期来看企业具备较为良好的发展趋势，在业务整合之后，企业价值将不断提升。

（4）营运能力分析

如表6—31所示，本书选择应收账款周转率与存货周转率来分析歌华有线引入新湖中宝后营运能力的变化。

表6—31　　　　　　　歌华有线营运能力指标　　　　　　　单位：次

衡量指标	2014年	2015年	2016年	2017年	2018年	2019年	2020年	2021年
存货周转率	16.92	14.36	10.60	8.25	6.19	5.47	5.26	5.42
应收账款周转率	19.50	12.84	11.11	9.42	7.89	6.74	5.83	5.72

数据来源：歌华有线年报以及笔者计算。

由表6—31可以看出，相较于2014年歌华有线存货周转率16.92次，2016年其存货周转率下降到10.60次，下降了6.32个百分点。由图6—40可以看出，在2019—2021年，虽然受新冠疫情影响但是下降的幅

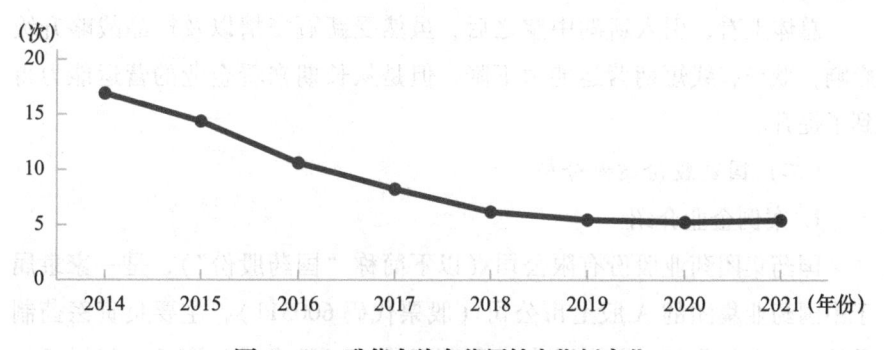

图6—40　歌华有线存货周转率指标变化

度相对较小，企业存货周转率的整体变化趋势反映了短期内企业存货周转情况较差，这与企业寻求产品转型升级有关，长期来看企业存货周转情况在未来产品升级后将逐渐好转。

如表6—31所示，2014年歌华有线应收账款周转率为19.50次，在2016年其应收账款周转率下降到11.11次。在2016—2018年，企业应收账款周转率持续下降，到2018年企业应收账款周转率下降至7.89次，下降幅度较为明显。如图6—41所示，在2019年之后，随着新冠疫情逐渐缓解，应收账款周转率呈现出略微下降趋势。应收账款周转率变动表明，在2015年新湖中宝加入后，歌华有线资产短期流动性降低，坏账风险有所提高。

图6—41　歌华有线应收账款周转率指标变化

总体上看，引入新湖中宝之后，虽然受新冠疫情以及产品战略升级影响，歌华有线短期营运能力下降，但是从长期来看企业的营运能力得到了提升。

(二) 国药股份案例分析

1. 案例企业介绍

国药集团药业股份有限公司（以下简称"国药股份"），是一家隶属于中国药业集团的A股上市公司（股票代码600511），主要负责医药制品的生产和销售及其相关业务。国药股份通过整合优势资源，积极开拓医药销售渠道，不断提高产品质量，持续打造品牌价值，在资金、技术以及服务等方面均处于行业前列，在医药行业具备一定的产业优势。

北京康辰药业股份有限公司（以下简称"康辰药业"），是一家具备完整医药研发、生产以及销售实力的创新型制药公司。该公司将创新药研发作为核心业务，追求产品创新性，发展规模不断扩大，于2018年8月在上海证券交易所上市（股票代码603590）。目前康辰药业主要专注于血液制品领域的研发，坚持突出特色，不断追求卓越，拥有多个在研国家一类新药，获得过包括"国家863计划""国家火炬计划"、国家优秀专利奖等多项奖励荣誉。

2. 混合所有制改革动机

康辰药业的参股有利于深化与国药股份的战略合作，依托国药股份成熟的销售网络，提高自身产品销售能力。对于国药股份而言，在国药集团混合所有制改革的大背景下，康辰药业的引入有利于进一步推动国药股份在医药研发领域的发展，提升产品品质，促进企业核心竞争力提高，实现企业创新发展，对于改善企业治理效率有积极影响。

3. 引入康辰药业后国药股份股权结构情况

如表6—32所示，康辰药业参股后，国药控股的持股比例为55.29%，仍然是国药股份最大的股东，康辰药业持股比例为2.65%，成为第二大股东。

表6—32　　　　　国药股份股权结构（前七大股东）

股东名称	持股比例（%）
国药控股股份有限公司	55.29
北京康辰药业股份有限公司	2.65
中国人寿保险股份有限公司	2.09
全国社保基金一零三组合	2.09
中国证券金融股份有限公司	1.65
北京畅新易达投资顾问有限公司	1.58
易方达医疗保健行业混合型证券投资基金	1.44

数据来源：2018年国药股份年报。

4. 康辰药业组态因素分析

本小节主要是在组态分析的基础上，选取组态典型案例企业康辰药业，结合企业报表实际披露信息，探究治理效率的前因条件相互作用关系。

康辰药业股权结构情况如表6—33所示，除间接持股，康辰药业第一大股东直接持股比例为31.74%，相较于其他股东具备较强的股权优势，股权较为集中，大股东的控制能力比较强。

表6—33　　　　　　　　　　康辰药业股权结构

股东名称	持股数量（股）	持股比例（%）
刘建华	50786760	31.74
GL GLEE Investment Hong Kong Limited	16560000	10.35
北京沐仁投资管理有限公司	16245600	10.15
北京工业发展投资管理有限公司	15422760	9.64
北京普华基业投资顾问中心（有限合伙）	9600000	6.00
深圳同创伟业资产管理股份有限公司	5520000	3.45

数据来源：2018年康辰药业年报。

行业相关度情况如表6—34所示，康辰药业以研发和生产药物为主，产品主要分布在血液以及肿瘤领域。国药股份作为一家综合性的医药企业，主要业务包括医药批发、医疗器械销售以及药物研发等。康辰药业与国药股份同属于医疗板块，业务内容较为相似，行业相关度高。

表6—34　　　　　　　　　　业务类型

企业名称	业务内容
康辰药业	以创新药研发为核心、以临床需求为导向，集研发、生产和销售于一体
国药股份	药物研发；医药批发；医疗器械销售

资料来源：根据康辰药业以及国药股份年报整理。

综上所述，康辰药业在医药行业具备一定的行业地位，参股国药股份后双方在药物研发以及销售领域强强联合，且康辰药业内部决策权集中，决策效率较高，针对合作事项能够迅速达成统一意见，便于决策的制定与实施，从而促进混合所有制改革双方深层次合作，充分发挥二者的协同效应，提升产品竞争力，进一步增强国药股份的实力，促进国药股份治理效率改善。

5. 康辰药业参股对国药股份治理效率的影响

（1）偿债能力分析

如表6—35所示，本书选择流动比率、速动比率、资产负债率这三个指标分析康辰药业参股对国药股份偿债能力的影响。

表6—35　　　　　　　　国药股份偿债能力指标分析

衡量指标	2014年	2015年	2016年	2017年	2018年	2019年	2020年	2021年
流动比率	1.63	1.84	1.88	1.75	1.82	1.87	1.97	1.94
速动比率	1.24	1.44	1.52	1.49	1.50	1.58	1.70	1.66
资产负债率（%）	53.40	46.40	45.37	53.11	50.68	49.74	47.42	47.75

数据来源：国药股份年报以及笔者计算。

由表6—35以及图6—42可知，国药股份2014—2021年流动比率总体呈现稳定增长趋势，由2014年的1.63增长到2021年的1.94，增加了0.31。2017年康辰药业参股后，相较于2016年，企业的流动比率短暂下降到1.75，下降了0.13。2017年以后，企业流动比率逐年增长，在2020年达到最近八年的峰值1.97，之后开始逐渐下降，但是总体上高于2017年康辰药业加入之前流动比率的水平，说明企业利用流动资产偿还负债的能力得到了增强。

由图6—42可以看出，国药股份速动比率呈现出与流动比率相似的增长趋势，由2014年的1.24增长到2021年的1.66，增长了0.42。在2017年康辰药业参股国药股份之后，虽然受新冠疫情影响，但是国药股份速动比率仍然呈现出较为明显的增长趋势，这种趋势变化表明企业偿还短期债务的能力正在不断提高。

总体而言，就短期偿债能力而言，国药股份的流动比率和速动比率在2017年企业重组后呈现出较为稳定的上升趋势，这说明企业短期财务风险较小，企业短期偿债能力进一步提升。

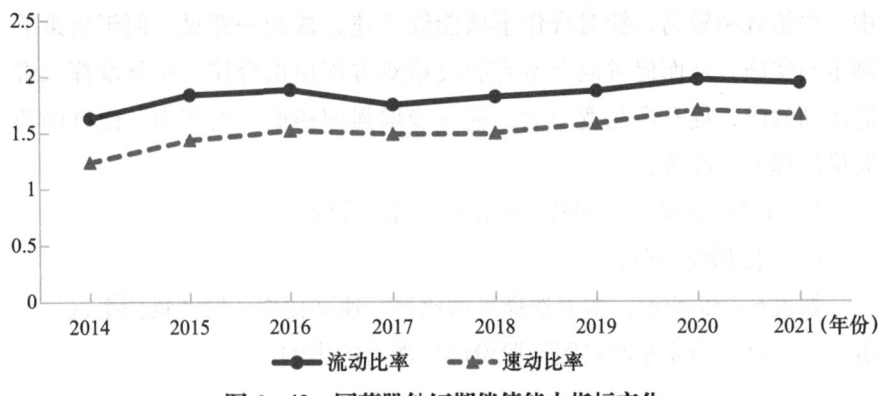

图6—42 国药股份短期偿债能力指标变化

由图6—43所示,在长期偿债能力方面,国药股份的资产负债率整体维持在50%左右,2017年之后总体上呈现稳定下降的趋势,公司负债压力相对较小。具体而言,相较于2016年的45.37%,2017年国药股份资产负债率提升至53.11%,其原因主要在于国药股份引入康辰药业后,企业规模扩大,资产和负债均有较高增长,因而资产负债率相较于2016年提高了近10个百分点。在2017年之后,企业资产负债率总体呈现下降趋势,尤其是2019年之后受新冠疫情影响出现小幅波动但是并不明显,说明康辰药业参股之后,国药股份偿债能力有所提高,自身抵御财务风险的能力较强,新冠疫情对于公司的影响减弱。

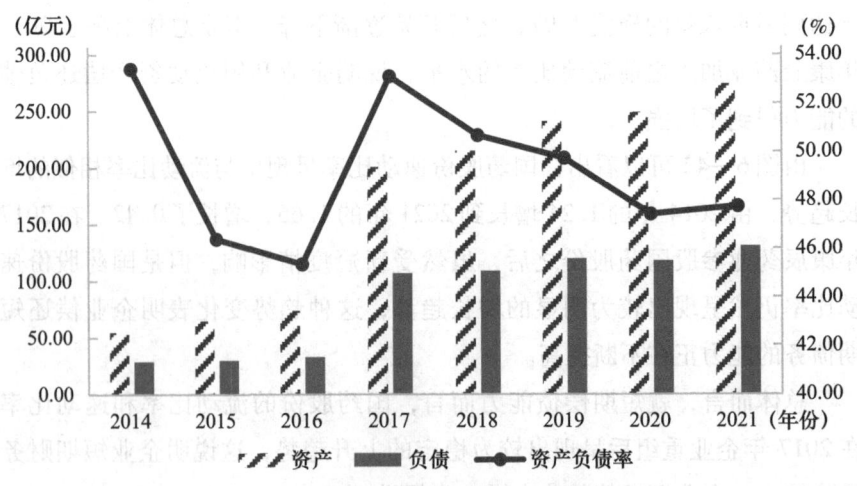

图6—43 国药股份长期偿债能力指标变化

综合来看，康辰药业参股之后，国药股份的长期偿债能力与短期偿债能力得到增强，这表明企业运用短期与长期资产偿还债务的能力得到提高。

（2）盈利能力分析

如表6—36所示，本书选择销售净利率、净资产收益率与总资产净利率来分析国药股份引入康辰药业后盈利能力的变化。

表6—36　　　　　国药股份盈利能力指标分析　　　　　单位：%

衡量指标	2014年	2015年	2016年	2017年	2018年	2019年	2020年	2021年
销售净利率	4.32	4.41	4.21	3.69	4.11	4.21	3.74	4.15
净资产收益率	19.46	16.93	15.55	13.95	15.21	15.22	12.08	13.73
总资产净利率	9.38	8.80	8.08	9.72	7.64	8.23	6.15	7.36

数据来源：国药股份年报以及笔者计算。

如图6—44所示，国药股份2014—2017年销售净利率总体呈现先上升后下降的趋势，由2014年的4.32%下降到2017年的3.69%，下降了0.63个百分点，这主要与国药股份受疫苗事件、医患纠纷等医药行业负面事件的影响有关，企业盈利能力下降。但在2017年康辰药业加入之后，国药股份的销售净利率逐渐好转，从2017年的3.69%增长到2019年的

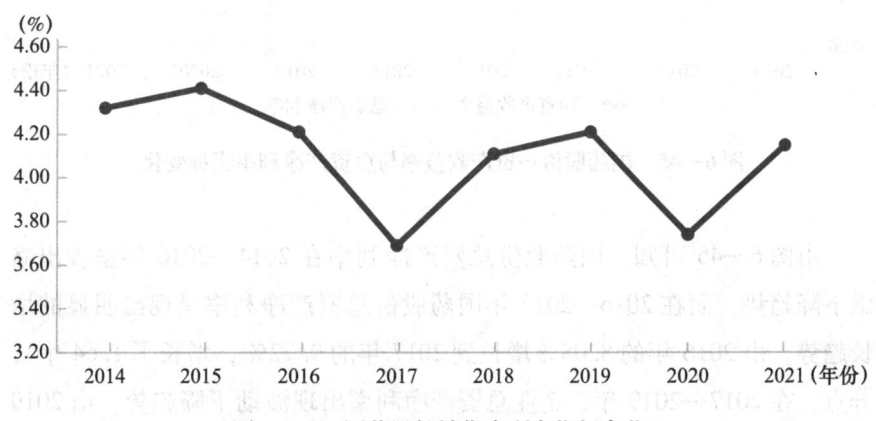

图6—44　国药股份销售净利率指标变化

4.21%，增长了0.52个百分点。在2019—2021年，受新冠疫情影响，企业销售净利率呈现出先下降后上升的趋势，在2020年下降到最低值3.74%。2021年在新冠疫情防控好转时，企业销售净利率逐渐恢复至2019年的水平，说明从长期看企业的销售获利能力在不断增强。

由表6—36可以看出，国药股份2014年净资产收益率为19.46%，2017年下降到13.95%，下降了5.51个百分点，呈现了较为明显的下降趋势，这说明在2017年康辰药业参股之前，企业的获利能力呈现不断下降趋势。在2017年康辰药业加入后，净资产收益率有所提高，由2017年的13.95%增长到2019年的15.22%，说明康辰药业的加入提高了国药股份资本运用能力，企业创造价值的能力进一步提升。如图6—45所示，虽然在2019年之后受新冠疫情影响，企业净资产收益率有所下降，但是在疫情防控逐步稳定后，在2020—2021年企业的净资产收益率逐渐回升，说明了国药股份运用资产创造价值的能力在不断提升。

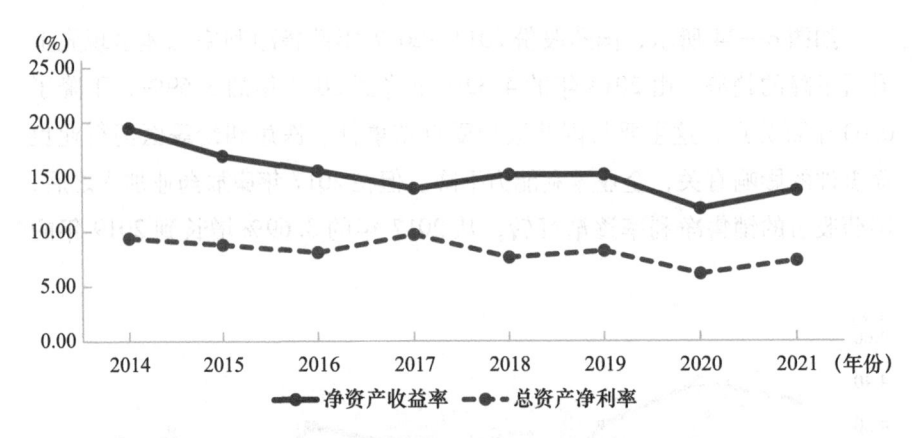

图6—45 国药股份净资产收益率与总资产净利率指标变化

由图6—45可知，国药股份总资产净利率在2014—2016年呈现出略微下降趋势，而在2016—2017年国药股份总资产净利率呈现出明显的增长趋势，由2016年的8.08%增长到2017年的9.72%，增长了1.64个百分点。在2017—2019年，企业总资产净利率出现波动下降趋势，由2019年的8.23%下降至2020年的6.15%，下降了2.08个百分点。在2020年新冠疫情防控逐渐稳定后，企业总资产净利率开始逐渐回升。通过分析国药股份总资产净利率的变化可以发现，在康辰药业加入之后，企业使用与开发资产的能力提升，企业盈利能力进一步增强。

总体而言，康辰药业的参股改善了国药股份的治理效率，增强了企业的创新与研发能力，促进了国药股份产品的销售与推广，有效提高了企业的盈利能力，增强了企业在医药领域的竞争力。

(3) 发展能力分析

如表6—37所示，本书选择营业收入增长率、净利润增长率作为分析国药股份引入康辰药业后发展能力变化的财务指标。

表6—37　　　　　国药股份发展能力指标　　　　　单位：%

衡量指标	2014年	2015年	2016年	2017年	2018年	2019年	2020年	2021年
营业收入增长率	14.45	4.68	187.00	4.84	6.77	15.24	-9.56	15.08
净利润增长率	17.29	6.26	93.08	15.28	23.01	14.23	-13.79	26.86

数据来源：国药股份年报以及笔者计算。

由图6—46可以看出，除了2020年受新冠疫情影响出现负增长，国药股份营业收入在2014—2021年总体上保持了较为良好的增长趋势，由表6—37可知，在2014—2015年，企业营业收入增速较为缓慢，营业收入增长率由2014年的14.45%下降到2015年的4.68%，下降了9.77个百分点。在2019—2021年，企业营业收入增长率虽然受新冠疫情影响略有下降，但是总体上维持在15%左右，营业收入增速总体上高于康辰药业参股之前，体现了企业改革后国药股份业务发展态势良好，在未来企业具备良好的发展潜力。

如图6—46所示，在2014—2015年，国药股份净利润增长率呈现下降趋势，从2014年的17.29%下降到2015年的6.26%，下降了11.03个百分点，净利润增速减慢。在2019年之后，受到新冠疫情影响，国药股份净利润增长受阻，甚至在2020年净利润增长率下降为-13.79%，净利润出现了负增长，但是在2020年之后新冠疫情管控逐渐稳定后，净利润增长率总体上高于康辰药业加入之前，体现了国药股份资源组合能力增强，利润创造能力提高。

总体而言，康辰药业的参股增强了国药股份市场竞争能力，双方在

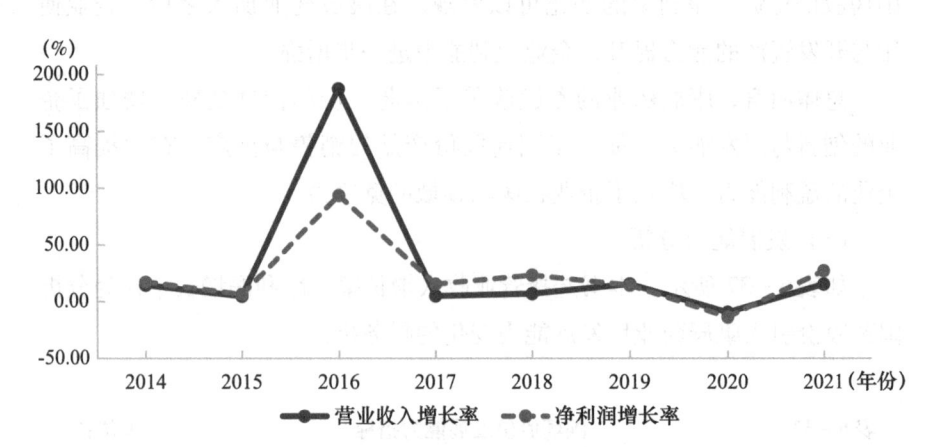

(%)
200.00
150.00
100.00
50.00
0.00
-50.00
　　　2014　2015　2016　2017　2018　2019　2020　2021（年份）
　　　　　——营业收入增长率　---净利润增长率

图6—46　国药股份发展能力指标变化

优势领域的强强联合，进一步提高了产品的市场占有率，使得国药股份在医药行业的激烈竞争中依旧保持领先地位，为企业之后的发展奠定了良好的基础。

（4）营运能力分析

如表6—38所示，为了更好地分析国药股份引入康辰药业后营运能力的变化，本书选择应收账款周转率与存货周转率作为分析企业营运能力的财务指标。

表6—38　　　　　　　国药股份营运能力指标　　　　　　单位：次

衡量指标	2014年	2015年	2016年	2017年	2018年	2019年	2020年	2021年
存货周转率	10.59	10.10	10.65	17.11	11.61	12.16	11.63	13.05
应收账款周转率	5.40	5.34	5.55	6.21	4.09	4.30	4.93	8.33

数据来源：国药股份年报以及笔者计算。

由图6—47可见，国药股份2014—2016年存货周转率基本维持在10次左右。在2017年康辰药业参股国药股份之后，2018年国药股份存货周转率略有下降，下降到11.61次。在2021年企业存货周转率达到13.05次，总体上高于企业2017年改革前存货周转率水平。这反映了2017年康辰药业参股国药股份后，企业存货管理技术不断提升，库存积压进一步减少，企业存货周转能力不断提高。

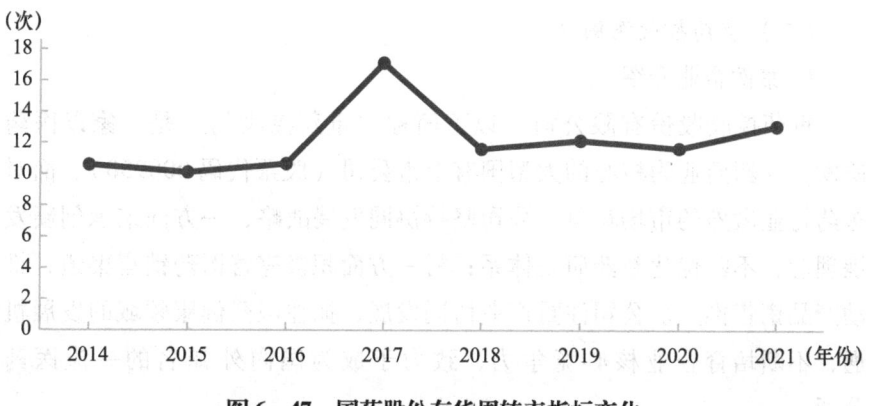

图6—47 国药股份存货周转率指标变化

如图6—48所示，在2014—2021年国药股份应收账款周转率总体上呈现稳定增长趋势。由表6—38所示，在2017年康辰药业参股前，国药股份2014—2016年的应收账款周转率整体维持在5次左右。2017年康辰药业参股之后，国药股份应收账款周转率呈现出先下降后上升的趋势，在2021年应收账款周转率达到最高值8.33次。尤其是2019年疫情之后，企业资金回收程度并没有因为新冠疫情受到较大影响，反映了改革之后国药股份的资金回收能力得到了有效提升。

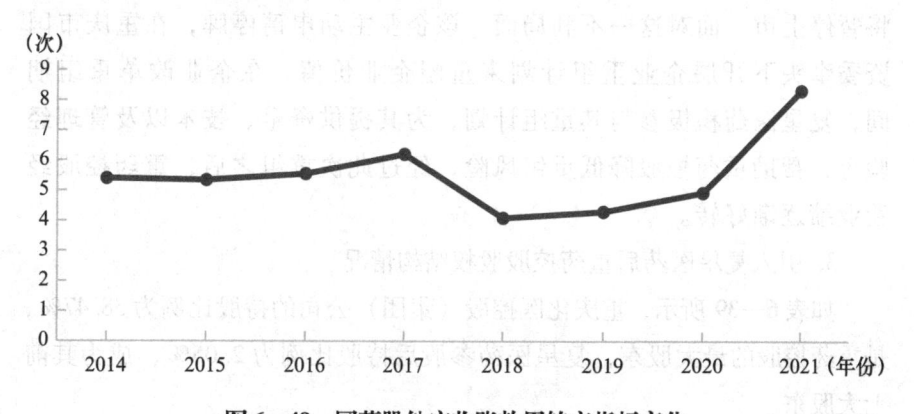

图6—48 国药股份应收账款周转率指标变化

总而言之，虽然企业存货周转率和应收账款周转率在短期之内有所下降，但是从长期来看，康辰药业参股进一步增强了国药股份的资金周转能力，企业资产营运效率得到提高。

（三）重药控股案例分析

1. 案例企业介绍

重药控股股份有限公司（以下简称"重药控股"），是一家以医药研发、医药商业为核心的大型国有上市公司（股票代码000950）。面对医药行业激烈的市场竞争，公司坚持协同发展战略，一方面秉承创新发展理念，不断优化新药研发体系；另一方面积极完善医药销售渠道，推动产品销售推广。公司注重产业协同发展，抓住医药健康领域的发展机遇，不断培育企业核心竞争力，致力于成为国内外知名的一流医药公司。

上海复星医药（集团）股份有限公司（以下简称"复星医药"）成立于1994年，1998年在上海证券交易所上市（股票代码600196）。作为一家全球化医药健康产业集团，复星医药坚持"品牌、创新、高效、全球化"的战略理念，不断推动资源整合，持续提升产品品质，持续稳健的发展增长使公司逐渐成为中国医药上市公司的标杆企业。

2. 混合所有制改革动机

重药控股（原ST建峰）由于2014年、2015年、2016年连续三年亏损，按照规则，在2017年4月26日披露2016年年报后，企业将暂停上市。面对这一不利局面，该企业主动申请停牌，在重庆市国资委牵头下开展企业重组计划来重塑企业价值。在企业改革重组期间，复星医药积极参与其重组计划，为其提供资金、技术以及管理经验等，帮助重药控股降低重组风险，经过此次重组之后，重药控股经营业绩逐渐好转。

3. 引入复星医药后重药控股股权结构情况

如表6—39所示，重庆化医控股（集团）公司的持股比例为38.47%，是重药控股的最大股东，复星医药参股后持股比例为2.05%，成为其前七大股东。

表 6—39　　　　　重药控股股权结构（前七大股东）

股东名称	持股比例（%）
重庆化医控股（集团）公司	38.47
重庆建峰工业集团有限公司	16.33
深圳茂业（集团）股份有限公司	9.99
茂业商业股份有限公司	4.24
重庆渝富资本股权投资基金管理有限公司	4.21
天津天士建发生物科技发展合伙企业（有限合伙）	3.31
上海复星医药（集团）股份有限公司	2.05

数据来源：2018 年重药控股年报。

4. 复星医药组态因素分析

本小节主要是在组态分析的基础上，选取组态典型案例企业复星医药，结合企业报表实际披露信息，探究治理效率的前因条件相互作用关系。

复星医药股权结构情况如表 6—40 所示，公司内部股权较为集中，第一大股东上海复星高科技（集团）有限公司持股比例为 38.06%，相对于其他股东而言，大股东具备较高的股权优势，对于决策有重要影响。

表 6—40　　　　　复星医药股权结构（前十大股东）

股东名称	持股数量（股）	持股比例（%）
上海复星高科技（集团）有限公司	937275290	38.06
HKSCC NOMINEES LIMITED	551233948	22.39
中国证券金融股份有限公司	38736157	1.57
香港中央结算有限公司	28299345	1.15
中央汇金资产管理有限责任公司	24067700	0.98
中国建设银行股份有限公司	17374757	0.71
阿布达比投资局	14315067	0.58
冯志浩	13000000	0.53
招商银行股份有限公司	12332136	0.50
中信证券	11617036	0.47

数据来源：2018 年复星医药年报。

复星医药董事派遣情况如表6—41所示，复星医药向重药控股派遣董事，进一步增强其在董事会的话语权，便于在重组后争取更多的话语权，进一步提升其在重药控股中的经营决策参与度。

表6—41　　　　　　　　　　董事派遣情况

派遣董事	任职经历
刘强	现任重药控股股份有限公司董事、上海复星医药（集团）股份有限公司总裁高级助理（高级副总裁级）等

资料来源：根据重药控股年报整理。

综上所述，复星医药通过向重药股份派遣董事，提升了在重药股份董事会的话语权，便于实际参与到企业的经营活动中。同时，由于复星医药自身的股权集中度较高，企业决策效率相对较高，派遣的董事可以更好地反映复星医药的实际利益诉求，进一步推动混合所有制改革双方合作深入展开，对于重药控股治理效率的改善有积极作用。

5. 复星医药参股对重药控股治理效率的影响

（1）偿债能力分析

如表6—42所示，本书选择流动比率、速动比率、资产负债率三个指标分析引入复星医药前后重药控股偿债能力的变化。

表6—42　　　　　　　　　重药控股偿债能力指标

衡量指标	2015年	2016年	2017年	2018年	2019年	2020年	2021年
流动比率	0.64	0.44	1.60	1.51	1.34	1.29	1.30
速动比率	0.46	0.31	1.31	1.26	1.09	1.08	1.11
资产负债率（%）	71.86	80.89	52.31	59.69	65.22	75.30	76.32

数据来源：重药控股年报以及笔者计算。

由图6—49可见，重药控股2015—2016年流动比率呈现出明显下降趋势，由2015年的0.64下降到2016年的0.44，下降了0.2。相较于2016年流动比率0.44，2017年复星医药参股之后重药控股流动比率增长到1.6，提高1.16。总体上看，重药控股2017—2021年流动比率呈现出先下降后上升的趋势，反映了重药控股重组之后企业短期偿债能力逐渐好转，经营状况逐渐好转。

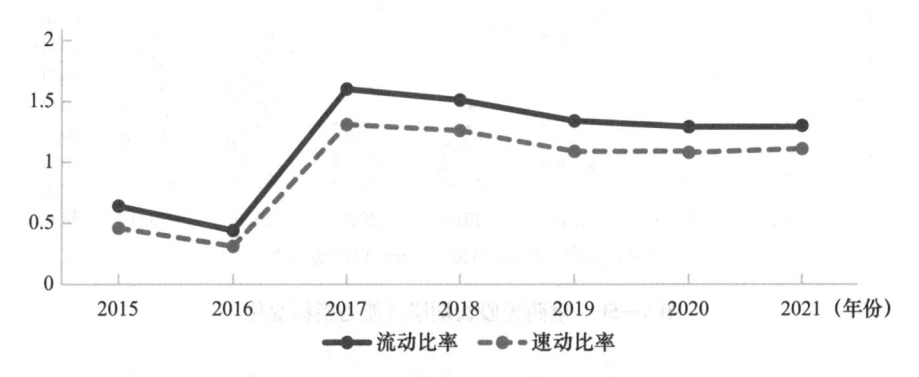

图6—49　重药控股短期偿债能力指标变化

如图6—49所示，重药控股的速动比率呈现了与流动比率相似的变化趋势。在2015—2016年，重药控股速动比率持续下降，由2015年的0.46下降到2016年的0.31，下降了0.15。在2017年之后，企业的速动比率呈现出逐渐下降的趋势，2021年速动比率下降到1.11，相较于2017年的1.31，下降了0.2，但是总体上依旧高于2017年引入复星医药之前的速动比率，这反映了重药控股的短期变现能力有所提高。

总体来看，在2017年复星医药参股后，重药控股流动比率与速动比率显著提升，反映了企业的短期偿债能力得到提升，偿债压力较小，经营状况逐渐好转。

由图6—50可以看出，重药控股2015—2016年资产负债率逐年提升，由2015年的71.86%上升到2016年的80.89%，增长了9.03个百分点，企业债务偿还压力较大。在2018—2021年，随着复星医药的加入，企业的资产负债率有所增加，由2018年的59.69%增长到2021年的76.32%，但是总体上低于企业重组之前，主要在于一方面受新冠疫情影响，企业销售受限，企业需要通过银行贷款、企业债券等方式来维持生产经营；另一方面，是因为企业需要资金来进行产品升级换代，保持产品竞争力。

总体来看，重药控股改革之前，企业的短期偿债能力与长期偿债能力均较差，企业存在资金链断裂的风险。在重药控股改革之后，企业的

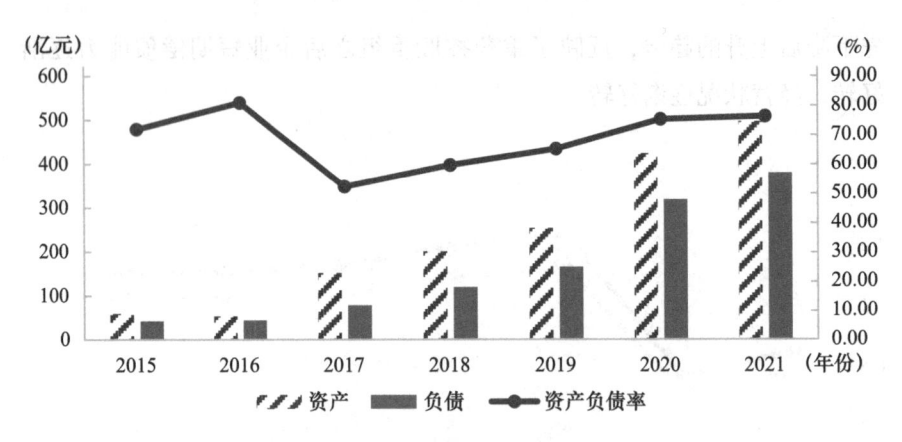

图 6—50　重药控股长期偿债能力指标变化

短期偿债能力与长期偿债能力均有较为明显的提升，企业偿债压力减少。

（2）盈利能力分析

如表 6—43 所示，本书选择销售净利率、总资产净利率以及净资产收益率来分析重药控股引入复星医药后盈利能力的变化。

表 6—43　　　　　　　　重药控股盈利能力指标　　　　　　　　单位：%

衡量指标	2015 年	2016 年	2017 年	2018 年	2019 年	2020 年	2021 年
销售净利率	-11.03	-25.96	5.00	2.91	2.79	2.54	2.06
总资产净利率	-5.69	-11.51	6.45	3.91	3.46	2.60	2.18
净资产收益率	-19.48	-48.44	17.70	9.84	10.11	10.48	10.78

数据来源：重药控股年报以及笔者计算。

如表 6—43 所示，重药控股在 2015 年和 2016 年销售净利率分别为 -11.03% 和 -25.96%，销售净利率指标均为负数，说明在复星医药参股之前，重药控股的经营状况较差，企业长期处于亏损状态，销售净利率下滑较为明显。而在 2017 年重药控股销售净利率提高到 5%，相较于 2016 年销售净利率 -25.96%，提高了 30.96 个百分点，销售净利率由负转正，说明企业重组之后经营状况开始好转。虽然在 2019 年受新冠疫情影响，销售净利率略微下降，但是整体上均为正数，这种变化趋势说明重药控股的重组提高了企业的经营销售能力，促进了企业的发展，对于企业盈利能力有一个长效的提升。

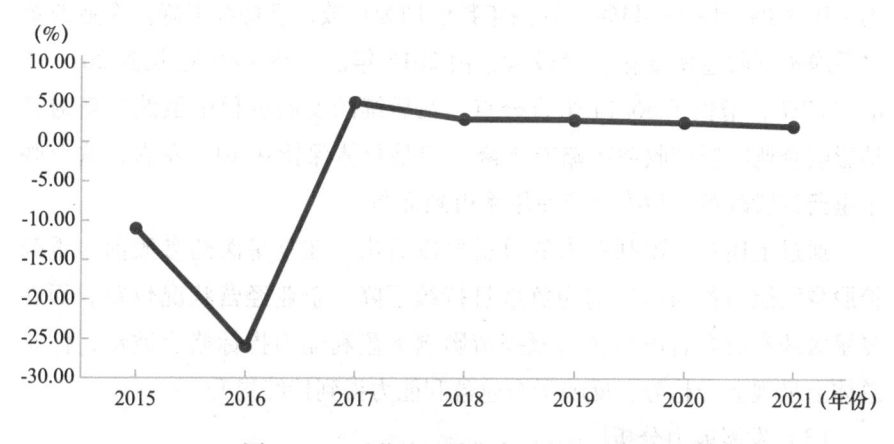

图 6—51　重药控股销售净利率指标变化

由图 6—52 可知，2015 年和 2016 年这两年总资产净利率均为负数，说明在 2017 年之前，重药控股资产使用率较差，资产盈利能力不强。但是在重药控股改革之后，2017 年企业总资产净利率由负转正，相较于 2016 年的 −11.51%，总资产净利率增长至 6.45%，增长了 17.96 个百分点。在 2019 年之后受新冠疫情影响，重药控股总资产净利率有小幅的波动下降，但是均为正值，总体上高于企业改革之前，说明企业利用资产创造价值的能力在不断增强，使企业在复杂的新冠疫情变化下依旧保持较好的发展趋势。

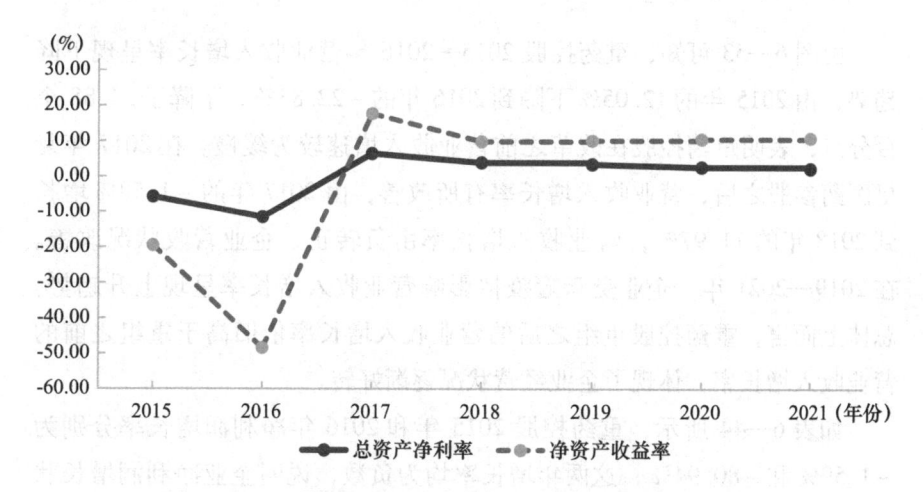

图 6—52　重药控股总资产净利率与净资产收益率指标变化

从图6—52可以看出，重药控股2015年和2016年净资产收益率分别为-19.48%和-48.44%，这两年数值均为负数，且持续下降。企业改革之后净资产收益率变化幅度较大，由2016年的-48.44%增长到2017年的17.7%，增长了66.14个百分点。在后续的发展过程中虽然受新冠疫情影响企业净资产收益率略有下降，但是总体保持在10%左右，这反映了重药控股改革之后净资产使用率得到提高。

通过上述对于盈利能力的分析可以看出，在复星医药参股前，重药控股盈利能力各项指标均为负数且持续下降，企业经营状况较差。而在复星医药参股之后虽然在新冠疫情影响下盈利能力指标略有波动，但是总体上呈现上升趋势，反映了企业盈利能力得到持续提升。

（3）发展能力分析

如表6—44所示，本书选择营业收入增长率、净利润增长率来分析重药控股引入复星医药之后发展能力的变化。

表6—44　　　　　　　　重药控股发展能力指标　　　　　　　　单位：%

衡量指标	2015年	2016年	2017年	2018年	2019年	2020年	2021年
营业收入增长率	12.05	-22.83	-1.58	11.97	31.16	33.61	38.26
净利润增长率	-1.59	-80.94	318	-37.57	14.09	12.22	13.69

数据来源：重药控股年报以及笔者计算。

由图6—53可知，重药控股2015—2016年营业收入增长率呈现下降趋势，由2015年的12.05%下降到2016年的-22.83%，下降了34.88个百分点，表明重药控股在改革之前营业收入增速较为缓慢。在2017年复星医药参股之后，营业收入增长率有所改善，由2017年的-1.58%增长到2018年的11.97%，营业收入增长率由负转正，企业营收状况改善。在2019—2021年，企业受新冠疫情影响营业收入增长率呈现上升趋势，总体上而言，重药控股重组之后的营业收入增长率依旧高于重组之前的营业收入增长率，体现了企业经营状况逐渐好转。

如表6—44所示，重药控股2015年和2016年净利润增长率分别为-1.59%和-80.94%，这两年增长率均为负数，说明企业净利润增长状况较差。在企业改革重组后，重药控股2017年净利润增长率提升至

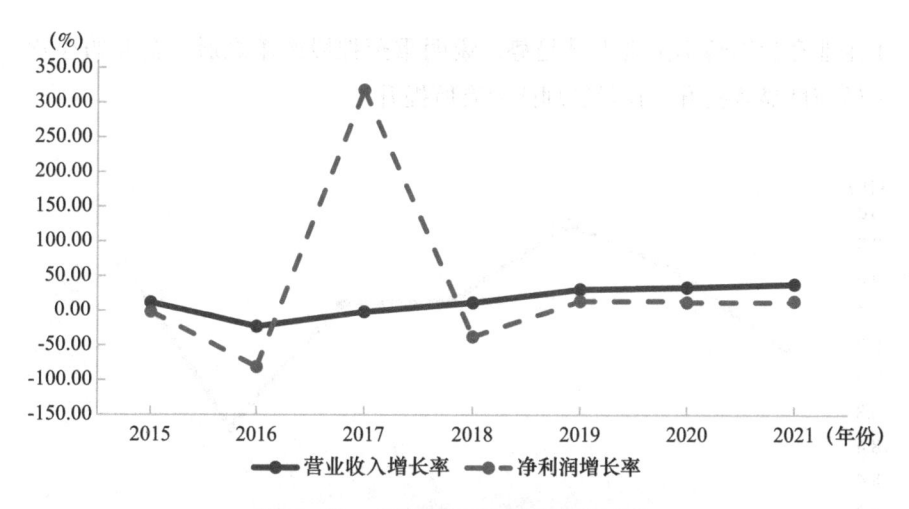

图 6—53 重药控股发展能力指标变化

318%，净利润增速显著提升。在 2019—2021 年，企业净利润增长率基本维持在 13% 左右，净利润增长率为正值，反映了重组之后重药控股净利润持续增长，企业的利润创造能力在不断提高。

总体而言，重药控股在资产重组过程中，引入实力雄厚、产业相近的复星医药作为非国有战略投资者，使企业发展能力得到显著提升，企业的价值创造能力进一步增强，未来发展潜力增强。

（4）营运能力分析

如表 6—45 所示，为了深入分析重药控股引入复星医药之后营运能力的变化，本书选择应收账款周转率与存货周转率作为营运能力分析的财务指标。

表 6—45　　　　　　　　重药控股营运能力指标　　　　　　　单位：次

衡量指标	2015 年	2016 年	2017 年	2018 年	2019 年	2020 年	2021 年
存货周转率	9.15	9.65	9.93	9.47	9.45	8.71	9.70
应收账款周转率	77.40	44.57	3.63	3.04	3.10	2.69	2.62

数据来源：重药控股年报以及笔者计算。

从表 6—45 可以看出，在 2015—2016 年，重药控股存货周转率分别为 9.15 次和 9.65 次，企业存货周转率有所提升。如图 6—54 所示，在复星医药参股之后，除了 2020 年由于受新冠疫情影响出现较小波动，总体上企业存货周转率呈现上升趋势，说明重药控股改革之后，企业的存货周转速度显著提升，存货管理能力有所提升。

图6—54　重药控股存货周转率指标变化

如图6—55所示，重药控股2015—2017年应收账款周转率呈现出较为明显的下降趋势。在2017年之后，由于新冠疫情影响，企业应收账款周转率虽然略有下降，但是总体上基本保持在3次左右。反映了重药控股应收账款变现能力增强，应对新冠疫情复杂状况的能力有所提升。总体来看，在复星医药参股后，重药控股资产结构得到优化，资金的周转能力提高，企业营运能力不断增强。

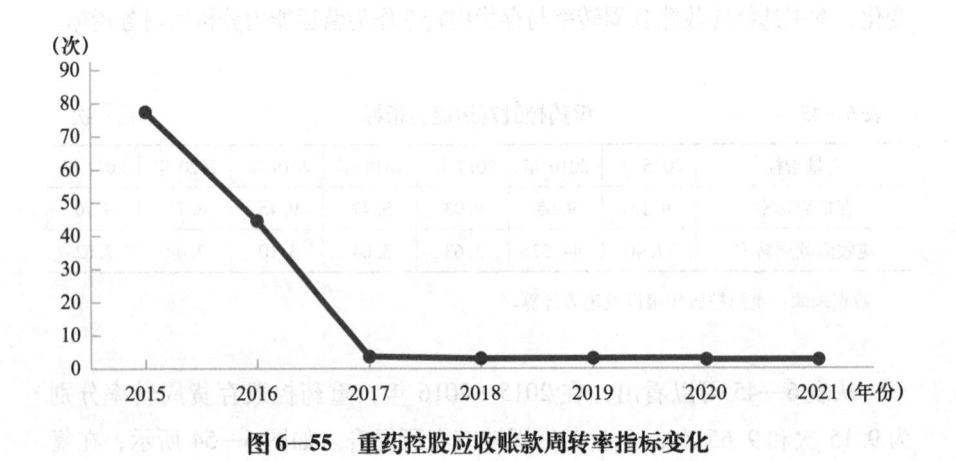

图6—55　重药控股应收账款周转率指标变化

五 结论

本书通过运用 fsQCA 研究方法结合典型案例分析，深入探究了参股企业治理组态效应对于国有企业混合所有制改革治理效率的影响机制，本书主要结论如下。

第一，企业混合所有制改革受到多种因素影响，其中股权集中度这一要素发挥了重要作用。根据本书的高治理效率前因条件组态路径分析可知，产生国有企业高治理效率的三个组态路径中两个组态路径都将高股权集中度作为核心条件，这说明高股权集中度对于企业混合所有制改革具有重要意义。在进一步分析中可以发现，一方面企业内部股权集中，决策分歧少，决策成本低，可以更好地参与国有企业混合所有制改革；另一方面企业的股权结构较为稳定，降低了因为股权分散而遭到恶意收购的风险，保障混合所有制改革双方能够建立一个稳定良性的合作关系。因此，在国有企业混合所有制改革的过程中，高股权集中度这一要素对于促进国有企业治理效率提升有积极影响。

第二，当引入行业背景不同的民营企业时，高管与独立董事同时发挥作用可以有效改善国有企业治理效率。民营企业与国有企业处于不同行业类型时，双方的业务类型不同会导致业务整合难度较高。在进一步分析中可以发现，高管可以积极推动双方的业务整合，降低混合所有制改革难度。但是高管权力过高可能会导致其出现"寻租行为"，为了攫取对方利益，损害双方合作，因而民营参股企业需要更加重视独立董事在混合所有制改革中的积极作用，逐步提高独立董事话语权，加强其对于高管行为的监督，促进高管在监督下积极履职推动混合所有制改革资源整合。

第三，参股企业是否派遣董事对于国有企业治理效率有显著影响。民营企业通过向国有企业派遣董事，提升其在国有企业董事会的话语权，有利于充分发挥民营企业在国有企业混合所有制改革中的重要作用。同时，当民营企业内部股权较为集中时，企业决策分歧较小，在选择董事派遣反映利益诉求方面更容易达成一致。因此，股权较为集中的民营企业可以通过委派董事有效提升国有企业治理效率，推动混合所有制改革深入推进。

第三节 本章小结

本章主要通过单一案例与多案例的研究分析,深入探究实现"国民共进"的内在机制原理,具体如下。

在国药控股单案例的研究中可以发现如下几点。

第一,在选择战略投资者的过程中,应当着重选择那些实力雄厚、产业相近的企业,为国有企业混合所有制改革提供优质资源与产业支撑。

第二,在国有企业混合所有制改革过程中,外部公平竞争环境塑造与营商环境改善可以为国有企业混合所有制改革创造有利环境。

第三,通过企业混合所有制改革平台的搭建,为各类资源的价值创造提供了合作共赢机遇。

第四,国有企业混合所有制改革深层次推进的关键在于满足不同主体的利益诉求,实现融合共生。

除单一案例研究,在多案例的研究中,本章借助定性比较分析方法,采用多案例的研究范式,通过构建治理效率条件模型,探索"国民共进"过程中各类前因条件协同作用对于公司治理效率的影响,得出以下结论。

首先,企业混合所有制改革企业治理效率受多个因素的影响,但股权集中度在其中发挥了更为重要的作用。

其次,当引入行业背景不同的参股企业时,参股企业高管与独立董事作用的同时发挥有效促进了混合所有制改革企业治理效率提升。

最后,参股企业是否派遣董事影响混合所有制改革企业的治理效率。

本章借助案例研究方法,通过单案例和多案例的研究,从深度和广度上进一步加深了对于"国民共进"问题的研究,为破解国有企业混合所有制改革利益共享难题、搭建"国民共进"发展框架、实现各方利益主体"融合共生,价值共创"提供了具体的案例指导。

第七章

企业混合所有制改革中实现"国民共进"的破解机制

混合所有制改革主要是为解决国有资本与非国有资本在公平竞争市场环境下如何顺利融合的探索与实践的问题。为此，党和国家出台了一系列促进与指导国有企业改革的制度文件，初步形成了"1+N"的国有企业改革政策体系，在保持国有经济主体地位的前提下，营造适合"国民共进"的制度环境。同时，国有企业混合所有制改革有效推进主要依靠国有股东与非国有股东之间的共建共享形成共创平台，达到"做好蛋糕"及"做大蛋糕"的目的。因而，企业在混合所有制改革过程中，如何创造协同共生的机制，为资源要素的增值提供相关场景与规则，并关注公司治理模式的有效性，在企业所有权、控制权等决策与监督机制方面做出相关约定，以达成国有与非国有权力交织下的利益平衡，实现多元利益主体的融合共生。因此，本章将从激发参与主体"国民共进"的内生动力、营造"国民共进"的制度环境、构建"国民共进"的价值共创平台、实现多元利益主体的融合共生四方面深入探究企业如何在混合所有制改革过程中破除相关阻碍与困境。

第一节 激发参与主体"国民共进"的内生动力

一 激发企业资源互补需求

混合所有制改革涉及不同所有制性质的资本，由于各类资本在权利、地位以及实力等方面存在不对等关系，导致各方对混合所有制改革的过程和结果存在疑虑，缺乏混合所有制改革的主动性，在以人民为中心推动经济高质量发展的要求下，应重点考虑如何激发国有企业与非国有企业资源互补需求，推动混合所有制改革进程，做大做强做优国有企业与民营企业，实现"国民共进"（如图7—1所示）。

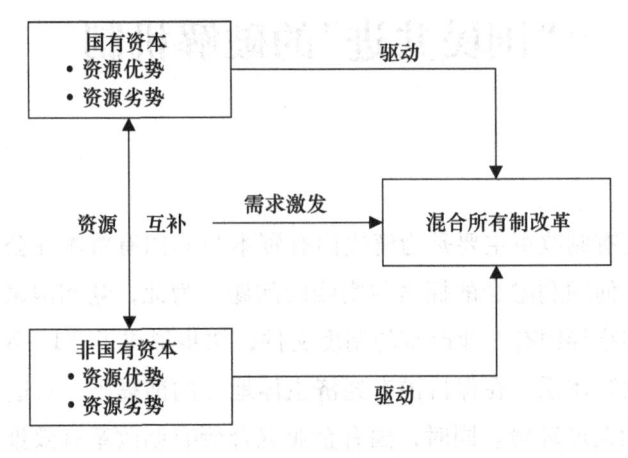

图7—1 需求激发机制

（一）激发国有企业混合所有制改革意愿

激发国有企业改革意愿是混合所有制改革的首要前提，需要国有企业具有改革的主动性（胡磊等，2022），只有企业具有改革的主观意愿，才能够积极进行改革，为企业谋求更好的发展。首先，国有企业应基于公司发展战略进行行业布局，激发需求互补意愿。国有企业改革应从企业战略规划出发，分析现有资源的劣势以及资源缺口，激发企业混改内在需求，针对企业发展方向，合理布局，有目标地选择与企业资源互补的战略投资者。在确定战略投资者时，要谨慎考虑对方资源优势与合作动机，双方在资源、战略目标上的契合更利于开展后续合作，充分发挥资源叠加优势，在组织、管理、财务等方面产生协同效应，实现"1+1>2"的效果。其次，国有企业应分析企业的资源优势，对其加以合理利用。国有企业具有政治属性，在资源获取方面相较于非国有企业具有天然的优势，例如在土地资源、信贷获取、政策支持等方面具有更高的可得性，以及具有一些特殊行业的市场准入（Chen & Wang，2019），此外，国有企业大多具有雄厚的资金实力和品牌效应。国有企业应充分利用现有资源优势，针对行业现状，合理匹配、投资民营企业，整合各异质性资本的组织资源、市场资源、物质资源等，运用国有企业的实力，带动非国有企业发展，拓展行业产业链。最后，激发国有企业的混合所有制改革意愿，需要对企业进行专业分析，确定企业的资源需求方向，企业需要知道短板在哪里，才能激发补足短板的需求。成立由国有企业员工和非国有企业员工组成内部的改革小组，包括企业高管、大学老师、律师、注册会计师、企业所属行业专业人才等，通过组建的专业团队进行行业分析以及行业前景预测，明确企业发展方向，制订适合企业的混合所有制改革方案，避免混合所有制改革因单一责任人决策而出现重大失误，或者由于企业高管害怕承担责任而不作为情况的出现。

（二）激发非国有企业混合所有制改革意愿

激发非国有企业的意愿是推行混合所有制改革的关键因素。一些民营企业家担心参加混合所有制改革后没有话语权，合法利益得不到保障，因此不愿意参与混合所有制改革，只有消除这些顾虑，稳定他们对企业发展的预期，才能使非国有企业积极参与到混合所有制改革过程中（Gao，et al.，2021）。首先，合理分配企业股权，保障民营企业话语权。国有企业普遍存在一股独大问题，在引入非国有资本后，应重点考虑如何合理配置股权，保证非国有股东的话语权。国有企业内部需要建立健全严格的产权占有、使用、收益、处分等保护制度，合理设置公司章程和程序，平等保护混合所有制企业中各类投资者的产权权益（李震林等，2021），坚决落实公有制与非公有制经济产权不可侵犯的原则。对于不适合民资控股的混合所有制企业，要通过制度设计，例如同股不同权等方式，赋予非国有资本投资者相应的执行权和决策参与权，确保非国有资本能够真正有效参与企业的经营和管理。其次，确保混合所有制改革流程公开透明。国有企业在进行混合所有制改革时，应向社会公众公开改革方案，阐明公司发展方向，寻求合作伙伴，避免暗箱操作。为了激励非国有企业进行混合所有制改革，国有企业需要明确改革流程，通过会议或者书面形式进行宣讲，确保民营企业知晓本企业扮演的角色和起到的社会作用，以便更好地进行发展规划，避免民营企业因对改革存在顾虑，不愿意参与到改革的过程中。最后，国有企业应积极投资非国有企业。混合所有制改革是双向的，非国有企业具有先进的管理理念和敏锐的市场嗅觉，在机制和创新上具有一定的优势（毛宁等，2023），但其资金可能相对薄弱，缺乏参与国有企业进行改革的底气。国有企业可以利用自身资源优势和信誉优势，主动寻求入股非国有企业，发挥国有经济的主导作用，刺激非国有企业进行改革的意愿，实现国有企业与非国有企业的共同发展。

二 提升企业间的价值认同

激发企业改革的内生动力，除了需要激发混改意愿，还需要提升国有企业与非国有企业间的价值认同，只有彼此间相互认同，才有意愿去进行后续的合作（李明敏等，2019），迈开脚步，投入混合所有制改革进程中。企业主要通过重塑企业价值理念，明确企业价值和业务方向，基于优化企业战略发展布局的目的出发，筛选目标一致的投资者，并对筛选的目标合作企业进行科学评估，这一过程实现了企业彼此间价值认同的提升，驱动企业选择价值观念相契合的合作伙伴开展后续混合所有制改革工作（如图7—2所示）。

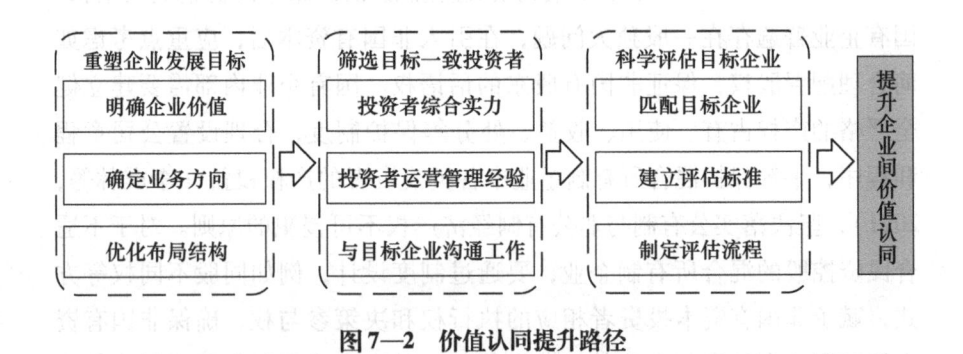

重塑企业发展目标	筛选目标一致投资者	科学评估目标企业	提升企业间价值认同
明确企业价值	投资者综合实力	匹配目标企业	
确定业务方向	投资者运营管理经验	建立评估标准	
优化布局结构	与目标企业沟通工作	制定评估流程	

图7—2 价值认同提升路径

（一）重塑企业发展目标

企业应该立足高质量发展，重塑价值理念，合理布局企业发展方向，打造高质量企业。首先，明确企业价值。国有企业立足追求高质量发展，从国家发展所需、社会所盼、企业所能中发现、明确企业价值（Rocque， et al.，2019），有利于国有企业加深市场属性，在不同行业领域与非国有企业公平竞争，并开展进一步合作，将业务不断做强做优做大。非国有企业则也应从高质量发展出发，明确企业价值，例如企业文化、企业使命以及企业的社会属性价值，在追求市场效益的同时，不断发掘企业内在潜力，履行社会责任，力求与国有企业服务大众的属性达到趋同，以便后续合作的展开，实现效益的共同提升（彭飞等，2023）。其次，确定业务方向。国有企业一般以服务国家民生为导向，而非国有企业则更倾向于市场需求导向，在明确企业价值的基础上，国有企业与非国有企业均应确定业务方向，区分公司业务优势领域和弱势领域，明确公司未来业务拓展方向，有目的、有规划地开展合作，针对优势领域以强链固链为主要方式，而对于弱势领域，则以补链为主。公司业务方向的确定有利于国有企业与非国有企业明确发展领域和业务方向，寻求双方在业务上的一致性，开展合作，激活新动能，强化整体业务链。最后，优化布局结构，聚焦主业开展投资经营。企业间的价值认同，不仅是文化和使命上的认同，更需要建立在对彼此实力认可的基础之上，无论是国有企业还是非国有企业，均应将企业的发展壮大放在首位。对于如何激活企业发展潜力，可以考虑剥离低效、无效资产，聚焦主业开展投资，进行产业孵化，将投资经营重点放在控制产业链和价值链的关键环节，充分发挥企业优势，吸引优质异质性资本，达成强强合作，共同创造价值。

（二）筛选目标一致投资者

筛选与企业目标和愿景一致的投资者，能够为企业带来更好的协同作用，企业应慎重选择战略投资者。首先，注重战略投资者的综合实力。引入的战略投资者应具备多渠道资源，包括资产规模、行业地位、企业声誉以及客户群体等，其核心资源应该具有独特性和不可模仿性（Çakmak & Çenesiz，2020）。通过混合所有制改革，不同所有制性质资本的异质性资源相互叠加融合，国有企业与非国有企业在技术、资源、人才、商业模式、管理等多个层次产生协同效应，各类资源的协同效应所带来的竞争优势，能够推动企业战略转型，带来经济效益的提升，企业才有意愿参与到混合所有制改革过程之中。其次，战略投资者应具备丰富的运营管理经验。国有企业的治理结构大多较为落后，需要建立更加科学的治理结构，而具有丰富运营管理经验的非国有企业能够为国有企业完善治理结构提供参考和协助，推动国有企业治理转型，提高运营能力和治理效率，有利于公司长期稳定健康发展。国有企业可以考察非国有企业的运营管理流程是否完备，通过企业管理流程文件来判断其运营管理的可执行性，以此作为标准选择具有丰富运营管理经验的战略投资者。最后，做好与目标合作企业的沟通工作。在筛选目标合作企业时，国有企业与非国有企业均应向对方阐明企业文化、使命和战略目标，重点说明企业未来的业务布局和主要经营方向，以及企业主要产品受众和对消费者的定位，同时还应该通过多渠道了解对方的战略规划、经营发展方向，以此判断彼此间是否具有合作的基础。在确定好战略投资者后，双方则应该明确持股比例、经营计划、管理方式和公司业务流程等具体合作事项，并商榷彼此间高管人员的派遣和核心研发团队的组建问题，为之后合作的顺利展开打下基础。

（三）科学评估目标企业

国有企业吸引非国有企业参与合作，应科学评估目标企业。首先，应通过相应措施，合理匹配与企业资源互补的合作伙伴。不同所有制企业通过混合所有制改革进行合作，需要确保双方的合作是有意义的，这种意义是确定企业在混合所有制改革的过程中能够创造价值并合理分配价值，使参与混合所有制改革的各方实现价值增值。企业的价值创造离不开双方企业的资源，因此，企业需利用战略决策分析模型对目标合作企业的优劣势进行分析，确保目标企业资源能够带动本企业发展，实现企业价值增值。其次，企业应建立科学的评估标准。缺乏科学的评估标准会导致国有资本对吸收的非国有资本来者不拒，难以确保混合所有制改革达到既定的发展目标，这种目标的不明确性，会降低企业进行混合所有制改革的意愿。企业可以选择行业内成功实施混合所有制改革的企业作为样本，从路径、层级、业务布局、资源整合方式等方面展开分析，提取影响混合所有制改革的主要因素，考虑相关因素在本企业的适用性，结合公司业务布局和战略发展需要，从企业规模、文化使命、治理结构、行业地位、人员构成、高管团队等方面构建本公司适用的混合所有制改革评估准则。最后，制订合理的评估流程。评估流程的不合理会导致评估过程的混乱，企业无法依照评估标准对目标合作企业做出客观判断，容易导致决策失误，因此，建立合理的评估流程是至关重要的。国有企业应指定专门的负责人，带领由财务、业务发展等部门组成的评估小组，对标评估目标合作企业，也应收集员工意见，确定合理的评估考虑因素和流程，多方面考虑与目标企业进行混合发展的可行性。

国有企业和非国有企业的互补需求和价值上的认同激发了双方进行混合所有制改革的内生动力（如图7—3所示）。国有企业普遍存在活力不足、政企不分的问题，驱动其谋求与具有市场化经营和治理结构现代化的非国有企业进行合作，而非国有企业存在资金短缺、缺乏市场准入等问题，需要与具有资金实力和品牌知名度的国有企业进行合作以开拓市场，两者间的这种资源互补驱动双方开展混合所有制改革。国有企业与非国有企业通过重塑企业发展目标、筛选目标一致投资者和科学评估目标企业等方式，提升双方在价值上的认同，满足各方对未来发展的合理预期，有利于在技术、资源、市场等方面开展合作，最大限度发挥不同资本的资源优势，促进彼此资源的消化与融合，提高资本的运营效率，实现企业价值共创。

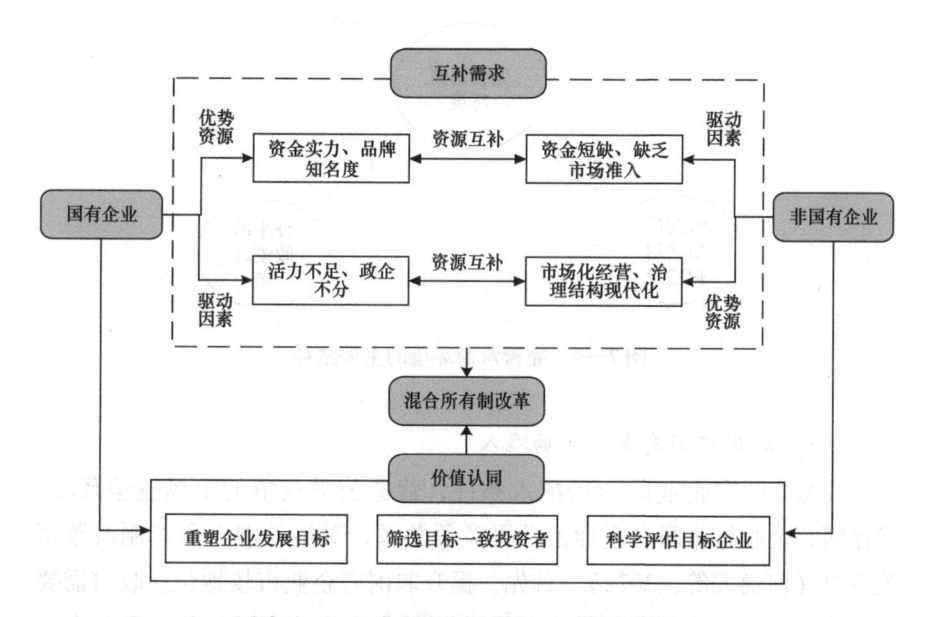

图7—3 混合所有制改革的内生动力激发

第二节 营造"国民共进"的制度环境

一 完善营商环境

完善营商环境是企业进行混合所有制改革的外部支撑力，混合所有制改革有利于促进国有企业与非国有企业协同高质量发展，依据公平竞争原则，从非国有企业市场准入、公平的政策环境、数字营商环境以及营商环境法制化建设等方面入手（如图7—4所示），为不同性质的所有制企业营造良好的营商环境，确保各类所有制主体在公平竞争环境中实现高质量共同发展（蔡明荣、王毅航，2022）。

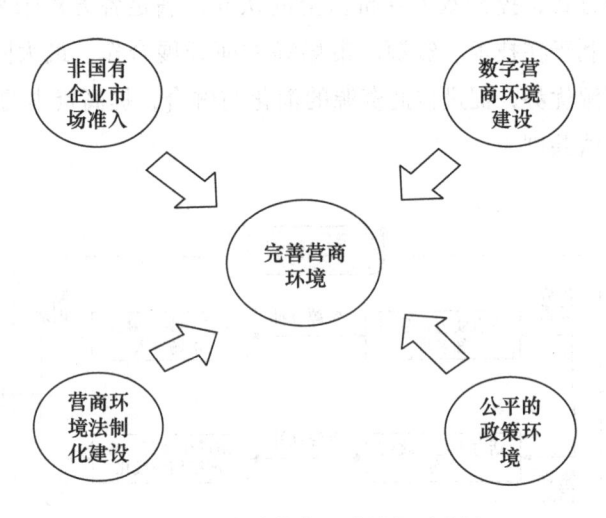

图7—4 完善营商环境的主要路径

（一）放宽非国有企业市场准入

放宽非国有企业的市场准入条件，营造公平竞争的市场竞争环境，确保国有企业与非国有企业的公平竞争关系，对推动混合所有制改革至关重要（何锦安等，2022）。首先，提升非国有企业市场地位。政府需要通过营造良好的社会舆论导向，提升非国有企业的市场地位，避免在一些行业竞争中由于非国有企业的身份而处于竞争劣势，将非国有企业与国有企业放在对等地位，有利于营造公平公正的竞争环境，发展完善市场经济。此外，注重人才培养，引导企业组建优秀团队，通过高质量人才带动企业发展，强化企业市场竞争地位。其次，减少政府干预。政府干预过多会影响市场的公平竞争，而减少政府干预，有利于非国有企业放弃寻租行为，不再依靠寻租手段获取政府项目和生产许可等，企业的重心转向提升自身生产经营能力。政府应本着"有求必应，无事不扰"的原则，使国有企业和非国有企业间遵循市场规则展开竞争，激发市场活力，确保市场的有效性和竞争的公平性。最后，破除市场准入隐形壁垒。目前部分地区出现了"隐形壁垒"的情况，例如在政府招投标活动中，设立的相关要求对于外地企业很难达到，对于本地企业就很容易完成，这种隐形壁垒的设置不利于市场完全竞争。在市场准入方面，应废除市场准入中不必要的各类许可限制，清理关于企业资质、人员、办公场所等方面设置的不合理条件，破除隐形壁垒。此外，政府还应动态调整市场准入负面清单，逐步减少负面清单项目，抓紧完善与其相关的市场审批和监管机制。

（二）构建公平公正的政策环境

国有企业混合所有制改革是通过国有企业的"实力"，加上民营企业的"活力"，实现企业的竞争力，公平公正的政策环境能够提高民营企业的"活力"。首先，保证现有政策体系的科学性和可行性。一方面，针对非国有企业的发展现状进行调研、分析，结合现行相关政策体系，查漏补缺，提出适合非国有企业发展的政策措施，并制订相关配套措施，推进政策落地；另一方面，狠抓政策落实，对现行非国有企业的优惠政策进行归纳总结，并通过清单的形式进行公布，同时，可以出台相关解释政策，或优化企业办事流程，指导非国有企业理解和执行相关政策措施，向企业传递国家重视营商环境建设的信号。其次，增强政策的确定性。非国有企业的市场活力会因地方性政策的不确定性受到损害，各地政府应征询地方市场主体建议，围绕其反映的痛点、难点、堵点，基于当地实际情况推出相关地方性政策。在建设地方行政体制时，地方性政府需要着重考虑地方政策与中央政策的衔接性，立足地方发展进行长远规划，制定当地政策体系，并保证政策的确定性，政策的制定、实施与维护不随地方官员的变动而变化。最后，营造诚信守约的社会环境。国家政策的有效实施需要匹配良好社会环境和公众文化观念（Russell, et al., 2022），完善市场营商环境必须加强全社会的信用建设。一方面，政府应加强优化营商环境宣传教育,增强社会公众的诚信意识,引导群众、企业正确认识建设公平公正的营商政策环境对社会整体发展的重要性;另一方面,政府还需要加强企业信用体系建设,引导市场主体诚信经营,同时,严惩失信违约行为,打造诚实守约的社会信用环境。

(三) 助推数字营商环境建设

数字经济背景下,数字营商环境的概念被提出,通过优化数字营商环境,充分利用数字经济的巨大潜力,激发市场主体活力,是现阶段推动我国经济高质量发展的重要突破口。首先,构建数字化基础设施。数字营商环境的优化与数字技术的发展紧密相连,数字技术的提升则需要基础设施建设作为配合。国家应积极推进5G网络建设,扩大网络铺设规模,兼顾提速降费,实现网络铺设规模与使用规模的双重扩张,保证网络可用,数据可得。国家还应利用各省市地域优势,协同共建,部署完善国家数据网络布局,构建公共数据平台,确保数据共享开放,同时,还需要关注数据安全问题,搭建公共数据安全平台,确保数据在开放共享过程中的安全可控性。其次,推进政府数字化建设。政府应建立健全政府信息化平台,对政务环境进行数字化赋能并加以优化,借助网络服务模式与企业共享平台数据,加强政企间的协同作用,通过线上方式办理企业业务,并保证线上业务办理的流程透明、信息公开,提升政府的服务能力。政府部门通过铺设的数据网络,利用端口与数据,获取企业数据信息,通过大数据比对,对企业自身以及企业与企业间产生的业务进行监管,提升政府的监管能力。最后,构建数字营商环境评价指标。数字营商环境评价指标体系的构建应符合我国基本国情,同时也应参考国际大环境的评价指标体系。数字营商环境评价体系需要在数字经济的大背景下,考虑各地人文习俗、规则和法律,针对具体内容,有针对性地构建评价指标体系,既要确保评价体系能够客观真实地对营商环境做出评价,又要确保数据的可获取性,评价体系的运用过程中,要突出评价体系的考核与导向作用,为优化营商环境改进提供指引。

(四) 完善营商环境法制化建设

完善营商环境,不仅需要激发市场的活力和竞争力,更需要市场环境有法可依,应加强营商法制化建设。首先,优化营商法律体系。政府部门应严格梳理、审查现有政策体系,对地方保护、市场壁垒、指定交易等妨碍和限制市场公平竞争的政策进行及时清理、修改或者废除，取消不合理的权限设定，并借鉴其他国家先进的营商法律体系，查漏补缺，从符合我国市场经济体系和社会需求出发，依法合规制定营商环境的相关政策措施，维护市场经济秩序。此外，各地方政府也应充分利用本地营商环境建设的自主权，综合考虑区域内资源、市场环境等实际情况，用好地方立法权，优化地区的营商环境立法行为，为当地市场主体提供指引。其次，优化法治化营商的实现路径。一方面，打造市场主体参与营商环境立法的渠道，制定相关政策规则时广泛征求、听取市场主体的建议，确保各方合理诉求得到回应，保障各类资本权益不受侵害；另一方面，要加强政府部门的业务能力，聚焦企业业务办理问题，创新服务模式，优化对公业务流程，为市场主体提供便捷、快速的政务服务；通过推进政务诚信建设，提高政府人员工作效率，借助网络平台、App等方式推动业务的线上解决、加速审核、快速办理，打造高效便捷的政务服务环境。最后，规范政府行为。明确政府行政执法的权责范围，包括执法主体、程序和具体事项，加强执法的规范性和公正性，定期开展行政执法整治行动，对重复执法、机械执法、逐利执法、过度执法等行政违法行为深入整治、坚决抵制，揪出并纠正对企业的胡乱摊派、违规罚款等问题。

二　健全混合所有制改革保障机制

混合所有制改革的稳步推进需要通过政策制定，为企业提供制度保障。政府应通过健全产权保护制度、建立容错纠错机制、完善改革监管机制、强化改革政策执行等方式，健全混合所有制改革保障机制（如图7—5所示），创造良好的改革环境，以防范改革风险，降低交易成本，为混合所有制改革的顺利进行保驾护航。

（一）健全产权保护制度

产权是所有制的核心，政府应建立利益保护机制，依法平等保护各类投资者的产权权益（苏继成、刘现伟，2022），建立明确的进入与退出机制，消除异质性资本对于混合所有制改革不确定性的担忧。首先，同等保护各类产权。国家已经在法律层面进行论述，强调同等保护不同所有制的产权，维护国有股东和非国有股东的权益。推进混合所有制改革

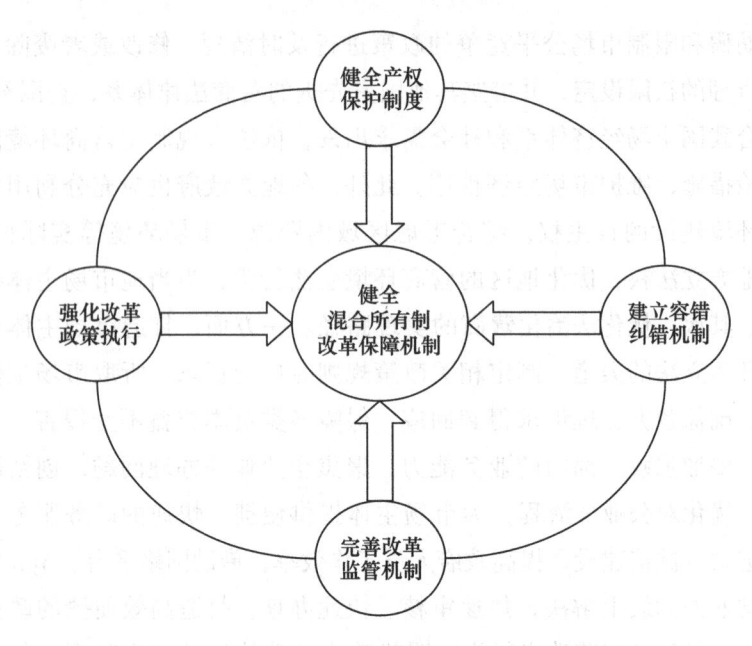

图7—5 健全混合所有制改革的保障机制路径

时,应切实保障各类资本的应有权益,严格遵守混合所有制改革的程序,规范操作,完善企业对各类资源特别是自然资源的有偿使用制度,逐步实现不同所有制性质的市场主体按照市场规则,依法平等使用资源,避免因监管缺失、改革不完全导致国有企业或非国有企业资产流失。其次,建立归属清晰、权责明确、监管有效的产权制度。遵循公平竞争原则,严格健全完整的产权占有、使用、收益和处分等制度,维护不同所有制资本的产权、知识产权等合法权益。此外,还应不断完善混合所有制改革的顶层设计,科学合理地制定关于改革路径、实施方案等事项的操作手册,为不同企业进行混合所有制改革提供指导意见。最后,保护中小股东权益。政府应针对企业的中小股东建立保护机制,对于尚未上市的混合所有制企业,应设立专门的管理委员会,对其进行日常监管。对于持股比例较小的非国有企业,可以考虑通过同股不同权的方式,确保中小股东的话语权。

(二)建立容错纠错机制

政府应针对改革探索过程中出现的相关问题建立容错纠错机制,激励企业进行混合所有制改革,通过纠错机制消化改革过程中的试错成本,并为后续改革积累经验。首先，建立容错机制。通过政策性文件明确规定哪些错误是可以允许的，哪些错误是必须追责的，把因违背程序和规则、独断专行、暗箱操作等行为造成的错误排除在免责范围之外；而对于坚持正确改革方向的决策，应鼓励并大力支持决策中的创新行为，并采取包容的态度对待改革过程中不违反原则的失误和错误，利用"容错"保护改革带头人，消除其对混合所有制改革出错受到惩罚的过分担忧，激励改革。其次，建立纠错机制。政府应管控企业混合所有制改革的全过程，归纳总结企业在改革过程中容易出现失误的环节和问题，并提出对应解决方案，同时，对企业的数据进行统计监测，对照改革易错环节，合理设置决策程序，对混合所有制改革的效益分析、风险评估、可行性研究、实施后评估等程序设置层层递进，以方便企业进行自我审查，及时发现并改正改革过程中存在的问题，降低企业试错成本。最后，容错纠错机制要与相关制度进行配套衔接，避免相关人员利用容错纠错机制的漏洞，刻意掩盖不必要的决策失误。容错纠错机制可以借用现有决策程序或公司内部流程，公司高管的行为应先符合现有政策的公司决策程序，依法依规进行决策，才能得到容错认定，避免打着混合所有制改革的幌子，故意避开相关政策和程序，刻意隐瞒失误。

（三）完善改革监管机制

在改革过程中，应完善监管机制，及时发现改革过程中的错误，并进行改正，避免因不当行为导致的改革失败。首先，完善政府国资监管职能。在混合所有制改革过程中，应坚持市场化改革，正确处理政府与市场的关系，以管资本为主完善国资监管体制，分离国有资本的监管职能和国有企业的出资人职能，实现政企分离，政资分离，激发国有企业的活力和市场竞争力。其次，提高政府监管能力。一方面，需要加强政府的监管督查，应清晰界定改革过程中各部门监管职能的权责及范围，防止监管出现交叉重叠，避免部门责任人之间相互推责、不作为等现象出现；另一方面，要加强改革信息的获取，实现改革的信息透明，加强改革信息公开渠道建设，便于社会公众、学者通过获取信息对改革进行分析和判断，监督混合所有制改革进程，提升社会监管能力，及时发现改革过程中的错误。最后，提高群众参与监管能力。一方面，应培养群众参与改革的积极性，通过学校教育、网络宣传、新闻报道、短视频推广等形式，将线下与线上相结合，不断强化、培养群众参与改革的意愿和能力，促使群众有序地参加推动混合所有制改革，对改革过程起到监督作用；另一方面，打通群众参与改革的渠道，通过听证会、重大决策评估、网络反馈渠道，健全和完善群众参与改革的渠道和路径，尊重并鼓励公众参与改革提出建议，认真听取民声，采纳民意，充分发挥人民群众在改革中的监管作用。

（四）强化改革政策执行

在改革过程中，政策执行是否到位影响改革的进程和效果。随着混合所有制改革的不断深入，相关改革政策相继出台，为了确保改革的顺利推进，应解决改革过程中面临的"执行不到位""水土不服"等问题。首先，统一改革目标，协调整合各方利益。政府应加强对企业、政府人员的理念灌输，树立各方的大局观，统一改革政策制定者、改革各方参与者的价值理念，建立改革利益矛盾冲突的协调机制，设立专门的改革协调小组，对全面深化改革过程中出现的矛盾冲突进行及时有效的化解，避免利益冲突升级，满足各方利益诉求。其次，优化改革政策制定的决策机制。在推动混合所有制改革进程时，需要充分尊重市场交易规则，考虑不同地域、行业和企业的政策适用性，做到"因地施策""因业施策""因企施策"。相关混合所有制改革政策的制定需要通过政府、企业、社会公众、行业专家共同讨论、调研，将科学性、民主性与效率性与制定改革政策相结合，确保改革政策科学合理，具有可操作性、稳定性和实效性。最后，健全改革政策执行的运行机制。改革是不断推进和变化的，其运行机制也需要随着改革进程的加深不断进行更新和再设计（辛蔚、和军，2019），国家应从提高透明度和形成效率的角度出发，高效配置政府组织资源，合理搭建政府权力运行机制以及执行指挥体制，确保改革政策的高效顺利执行。从企业层面来说，企业应吸纳不同所有制资本，转变传统的国有企业运营机制，引入满足企业高质量发展的新机制，促进政策的落实与执行，以协调企业利益相关者的权责利关系。

在推进混合所有制改革过程中，政府应通过完善营商环境和健全保障机制为国有资本和非国有资本创造良好的改革制度环境（如图7—6所示），消除各类所有制资本对混合所有制改革制度不健全的担忧情绪，平衡维护各方利益，推动改革进程，为国有企业与非国有企业通过混合所有制改革共同创造价值、实现"国民共进"打下坚实基础。

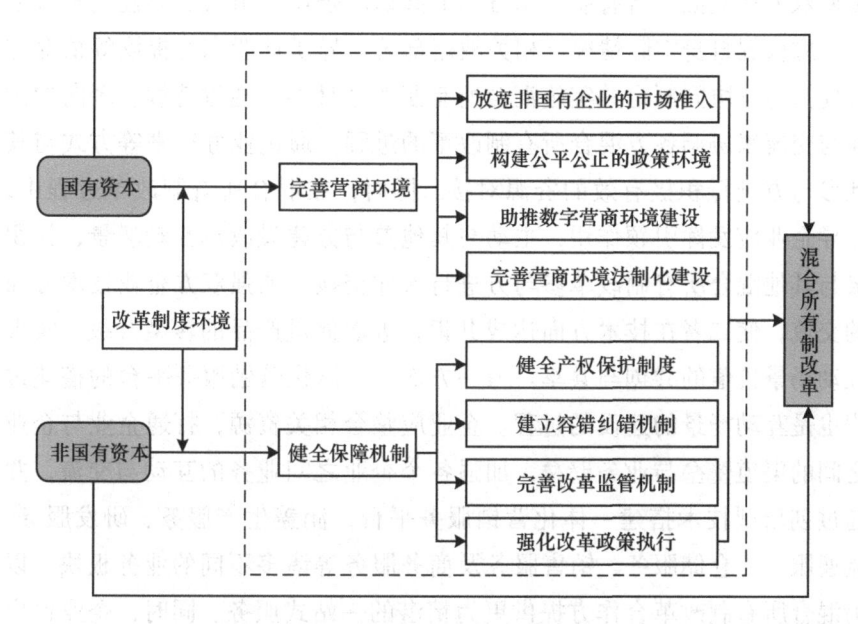

图 7—6　混合所有制改革制度环境的条件供给

第三节　构建"国民共进"的价值共创平台

一　塑造协同共创机制

协同共创机制的建设是实现多方对话、对多方资源进行整合与分配的过程。Gnyawali 和 Charleton（2018）指出，价值的共同创造主要依赖于多个混合所有制改革伙伴的共同努力，异质性参与主体在互动与相互渗透的过程中打破自身资源的局限并在遵守价值共创机制的基础上生产出所有人都认为有价值的产品或服务有助于企业混合所有制改革目标的实现。

（一）创造混改互动场景

互动场景与协作工具的存在是混合所有制改革各方进行多方对话的桥梁。近年来，互联网、大数据、云计算等技术的叠加创新了企业之间的信息交互方式，拓宽了混合所有制改革各方的互动渠道（Dufty, et al., 2022），推动互动场景的出现。一方面，企业应通过发布混合所有制改革公告、主持改革工作等方式与其他参与方进行信息的沟通与交流，促使双方达成混合所有制改革方面的共识。企业在引入战略性投资者之后，应根据自身实际情况、相关战略部署、异质性股东的提议等情况与其他参与方协同制定并实施混合所有制改革计划，通过持续、多向的沟通与交流来协调各方混合所有制改革的进程，通过业务往来等方式与其他参与方进行积极有效的资源对接。同时，在混合所有制改革过程中，主导企业应发挥引领作用，主动与其他参与方建设改革互动场景，如积极与其他混合所有制改革参与方进行人才交换，加强双方企业技术方面的交流，使二者在技术方面达成共识，进而促进产品的转型升级，实现互动场景价值的共创与共享。另一方面，一体化营销服务平台的搭建过程也是互动场景的建设的过程。企业应整合相关资源，打通企业与企业之间的渠道壁垒与业务壁垒，加强各个企业之间业务的互动与交流，并通过创新型技术搭建一体化营销服务平台，涵盖生产服务、研发服务、流通服务、仓储服务、销售服务及商务服务等诸多不同的业务板块，以为混合所有制改革合作方提供更为精湛的一站式服务。同时，企业也应以混合所有制改革各方全国网络资源为依托，围绕"安全、可及、可视、高效"战略方针，打造中立、开放的全国物流多仓服务新平台，利用多仓运营的"就近的配送模式、更短的配送周期和更低的物流及管理成本"，实现从线下到线上、从供应商至客户的多维度的服务平台建设，最终构建以"资源协同配置"为核心、以"跨组织学习"为目标的互动场景，扩大企业的生存空间。

（二）清晰内部程序规则

清晰一致的程序规则要求公司不断强化混合所有制改革的运作模式，建立公平公正公开的互动程序与规则。企业引入异质性股东后便开始走上混合所有制改革的道路，但改革并不是一蹴而就的，公司的运行机制、行为意识等方面也需进行相应的改革，以适应混合所有制改革的需要。在树立互动程序与规则时，应首先注重企业信息公开的问题。企业应加强内部信息披露制度的建设，在改革沟通机制、监督机制、激励机制与补偿机制的同时在价值共创平台内部公开相关制度的决策流程、具体内容与实施办法等，加强企业内部信息的透明度，向各部门及相关混合所有制改革方传达准确、清晰的互动规则，进而以公开化、公正化的规则制度为抓手，培养混合所有制改革各方的合规意识，防范混合所有制改革各方因对互动规则的了解不够深入而产生矛盾或冲突，触碰到"混合所有制改革红线"（夏秀芳等，2023），要提升企业的生产经营效率和决策正确率。其次，价值共创平台连接着两个或多个不同性质的企业，平台规则的设置需要以公平与平等为基本原则，兼顾到不同性质企业的差异，以提高对不同企业的适用性。平等原则要求企业在制定互动程序与规则时不偏向任何混合所有制改革参与方，注重治理规则的协同性与普遍性，促使混合所有制改革参与方能够及时适应企业的各类审批流程与工作环节。公平原则要求企业加强执法措施的公平性，对于部分不遵守程序规则、破坏价值共创活动或效果的股东或员工，企业应及时调解因此而产生的纠纷，并及时采取约束或更换混合所有制改革合作对象、罚款、辞退等措施，达到处罚效果的公平与公正，以保障所有参与者能够平等地适用于平台治理规则，对不同性质的股东一视同仁。最后，价值共创平台的运行需要各方树立共赢意识，明确共赢原则。在更新内部规则时企业应明确各部门人员的义务与责任，注重培养员工的职业道德观念及责任归属观念。一方面，企业管理层应通过明确业务流程、指定对接人员等方式合理分配相关业务，准确定位相关人员，以免出现问题时产生推诿责任等现象；另一方面，应培养异质性股东、管理者与员工的大局观，促使不同的参与方在价值共创的活动中积极奉献自我，以免部分人员产生"不是我的事情我就不做"的心理，妨碍到价值共创活动的开展。

（三）搭建资源流通渠道

资源流通与整合的过程就是推进企业资产及业务进行重组与优化的过程。企业资源的流通、整合与重新配置是管理者能力的重要组成部分，对此，管理者应从共创活动开始前、过程中及完成后三个维度来拓展与提升自身的能力（吴荻等，2020），通过搭建专业化的资源流通渠道促使企业业务实现优化重组，为企业带来创新性的技术与产品。在共创活动开始前，管理者应注重对相关资源感知能力的培养，通过对企业的资源进行划分与定向，确定企业未来发展过程中所需要的、外部的相似性或者互补性资源，并通过对同行业或其他行业中的类似企业进行了解与分析，进行相关资源的捕捉，进而通过谈判、协作等方式与其达成资源交换的共识。在共创活动过程中，管理者应强化自我的资源整合能力，抓住市场上的潜在机会，形成企业独特的竞争优势。管理者应根据企业自身的实际需求及混合所有制改革环境的变化来调节在混合所有制改革过程中涌入企业的资源，对其进行合理的整合，在剔除不需要或多余资源的基础上按照各部门的需求分配相关资源，并建立资源流通渠道，促进资源在企业内的循环畅通，进而实现对资源的整合与重构。在共创活动完成后，管理者应促进资源的重新配置，通过重新配置企业的各种资源以实现创新，获得创新性资源。价值共创平台的创建能够促进企业进行管理方式的创新及生产经营思维的转变，因而企业管理者也应及时调整资源配置的思路，通过升级业务板块、布局新兴业务等方式转变企业传统的生产经营模式，进而推进资源的有序流动与重新聚合，实现企业业务的创新与重构。总之，企业应为各个混合所有制改革的参与方提供相关互动场景并制订规范的程序规则，通过共创平台助推各方要素资源有效流动，以塑造协同共创的平台机制（如图7—7所示）。

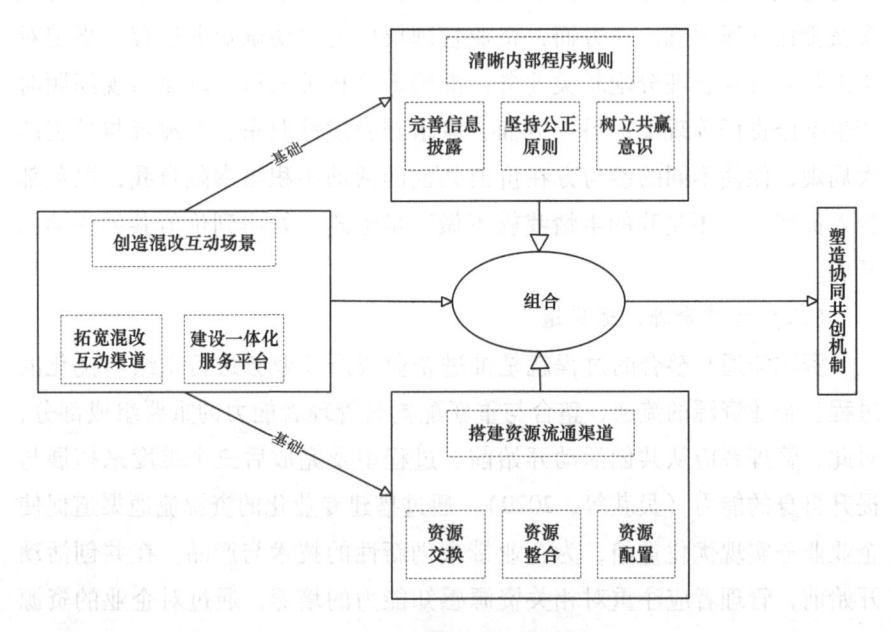

图7—7 塑造协同共创机制

二 赋能资源要素增值

企业在混合所有制改革推进过程中吸纳了拥有不同资源禀赋的企业在技术、人力、市场、战略等方面的资源，并通过价值共创平台对各类资源进行转换、消化、吸收，企业在混合所有制改革过程中应赋能要素增值（高杰等，2022），加强对资源优势互补路径、市场规模效应路径及产业协同发展路径的建设与完善，有效促进资源整合、科技创新和治理优化，实现从资源混合到资源整合再到要素增值的快速转变（如图7—8所示），促进价值共创平台的形成与完善。

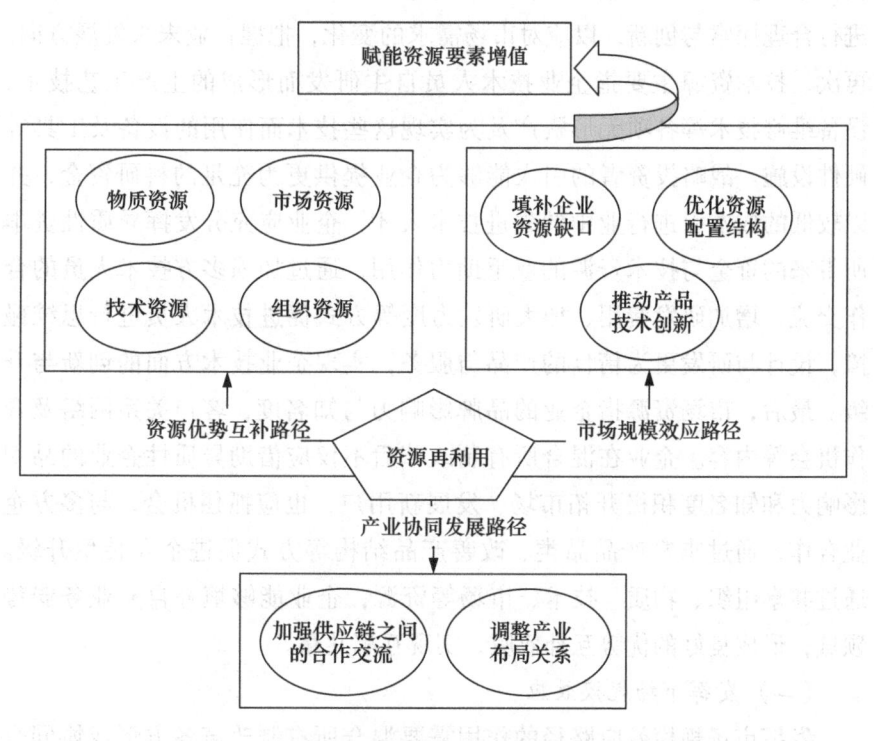

图7—8 赋能资源要素增值

（一）推动资源优势互补

资源优势互补路径要求企业通过混合所有制改革积极获取异质性资源。战略投资者的引入能为企业带来丰厚的异质性资源，如组织资源、物质资源、技术资源及市场资源等。首先，组织资源是指异质性股东本身所具有的或进入之后带来的企业家才能，如公司治理能力、专业胜任能力等（Li，et al.，2022）。异质性股东具有更为多元化的背景和专业知识，能够为企业未来价值的创造提供核心的资源基础。这要求企业关注多元股东的利益，以实现企业利益的最大化为共同目标，及时有效地发挥股东的治理与组织能力，借鉴其他参与方的优秀管理经验，进而形成"有资源投入、有能力输出、有风险担当"的股东团体，促进企业组织资源的完善。其次，物质资源是指异质性股东加入混合所有制改革后带来的自然资源、人力资源及资本资源等。在混合所有制改革的情境下，企业应建立资源聚集数据中心，加强对企业吸纳来的资源的管理，对资源进行合理探索与创新，以应对市场需求的变化，把握行业未来发展方向。再次，技术资源主要指企业技术人员自主研发而形成的生产工艺技术、设备维修技术等各项无形资产及为实现这些技术而使用的设备及工具等硬件设施。战略投资者的引入能够为企业提供更为充足的科研资金，并以较低的成本引进行业中的先进技术人才。企业应充分发挥异质性资本所带来的资金与技术资源的双重助力作用，通过加强多方技术人员的合作交流、增加研发费用、加大研发力度等方式促进技术人员进行思维碰撞，设计与研发更为精良的产品与服务，实现企业技术方面的创新与升级。最后，市场资源指企业的品牌影响力与知名度，客户关系网络及合作机会等内容。企业在混合所有制改革后不仅应借助异质性企业的品牌影响力和知名度积极开拓市场、发展新用户，也应抓住机会，与多方企业合作，通过丰富产品品类、改善产品结构等方式促进企业转型升级。通过共享组织、物质、技术、市场等资源，企业能够填补自身业务弱势领域，形成良好的优势互补效应，实现互惠共赢。

（二）发挥市场规模效应

发挥市场规模效应路径的作用需要混合所有制改革各方形成协同合作的共同治理模式，以协同合作为根本，从填补企业资源缺口、优化资源配置结构及推动产品技术创新等方面来共同整合与配置相似资源，以减少因短时间内相似资源大量涌入企业而导致的企业无法整合众多资源或混合所有制改革参与方自身资源空虚的情况。第一，企业在进行资源获取时应依据自身的需求，与异质性股东进行协商，通过让渡自身部分资源的所有权以换取企业紧缺的资源，填补自身资源的缺口。在当前时代背景下，企业在获取新资源时应构建各个企业相互依赖的组织结构，注重突破资源的地域、空间及时间的界限，在资源交换时不能仅局限于当前的交易环节，更应该介入多个创造企业或产品价值的环节，在多个混合所有制改革场景的迭代或重组的过程中实现资源的跨地域、跨时空联动，广泛连接多种性质的混合所有制改革参与者，更为灵活柔性地实现混合所有制改革参与者之间的资源交互。第二，优化资源配置结构，建立多环节协调一致的资源混合所有制改革动态配置机制。为实现企业资源配置结构的优化，提高资源利用的效率和效果，企业应打造多环节协调一致的资源动态配置机制：根据公司内部现有资源及在过程中吸纳资源的状况，将企业的生产、加工过程分为诸多环节，通过完善资源配置体系对企业的动态资源进行配置与管理。同时，企业应将有限的资源投入更有前瞻性的项目中，以此来提高企业在行业内的竞争优势，实现资源的均衡分配与合理布局。此外，企业在配置资源时应严格遵循"长期与短期相结合"的资源配置原则，在兼顾长期战略性发展目标的基础上合理控制短期资源的使用情况，保证企业的长期经营收益的平衡。第三，推动产品与技术的创新能够促进企业加强对资源的合理化使用，更加重视资源的使用效率，以创造更高的价值。公司应在内部建立信息化管理系统，促进企业向数字化转型，根据混合所有制改革的环境与内部运营环境确保资源的调度与分配更为精准，提高资源的创新效率与效果。因而，协同合作、共同治理模式有助于不同企业实现大规模相似资源的消化与融合，进而发挥市场规模效应。

(三) 实现产业协同发展

产业协同发展路径要求企业在混合所有制改革过程中以高度专业化的制作与服务提升生产效率，以相互竞争、相互学习的态度弥补各自的不足，促进产业的升级与发展（如图7—9所示）。从供应链层面来看，企业在生产产品及促进产品流通的过程中，应积极打通与产业中上游和下游企业之间的关系，形成网链结构。在混合所有制改革过程中，企业应坚持系统互动发展，有目的地引入处于供应链中的上、中、下游的企业，加强供应链之间企业的业务合作与交流，促进资源的相融，并通过合理的分工与协作强化各个企业及员工的专业化程度，进而提升劳动生产效率，促进企业效益的增加。另外，企业在稳定内部供应链，建设好由采购、生产、仓储、销售等部门组成的供需网络的同时也应注重与外部供需网络的良好对接，根据企业自身的容量与需求适当采取合作、新设公司或收购等手段进行战略性的扩张，以建立稳定且平衡的供应链体系。从产业链层面来看，产业链是指在经济布局和组织中，不同地区、不同产业之间和相关联行业之间，依据特定的逻辑关系和时空布局关系构成的具有链条绞合能力的企业群结构。企业在选择战略投资者时应注重跨行业、跨地域的合作与交流，如重污染行业的企业在混合所有制改革时着重关注与环保企业之间的合作与交流、国内企业积极引入外国资本等，促进不同行业、不同国界之间知识的传播与交流，促使企业进行业务的创新与发展，进而提升整个行业的生产经验和方法，促进行业的整体进步。同时，政府也应持续性推进混合所有制改革的动态发展，积极号召各行各业的企业根据自身未来发展需要进行混合所有制改革，不断扩大改革的范围与层级（张宇霖等，2022），积极推进母公司的混合所有制改革进程，实现企业的根本性变革，以对整个产业的发展产生良性影响。

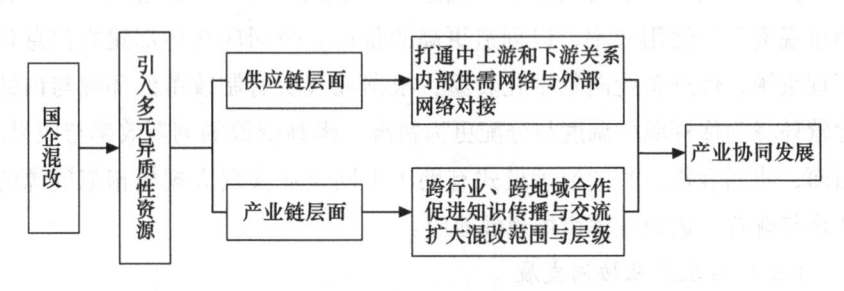

图 7—9　产业协同效应分析

三　完善公司治理模式

公司治理模式是企业控制日常生产经营活动的基础，是企业成长与发展的重要影响因素。由于不同企业不同阶段的混合所有制改革目的与范围不同，因此，企业应根据自身情况及时创新与改进公司治理模式，形成运转协调、制衡有效的多元治理模式，达成混合所有制改革的"一企一策"，有效促进公司治理水平的提高（如图7—10所示）。

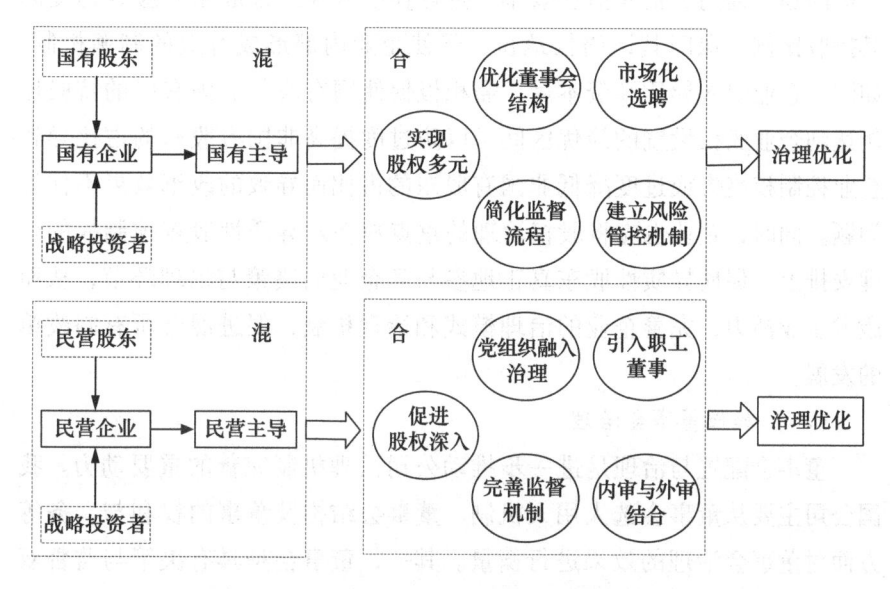

图 7—10 企业混合所有制改革的治理优化路径

（一）深化股权结构改革

股权结构的改革是企业改善公司治理模式的关键，在混合所有制改革中占据重要地位。股东性质的多元化、股权的深入度与制衡度决定了企业股权配置的合理性与有效性，应根据自身性质及混合所有制改革动因探索出适合企业匹配的股权结构，"混"出更大的治理作用与协同效果。一方面，股权的多元化有助于企业发挥异质性资本的优势，提升企业风险承担能力与经营效率等。上述研究表明，在外部制度环境不健全、信息不对称等情况下，企业股权的多样性与治理效率并无显著的正相关关系，这说明股权多样性可能并不是企业实现治理效率提升的充分条件。因此，处于制度环境建设不完善、信息不对称等情况的企业在混合所有制改革过程中应充分考察异质性资本的信誉，避免企业陷入控制权争夺等情形。对于处于外部制度环境建设良好、信息沟通机制完善地区的企业应充分发挥多元异质性股东的优势，通过良好的沟通机制实现股权"1+1＞2"的效果。另一方面，股权深入度与股权制衡度使异质性股东参与公司治理的积极性得以提升，促使异质性股东介入公司的董事会、监事会及高管层，加强对董监高的监督，有效降低了企业中高管利益侵占等问题，提高了企业治理效率。企业在引入异质性股东后应合理提高其持股比例，保障其话语权地位，促使企业内部形成有效的制衡机制。如国有企业引入异质性资本后，需积极促使国有股与非国有股的持股比例达到企业股权设置的最优区间，以防过度提高非国有股东的占比导致企业控制权丧失或过度降低非国有股东的占比而导致的改革效果不佳等问题。同时，企业也应将股权治理的重点放在对异质性股东控制权的合理安排上，促使异质性股东真正地参与到企业的决策与治理环节，从而激发企业活力，完善企业的治理模式和治理机制，促进混合所有制改革的发展。

（二）加强董事会治理

董事会配置与治理是进一步推动公司治理机制完善的重要动力。我国公司主要从董事会选人用人机制、董事会结构及董事的权利与义务等方面对董事会治理的效果进行衡量。其一，董事会是具有决策与监督双重功能的监控主体，在建设过程中首先要选择有能力、有资格的董事会成员。为此，要改革现有的董事会成员选拔方式，推行央企董事的国家资格认定制度对董事任职资格进行把关，并汇集海内外专家及人才的信息，通过层层筛选符合条件的候选人录入董事人才数据库。企业则根据现实需要在人才库中进行匹配性选择，对拟任职的人选进行有针对性的培训，以优化董事会人员结构，提升董事会成员的认同度。其二，推进党组织融入治理。为切实提高董事会治理能力与效果，企业应积极发挥党组织的领导作用，推动党组织成员通过"双向进入，交叉任职"等方式促进进入公司的董事会或经理层等，提升党组织在混合所有制改革工作中总揽全局的地位，以震慑心存不轨的董事会成员。其三，完善职工董事制度。混合所有制改革与公司治理的全过程必须体现以人民为中心的治理理念。我国各公司职工董事主要来源于下级子公司的管理层或上市公司的中层领导，缺少真正代表最基层员工利益的董事，因此，企业应坚持和完善职工董事制度，在增加基层职工董事数量的同时，提高其独立性，落实其知情权、参与权与表达权，确保职工的合法权益得到维护，充分发挥好工人阶级的主人翁作用，构建和谐的劳动关系。

（三）保障监管机制效果

监管机制的完善性、权威性与独立性在解决管理层与股东间的代理问题、降低信息不对称程度等方面的重要性越来越凸显（陈良银等，2021）。由内部审计与外部审计协同、融合而成的监管机制逐步完善，企业应扩大对于内部审计和外部审计的资源投入，通过投入更多的资金、时间等资源以保障监管工作的实时性与准确性，以完善的合作和分工机制保障内外审计监督的合力效果。一方面，明确内部审计与外部审计的职责定位有助于保障企业监管机制的权威性。内部审计监督部门在混合所有制改革中应发挥主导地位，关注公司的整体运行状况，对公司的日常经营活动与管理活动展开监督，分析企业收入与支出的合理性与合法性，并通过多重途径对公司资产进行风险管控，保护公司的财产安全，避免企业内部产生挪用公款等现象。外部审计作为独立的第三方机构，在混合所有制改革中应发挥指引作用，主要负责审查企业会计信息的质量与合法性，判断财务报表的真实性和公允性，等等。明确二者的监管职责有助于企业及时有效地获取相应信息，深入挖掘违规违法行为的产生动因与违法后果，并及时采取措施予以补救（罗昆、李亚超，2022）。另一方面，加强内部审计部门与外部审计主体的沟通与协作。双向审计工作沟通机制的建设有助于提高审计工作的效率与效果，如内部审计部门在编制全年审计工作计划时，通过与外部审计专家的沟通与交流提取外部专家的建议，扫除审计盲区，促使审计计划达到对企业所有环节的全覆盖。外部审计人员则可以通过加强与内部审计人员的沟通与交流更为全面地了解企业，及时获取重要的审计信息，以保证审计工作的顺利开展，发挥审计人员的专业性。因而，构建通力合作的审计监督机制能够有效缓解内部审计或者外部审计自身的局限性，提高审计效率与效果，促使混合所有制改革稳步向前推进。

由上可知，实现资源要素增值、建设价值共创平台与完善公司治理模式是重构混合所有制改革共创平台的重要组成内容，三者是相辅相成、相互促进的（如图7—11所示）。资源要素增值路径的多样性与统一性能够为价值共创平台吸纳更多的资源，也对公司治理模式提出了更高的要求；价值共创平台的搭建既能为要素增值路径作用的发挥提供必要的互动场景与协作工具，更能通过多方的互动促进企业进行治理模式的改革；而公司治理模式的完善不仅能够为共创平台的建设提供更为完善且清晰的计划与思路，更能由上而下推动资源要素实现合理配置与融合汇聚。

因而，混合所有制改革共创平台的搭建需要企业从三方面协同入手，由浅入深、层层递进。

重构混合所有制改革共创平台

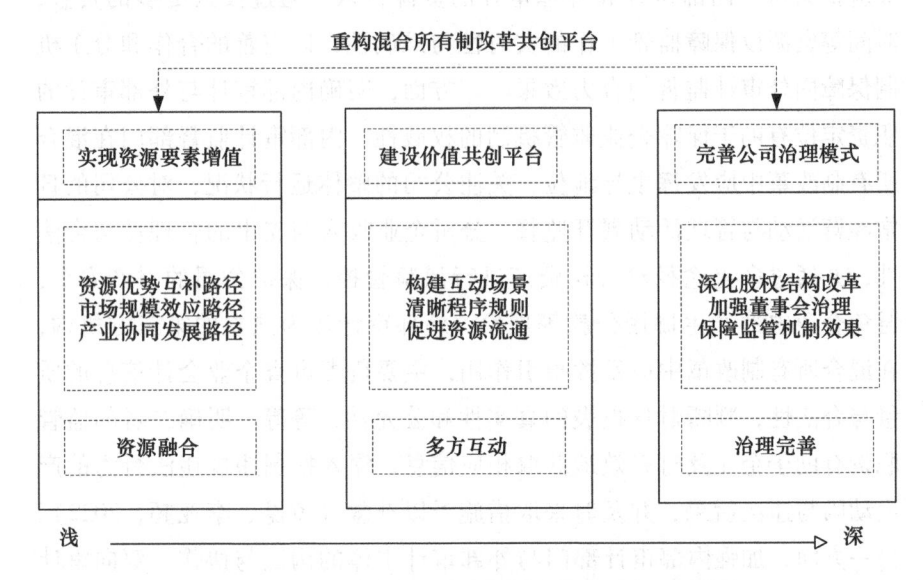

实现资源要素增值	建设价值共创平台	完善公司治理模式
资源优势互补路径 市场规模效应路径 产业协同发展路径	构建互动场景 清晰程序规则 促进资源流通	深化股权结构改革 加强董事会治理 保障监管机制效果
资源融合	多方互动	治理完善

浅 ──────────────────────→ 深

图 7—11　企业重构混合所有制改革共创平台主要措施

第四节　实现多元利益主体的融合共生

一　整合各方利益关系

激发企业不同股东、高管与员工的混合所有制改革的积极性要求企业应尽量缓解各个利益主体之间的利益冲突，通过理顺企业与各利益主体之间的利益关系、凝聚各类主体之间的发展共识来实现混合所有制改革的多方主体的融合共生。

（一）协调各参与主体利益关系

不同股东之间利益关系的融洽程度对混合所有制改革过程及结果至关重要。随着混合所有制改革进入深水区，如何协调不同性质的股东之间的利益关系已成为各个参与方关注的重点。当前，多数企业引入异质性资本后仍无法真正实现"既要混，又要改，还要优"的改革目标，因而企业应在混合所有制改革过程中积极调整股权结构，促使企业内形成多个大股东互相制衡协作的局面，实现股权制衡与多元共生。对于处于市场竞争最充分的行业和领域的商业一类国有企业及自身竞争力有限或可发展性不强的民营企业来说，应根据自身的未来发展战略及需求合理确定企业的股权制衡机制，在必要时考虑控股股东的更换，以确保异质性资本能够拥有足够的剩余控制权和利益分配权，促使异质性股东积极地参与混合所有制改革，避免出现"混而不改"等现象。对于主业处于关系国家安全、国民经济的重要行业和关键领域，承担重大专项任务的商业二类国有企业及自身实力较强或仍处于蓝海的民营企业来说，在引入异质性资本、设计股权结构时必须要保持当前股东的控股地位，尽量形成"三角制衡"或"多元制衡"的局面，即在保障自身优势地位的同时使异质性资本的持股比例之和小于或等于当前股东的持股比例（包含员工持股的比例），实现股权的1/3以上由异质性股东持股，以确保重大投资者与相关管理层的权益，并保障重要事项的多方参与决策，促使股东之间和平共处、共享利益，实现股东利益的最大化（蒋煦涵，2022）。企业在保持股权相对集中的同时也能够抑制大股东的自利行为，保证利益分配的合理与公平，实现多元股东的利益共生。

（二）改善高管激励机制

积极调节企业与高管之间的利益关系，实现企业与高管的利益共享。企业与高管之间的利益冲突主要存在于职业经理人制度的引进、高管薪酬低于市场化水平及股权激励不足三方面（Leutert & Vortherms，2021）。第一，企业在市场化选聘、选用职业经理人的过程中应重视在职高管的利益问题。职业经理人虽有着较多的市场经验、异质性的外部资源及较强的管理能力，但在职高管更熟悉体制内的运作模式与流程，且高管的任期重叠时间越长，CEO与CFO越乐于将信息共享给董事长，能够缓解企业信息不对称程度并加强三者之间的监督制衡关系，有利于降低企业违规行为发生的可能性。因而企业也应在混合所有制改革过程中建立科学的高管人员流动与退出机制，给予能力较强、素质较佳的在职高管展现才华的机会，不可全盘否定在职高管的能力；对于其他能力稍显不足的在职高管，企业也应对其进行妥善安置，合理安排其他职位或者对其进行调任，在缓和二者之间的矛盾的同时实现"能者上、庸者下、平者让"的市场选用目标。第二，我国国有企业高管薪酬水平总体低于国际市场中同行业同等地位企业的企业高管薪酬，这要求企业应积极进行薪酬激励机制的改革，积极向国际市场薪酬政策靠拢，依法满足高管成员的合理利益需求，进一步完善高管薪酬机制与晋升机制，并有选择性地提拔在改革中发挥重要作用的高管，激发高管的积极性。第三，企业应针对高管建立完善的股权激励、分红权激励等政策，进一步提升高管的薪酬总额。企业应抓住混合所有制改革带来的机会，通过放宽高管持股条件等方式，加强高管与企业之间的利益关联，提高管理层对企业的忠诚度，从而进一步落实中共中央"以价值创造为导向，聚焦关键核心人才"的号召，真正做到群策群力、利益共创。

（三）充分激发员工潜力

企业与员工之间利益关系的重构是协调二者利益关系的重点。企业与员工之间的利益关系主要存在于员工岗位体系、员工薪酬体系与股权激励三方面。从员工岗位体系方面来看，我国大部分知名企业的员工数量较多，且职位冗杂，导致企业发放的工资总额难以与生产效率相匹配，因而，应进一步完善岗位体系的建设，促使员工通过认真履职来促进企业的高效运转，淘汰部分存在"等、靠、要"思想、不干实事的员工，精简企业内部的职能分工，充分发挥每个岗位应有的价值，避免出现核心员工忙碌不堪而其他员工无所事事的局面。从员工薪酬体系方面来看，我国国有企业应顺应时代发展的要求，对标国际知名企业的薪酬体系来重新设计或调整企业的薪酬方案，建立科学合理的绩效评价指标，结合员工的职业素养、教育水平、历史业绩及在公司的任职年限等多方面的表现对员工薪酬进行综合量化，根据企业的薪酬基础、薪酬策略及管理需要来确定具体员工的薪酬，完善员工薪酬激励体系，激发员工的积极性。从股权激励方面来看，需要通过构建激励相容框架积极谋求企业利益与员工利益相一致。企业应放宽股权激励的选取条件，促使员工通过投入资金、薪酬、技术、专利或其他合法方式获得公司股票，并根据所持份额参与治理、分享利益。同时应明确持股范围，坚持"核心岗位员工持股"，尽可能地筛选出具有竞争力、能够为企业做出卓越贡献的核心员工，与更多的员工分享剩余利益，缓和相关利益冲突，实现企业与员工之间的共生共赢。

（四）强化企业文化共融

确立统一的混合所有制改革的发展共识有助于企业通过文化方面的

融合协调与平衡各个利益主体之间的相互关系。企业在文化融合的过程中应加强沟通与交流，通过规范企业文化体系、重视混合所有制改革成就宣传及发挥文化管理作用等方面凝聚发展共识，激发各利益主体对企业的认同感和归属感。第一，建立统一规范的企业文化体系以树立良好的企业形象。企业在混合所有制改革过程中应在党的号召与引导下通过召开企业文化建设研讨会、建立公众号矩阵、建设企业文化报等方式加强不同利益主体在文化方面的沟通与交流，进而博采众长，充分兼收并蓄国有企业、民营企业及外国资本企业文化中优良的先进文化元素，并据此建立一套科学化、规范化的制度，并通过统一管理、共同协作、分级负责的原则构建企业文化体系，如编制《企业文化管理手册》《员工行为规范指导手册》等文件，为企业推进文化建设提供明确的标准，进而逐步将文化建设融入企业的生产经营及管理的各环节。第二，混合所有制改革的成就宣传工作是有力推进混合所有制改革的重要抓手，对于企业间的信息流通与渠道畅通至关重要。企业应围绕混合所有制改革的发展主题改革相关业务模式，加强宣传平台等方面的建设，促使其他企业积极关注混合所有制改革的进度，总结改革经验，以构建高效协同的文化体系，凝聚各方的文化理念与工作意志。第三，企业应积极发挥文化管理作用，将企业文化与生产经营等活动进行深度融合。企业应以健全的文化为导向，将企业文化融入混合所有制改革的全过程之中，通过健全文化管理体系、优化文化管理流程、完善民主管理与决策制度、促进公平分配等方面将企业文化渗透到管理制度、工作态度及绩效评价之中，从而以轻松愉悦的企业氛围化解各利益相关方潜在的冲突。

企业在混合所有制改革过程中要发挥各类资本的积极作用，正确处理不同性质的利益主体之间的冲突问题（如图7—12所示），并坚决维护"以按劳分配为主体，多种分配方式并存"的分配原则，坚持"人民至上"的分配理念，促进"国民共进"，实现混合所有制改革成果的互惠共享。

二　重构利益共享机制

构建科学合理的利益共享机制是实现多重资本利益共享的重中之重（如图7—13所示）。在企业利益分配失衡的情况下，只有重建企业内部

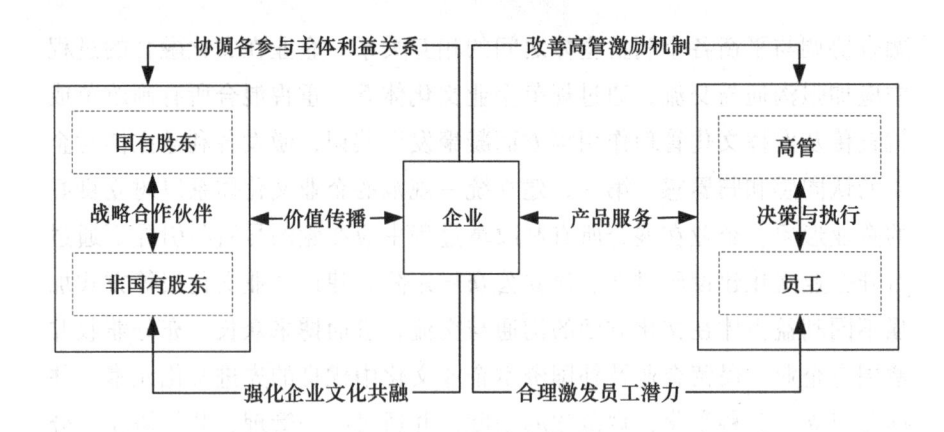

图 7—12 利益关系梳理

的利益代表机制、利益表达机制及利益分享机制，才能消除各方的利益冲突与文化隔阂，实现增值利益的共享。

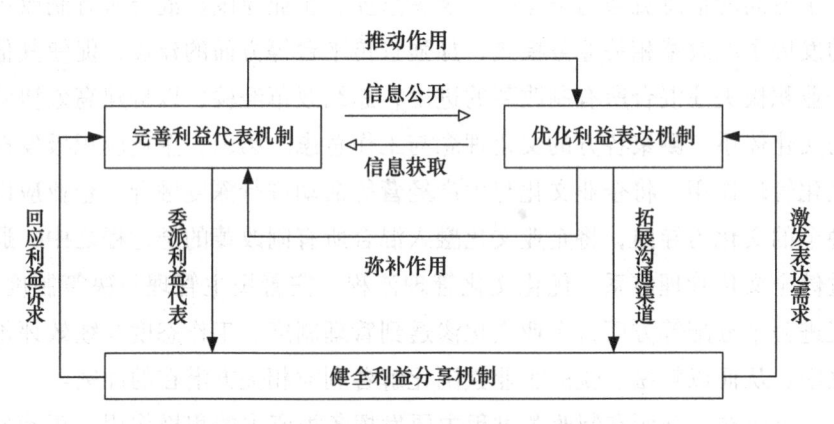

图 7—13 利益共享机制关系

(一) 完善利益代表机制

利益代表机制要求企业必须重视异质性股东利益代表的委派问题。由于部分企业对混合所有制改革的理解不够深刻，将股权多元化与混合所有制改革混淆，没有进一步从控制权及剩余利益分配权方面改革公司利益共享机制，导致企业在改革过程中仍存在症结，限制了改革优势和作用的发挥。因而，企业在改革时不能将重点只放在"混资本"上，而应该注重"混资本"之后企业利益代表机制的改善与提升方面,进一步完善公司的利益代表机制。一是企业应结合异质性股东的持股比例,赋予其相应的董监事席位。这要求公司根据企业类型合理设定异质性资本的持股比例,在实现权力制衡的同时,依法保障异质性股东提名和委派相应的董监高代表的权利,鼓励异质性资本通过委派代表等方式参与公司的利益分配活动,确保其有机会"发声",为企业提供更为差异化、市场化与专业化的建议,实现多元资本"1+1>2"的股权融合效果。二是建立专职外部董事制度,加强外部监管。部分企业的董事会一般由大股东或管理层掌控,各项决策会受到内部人操控的影响,这就要求企业积极改革专职外部董事制度,依据董事会比例扩大外部董事数量,充分发挥独立董事的作用,对提交的议案进行有效的审核,以改善内部人控制等现象,促使董事会在决策过程中实现公平与公正,保障不同性质的董事具有平等的话语权,促使企业的董事会治理向贴合市场化规律的方向转变,实现股东财富的最大化。

(二) 优化利益表达机制

利益表达机制要求企业不断进行利益表达程序的创新与发展,以便能够更好地"倾听"并回应利益相关方的合理诉求。利益表达机制主要指利益相关方能够通过不同的方式或渠道表达自身的利益诉求,为自身利益"发声"。这首先要求企业建设信息流通渠道,保障利益相关方的知情权,以便各个利益主体有能力获取真实的企业信息,以提出合理的利益诉求。只有在利益相关者能够获取客观、真实、完整的企业信息的前提下,异质性主体才能够准确判断企业盈利水平并形成合理的利益诉求。其次,进一步解决表达方式的组织化问题,建立更多的利益表达渠道,促进异质性股东及中小股东利益表达渠道的畅通。企业应进一步改革公司治理体制,通过建立股东管理系统等方式加强企业各个股东之间的沟通与协商,以解决股东之间的利益矛盾与冲突,在保障企业利益表达渠道程序化的同时,最大限度将企业探讨的相关利益问题的过程与结果对股东进行公开,提升企业利益决策的公信力,促使决策更为科学化与民主化。此外,企业也应依法保障不同利益主体的申诉渠道,关注弱势利益相关者的诉求,提升治理的效果。最后,利益相关方提出的合理的诉求应当得到积极的回应。随着混合所有制经济的持续发展,利益相关者的利益表达愿望越发强烈，但受限于诸多因素的影响，企业内的利益表达仍然存在不均衡的问题：与大股东相比，异质性小股东在利益表达时往往容易被企业忽视。因此，在推进混合所有制改革的进程当中，应当积极对异质性股东和中小股东的利益诉求进行讨论与回应，关注各个利益主体在利益表达方面所面临的问题，促使其合理诉求能够得到充分的反映和认真的对待。

（三）健全利益分享机制

企业应不断完善内部的利益分享机制，兼顾各个混合所有制改革参与方的核心利益诉求，共同分享剩余价值，以此来实现不同利益主体的价值共创与多元共生。这要求企业从根本上建设现代企业制度，并不断对其进行完善与优化，采取切实的措施推动企业与异质性资本之间的广泛化与深层次的融合与探索。其一，企业应以劳动力、资本、技术、资源及管理等生产要素为基本，切实按照"谁创造，谁获得"的分配理论分享企业的剩余价值和营业利润，依据每位利益相关者贡献的生产要素的多少进行分配，以保证利益分配的合理性与公正性，进而激发各类人才的积极性、主动性与创造性，促使不同性质的股东积极为混合所有制改革献力。其二，企业应不断完善公司治理的结构，切实落实公司的权力分离制度，避免企业内出现大股东权力垄断的局面，促使公司的股东大会、董事会、监事会及经理层都能够各司其职，承担相应的责任与利益。同时，监督部门的建立也能确保参与改革的利益相关者的权益不会被非法侵占，从法律的层面保护利益相关方的合法权益，保证改革的公正性及顺利运行。其三，企业在促进利益共享的同时应建立完善的风险共担机制，促使各个利益相关者全身心投入企业的生产经营之中，与企业同命运、共进退，让利益相关方转变心态，以主人翁的意识参与混合所有制改革，大大提高公司的效率与向心力，建立共同目标。

通过上述分析可知，要实现企业与多元股东之间、企业与员工之间利益的有效融合，需要构建规范的法人治理结构，合理关注并理顺企业与不同利益相关者之间的利益关系，并通过完善利益共享机制促使各个利益相关者之间的利益与企业利益趋同，形成利益共同体（如图7—14所示）。

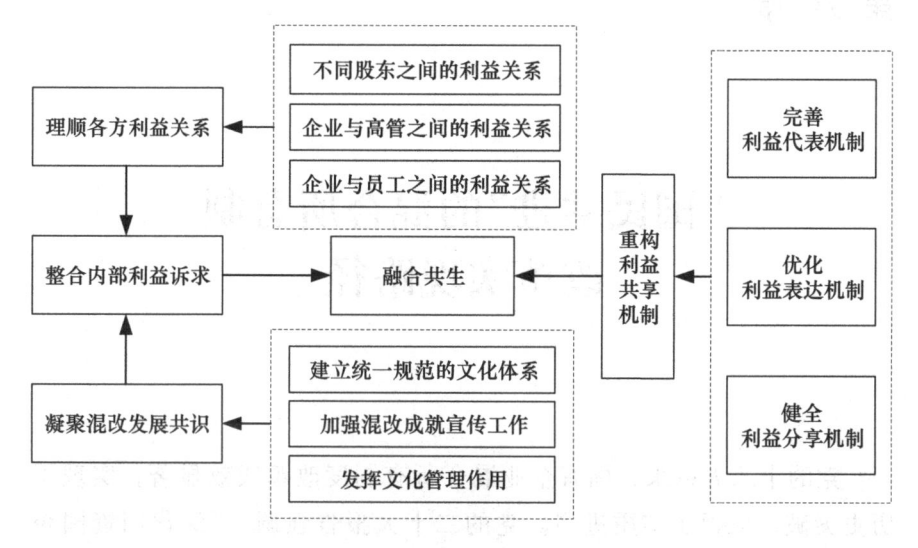

图7—14 实现利益共享共生路径

第五节 本章小结

综上所述，在混合所有制改革过程中，不同参与主体在混合所有制改革内生动力、对关键性资源的掌控、谈判能力及利益表达等方面存在差异，导致博弈力量呈现不均衡的状态，难以在一定程度上破除企业混合所有制改革所面临的困境。混合所有制改革是我国社会主义市场经济体制持续完善的过程，混合所有制改革过程中应在公平竞争制度环境下，通过激发不同企业"国民共进"的内在需求、营造公平公正的混合所有制改革营商环境、优化治理机制、实现价值共创、融合共生等方面来破除混合所有制改革难题，从根本上实现资源配置方式的转变，促进不同性质资本有机融合。同时，国有企业应在混合所有制改革的过程中发挥引领作用，结合国家发展战略主动提升"国民共进"的内生动力，通过完善治理结构、促进价值共创、共享剩余利益等方式来破解混合所有制改革的困局（如图7—15所示），促使不同参与主体在权、责、利方面最大限度达到对称，最终实现"国"与"民"的共生共赢。

第八章

"国民共进"的混合所有制改革实现路径

党的十八大以来，国有企业混合所有制度改革成效显著，实现了历史突破，取得了实质进展。党的二十大报告强调，"深化国资国企改革，加快国有经济布局优化和结构调整，推动国有资本和国有企业做强做优做大，提升企业核心竞争力"[①]，国有企业需要趁势而上深入推进，进一步提升改革效果，通过混合所有制改革实现"国民共进"基础上的融合共生发展。不同类别企业混合所有制改革过程中实现"国民共进"的路径差异性明显，根据使命、战略定位的不同有针对性地设计"国民共进"的实现路径是本章研究的重点。首先，结合国内代表性企业吸引异质性资本推动混合所有制改革的经验与不足，总结国有企业混合所有制度改革的成就、经验，比较全球视野的历史和实践，归纳吸收先进的理论成果，积极借鉴经验和教训，分析其混合所有制改革的路径、机制、模式和政策演变规律，形成可供借鉴的经验和启示。其次，确定我国国有企业混合所有制改革中实现"国民共进"的实施原则、实施目标、实施主体和实施模式，设计企业混合所有制改革中实现"国民共进"的差异化路径。

---

① 习近平：《高举中国特色社会主义伟大旗帜　为全面建设社会主义现代化国家而团结奋斗——在中国共产党第二十次全国代表大会上的报告》，人民出版社2022年版，第29页。

第一节 国外企业混合所有制改革的实践探索与经验

混合所有制企业最早出现在西方发达资本主义国家。20世纪20年代末30年代初爆发资本主义社会世界性经济危机，全球陷入经济大萧条的经济衰退周期，而与此同时，世界第一个取得社会主义革命成功的苏联苏维埃政权通过计划经济实现了经济迅速恢复与发展，实现了落后农业工业向强大重工业的社会主义工业转变，取得显著成效。鉴于此，西方资本主义国家开始反思纯粹市场理论，呼吁政府通过"看得见的手"积极干预经济以有效应对经济危机，建议以凯恩斯主义为国家经济的基本指导思想解决、应对和弥补经济大萧条的市场失灵，大力推进国有化发挥国有企业资源优势，实施混合经济体制形成混合经济公司即混合所有制企业积极推动经济复苏与增长。第二次世界大战后，西方资本主义国家为稳定和恢复社会经济发展、促进就业，加强政府干预，全面推动混合经济体制在市场领域普及开展，以政府调节为主导促进市场对资源有效配置，成立了相当一批混合所有制企业，以政府为代表的国有企业与私有企业合营、国有控股企业吸引私有企业参股或国有企业参股私有企业，积极发挥国家资本的作用，实现了国家资本主义背景下国有企业显著发展强大，引领战后资本主义国家经济快速复苏与增长。随后经济发展的复杂性、多样性、全球性等特点日趋显现，政府对经济的调节干预日益捉襟见肘、力不从心，尤其20世纪70年代中期资本主义世界普遍陷入经济停滞与通货膨胀并存的"滞胀"危机，持续的"滞胀"最终归结为国家干预过多，至此，凯恩斯主义被拉下"神坛"，国家对经济的调控受到重新审视并被加以限制，自由市场理论重新得到理论界和实践界的重视，国有企业作为国家干预经济最为直接的体现受到冲击和弱化，被迫不断改革与实施私有化改造。"滞胀"危机以及20世纪80年代末90年代初东欧剧变与苏联解体使世界各国政府重新探索国家对经济的干预形式、干预力度和干预手段，不断对国有企业进行改革或私有化改造，私有资本参与国有企业的广度与深度不断加大，一定程度上促进了混合所有制在各经济体的重要地位和发挥的重要作用。

一 英国以私有化改造为主的国有企业混合所有制改革实践

西欧国家最早并最为彻底地进行国有企业改革,而其中最为成功的当数英国。英国的经济思想源于重商主义,受重商主义思想的影响,英国有着体量庞大的国有企业,而且国有企业的效率普遍较低。

(一) 国有化与私有化相争交替时期

国有化与非国有化,亦即国有化与私有化是英国工党与保守党执政理念的重要区别。保守党主张非国有化,支持私有经济,执政上积极推行私有化。而工党更为青睐社会主义经济体制,执政中积极推行国有化,遏制私有经济。1951年,保守党执政,随即保守党政府着手进行私有化进程,英国的钢铁行业私有化首当其冲。工党尤其左派工党强烈反对保守党的私有化政策,并于1960年10月召开工党年会进一步强调反对私有化、强化国有化,最终决定以钢铁工业的"再国有化"(即重新国有化,收归已私有化的原国有企业)为工党竞选下届大选的目标纲领。1964年,工党大选获胜,威尔逊政府随即对英国钢铁等行业实行再国有化。随后保守党执政继续实施私有化。1974年,威尔逊和卡拉汉工党继续以再国有化为竞选纲领,大选获胜继续实施再国有化。执政期间工党政府反复采用高价赎买办法进行再国有化,国有企业占国民经济的比重不断扩大,截至1979年底,英国铁路、电力、煤炭、煤气和邮政等传统工业领域已基本实现国有化全面覆盖,在航空、钢铁、汽车等领域的国有化覆盖比例亦超过一半(陈宝明,1999)。

(二) 全面私有化改革时期

20世纪70年代中期,西方资本主义社会发生严重的"滞胀"危机,英国亦不可避免地受到危机冲击。之前所奉行的民主社会主义和凯恩斯主义导致政府职能扩张过度以及政府规模过大,不仅使政府财政负担过重,而且严重阻碍了经济的有效运行,导致公众对政府越来越失望。1979年,撒切尔保守党执政,执政后的撒切尔政府通过对经济发展中出现的新危机的充分认识而最终意识到国家干预过度的弊端,撒切尔政府提出不再坚持两党"政治共识"——凯恩斯主义,转而以弗里德曼的货币主义为经济运行的指导思想。

以弗里德曼的货币主义为代表的新自由主义是撒切尔政府执政的主

要理论依据，在这种新思潮的影响下撒切尔政府实施了英国最大规模和范围的私有化改革。为应对严重的"滞胀"危机，撒切尔政府果断抛弃凯恩斯主义，极力推行以弗里德曼现代货币主义和新自由主义为核心的经济政策，通过扩大私有化、减少国有化规模与范围以减轻政府负担，遏制政府赤字，充分强调并切实发挥市场机制的调节作用，提倡并鼓励私人资本发挥积极作用，严格限制并不断缩减政府的职能范围，积极废除政府对工资和物价的指导与限制，积极引进市场化机制实施私有化改革，政府出让部分国有企业产权给私人，引入外部竞争激发国有企业竞争活力，通过私人资本盘活国有资本，转变国有企业经营机制，转变政府职能（邓沛琦，2017）。从实质上来看，撒切尔的私有化改革并不是严格意义上的"私有化"，而是进行的一次混合所有制经济结构调整。这种调整强调以市场竞争为主线，同时辅以国家干预为手段，目的是保证能够最大限度地促进经济稳定发展，改革发展过程中一直坚持政府的宏观调控职能，并未完全放弃政府的干预。撒切尔政府私有化改革是为了克服凯恩斯主义所形成的弊端，同时修正工党执政所出现的政府干预经济过度现状。

（三）新混合经济政策时期

1997年5月，布莱尔工党执政，在此之前，保守党已连续18年执政。执政后布莱尔工党已不再坚持再国有化，而是充分肯定私有化的积极作用，并对保守党私有化政策中的有利成分加以吸收完善。执政后的布莱尔政府接受了吉登斯的"第三条道路"思想并将其确定为执政纲领，既反对放任自流亦反对政府过度干预，是一种新混合经济政策（杨煌，1998）。这一政策主张"有活力的社会市场经济"，强调经济运行中市场的主导作用，但反对其放任自流，即须由政府对市场加以规范（杨雪东、薛晓源，2000）。1998年，布莱尔政府为鼓励中小企业的发展而专门设立"政府引导基金"，同时号召并支持社会大众创业与大众创新。这项基金的经营与管理由富有投资经验的专业基金管理人员负责，各地区的中小企业均可以通过该基金获取本地区不超过50万英镑的初始投资。继而，2000年4月，布莱尔政府成立"中小企业服务局"，旨在积极为中小企业提供服务支持，切实消除市场的消极影响，提高中小企业的融资水平与能力（马英娟，2007）。布莱尔政府设立的"政府引导基金"计划，通过政府主导参与并加以示范，带动社会私有资本积极参与其中，从而减少了社会资本的存量，有效地盘活了社会资本。

二 俄罗斯激进私有化的国有企业混合所有制改革实践

俄罗斯国有企业混合所有制改革探索可追溯至列宁针对十月革命后苏联面临的严峻经济建设问题提出的实施"租让制""合作制"及积极的对外贸易政策。实行租让制，能尽快地从资本主义国家获得机车、机器、电气器材等生产资料，以恢复苏维埃政权的工业，有效利用资本主义国家的资金、技术和设备等；实施合作制资本主义一定程度上能够实现农业余粮的自由流转和贸易自由，满足农民的经济要求。租让制、合作制可以实现不同资本规模程度的公私混合，适合实施农业领域的小规模混合，也适合实施工业领域的大规模混合，两者对资本规模的要求实质上是对公私合营、资本混合的积极探索。斯大林全面推行社会主义计划经济政策之后，列宁对混合所有制这一模式的探索一度被中断，代之以全盘国有化、集体农庄制及高度中央集权模式。

20世纪80年代，拉丁美洲国家发生经济危机，国际货币基金组织以及世界银行等国际组织与美国财政部共同商定应对措施和建议，提出"休克疗法"，亦即采取激进的一步到位方式直接建立自由的市场经济体制，实施自由化、私有化和稳定化（即所谓的"三化"）政策，其中私有化是这一政策的核心，激进改革的指导思想就是在休克疗法的基础上，通过政府的行政强制手段快速实施私有化（于榕，2013）。1989年东欧剧变，1991年苏联解体，俄罗斯联邦承继苏联，政治经济制度发生根本性的改变。1992年，当时以俄罗斯的第一副总理也是政府代理总理的盖达尔为首的激进派在改革中掌有实权，聘请美国经济学家萨克斯为经济顾问，大刀阔斧地实施"休克疗法"经济体制改革，其实质是不得已条件下的激进性改革。传统计划经济体制向市场经济体制转轨过程中，最为重要且引起普遍关注的无外乎国有企业的改革问题。

（一）自由化失控时期

俄罗斯私有化改革初期，俄罗斯和联邦当局制定"500天计划"，总体改革思路是私有化—自由化—稳定化。计划中先是进行小规模私有化，通过股份转让出售的方式先进行生产部门的私有化，逐步减少国有企业的账户剩余资金，释放转移私有化过程中的货币风险压力，尽量降低价格上涨的幅度，之后再逐渐放开价格，实施市场机制下的价格自由化，最终确保私有化改革中宏观经济运行的稳定性。但俄罗斯握有实权的激进派最终否决抛弃了这一计划，决定实施一步到位的"休克疗法"，将改革的顺序最终确定为自由化—稳定化—私有化。1992年初自由化实施，并通过政治上的强硬手段强力推行。通过一次性放开价格、外汇管制、对外贸易快速实现三方面的完全自由（唐妍，1999）。缺乏有效控制的自由化带来的是价格飞涨、货币贬值、储蓄缩水等严重的经济问题，社会民众苦不堪言，政府无力亦无法保持宏观经济的稳定，为转移公众的注意力，最终选择瓜分国有财产。

（二）抵押拍卖时期

至1995年，俄罗斯当局已没有足够的资金用于私有化，私有化已引起民怨，不得已俄罗斯当局只有暂时中断私有化，继而私有化的形式逐渐演变成抵押拍卖。1996年叶利钦第二届总统大选时，左翼使用抵押贷款的方式以进行产权交易而保证权力，从而绑架了许多银行机构。这种政治目的的拍卖完全由政府主导，严格意义上根本没有竞争。所进行的12家拍卖中，只有四家信贷超过底价，而且交易双方或者是同一担保人，或者担保人本身参与一方交易或相互交易。1996年9月，俄罗斯政府和安全委员会共同决定银行具有出售抵押股份的权力，而且获得权力的银行具有相应的选择权，这些银行因此可以通过非竞争手段最终获得对自己有利的国有抵押股份。

（三）低速私有化时期

1997年，根据前期私有化过程中所出现的问题，俄罗斯当局出台新的私有化法规，宣布废除投资招标制，以有效抑制国有资产被拍卖出售的倾向，强调私有化的目的主要是扩大预算收入。这一时期的私有化主要是以丘拜斯和涅姆佐夫为首的青年改革派政府为主导，致力提供私有化相对公平的交易平台和规则（温俊萍、高子平，2004）。

（四）国有化回归再私有化时期

2008年，全球金融危机的出现使俄罗斯股价亦大幅下跌，这种背景下私有化已无利可图，继而开始出现国有化的回归。2008—2009年，为应对日益严重的危机影响，国有化的规模和进程都明显剧增。而这一明显的国有化回归，又使俄罗斯政府陷于财政赤字，为解决赤字，政府决定继续实施并扩大私有化。2010年10月，第一副总理舒瓦洛夫主导讨论并提出私有化纲领，强调继续私有化计划并进一步提高私有化的年收入。政府构想的主要目的是将收益所得再作为投资返回私有化的企业，但这也一定程度上出现了一些私有化只为取得财政收入的现象。

三 英国、俄罗斯的国有企业混合所有制改革比较

第二次世界大战后30多年间，国有企业在整个世界范围迅速发展，战后经济包括西方资本主义国家的战后经济也包括社会主义阵营的国家经济都受益于国有企业的发展而迅速走出废墟复苏，而且确保了各国家政府的经济稳定与增长。但国有企业普遍存在高成本、低效率、亏损严重等问题，加重各政府的财政负担，赤字逐年增加，社会私有资本发展受到严重限制。20世纪70年代，随着对西方资本主义国家严重经济危机——"滞胀"的认识与研究，在学术界，以哈耶克新自由主义、弗里德曼货币主义为代表的新自由主义思潮在西方国家迅速发展与成熟，继而带来了舆论上、价值指导方向上及政治上鲜明的转变。尤为重要的是20世纪80年代，第三次科技革命有了新的飞跃发展，技术的进步与创新形成一系列高新技术产业，国有企业众多领域的优势逐渐被新技术缩减甚至取代，国有企业被迫面临范围上、层次上的重大调整（黄春蕾，2001）。

英国真正意义上的国有企业改革自1979年私有化改革开端到1995年私有化告一段落，是一种渐进式改革方式，15年间私有化改革进程比较谨慎而且稳健，国有经济的比重逐步削减，极力降低市场化过程所导致的利益波动与冲突。而俄罗斯的国有企业改革则采取了激进式的"休克疗法"，短时间内实现国有经济比重迅速削减，政府强制快速实施私有化，私有化"成果"显著，但利益波动与冲突较大，造成一定程度的经济动荡（刘冰，2001）。英国国有企业私有化改革的主要目的是增强企业的市场竞争力，增加活力，出售国有企业股权是为了更好地引进市场机制的竞争力量，盘活国有企业，其基础是英国社会存在强大的私人资本力量。俄罗斯激进派代表盖达尔、丘拜斯等强制推行大众私有化，基本没有考虑私有化的合理性与可行性，只是力图彻底消除国有企业，改变社会的所有制，尽可能消除公有经济恢复的基础，从而维护与加强其政

权的社会基础。俄罗斯并不像英国存在强大的私人资本，原有公有经济体制下，社会公众普遍缺乏购买企业股权的资本，所以俄罗斯主要采用了向企业职员无偿赠送企业股权的方式，迅速实现了企业的"私有化"。但私有化也只是如此单纯的出售和处理国有资产这一简单操作，并未真正理解透彻私有化，也根本无法做到英国私有化的"财产或产权私有化"（出售国有资产）、"经营私有化"（国有企业租赁和承包）、"管理私有化"（以民营方式取代官营方式）三者有效结合。俄罗斯简单强制的国有企业私有化改革，过程过于仓促，对市场认识、准备不足，再加上政府过早的抽身放手，造成了国有资产的严重流失，社会利益冲突日益凸显并失控，经济下行压力日增，出现严重的恶性通货膨胀，企业普遍经营不善、破产，形成新的官僚垄断和投机者阶层，社会两极严重分化等后果（王金存，2000）。

四 英国、俄罗斯国有企业混合所有制改革的经验与启示

英国保守党政府主导实施的以私有化改造为主的国有企业混合所有制改革基本实现了预期目标。英国工党 80 年代中后期逐渐向保守党靠拢，也不再坚持再国有化，两党形成新一轮的"共识政治"，共同认可市场的自由调节作用，主张市场而非政府强制配置社会资源的社会制度安排。相对而言，俄罗斯急功近利激进式的国有企业改革之路几经曲折，磨难重重，最终造成较严重的经济、社会影响，为国有企业改革典型失败案例。英国与俄罗斯的国有企业改革经验与教训，为我国国有企业混合所有制改革实践提供了相应的借鉴与启示（李伟等，2020）。

（一）我国国有企业混合所有制改革是一个长期的、逐渐的演变过程

我国国有企业混合所有制改革本质上起始于国有企业产权制度改革（李善风等，2019）。1978 年以来，我国国有企业改革以"产权制度改革"为核心（黄速建等，2020）。自 1978 年中国经济体制改革以来，国有企业相继探索了"承包制""抓大放小"等生产组织方式变革，其核心主要是产权制度改革，40 余年以来我国国有企业改革不断深化深入、成效显著，国有企业混合所有制改革日益成为国有企业改革的必要选择。从 1992 年推行市场经济体制改革以来，党和国家逐步明确混合所有制经济是基本经济制度的重要实现形式，明确界定公有制经济包括混合所有

制经济的国有与集体成分。混合所有制经济由国有资本、集体资本和非公有资本等参股，形成多元投资主体。在国有企业改革过程中，明确了宜实行股份制的企业要通过相互参股持股积极实施混合所有制改革，股份制改革的范围由点到面推开。明确深化国有企业混合所有制改革应不断优化、完善国有企业公司治理结构，在健全现代企业制度的基础上推动国有资本做强做优做大，提升全球竞争力，培育世界一流企业。

　　2015 年颁布的《关于国有企业发展混合所有制经济的意见》（国发〔2015〕54 号），强调各级政府及相关职能部门要加强对国有企业混合所有制改革的组织领导，做好把关定向、配套落实、审核批准、纠偏提醒等工作。此外，2015 年颁布的《关于国有企业功能界定与分类的指导意见》（国资发研究〔2015〕170 号），根据主营业务和核心业务范围，将国有企业界定为商业类和公益类。这一文件的颁布进一步明确了企业混合所有制改革的分类依据和要求。2016 年颁布的《关于完善中央企业功能分类考核的实施方案》（国资发综合〔2016〕252 号），逐步完善符合企业功能定位实际的分类考核制度，基本形成导向清晰、远近结合的业绩考核体系。2018 年，国有企业改革"双百行动"启动，推动国有企业混合所有制改革"1 + N"政策体系走实落地。2019 年，《中央企业混合所有制改革操作指引》发布，有效促进了国有企业在混合所有制改革过程中发挥其作用和功能。2020 年，《国企改革三年行动方案（2020—2022年）》审议通过，全面推动国有企业改革"1 + N"政策体系落实落地，补短板、强弱项，推动改革重点任务落地见效。在此基础上，2023 年，国务院国有资产监督管理委员会召开中央企业负责人会议，布置新一轮国有企业改革，提出积极稳妥分层分类深化国有企业混合所有制改革，组织开展创建世界一流示范企业和专精特新示范企业"双示范"行动，着力落实世界一流企业建设部署，聚焦核心竞争力提升和功能强化，真正打造"世界一流企业"和"世界一流专精特新企业"，示范、带动企业快速高质量发展。

　　综上，我国国有企业混合所有制改革是一个长期的逐渐的演变过程，是公有制与其他所有制共同发展过程中，打破原界限，构建交叉持股的多元产权结构所有制（吴宣恭，2018）。我国国有企业混合所有制改革可有效借鉴成功经验，充分吸取激进式改革的失败教训。推进国有企业混合所有制改革必须积极稳妥，不能一蹴而就，要实现改革的渐进稳健性，警惕和避免激进、运动式改革，要结合我国新的实际，不断探索更加贴合实际、更加多元化选择的国有企业混合所有制改革新路径（陈林、陈焕然，2021）。

（二）国有企业混合所有制改革不能一混了之

国有企业混合所有制改革的重要目的是要不断增加国有经济活力，但必须警惕私有化倾向，要明确混合所有制改革不是私有化，不是一混了之，更不能是清零国有企业。清零国有企业非常危险，会导致一系列的社会经济问题。俄罗斯的全盘私有化已是非常典型的例子，令人教训深刻。以英国为首的西方资本主义国家私有化浪潮虽然取得了一定成效，但也导致一系列的社会经济问题，值得我们反思。随着私有化浪潮的推进，西方资本主义国家普通民众工资收入几乎停滞，但物价水平和整体通货膨胀率连年上涨，社会贫富分化不断加剧，社会阶层固化趋势日益显著，大型私企不断爆出各种财务危机、服务质量下降、贪污、偷工减料等丑闻，政治风暴隐患频现，政局更迭频繁，尤其俄乌冲突更是加剧了西方资本主义阵营的物价水平和通货膨胀率，经济更加混乱，政局陷入长期不稳状态。英国私有化不断爆出的问题已使民众开始重新审视私有化，要求减缓私有化，甚至不断呼吁关键部门重新国有化。我国国有企业混合所有制改革要树立"做强做优做大"的目标定位。

在我国社会主义初级阶段的基本国情下，林毅夫等（2022）指出经济增长必须由国有企业与非国有企业共同推动。多种所有制经济共同发展，处于主体地位的将决定社会性质，社会主义制度必然由公有制为主体已明确，必须坚定不移地坚持公有制为主体。发展好公有制经济，落实公有制为主体，这要求国有经济必须能够控制国民经济命脉和决定整个国民经济运行的方向，同时能够鼓励、支持与引导非公有制经济的发展。国有经济必须具备足够的能力与实力，停留在口头层面喊口号是无法实现的，国有经济被弱化甚至被私有化将导致其逐渐或彻底失去影响力、主导力和控制力，最终将无法有效主导国民经济发展，更无法保障公有制为主体，社会主义道路将无法继续坚持，这将是非常危险的。党的十九届四中全会强调，要坚持基本经济制度，积极探索并有效推进混合所有制经济，真正落实公有制为主体实现国有资本与其他资本有效融合、优势互补，不断提升国有经济竞争力，放大国有资本功能。黄群慧（2018）指出国有企业混合所有制改革应重质轻量，强化、优化国有资本。国有企业是国有经济的物质形态，而国有资本是其价值形态，两者都是国有经济的重要组成要素，在国有经济优化布局、高速增长和稳步升级中必须积极发挥支撑与主力作用。国有企业是推动我国经济腾飞的顶梁柱和压舱石，是社会主义制度的坚实保障，是真正体现中国特色的现实基础，必须毫不动摇、坚定不移地做强做优做大。增强国有经济的控制力、影响力和引导力，必须拥有强大的经济实力和基础，这必须依靠国有企业做强做优做大实现高质量发展以促使国有经济能够更有力地、更有底气地控制国民经济命脉并主导整个国民经济运行的社会主义正确方向，也更有能力鼓励、支持与引导非公有制经济。积极推进国有企业混合所有制改革，绝不能"为混而混""一混了之"，深化国有企业改革不是私有化，不是瓜分国有资产盛宴，要警惕对国有企业的"掏空"行为（李增福等，2022）。国有企业不是退出市场，不能改小和改垮不见，相反，应该通过改革增强国有企业竞争力、影响力和引领力。要通过混合所有制改革引入非国有资本交叉持股，融合共生，提升国有企业竞争力，坚定不移做强做优做大，保障落实公有制为主体，真正实现国有经济主导作用，实现不同市场主体优势互补、协同融合。

（三）有效处理企业混合所有制改革中的利益冲突

改革必然会涉及改变旧有的分配制度，利益分配结构和格局也必然发生新的调整，国有企业混合所有制改革的实质是对国有企业权力和利益进行调整和再分配，这个过程必然存在着并不断出现利益主体间的利益矛盾、冲突（杨红英、童露，2015；张国，2018；李东升等，2015），有效处理这些矛盾、冲突才能顺利推进国有企业混合所有制改革不断深入。

整合利益关系，强化政府的调控职能。国有企业混合所有制改革的实质是重新配置所创造的价值，过程中相关的利益主体包括政府、国有企业、非国有企业和社会公众等，改革能否成功取决于能否积极回应各利益主体的利益诉求以合理配置各方的利益所得。这一过程需要通过相应的利益关系整合以激励约束不同参与主体的行为，战略定位上必须实现兼顾各方利益的多元、柔性及有机的利益融合机制。在这一利益整合过程中，不应取消或弱化政府职能，而是应调整、转变政府职能，减少直接干预，增强政府宏观调控经济和稳定社会的能力。政府的作用需要体现在更加有效地保证社会中各主体的利益，缩小利益差距，减少冲突，从而保证社会的稳定协调、健康持续和有序提升。

重构利益代表机制，健全公司治理结构。国有企业混合所有制改革本质上是现代企业制度的建构与完善，其核心是规范与完善的法人治理结构，最终目的是要实现不同资本间的有效融合。杨瑞龙（2022）指出我国国有企业产权先天存在一定缺陷，"所有者缺位"等影响治理效率。我国国有企业国有属性的所有权有着共有性、公共性，缺失独立市场主体地位（郑志刚、刘兰欣，2022），国有企业混合所有制改革应完善法人治理结构，以利益冲突人的介入为利益代表机制设计的切入点，打破原有利益共同体，重构异质性股份间合理、完善、平衡的利益代表机制，制衡与协调不同利益主体间的利益关系，使不同性质的资本在混合所有制改革国有企业中具有同等的"有利可图"，实现激励相容（郑志刚，2015）。

健全利益表达机制，强调独立性。健全的利益表达机制必须保证利益主体信息的客观性、真实性及可获取性，确保各利益主体均可据此做出准确判断（李东升等，2015）。国有企业混合所有制改革必须健全利益表达机制，保证利益主体公平享有利益表达的权利，确保独立董事、监事会成员、第三方信息披露机构的独立性，从制度上、法律上杜绝一切可能影响企业主要股东、经营者独立判断的关系，尤其要着重完善、健全中小股东及普通员工等弱势利益群体的利益表达机制强化对弱势利益群体的利益保障，极力避免出现诸如俄罗斯国有企业改革过程中官僚权贵富豪集团相互勾结、设租、寻租，侵害、俘获甚至绑架弱势群体，弱势群体利益表达机制缺失，社会分化严重，利益冲突严重等现象。

强化利益分享机制，确保分配公平。佟健和宋小宁（2018）指出国有企业混合所有制改革需要保护产权，保证不同资本的公平地位。国有企业混合所有制改革必须明晰产权、权责统一，实现利益分配公平合理，促进利益主体的有效性与积极性。马新啸和汤泰劼（2022）指出，市场配置要素的完善是我国现代化建设的关键动力。推进国有企业混合所有制改革，坚定落实市场资源配置的决定性地位，完善市场机制的同时，必须有效解决市场机制高效配置资源出现的不平衡与不公平而导致整个社会利益分享的失衡问题，依赖政府对利益分配实施积极有效的宏观调控。另外，各政府职能部门也是混合所有制改革国有企业的利益代表者，也存在着各种利益诉求，对此，必须从制度上、法律上对掌握调控权力的政府部门及其官员的行为进行有效监督与控制，确保政府调控的相关部门与人员的公平与正义行为。

第二节 "国民共进"的企业混合所有制改革实施方略

中国特色社会主义进入了新时代，我国经济转向高质量发展，这要求国有企业必须紧跟科技新变化，生产更多更好产品，提供更高质量服务，满足人民新需要。新时代的特点决定了国有企业的使命和任务（胡叶琳、黄速建，2022）。推动社会主义市场经济体制和分配体制的完善，推动蛋糕不断做大，实现分好蛋糕。推进国有企业混合所有制改革能够提升企业绩效（孙鲲鹏等，2021），推动经济高质量发展，真正落实公有制的主体地位，实现与其他经济的融合共生，共同繁荣。这是新时代国有企业混合所有制改革的最终目标定位，要求必须建立健全现代企业制度，实现"国民共进"。推进国有企业发展壮大提升国有经济竞争力，增强其主导作用，提升其引领力、影响力，实现对非公有制经济发展的鼓励、支持和引导，最终实现社会主义市场公平竞争环境下各类经济主体共同发展和繁荣（胡叶琳等，2023）。国有企业混合所有制改革的目标关乎改革全局，推进速度必然受到选定目标的影响，必须明确改革的使命，选择最佳、最优实现路径和模式，稳定推进，避免激进。推进国有企业混合所有制改革，要重塑产权模式、优化股权结构和资本结构，建立中国特色现代企业制度，实现资源优化配置，推动落实市场对资源配置的决定性作用，建设现代化经济体系，不断完善社会主义市场经济体制。推动国有企业混合所有制改革，既要落实市场对资源的决定性配置（沈昊、杨梅英，2019），又不能忽略政府对资源配置的调控，提高市场效率和竞争力，同时又不能脱离政府的积极、科学调控，确保国有资产保值增值，推动市场决定性作用与政府积极作用有机结合，彰显中国特色，真正发挥制度优越性。如此，必须厘清市场、政府、企业间边界，实现良性互动，确保在"国民共进"过程中不同经济主体间实现价值共创、融合共生，实现国有资产保值增值，同时发挥政府的积极作用，加强监管、积极调控，做强做优做大，实现高质量发展推动中国式现代化，促进共同富裕。

一 "国民共进"的企业混合所有制改革价值使命与原则

混合所有制改革是深化国有企业改革的现实路径（綦好东等，2017），是国有企业深化改革的重要突破口和有效方式选择，是经过我国改革实践检验的国有企业改革有效探索。党的二十大报告强调，"深化国资国企改革，加快国有经济布局优化和结构调整，推动国有资本和国有企业做强做优做大，提升企业核心竞争力"[1]，推进国有企业混合所有制改革，落实市场对资源的决定性配置的同时，不能忽略政府对资源配置的调控，不断提升国有企业全球竞争力，真正做强做优做大，实现自身高质量发展推动整体高质量发展，彰显中国特色制度优势，更好担当中华民族伟大复兴的崇高使命。

（一）以混合所有制改革为重要实现形式，持续提升企业国际竞争力

企业使命是企业存在的价值所在，是企业战略的出发点。企业通过战略实施实现资源的有效配置，最终实现企业使命。中国特色社会主义市场经济，既要落实市场对资源的决定性配置，又不能忽略政府对资源配置的调控。市场起决定性作用不是全部作用，不能弱化、忽视政府的积极作用。国有企业首先要明确社会主义性质，在这一前提下落实市场的决定性作用，但不是全部作用，这是必须加以明确的重要前提。推进国有企业混合所有制改革，必须促进国有企业有效融入市场，坚定市场对资源配置的决定作用，提高市场效率和竞争力，同时不能脱离政府的积极、科学调控，确保国有资产保值增值，积极推动市场决定性作用与政府积极作用有机结合，彰显中国特色和制度优越性。遵循市场经济规

---

[1] 习近平：《高举中国特色社会主义伟大旗帜 为全面建设社会主义现代化国家而团结奋斗——在中国共产党第二十次全国代表大会上的报告》，人民出版社2022年版，第29页。

律配置资源、追求经济利益最大化做强做优做大是其作为市场经济重要主体的基本逻辑，但这只是发展手段与方式，作为中国特色社会主义的国有企业更是推进国家现代化、保障人民共同利益的重要力量，必须更好地推动中国式现代化实现中华民族伟大复兴，这是我国国有企业的基本出发点和要求，是我国国有企业的根本使命也是崇高使命，这必然要求国有企业实现高质量发展转变，不断推动整体经济高质量发展。

党的二十大报告中强调了中国共产党的中心任务就是团结带领全国各族人民全面建成社会主义现代化强国、实现第二个百年奋斗目标，以中国式现代化全面推进中华民族伟大复兴，[①] 深刻阐述了这一"中国式"的中国特色、本质要求和重大原则。推进中国式现代化，必须实现高质量发展，这是首要任务也是本质要求。新时代，我国经济已实现高质量发展的重大转变，国有企业是推进高质量转变的生力军、主力军，必须充分发挥骨干、带动、领军作用，真正落实提质增效的要求。积极推进国有企业混合所有制改革，强化国有企业对推动高质量发展的支撑与引领，实现最广大人民共享发展成果推动全体人民共同富裕。

"生产力决定生产关系"是对马克思主义所有制理论的高度凝练。所有制是生产关系的核心，生产关系变化决定着所有制的变化。从发展实践看，中国特色社会主义市场改革包括了所有制改革和国有企业改革，企业之间通过生产要素市场实现要素的流动、互补和共融共生，通过市场高效配置要素。与此同时，还必须加强顶层设计，明确改革方向和目标，总体统筹谋划改革实际，突出国有经济主导优势，形成中国特色所有制结构，同时，国有企业混合所有制改革引入其他资本交叉持股，以实现企业间的资源整合融合，混合所有制改革逐渐衍化为深化国有企业改革的必然选择和形式。

马克思主义明确国有企业是公有制经济的重要表现形式，匹配的是高度发达的生产力水平。中国现实的生产力发展水平较低且发展不平衡不充分，与国有企业要求匹配的生产力水平尚有较大差距，国有企业实力不足，其竞争力、影响力和引领力有待提升和加强，决定了单一发展

[①] 习近平：《高举中国特色社会主义伟大旗帜　为全面建设社会主义现代化国家而团结奋斗——在中国共产党第二十次全国代表大会上的报告》，人民出版社2022年版，第21页。

国有企业是不可能的，也是不现实的，必须积极发展混合所有制经济，实现不同所有制性质的企业共存，在社会主义市场公平竞争环境下实现融合共生、价值共创，共同发展与繁荣，如此共同推动生产力的解放和发展，逐步提升中国特色社会主义生产力水平。1992年，邓小平同志在南方谈话中明确了评判改革成败是非的"三个有利于"标准，从社会主义生产力、社会主义国家综合国力、人民的生活水平三个方面进行评判。生产力标准是首位标准，解放生产力、发展生产力成为我国深化改革的根本要求和首要判断标准，这也必然同样是我国国有企业混合所有制改革的判断标准，因此，国有企业混合所有制改革的价值使命就是要进一步解放和发展生产力。

进入新时代，中国特色社会主义生产力总体水平显著提高，但发展不平衡不充分仍然无法匹配国有企业所要求的高度发达生产力水平，成为制约满足人民日益增长的美好生活需要的重要因素。这决定着新时代背景下，仍需不断推进国有企业混合所有制改革，推动改革不断深入和深化，不断落实不同所有制企业间的融合交流、协作共生、价值共创，建立健全中国特色现代国有企业制度。国有企业混合所有制改革能够实现共生、互生和再生，促进共同富裕（贺勇、李世辉，2022）。新时代要"理直气壮、坚定不移地做强做优做大"，确保其社会责任担当，强化其自主创新、破解瓶颈制约上的突破带动，激发动力、活力，不断增强实力和风险承受力，扩大自身的引领、控制和影响能力，有效提高质量和效率，培育、提升国有企业全球竞争力，在进一步解放和发展生产力中真正起到支撑和引领作用，更好发挥主导、示范、鼓励作用，不断激发非公有制企业的活力和创造力，实现更进一步的"国民共进"、融合交流、协作共生和价值共创，不断实现自身高质量转变，持续推进整体经济高质量发展，保障全体人民共享发展成果实现共同富裕，推动中国式现代化实现中华民族伟大复兴。

（二）做强做优做大国有企业，完善中国特色社会主义基本经济制度

社会主义初级阶段是我国当前乃至将来长期的基本国情，在这一基本国情下，生产力的发展水平还不足以支撑实现单一公有制经济形式，还必然要其他所有制经济加以辅助补充。在这一初级阶段，公有制与非公有制共存，是基本国情的必然要求和现实选择，都发挥积极作用，都

应该给予关注发展。国有企业混合所有制改革的前提和要求不能脱离我国基本经济制度，这要求国有企业必须发展壮大（綦好东等，2021）。在我国社会主义初级阶段的基本国情下，公有制经济与非公有制经济长期共存是必然也是必需的常态，公有制经济和非公有制经济要实现优势互补、融合共生，极力避免排斥内耗。必须探索基本经济制度的有效实现形式，坚持公有制主体地位，更好地鼓励、支持、引导非公有制经济。积极推进国有企业混合所有制改革，引导非公有制企业参与，各类市场主体齐心协力、团结合作，取长补短、优势互补，实现国有资本与其他资本交叉持股，相互融合、优势互补，这是经过长期实践探索的基本经济制度的有效实现形式，是落实公有制为主体，强化国有经济主导，能增强其竞争力，提升其控制力、影响力，激发其创新动力。

国有企业混合所有制改革要明确方向、立场和原则，必须彰显中国特色，不断推动社会主义事业不断前进，目的是要增强发展的生机活力。国有企业混合所有制改革是新时代国有企业深化改革的根本方向（王婷、李政，2020），是新时代国有企业、国资发展壮大的根本途径，必须做强做优做大。我国社会主义初级阶段的基本国情必须激发各方资本间齐心协力、协同共创、优势互补，彰显中国特色，使全体人民共享繁荣，增强获得感。

随着国有企业混合所有制改革的不断深化扩大以及市场化进程不断深入带来更多新的投资机会，公有资本与非公有资本不断融合、联合，国有企业公开股票市场上不断引入其他所有制资本、参股其他所有制企业，国有企业和非公有制企业产权结构不断完善，混合所有制经济充分展现了其市场活力。混合所有制改革对于国有企业、民营企业、外资企业是一个共同参与的机会，要秉持公开透明原则，不能搞"特殊"与"歧视"。国有企业混合所有制改革过程中要有效吸引非国有资本参与，吸引各类市场主体平等地、公平地进入"负面清单之外领域"，充分调动活力、创造力。国有企业混合所有制改革还必须警惕对国有资产的侵蚀，要增加对国有资产的督控力度，完善国资保护体系，防范国资流失，杜绝以各种原因和形式违法违规占用、吞蚀国有资产，要做强做优做大国有资本，提升国有企业全球竞争力。

推进国有企业混合所有制改革必须彰显中国特色，坚守社会主义底线，明确资本在社会主义市场中的定位，发挥资本重要生产要素的功能，确保其在社会主义市场中发挥积极作用，要发挥各类资本的积极作用，实现各类资本的健康发展和有效融合，正确处理资本和利益分配问题，坚持在按劳分配原则下确保参与混合所有制改革资本的增值和有序扩大，坚持人民共享发展成果，最终实现全体人民共同富裕。

推进国有企业混合所有制改革引入其他资本实现交叉持股、融合共生，完善国有企业运营实际，实现提质增效发展壮大，进而提升国有经济实力，增强其影响力、控制力，实现对非国有经济的有效引领和推动，激发其活力与创造力，进而融合发展、优势互补，如此，公有制主体地位得以更好体现和坚持。推进国有企业混合所有制改革，要坚定"两个毫不动摇"，实现不同市场主体优势互补、协同融合，实现"国民共进"、共创价值。

二 "国民共进"的企业混合所有制改革目标

推进国有企业混合所有制改革是新时代国有企业深化改革的根本方向和重要突破口，也是经过我国实践检验的现实有效路径探索，契合"有利于国有资本放大功能、保值增值、提高竞争力"① 这一国有企业改革的"三个有利于"标准。这一标准，确定了新时代深化国有企业改革判别的新标准。推进国有企业混合所有制改革必须牢牢坚持中国特色社会主义道路，坚持人民至上，贯彻新发展理念、维护公开透明的社会主义市场公平竞争环境、不断完善中国特色现代企业制度，提质增效，以人民为中心实现高质量发展，更好实现同市场经济相融合，兼顾国有企业自身效益、社会效益以及混合所有制改革参与企业效益，进一步解放和发展社会生产力，实现各类经济主体共同发展和繁荣，共享发展成果。

（一）坚持以人民为中心高质量发展的目标定位

国有企业，是中国特色社会主义的重要物质基础，更是其不能忽略弱化的政治基础。国有企业是推动经济增长的源泉，中国特色社会主义经济顺利发展必须由国有企业保障（洪银兴、桂林，2021）。国有企

---

① 《中共中央关于全面深化改革若干重大问题的决定》，人民出版社2013年版，第10页。

业，是振兴实体经济的主力军，起主导作用，是实现我国现代化建设的重要力量支撑，也是人民利益的重要保障力量。社会主义社会性质决定了人民是主人，是经济发展的力量源泉和决定主体。我国国有企业是社会主义企业，人民是国有企业的所有者，是国有企业发展的依靠，也是国有企业发展的出发点和落脚点，这决定了国有企业混合所有制改革必须实现高质量发展满足人民更多更好更高要求，逐步推动全体人民共同富裕。

国有企业混合所有制改革要实现创新驱动、提质增效，生产更多更好产品满足人民更多更高需要，坚定以人民为中心，广聚民心民智民力，全面调动激发积极性、主动性和创造性，牢记为了人民是改革发展的出发点和落脚点，改革发展靠人民去实现，由人民共享改革发展成果，不断夯实我国社会主义的重要物质基础和政治基础，充分彰显中国特色，显现制度优越性，保障和增强人民的获得感、幸福感、安全感，举全民之力做大中国特色社会主义事业"蛋糕"，全民共享分好"蛋糕"，推动最终实现全体人民共同富裕。

国有企业混合所有制改革必须明确"为了谁"。"为人民服务，担当起该担当的责任"，这是习近平总书记提出的执政理念，国有企业同样需要坚持这一理念。国有企业作为全民所有制的组织形式，是我国经济建设发展的重要基础，是我国公有制的重要实现形式和载体，也是公有制在微观层面的具体体现，直接决定着我国经济发展程度和发展方向性质，是推进经济高质量发展转变和中国式现代化的重要基础。国有企业存在和发展的根本目的和任务是为全体人民的根本利益而服务，实现人民共同利益，体现了人民的利益诉求，具有天然的人民属性。党和人民将国有资产交由国有企业经营管理，是对国有企业的信任与期许，坚定人民立场是推进国有企业混合所有制改革必须坚持的基本价值理念。

国有企业混合所有制改革必须明确"依靠谁"。人民是中国式现代化的根本力量，是我们党、国家、社会、企业赖以生存发展的依靠力量。新时代国有企业混合所有制改革依赖广大人民群众推动，要尊重人民创造、集中人民智慧，坚定以人民为依靠对象，牢记和切实履行全心全意依靠人民的宗旨方针，广聚民心民智民力，全面调动激发人民积极性、主动性和创造性，同广大人民群众携手全面推进高质量发展，共享发展成果促进共同富裕。

国有企业混合所有制改革必须明确"成果归属谁"。国有企业是中国共产党执政兴国的重要支柱,也是执政所不可或缺的依靠力量,国有企业改革必须回归人民属性,增强国有企业贯彻落实以人民为中心的自觉性与执行力,国有企业各级领导必须树立人民公仆意识和人民情怀,牢牢坚持为人民谋幸福,落实"人民有所呼、改革有所应"。坚定人民立场,厘清国有企业高质量发展是为了人民,依靠人民实现,由人民共享改革发展成果,公平公开透明分好发展"蛋糕",促进共同富裕。

推进国有企业混合所有制改革,要在完善社会主义市场经济体制的基础上更好实现国有企业同市场经济相融合,坚持社会主义基本经济制度(何瑛、杨琳,2021)。国有企业混合所有制改革必须形成多元化股权(黄群慧,2018)。国有企业混合所有制改革通过引入民营企业为主的社会资本,实现国有资本与社会资本的有效融合与优势互补(权锡鉴等,2020),形成多元化的股权结构,科学决策有效制衡的治理模式,建立健全现代企业制度,必须做强做优做大,以落实高质量发展推动中国式现代化逐步实现全体人民共同富裕的重要保障。在公平竞争环境和以人民为中心高质量发展内在需求的双重约束下,实现国有资本与民营资本有机融合,形成共生关系的利益联结体,促使不同参与主体形成命运共同体,在多方资源转化与交融的过程中实现价值共创。

(二)实现企业自身效益、混合所有制改革参与企业效益和社会效益相统一

发展混合所有制经济是我国社会主义市场经济体制改革的重要内容,促进了不同所有制主体间融合共生、优势互补、共同繁荣、提质增效,推进高质量发展,实现共享发展成果,促进共同富裕,建立健全协同发展内容体系(王欣、肖红军,2022)。国有企业混合所有制改革以"国民共进"为导向实现各利益主体融合协同、共创价值,是坚持人民至上推动国有企业高质量发展的目标定位与要求。

推进国有企业混合所有制改革,遵循市场经济规律配置资源,追求企业效益最大化做强做优做大,是其作为市场经济重要主体的基本逻辑。国有企业通过混合所有制改革一方面落实优化产业结构、升级改造产业链条、强化创新能力(任广乾等,2022),加强基础性研究,优化布局、

调整结构激发国有企业活力，提质增效，不断做强做优做大。另一方面通过引入非国有资本交叉持股、相互融合，实现国有企业股权多元化，促进不同所有制性质的资本主体发挥不同的市场作用，各类资本相互渗透融合，取长补短，实现资源的优化配置，并进一步促进治理结构的完善，实现有效市场化决策机制，提高效率，进而实现国有资产的保值增值、提高国有经济竞争力、放大国有资本功能，不断增强国有经济的主导作用，坚持权利平等、机会平等、规则平等原则和制度，实现混合所有制改革不同参与主体分享国有企业优势资源，共享改革发展红利，实现资源优势互补，互惠共生，也应重视不同主体间的资源匹配度。推进国有企业混合所有制改革必须贯彻新发展理念，健全现代企业制度，完善公司治理机制，确保混合所有制改革参与主体的权、责、利对称，促使不同所有制主体融合共生、齐心协力、相辅相成、相得益彰，推动参与混合所有制改革的异质资源转化交融、优势互补，不断激发参与主体的活力和创造力，实现"国民共进"、价值共创做大"蛋糕"，共享红利分好"蛋糕"。

追求企业效益不是国有企业的唯一逻辑，其国有的属性决定了国有企业还必须合理承担社会责任，以人民为中心积极推动经济高质量发展，发展成果由全民共享，促进共同富裕。推动国有企业高质量发展做强做优做大更好发挥主导、示范作用，积极鼓励、支持、引导非国有企业的健康发展，共同推动社会主义现代化的全面建设，保障人民的共同利益，兼顾社会效益的提升，彰显中国特色，进一步巩固公有制的主体地位、强化国有经济的主导力，更加坚定"两个毫不动摇"，实现不同市场主体优势互补、协同融合。混合所有制改革之后的国有企业，国有股东仍为控股股东，在促进国有企业提质增效的同时，必须确保国有企业合理承担社会责任，勇担中国特色社会主义使命，实现经济效益与社会效益相统一。

三 "国民共进"的企业混合所有制改革的实施主体

在国有企业混合所有制改革过程中，不同参与主体在关键性资源掌控、组织化程度及其表达、谈判能力等方面存在差异，参与主体间博弈力量呈现不均衡状态。国有资本与非国有资本存在着所有制机制差异，通过国有企业混合所有制改革实现不同所有制资本的融合，不同所有制资本必然有着不同的文化烙印和背景，参与混合所有制改革主体必然有着不同的经营理念、目标和诉求，通过混合所有制改革求同存异、取长补短、优势互补，形成融合共生的利益联结体和命运共同体，在多方资源转化与交融的过程中实现价值共创、"国民共进"。国有企业作为中国特色社会主义的重要物质基础和政治基础，其经营决策既要发挥市场配置资源的决定性作用，追求经济效益，同时必须发挥政府积极作用，承担合理社会责任。参与国有企业混合所有制改革的其他资本主市场属性决定了其利益诉求，通过发挥自身的活力和创造力推动国有企业不断提质增效。推进国有企业混合所有制改革，健全公司法人治理结构、改善提高经营管理水平、增强竞争实力提质增效的同时必须能够有利于国有资产保值增值、国有资本功能放大和国有经济竞争力的提高，还必须落实业务公开，吸引、支持和保障职工参与治理，有效实现工人阶级的积极能动性，激发其创新动力。真正重视工人阶级的主体地位，充分认识工人阶级的先进性，坚定不移、全心全意坚持工人阶级的领导，发挥其先进领导作用，完善健全现代企业制度，有效建立健全职工董事制度，有效建立健全职工监事制度，落实职工代表有效融入治理环节。着力培养高素质国有企业领导队伍，关心爱护、从严管理，建立职业经理人制度和长效激励约束机制强化国有企业高管的职业化管理。

（一）多元参与主体协同实现价值共创

推进国有企业混合所有制改革、发展混合所有制经济，就是通过不同资本间的交叉持股实现国有资本与其他资本相互融合，不同所有制资本在国有企业混合所有制改革领域内融合共生、优势互补、共创价值，推动国有企业完善现代企业制度、提高经营效率、合理承担社会责任、更好发挥作用，实现"国民共进"。以此为契机，国有企业的国有股东与非国有股东构建共生机制，形成利益相关体或利益共同体，实现融合共生、协同发展。不同所有制资本参与国有企业混合所有制改革，形成多元股权结构，促使公司法人治理结构不断健全与完善（李井林等，2022），运转协调、制衡有效，产生向心力，丰富和完善混合所有制改革国有企业不同所有制资本的共生共创功能。混合所有制改革国有企业的国有股东与非国有股东通过多元股权结构实现资源融合、优势互补；通过学习机制、信任机制实现锁定，异质性主体不断融合嵌入，持续发挥协同效应；融合共生、共创价值，弱化或消除相互排斥、相互抵消，平衡、增加当前效益及未来效益。非国有资本嵌入国有资本实现与国有资本的"嫁接"，形成稳定的共生机制，体现在治理机制中即非国有资本嵌入国有资本进而影响国有企业的治理机制，通过治理效应的取长补短、相辅相成以改善国有企业公司治理结构、提升治理效果，不同所有制资本求同存异、互惠共生、共创价值，实现"国民共进"。

国有企业混合所有制改革的多元股权结构形成了多元的股东身份，不同的股东身份意味着不同的背景与诉求，影响国有企业的股权制衡机制进而影响治理效果，制约混合所有制改革国有企业的价值创造。实现国有企业混合所有制改革"国民共进"目标，必须打破股东身份认知的局限，实现有效的股东身份转变。混合所有制改革后必须适应混合所有制改革国有企业的国有资本所有者角色，实现国有资本功能放大是其重要目标，要做好"管资产"向"管资本"的角色转变，减少行政干预。非国有股东参与国有企业混合所有制改革需要对国有企业的认知产生更大的认同感，通过合作融合减少偏见、顾虑与歧视，战略上认同新时代国有企业混合所有制改革的重要性，达到高度的股东身份认同。混合所有制改革国有企业的非国有股东享有平等的权利、机会、规则，是国有企业混合所有制改革的参与者，实现自身资本公平透明地进入公共领域、规模经济领域，借助国有企业信誉背书提升自身实力和盈利水平。不同所有制主体构成的多元股东需要加强股东身份的认同，基于信任、互助融合共生、共创价值，完善股权制衡机制，提升治理效果，共同推动国有企业高质量发展，共享发展成果。

（二）重塑收入分配制度践行共同富裕

国有企业，是中国特色社会主义的重要物质基础，更是其不能忽略弱化的政治基础。推进国有企业混合所有制改革必须强化国有企业的经济政治引领地位，做强做优做大更好发挥主导、示范作用，积极鼓励、支持和引导非公经济发展，实现其经济政治双重使命。通过引入非国有资本形成多元股权结构，认同国有企业经济政治定位，形成"国民共进"共识，推动高质量发展（范玉仙、张占军，2021），重塑收入分配制度促进共同富裕。国有企业混合所有制改革的经济政治使命主要体现为收入分配制度的重塑与完善，确保公平公正透明。混合所有制改革国有企业的不同所有制资本形成多元股权结构，确立了参与主体不同的财产权利，以此为基础保障不同所有制资本的剩余索取权，剩余利润的分配需要行政权力进行调节。通过宏观手段做好利润再分配，以保障实现社会福利最大化的国有企业混合所有制改革目标，其主要涉及的问题是政府如何有效利用调控手段将国有企业实现的利润在政府、企业和社会公众之间进行合理配比，达到兼顾效率的同时做到公平正义，实现社会福利最大化。通过宏观手段调节利润再分配主要聚焦于解决"不平衡不充分"的发展现状，进一步解放和发展生产力，不断满足人民美好生活需要，实现高质量发展推进共同富裕。

（三）发挥员工主体作用充分调动员工积极性

工人阶级是国有企业生存和发展的主体力量，是社会主义先进生产力的代表，决定了国有企业的先进性与主导性，是培育具有全球竞争力世界一流企业最坚实可靠的力量。工人阶级是国有企业生存和发展的主体力量，是社会主义先进生产力的代表，决定了国有企业的先进性与主导性。国有企业改革中要激发工人阶级积极性，确保主人翁地位，积极发挥劳模精神，保障职工群众的切身利益，落实其合法权益，确保劳动关系的和谐。推进国有企业混合所有制改革必须真正重视工人阶级的主体地位，充分认识工人阶级的先进性，充分调动工人阶级的积极性、主动性、创造性，尊重工人阶级的主人翁地位，不断激发其主人翁意识，发挥其先进领导作用，完善健全现代企业制度，落实职工代表有效融入治理环节。强化国有企业信息披露的格式化、标准化与及时性，力求以规范化、透明化、全过程的运作流程，减少因信息不对称产生的各类道德风险与逆向选择问题，贯彻全员参与、共创共治共享的公司治理理念，让更多的人民有机会、有能力参与到国有企业治理全过程。

（四）培养高素质高管团队弘扬企业家精神

"国有资产保值增值、国有经济竞争力提高、国有资本功能放大"是推动国有企业混合所有制改革的实现目标和判别标准，这要求必须着力培养国有企业高素质领导人员。国有企业是我国社会主义企业，是党和人民的依靠力量和支柱，是党和国家重大战略、决策、理念和方针得以贯彻实施的重要力量。国有企业的发展与完善必须为了人民，以人民利益和幸福为初心使命。推进国有企业混合所有制改革，必须对国有企业领导人员爱护与严管并重，培育职业化的国有企业领导人员，加强市场化、契约化管理全面推进国有企业领导人员职业化市场化进程，规范化选拔聘用机制，明确国有企业领导人员的责任、权利和义务，建立健全长效激励约束机制，健全现代企业制度，彰显中国特色，完善治理结构，确保运转协调，实现有效制衡，保证公平透明、精准明确，大力弘扬企业家精神，营造其发挥作用、实现价值、不断创新的社会氛围。

第三节 "国民共进"的企业混合所有制改革实施模式

国有企业，是我国公有制的重要实现形式和载体，也是公有制在微观层面的具体体现。国有企业做强做优做大是坚持和完善社会主义基本经济制度推动经济高质量发展实现中国式现代化的重要保障。国有企业通过混合所有制改革实现国有资本与民营资本有机融合，形成共生关系的利益联结体，促使不同参与主体形成命运共同体，在多方资源转化与交融的过程中实现价值共创、"国民共进"。国有企业混合所有制改革是要实现不同所有制企业间相互持股，实现国有资本与非国有资本的融合共生、健康发展、合作共赢。推进国有企业混合所有制改革必然要考虑企业不同的定位、功能和发展特点，采取不同的改革模式和路径。

一 "国民共进"推动企业混合所有制改革的模式选择

从全球层面看，目前混合所有制改革尚未有一种统一固定模式。而从我国现实情况看，我国国有企业分属于不同行业中，行业差异性必然使国有企业有着不同的定位，定位不同国有企业扮演的角色必然不同。推进国有企业混合所有制改革不能也无法囿于某一固定模式，必须充分分析其行业属性和功能特点，根据不同特点和特殊要求确定国有企业的不同类别，选择适宜的最优、最佳改革模式。

(一)整体上市模式

国有企业整体上市能够实现多途径的增资扩股，可以通过主业资产上市（拆分上市）、整体上市或多元业务独立上市等三种途径实现（李锦，2017）。

其一，主业资产上市。主业资产上市主要是将主营业务资产或相关资产（优质资产）进行重组改制，划入股份公司整体上市，其他相关资产（劣质资产）存留母公司不予上市，实质上属于拆分上市。主业资产上市模式有利于聚焦主业、提高经营效率，拓宽公司的融资渠道。但同时，也容易造成非主营业务边缘化，资产质量及盈利水平日趋降低，最终阻碍整体公司发展。主业资产上市模式主要适合诸如电力、铁路、石油、军工等混合所有制改革重点行业，公司资产庞大、业务多元，存在一定债务压力，并拥有盈利能力强、处在成长期的子公司或核心主营业务。

其二，整体上市。整体上市是相对于分拆上市提出的，是拆分上市的股份子公司反向收购母公司，最终实现集团整体上市。整体上市是为了解决分拆上市所暴露出来的弊端，往往适合母子公司存在同业竞争的集团。整体上市利于集团公司提升协同效应、规模效应，增强公司实力，扩大流通市值，利于优化资源配置，减少、规避不必要关联交易，能够促进公司治理结构的改善与完善（曾庆生、万华林，2013）。

其三，多元化业务独立上市。多元化业务分拆上市是多元化经营集团将多元业务逐步分拆并实现各自独立上市。多元化业务分拆上市模式比较适合进行多元化综合经营的大型、特大型企业集团，通过分拆独立上市有利于公司集中精力经营核心业务，分散公司风险，打造独立品牌，并将有助于降低公司负债水平，优化资本架构，但在这种模式下，各业务的分拆独立往往要长时间逐步实现，无法一步到位，需要母公司对新兴孵化企业长期提供一揽子支持，推动建立强大自研体系，确保拥有自我造血能力。

(二)引入战略投资者模式

引入战略投资者模式主要是混合所有制改革国有企业引入合适的非国有企业作为战略投资者，是较早期即采用的混合所有制改革模式。引入战略投资者模式通常又可以分为平台模式和非国有资本参与模式。平台模式，主要吸引多元非国有资本战略投资者参与。非国有资本参与模式，一般只注重单一非国有资本战略投资者。非国有资本的参与是国有企业混合所有制改革的基础和前提，其包括集体、民营、外资等资本。引入战略投资者模式通常比较适合规模较大、存量资产占比较大、产权结构比较单一的国有企业。这类国有企业本身资金有限甚至短缺无法有效扩大规模，内部力量也相对比较薄弱而无法有效扩股增量，只有通过引入有实力的、合适的战略投资者加以弥补。引入战略投资者、引入非国有资本增加资金、资产的同时，还能够使国有企业借鉴、获取、利用其先进的经验、理念、技术及成熟发达的渠道，实现国有企业自身不断创新，进而实现产业链再造和全球价值链提升（孙鲲鹏等，2021）。同时，国有企业混合所有制改革过程引入战略投资者，实现混合资本融合，形成多元股权结构，有效降低国有资本的持股比例，相应减少政府干预的同时增加了市场有效调节的力度，完善公司治理结构减少代理成本，不断实现国有企业经营管理水平的完善与提升（章卫东等，2019）。

（三）员工持股模式

员工持股模式主要是以股权激励等方式对企业现有员工进行奖励，构建激励相容框架积极谋求企业利益与员工利益相一致，形成利益共同体，提升员工积极性和企业经营效率。国有企业传统激励约束机制长期割裂企业与员工的利益认同导致激励不足，是国有企业混合所有制改革亟须解决的核心内容之一。开展员工持股是解决这一问题的重要选择，也是国有企业混合所有制改革的重要路径，能够联结员工与企业的共同利益，构建利益共同体。2014 年，《关于上市公司实施员工持股计划试点的指导意见》（证监会〔2014〕33 号）发布，上市公司可以根据员工意愿实施员工持股计划，通过合法方式使员工获得本公司股票并长期持有，股份权益按约定分配给员工。通过持股，员工作为股东参与经营决策、承担分享股权比例的风险和利润，增强所有者的责任意识，激发活力、提高效率。

2016 年，国务院国资委关于印发《关于国有控股混合所有制企业开展员工持股试点的意见》（国资发改革〔2016〕133 号）出台，强调了员工持股范围。参与持股人员应为在关键岗位工作并对公司经营业绩和持续发展有直接或较大影响的科研人员、经营管理人员和业务骨干，且与本公司签订了劳动合同。核心岗位员工持股是员工持股计划最青睐的分配对象，而这些核心岗位员工也是最希望能够持股体现其价值，同时受限新政策环境的约束，其本身价值无法得到市场有效体现，更愿意通过持股以弥补。核心员工持股模式可以促进收入分配机制不断改进，能够促进国有企业优化产业布局（黄群慧等，2014）。通过持股与企业利益休戚相关，构成利益共享体，核心岗位员工的积极性、创新能力被激发，进而增强国有企业活力，实现提质增效（于培友等，2022）。国有企业全民所有制的性质决定了国有企业广大职工主人翁的意识和地位，核心岗位员工持股与广大职工主人翁地位并不冲突，持股的核心岗位员工作为股东的同时也作为广大职工代表积极参与企业决策，推动以职工代表大会为代表的民主管理制度不断健全，代表职工有序参与国有企业公司治理，充分调动工人阶级的积极性、主动性、创造性。

（四）政府和社会资本合作（PPP）模式

PPP模式可追溯至20世纪90年代流行于欧洲公共基础设施领域、公共服务领域的公司合作伙伴关系，是政府和社会资本建立长期合作关系的一种模式。这一模式主要是政府和社会资本在公共产品、服务领域进行合作，采用特许经营方式在政府采购或招标单位设立特殊公司授予特许经营权，以政府设立的引导资金为杠杆吸引社会资本参与这些领域，充分激发非公有制经济的活力、创造力。政府通过所设立的特殊公司参与项目的决策、实施和监督，积极发挥作用的同时有效利用社会资本的资金、技术、市场和管理等方面的优势，降低项目风险，政府与社会资本间优势互补、协同融合实现双赢。

在我国社会主义市场经济中，往往由公益类国有企业提供公共产品或服务，同样需要推进公共产品、服务领域的国有企业混合所有制改革，更为典型的就是采用PPP模式，由政府和社会资本构建长期合作关系，实现国有资本与社会资本的相互融合、取长补短、共创价值，追求利润最大化目标的同时坚定承担合理的社会责任，实现社会效益与经济效益相兼顾。PPP模式通过引入社会资本，实现市场机制逐渐在公共产品、服务领域发挥作用并不断加以完善。在PPP模式下，参与的国有企业代表政府确保主导作用发挥，实现国有资本与社会资本的融合互补，缓解政府财政支出压力发挥社会资本经验、技术优势的同时保障政府对项目的控制力、主导作用，引导减少或消除社会资本主体重利益轻责任的外部性问题。

二 "国民共进"推动企业混合所有制改革的路径

国有企业混合所有制改革实现混合资本间交叉持股、相互融合，这一过程中不同所有制资本反复博弈最终达成双赢稳定可持续的权利和资源配置，形成多元化股权结构。股权结构是企业公司治理的基础，对国有企业异质性股东权利、资源配置起决定作用，关系着国有企业混合所有制改革模式的选择，进而影响其治理效果。国有企业混合所有制改革选择的模式不同，决定了资本间不同的融合方式，形成不同的多元股权结构和差异化的治理结构，决定和影响着国有企业的决策和价值实现。新一轮国有企业混合所有制改革开启以来，改革实践项目和案例日益丰富，为深化改革提供了可供借鉴的经验。

（一）培育开放包容的社会生态环境，实现各参与主体融合共生

国有企业混合所有制改革关乎我国经济能否实现高质量发展。推进国有企业混合所有制改革必须贯彻新发展理念，坚定社会主义市场经济的改革方向、完善社会主义市场经济体制，推动国有经济布局优化、结构调整、战略性重组，实现产业优化升级、提升全球价值链中的地位。坚持市场对资源配置发挥决定性作用的同时发挥政府积极作用，秉持开放包容的发展环境氛围，引导、鼓励、带动非国有企业共同推动中国特色社会主义经济高质量发展，建立健全中国特色现代企业制度，实现"国民共进"、融合共赢。

开放包容是国有企业混合所有制改革的关键，更是其本质要求。推进国有企业混合所有制改革，以包容精神实现国有资本、非国有资本相互融合、共创价值。注重内外联动是开放的本质，国有企业既要注重内部资源与外部资源的联动，也要注重国内市场与国际市场的联动，提高用好国际国内两个市场、两种资源的能力，着力提升开放合作的质量和水平，实现国有资本与非国有资本融合共生，正视不同所有制主体的合理利益诉求，求同存异、彼此包容，共生共赢、共创价值。推进国有企业混合所有制改革，要实现异质性资源的共生（魏钦恭，2022），注重培

育与健全开放包容的发展生态，建立与非国有企业间的相互信任，共同参与、协同融合，不断提升国有企业竞争力，推动高质量发展。

鼓励和吸引非国有战略投资者参与国有企业混合所有制改革，提高非国有企业的参与积极性，必须坚定使市场在资源配置中起决定性作用的定位，培育开放包容的市场环境与发展生态，破除发展过程中的制度障碍、资金制约等问题。国有企业与非国有企业同属平等市场主体，必然也必须遵循市场对资源配置起决定性作用，有序构建开放包容的市场生态，加快各类资源要素的高效流动，推动混合资源的有序结合。

国有企业混合所有制改革必须以我国基本经济制度为前提，必须坚定社会主义道路，彰显中国特色发挥制度优越性，积极落实市场对资源配置的决定性作用的同时，不能忽略政府的积极作用，对资源配置进行科学调控。政府积极作用的发挥需要政府有效治理，实现市场与党和政府的有机结合，持续提升公共建设水平、维护公平正义、促进共享，逐步实现共同富裕。政府要兼顾社会公平与经济效率对市场的失灵加以宏观调控，最大限度地化解利益分配不公平所可能诱发的各种社会矛盾，最终实现各利益主体公平、有效、积极参与国有企业混合所有制改革进程，促进国有资本与非国有资本融合共生（张宇霖等，2022）。推动市场对资源配置的决定性作用与政府积极作用有机结合，明晰产权、权责统一，持续培育和健全开放包容、运行有效的市场外部环境和公司内部环境，促进参与主体的有效性与积极性，促进共同发展，促进国资与非国资的融合共生，实现国有企业提质增效，真正体现和发挥中国特色社会主义制度优越性，建立健全"中国特色现代国有企业制度"，不断开创"国民共进"的新局面。

（二）引入高质量战略投资者，发挥协同效应推动价值共创

国有企业混合所有制改革过程中，战略投资者的参与放大国有资本功能的同时，在技术、资源、市场等方面相互融合，取长补短、相辅相成产生协同效应，最大限度发挥不同资本的资源优势，同时也会改变国有企业原有的运营、决策与治理模式，在资源整合过程中不断磨合，逐渐融合协同，共同推进国有企业提质增效，实现国有资本与非国有资本共赢，共创价值。战略投资者参与有利于推动混合所有制改革国有企业健全公司治理结构，使混合所有制改革成果具有可持续性，推动国有企

业提质增效高质量发展，实现"国民共进"、共创价值。

引入战略投资者参与国有企业混合所有制改革，还必须确保产权明晰，落实不同资本主体参与混合所有制改革的平等地位。产权清晰明确，这是所有制的核心，更是建立完善现代企业制度的根本要求。国有企业混合所有制改革必须以市场为导向，科学、有效、公平分配国有企业控制权，构建完善的现代公司治理框架，重视股权结构，切实保障国有企业混合所有制改革下的各类出资人的产权权益，并切实保障国有资本与非国有资本的平等权利，消除对国有资本的"歧视""特权"，保证不同性质资本的同股同权，同时也必须防止国有资本被弱化、边缘化，实现国有企业控制权分配的公平公正（姜凌、许君如，2018）。混合所有制改革国有企业要落实公平透明的运营管理，完善产权制度和股权结构，实现战略投资主体"无障碍"参与经营实际，确保多元化利益主体实质性参与治理，保障其合法有效权利。

推进国有企业混合所有制改革实现高质量发展，需要不断吸纳战略投资者参与国有企业混合所有制改革，强化国有企业引领作用的同时，增强对战略投资者的吸引力，激发其活力和创新动力，实现国有资本与非国有资本融合共生、协同创新、相得益彰，齐心协力推动经济高质量发展。战略投资者注重长期规划和回报，首先筛选能够推动国有企业高质量发展的战略投资者（苏继成、刘现伟，2022），明确其具备的优势，据此制定参与发展战略，以有效实现国有资本与非国有资本更好融合。国有企业混合所有制改革实现资源融合、聚合，能够释放协同效应（王斌，2021）。国有企业混合所有制改革引入战略投资者要合理、适度，要不断提升国有企业实力和竞争力，不能舍本逐末地对其过度依赖，要实现与其优势资源相互融合互补，最大化协同效应，稳定拓展规模，突破产业壁垒，形成多元化股权结构，完善公司治理，提升治理效果，推动高质量发展。

（三）优化资源整合与配置，完善混合所有制企业治理机制

通过国有企业混合所有制改革实现国有资本与非国有资本优势互补、融合共生，混合所有制改革后双方资源共享、相互合作产生协同效应实现价值共创的同时满足各参与主体的合理利益诉求，保障各参与主体合理收益分享。

国有企业混合所有制改革的重要理念是促进国有企业与非国有企业资源整合、优化配置，共同做大蛋糕，共同分好蛋糕，实现"国民共进"新局面。国有企业通过混合所有制改革与非国有企业优势互补，吸收资金、技术以及人才等方面的优势，实现有效整合和优化配置。混合所有制改革国有企业要充分了解参与混合所有制改革企业的利益需求，注重对其利益诉求进行回应，将各方利益主体纳入价值创造生态链中，将国有企业自身资源转化为公共、可获取的共享资源，给予非国有股东资源反馈，建立融合共生、价值共创的利益共享体。国有企业混合所有制改革实现不同资本间交叉持股、相互融合形成多元股权结构，形成异质性股东，并最终会影响高管团队的组成，构成异质性高管团队，促进混合所有制改革国有企业提质增效。应合理配置高管团队成员，充分考虑高管团队成员的异质性，发挥其异质性资源配置优势，降低企业的人力资本成本，使企业能通过理性决策应对复杂、动荡的外部环境，抓住机遇，迎接挑战。

国有企业混合所有制改革引入非国有资本，要发挥其制衡作用，完善公司治理机制，改善"一股独大"的股权结构。良好的治理是企业健康发展的基础，规范的治理结构对于保护国有资本具有重要意义。缺乏良好治理结构，可能出现参与主体勾结国有企业高管，谋求非法利益，致使国有资产流失的违规行为。国有企业混合所有制改革，必须优化治理模式，完善治理结构，有效发挥独立董事的制衡、监督作用，保障参与企业的利益诉求。建立健全合理的选任制度，优化董事会人员结构，提升董事会成员的认同度（高明华、刘波波，2022）。通过减少同派系董事相似性和不同派系董事间差异性，降低董事会断裂带程度，有效避免国有董事和非国有董事各自为营，增加异质性董事间的特征相似性与情感认同，凝聚董事成员向心力，增强两派董事提升企业治理效率、实现企业高质量发展的使命感。其中，需要董事长整合各方意见提高决策效率，应适当赋予股权多样性高的混合所有制改革国有企业董事长更大的权力；股权深入性和制衡度高的混合所有制改革国有企业，应充分发挥非国有董事和国有董事的协同治理，减少董事长集权，避免董事长倾向于国有股东的利益，通过其个人掌握的权力做出有损非国有股东利益的决策。混合所有制国有企业引入非国有资本促进企业进一步优化公司治理机制，通过合理的多元股权结构促使异质性高管成员发挥异质资源的配置优势，以混促改推动国有企业治理现代化，不断提升混合所有制改革国有企业的治理效果，实现"国民共进"、价值共创，推进高质量发展，共享改革及发展红利。

（四）推动分类分层混合所有制改革，实现混合所有制企业治理现代化

混合所有制改革模式不同，形成的股权结构也不同，由此形成的公司治理机制也具有差异性。不同国有企业要匹配合适的混合所有制改革模式，发挥积极作用（徐伟等，2020）。国有企业自身所处行业性质、本身生命周期、组织架构等方面的差异性决定了国有企业混合所有制改革不可能千篇一律，选择混合所有制改革模式时要分类研究，落实"一企一策"，不能"一刀切"。分类、分层实施混合所有制改革，已成为新一轮国有企业混合所有制改革的重要方向。针对不同混合所有制改革企业的发展差异，选择不同的混合所有制改革措施和模式。竞争性国有企业混合所有制改革主要目的在于提高盈利能力，而垄断性国有企业混合所有制改革的主要目的则是追求经济效益的同时注重社会效益。政府需要根据不同目标、类型，有针对性地实施国有企业混合所有制改革计划。政府在国有企业混合所有制改革过程中，针对不同类型的混合所有制改革企业实施差异化的战略支持。

对于相同行业背景的混合所有制改革双方要通过政策引导帮助双方整合优势产业，聚焦产业升级优化；对于不同行业背景的混合所有制改革双方，要注重给予相应的政策便利优势，帮助双方打破行业壁垒，建立多元化的产业结构。对于高新技术国有企业混合所有制改革，政府在增加扶持力度的同时，要鼓励改变陈旧观念，既要敢于吸引非国有资本进入，重视非国有资本作用的发挥，争取实现双方技术和经验共享，提升混合所有制改革效率；对于传统国有企业混合所有制改革，要继续发扬以往混合所有制改革成功的经验，扩大混合所有制改革规模，不仅注重"混"，更要体现"改"，应赋予非国有股东更大的话语权，充分发挥多元化股权治理的协同效应。市场化程度不同，混合所有制改革政策也应不同。相比于市场化程度低的地区，市场化程度高的地区国有企业混合所有制改革效率较好，应该在市场化程度更高的地区大力推进国有企

业混合所有制改革，在高市场化省份设立更多的国有企业混合所有制改革试点。对于市场化程度低的地区，政府应减少行政干预，持续完善外部制度环境，鼓励主动借鉴高市场化区域混合所有制改革国有企业的成功经验，应用其成熟的治理模式，提升企业治理效率。

参考文献

一 中文文献

白永秀、赵勇:《企业同质性假设、异质性假设与企业性质》,《财经科学》2005年第5期。

蔡贵龙、柳建华、马新啸:《非国有股东治理与国企高管薪酬激励》,《管理世界》2018年第5期。

蔡贵龙、郑国坚、马新啸、卢锐:《国有企业的政府放权意愿与混合所有制改革》,《经济研究》2018年第9期。

蔡明荣、王毅航:《混合所有制改革、政策性负担与国企技术效率——来自高技术企业的证据》,《产业经济研究》2022年第2期。

曹越、孙丽、郭天枭、蒋华玲:《"国企混改"与内部控制质量:来自上市国企的经验证据》,《会计研究》2020年第8期。

常修泽:《新阶段国企发展混合所有制经济的推进方略研究》,《经济社会体制比较》2017年第6期。

车嘉丽、陈赞宇:《混合股权对高管薪酬粘性的影响研究——基于混合所有制改革的分析》,《广东财经大学学报》2021年第4期。

陈宝明编著:《国有企业之路:英国》,兰州大学出版社1999年版,第43—45页。

陈良银、黄俊、陈信元:《混合所有制改革提高了国有企业内部薪酬差距吗》,《南开管理评论》2021年第5期。

陈良银、黄俊、陈信元:《混合所有制改革与会计师事务所选择——来自国有上市公司的经验证据》,《会计研究》2021年第7期。

陈林、陈焕然:《发展混合所有制经济的路径选择——基于"双向混改"

模式的讨论》,《学术研究》2021年第5期。

陈林、唐杨柳:《混合所有制改革与国有企业政策性负担——基于早期国企产权改革大数据的实证研究》,《经济学家》2014年第11期。

陈瑶、余渡:《控制链混合所有制改革的经济后果研究——基于企业治理与效率的视角》,《经济管理》2022年第8期。

陈颖、吴秋明:《中国混合所有制企业公司治理特殊性及治理效率的实证研究》,《经济体制改革》2018年第4期。

陈昭、刘映曼:《政府补贴、企业创新与制造业企业高质量发展》,《改革》2019年第8期。

陈忠卫、常极:《高管团队异质性、集体创新能力与公司绩效关系的实证研究》,《软科学》2009年第9期。

成琼文、赵艺璇:《企业核心型开放式创新生态系统价值共创模式对价值共创效应的影响——一个跨层次调节效应模型》,《科技进步与对策》2021年第17期。

程承坪、邱依婷:《所有制歧视的政治经济学分析——兼论国有企业混合所有制改革》,《学习与探索》2016年第4期。

程恩富、鄢杰:《评"国有经济退出竞争领域"论》,《管理学刊》2012年第3期。

程霖、严晓菲:《中国国有企业股份制改革思想的演进与创新》,《财经研究》2021年第12期。

崔之元:《重庆实验的三个理论视角:乔治、米德与葛兰西》,《开放时代》2011年第9期。

代飞:《国有企业高管政治关联、公司治理与企业价值——基于董事长、总经理个人动机的视角》,《云南财经大学学报》2018年第2期。

代飞:《资本管理视角下央企混合所有制改革效应研究》,《武汉理工大学》2019年第7期。

邓大才、王墨竹:《非正式制度与治理:一个比较研究框架——前沿理论、中国实践与研究前景》,《理论探讨》2023年第1期。

邓沛琦:《中英混合所有制经济模式比较研究》,《武汉大学》2017年第3期。

邓新明、罗欢、龙贤义、邱雯韵、舒梅、张凌云、黄健锋:《高管团队异质性、竞争策略组合与市场绩效——来自中国家电行业的实证检验》，《南开管理评论》2021 年第 4 期。

狄灵瑜、步丹璐：《混合所有制改革制度背景下异质性大股东对企业创新投入的影响——基于国有企业和非国有企业的比较分析》，《研究与发展管理》2021 年第 4 期。

董俊武：《企业的本质、性质与企业成长的理论研究》，《武汉理工大学》2005 年第 2 期。

董梅生、洪功翔：《中国混合所有制企业股权结构选择与绩效研究》，《上海经济研究》2017 年第 3 期。

杜媛、孙莹、王苑琢：《混合所有制改革推动资本管理创新和营运资金管理发展——中国企业营运资金管理研究中心协同创新回顾及 2014 年论坛综述》，《会计研究》2015 年第 1 期。

杜运潮、王任祥、徐凤菊：《国有控股上市公司的治理能力评价体系——混合所有制改革背景下的研究》，《经济管理》2016 年第 11 期。

杜运周、刘秋、程建青：《什么样的营商环境生态产生城市高创业活跃度？——基于制度组态的分析》，《管理世界》2020 年第 9 期。

段远刚：《在国有企业混合所有制改革中防范国有资产流失》，《前线》2017 年第 9 期。

樊纲、王小鲁、马光荣：《中国市场化进程对经济增长的贡献》，《经济研究》2011 年第 9 期。

范玉仙、张占军：《混合所有制股权结构、公司治理效应与企业高质量发展》，《当代经济研究》2021 年第 3 期。

方明月、孙鲲鹏：《国企混合所有制能治疗僵尸企业吗？——一个混合所有制类啄序逻辑》，《金融研究》2019 年第 1 期。

丰雷、江丽、郑文博：《认知、非正式约束与制度变迁：基于演化博弈视角》，《经济社会体制比较》2019 年第 2 期。

冯慧群、郭娜：《非国有股东超额委派董事能否提高会计信息质量？——基于国企混改背景》，《会计研究》2021 年第 5 期。

冯路、张泠然、段志明：《混合所有制改革下的非国有股东治理与国企创新》，《中国软科学》2021 年第 3 期。

甘小军、潘永强、甘小武：《国有企业混合所有制改革研究》，《湖北社会科学》2018 年第 8 期。

高杰、余渡、逯东：《从"混"到"改"：国有股参与民营企业治理的技术创新效应》，《财经科学》2022 年第 10 期。

高明华、郭传孜：《混合所有制发展、董事会有效性与企业绩效》，《经济与管理研究》2019 年第 9 期。

高明华、刘波波：《董事会治理是否促进了国有企业混合所有制改革？》，《上海经济研究》2022 年第 5 期。

耿新、王象路：《独立董事网络嵌入对企业多元化战略的影响研究——冗余资源和环境不确定的调节作用》，《研究与发展管理》2021 年第 5 期。

古家军、胡蓓：《TMT 知识结构、职业背景的异质性与企业技术创新绩效关系——基于产业集群内企业的实证研究》，《研究与发展管理》2008 年第 2 期。

郭冰、刘坤：《股权结构、激励约束机制与企业效率——基于 A 股国有控股上市公司的实证检验》，《经济问题》2022 年第 3 期。

郭于玮、马弘：《混合所有制中的股权结构与企业全要素生产率》，《经济学报》2016 年第 2 期。

韩卓辰：《混合所有制企业股权激励研究——以中国联通混合所有制改革为例》，《当代经济研究》2020 年第 12 期。

郝书辰、陶虎、田金方：《不同股权结构的国有企业治理效率比较研究——以山东省为例》，《中国工业经济》2011 年第 9 期。

郝阳、龚六堂：《国有、民营混合参股与公司绩效改进》，《经济研究》2017 年第 3 期。

郝云宏、汪茜：《混合所有制企业股权制衡机制研究——基于"鄂武商控制权之争"的案例解析》，《中国工业经济》2015 年第 3 期。

何锦安、彭方平、谢秀英：《混合所有制改革、政治关联与企业创新——基于双重/无偏机器学习方法》，《科技管理研究》2022 年第 11 期。

何瑛、杨琳：《改革开放以来国有企业混合所有制改革：历程、成效与展望》，《管理世界》2021 年第 7 期。

何召鹏：《"国民共进"的政治经济学分析》，《政治经济学评论》2022 年第 2 期。

何自力：《发展混合所有制经济是新形势下坚持公有制主体地位的重要途径》，《求是》2014年第18期。

贺勇、李世辉：《异质资本的多维嵌入与价值共生——国企混改的组织生态学》，《会计研究》2022年第7期。

洪功翔、顾青青、董梅生：《国有经济与民营经济共生发展的理论与实证研究——基于中国2000—2015年省级面板数据》，《政治经济学评论》2018年第5期。

洪银兴、桂林：《公平竞争背景下国有资本做强做优做大路径——马克思资本和市场理论的应用》，《中国工业经济》2021年第1期。

胡加明、吴迪：《股权结构与企业绩效之谜》，《东岳论丛》2020年第10期。

胡磊、李震林、张强：《混改背景下国有企业股权性质变化对企业创新效率的影响》，《财经理论与实践》2022年第2期。

胡楠、王昊楠、邱芳娟：《CEO超额薪酬与竞争战略的匹配研究》，《经济管理》2021年第10期。

胡亚飞、苏勇：《中国情境下的国有企业混合所有制改革研究：以宋志平的管理实践之道为例》，《管理学报》2020年第3期。

胡艳、陈肖兰、张坤、周桐碧：《混合所有制、董事会效率与企业非效率投资》，《投资研究》2020年第6期。

胡叶琳、黄速建、施怡：《论更高水平的国有企业混合所有制改革》，《山东大学学报》（哲学社会科学版）2023年第1期。

胡叶琳、黄速建：《再论中国国有企业的性质与功能》，《经济管理》2022年第12期。

郁志坚、李怀祖：《企业的资本性质与产权制度安排》，《山西财经大学学报》2006年第1期。

黄春蕾：《对西方资本主义国家从国有化到私有化的再认识》，《当代财经》2001年第4期。

黄登仕、祝晓斐：《高管团队任职背景与企业经营绩效的影响研究——基于民营企业上市公司经验数据》，《经济体制改革》2016年第1期。

黄群慧、王佳宁：《国有企业改革新进展与趋势观察》，《改革》2017年第5期。

黄群慧：《新时代国企能成为世界一流企业》，《国企管理》2018年第2期。

黄群慧、余菁：《国有企业改革的进程、效率与未来方向》，《南京大学学报》（哲学·人文科学·社会科学）2019年第1期。

黄群慧、余菁、王欣、邵婧婷：《新时期中国员工持股制度研究》，《中国工业经济》2014年第7期。

黄少安：《国有企业改革40年：阶段演化、理论总结与未来思考》，《江海学刊》2018年第5期。

黄速建、刘美玉、张启望：《竞争性国有企业混合所有制改革模式选择及影响因素》，《山东大学学报》（哲学社会科学版）2020年第3期。

黄速建、任梦、张启望：《竞争性行业混改中国有资本控制人持股比例与企业绩效》，《经济管理》2021年第3期。

黄速建、肖红军、王欣：《竞争中性视域下的国有企业改革》，《中国工业经济》2019年第6期。

黄速建：《中国国有企业混合所有制改革研究》，《经济管理》2014年第7期。

黄蕙舟、王维：《大股东持股比例与企业金融化："监督"还是"合谋"》，《财会月刊》2022年第2期。

黄越、杨乃定、张宸璐：《高层管理团队异质性对企业绩效的影响研究——以股权集中度为调节变量》，《管理评论》2011年第11期。

霍晓萍、孟雅楠、林红英：《混合所有制企业异质资源协同的空间关联与投资效率研究》，《商业研究》2021年第2期。

姬怡婷、陈昆玉：《股权混合主体深入性、高管股权激励与创新投入——基于国有混合所有制上市公司的实证研究》，《科技进步与对策》2020年第16期。

季晓楠：《发展混合所有制经济仍面临诸多障碍》，《中国企业报》2014年第1期。

简新华：《必须正确认识和合理推进国有企业的混合所有制改革——不能过分强调混合所有制改革的作用》，《财经科学》2017年第12期。

江剑平、葛晨晓、朱雪纯：《国有经济与民营经济协同发展的理论依据与实践路径》，《西部论坛》2020年第2期。

姜付秀、伊志宏、苏飞、黄磊：《管理者背景特征与企业过度投资行为》，《管理世界》2009年第1期。

姜凌、许君如：《新时代我国国有企业混合所有制改革路径探究——基于全球化时代市场经济的视角》，《四川大学学报》（哲学社会科学版）2018年第5期。

姜涛：《规制环境、组织特征与企业效率》，《管理学报》2013年第3期。

蒋煦涵：《国有企业混改的股权制衡机制研究——基于东航物流和延长壳牌的双案例分析》，《当代财经》2022年第11期。

金碚：《新常态下国企改革与发展的战略方向》，《北京交通大学学报》（社会科学版）2015年第2期。

剧锦文：《改革开放40年国有企业所有权改革探索及其成效》，《改革》2018年第6期。

康纪田、刘卫常：《现代产权二元分置的理论与制度价值》，《改革与战略》2020年第3期。

赖妍、刘小丽：《高管海外背景、注意力配置与企业社会责任信息披露》，《金融与经济》2022年第2期。

乐云、万静远、张艳：《高管团队异质性、政府支持与重大工程绩效》，《科研管理》2021年第8期。

黎文飞、马新啸、蔡贵龙：《混合所有制改革、公司治理与国有企业分红》，《会计与经济研究》2020年第4期。

李春玲、袁润森、李念：《非实际控制人董事会权力与国企战略变革》，《科学学与科学技术管理》2021年第8期。

李东升、杜恒波、唐文龙：《国有企业混合所有制改革中的利益机制重构》，《经济学家》2015年第9期。

李东升、闵雪、刘丹：《组织冗余对企业并购频率的影响——兼论市场化程度和产权性质的调节效应》，《财会月刊》2021年第15期。

李东升、杨荣：《董事会内在特征与上市企业绩效——基于董事会资本与董事会独立性状态视角》，《首都经济贸易大学学报》2020年第2期。

李东升、姚娜娜、余振红：《国有企业混合所有制改造中股东间利益博弈分析》，《经济与管理研究》2017年第2期。

李东升、姚硕、刘丹、吴楠：《参股企业治理组态效应对混改国企绩效的影响——基于模糊集定性比较方法》,《财会月刊》2023 年第 6 期。

李海霞:《CEO 权力、风险承担与公司成长性——基于我国上市公司的实证研究》,《管理评论》2017 年第 10 期。

李红阳、邵敏:《私人资本参与、政策稳定性与混合所有制改革的效果》,《经济学》(季刊)2019 年第 4 期。

李怀、邓韬:《制度变迁的主体理论创新及其相关反应研究》,《经济学家》2013 年第 9 期。

李建标、王高阳、李帅琦、殷西乐:《混合所有制改革中国有和非国有资本的行为博弈——实验室实验的证据》,《中国工业经济》2016 年第 6 期。

李锦:《当前国企混合所有制改革势态与模式(上)》,《现代国企研究》2017 年第 13 期。

李井林:《混合所有制改革有助于提升国有企业投资效率吗?》,《经济管理》2021 年第 2 期。

李井林、阳镇、陈劲:《混合所有制改革与国有企业创新:基于质与量双重视角的考察》,《经济社会体制比较》2022 年第 4 期。

李井林、阳镇、陈劲:《混合所有制改革与国有企业社会责任——基于量与质双重视角的考察》,《上海经济研究》2021 年第 11 期。

李莉、吕晨、于嘉懿:《高校独董与民营上市公司绩效——"行监坐守"与"将伯之助"》,《管理评论》2018 年第 1 期。

李蒙、李秉祥、李明敏:《国有控股混合所有制企业股东控制权配置优化研究》,《经济体制改革》2021 年第 2 期。

李敏、夏思宇:《高管团队异质性、行业背景与企业创新绩效的元分析》,《安徽大学学报》(哲学社会科学版)2022 年第 4 期。

李明娟、金海钰:《股权结构、公司治理与国有企业资本配置效率——基于混合所有制改革背景》,《哈尔滨商业大学学报》(社会科学版)2020 年第 3 期。

李明敏、李秉祥、惠祥:《混合所有制企业资源异质股东共生关系形成机理——以中国联通混改方案为例》,《经济学家》2019 年第 6 期。

李明敏、李秉祥、惠祥:《异质股东控制权配置对企业混改绩效的影响——基于股东资源与治理结构双视角》,《预测》2020 年第 1 期。

李善风、蔡攸敏、王今朝：《新时代混合所有制改革的目标、推进速度与模式探索——基于契约视角和中外历史及现实经验的思考》，《西部论坛》2019 年第 4 期。

李姝、李丹：《非国有股东董事会权力能促进国企创新吗？》，《外国经济与管理》2022 年第 4 期。

李双燕、苗进：《差异化股权制衡度、行业异质性与全要素生产率——基于混合所有制企业的证据》，《经济管理》2020 年第 1 期。

李维安、郝臣、崔光耀、郑敏娜、孟乾坤：《公司治理研究 40 年：脉络与展望》，《外国经济与管理》2019 年第 12 期。

李维安、王世权：《利益相关者治理理论研究脉络及其进展探析》，《外国经济与管理》2007 年第 4 期。

李伟、张峰、李东升：《国有企业混合所有制改革国际比较及启示——以英国、俄罗斯为例》，《山东工商学院学报》2020 年第 6 期。

李文贵、邵毅平：《产业政策与民营企业国有化》，《金融研究》2016 年第 9 期。

李文贵、余明桂、钟慧洁：《央企董事会试点、国有上市公司代理成本与企业绩效》，《管理世界》2017 年第 8 期。

李向荣、张洪宝：《混合所有制改革与国企绩效提升——兼论国企的二次混改》，《经济问题》2021 年第 12 期。

李小青、贾岩冰、陈阳阳：《"混改"国企股权结构、董事会配置与创新绩效》，《科技进步与对策》2020 年第 12 期。

李小青、周建：《董事会群体断裂带对企业战略绩效的影响研究——董事长职能背景和董事会持股比例的调节作用》，《外国经济与管理》2015 年第 11 期。

李秀萍、付兵涛、郭进：《数字金融、高管团队异质性与企业创新》，《统计与决策》2022 年第 7 期。

李亚兵、夏月、赵振：《数字时代制度压力对零售企业商业模式创新影响研究——基于资源基础理论动态观》，《软科学》2022 年第 10 期。

李跃平：《回归企业本质：国企混合所有制改革的路径选择》，《经济理论与经济管理》2015 年第 1 期。

李增福、云锋、叶永卫：《非控股股东可能"掏空"企业吗？——基于国有企业混合所有制改革的研究》,《产业经济评论》2022 年第 3 期。

李震林、刘晓剑、张强:《混改背景下上市公司规模及绩效的动态演变》,《数量经济技术经济研究》2021 年第 5 期。

李政、艾尼瓦尔:《新时代"国民共进"导向的国企混合所有制改革:内涵、机制与路径》,《理论学刊》2018 年第 6 期。

连燕玲、刘依琳、高皓、罗昆:《治理机制的改善起到了修复作用吗?——基于败德行为与组织经营绩效关系的研究》,《外国经济与管理》2019 年第 7 期。

梁上坤、徐灿宇、司映雪:《混合所有制程度与公司违规行为》,《经济管理》2020 年第 8 期。

梁上坤、徐灿宇、王瑞华:《董事会断裂带与公司股价崩盘风险》,《中国工业经济》2020 年第 3 期。

梁上坤、徐灿宇、赵刚:《董事会断裂带与高管私有收益》,《经济科学》2021 年第 1 期。

梁永福、王凤生、陈林:《混合所有制改革:上缴红利、转移支付与社会福利效应》,《管理评论》2020 年第 12 期。

廖冠民、沈红波:《国有企业的政策性负担:动因、后果及治理》,《中国工业经济》2014 年第 6 期。

林峰、付强:《混合所有制股权结构未能有效改善行政垄断企业绩效的原因探究》,《企业经济》2018 年第 7 期。

林润辉、李飞、薛坤坤:《管家还是代理人?——CEO 角色与企业国际化战略》,《管理工程学报》2021 年第 3 期。

林毅夫、文永恒、顾艳伟:《国有企业与经济增长:基于基础设施的视角》,《社会科学辑刊》2022 年第 6 期。

刘冰:《俄罗斯"私有化"进程评析》,《山东大学学报》(哲学社会科学版) 2001 年第 5 期。

刘灿、韩文龙:《国企改革的困境及出路:基于动态关系治理的新视角》,《当代经济研究》2014 年第 2 期。

刘灿、王越子:《企业权力性质的历史唯物主义解读》,《经济学家》2007 年第 6 期。

刘春、李善民、孙亮:《独立董事具有咨询功能吗?——异地独董在异地并购中功能的经验研究》,《管理世界》2015年第3期。

刘丹、崔金玲:《价值共创视角下国企混改的现实困境破解分析》,《齐鲁珠坛》2023年第4期。

刘丹、李伟、李东升、王群铸:《混改国企股权结构、董事会断裂带与治理效率》,《财会月刊》2023年第14期。

刘丹、张峰、李东升:《绩效落差、高管团队断裂带与企业战略变革——来自信息技术企业的证据》,《华东经济管理》2022年第10期。

刘凤朝、默佳鑫、马荣康:《高管团队海外背景对企业创新绩效的影响研究》,《管理评论》2017年第7期。

刘汉民、齐宇、解晓晴:《股权和控制权配置:从对等到非对等的逻辑——基于央属混合所有制上市公司的实证研究》,《经济研究》2018年第5期。

刘戒骄、王德华:《所有制结构创新与民营经济发展》,《财经问题研究》2019年第7期。

刘莉、任广乾、孙丰铭:《混合所有制改革、国有股比例与企业价值》,《经济体制改革》2021年第1期。

刘宁、张洪烈:《宜控还是宜参?国有股权与民营企业双元创新:逆向混改视角》,《科技进步与对策》2022年第18期。

刘瑞明:《国有企业如何拖累了经济增长:理论与中国的经验证据》,复旦大学,博士学位论文,2011年。

刘诗源、林志帆、冷志鹏:《税收激励提高企业创新水平了吗?——基于企业生命周期理论的检验》,《经济研究》2020年第6期。

刘伟:《发展混合所有制经济是建设社会主义市场经济的根本性制度创新》,《经济理论与经济管理》2015年第1期。

刘新民、于文成、王垒:《不同股权类型制衡度对国有企业双重任务的影响分析》,《系统工程》2017年第10期。

刘新民、郑润佳、王垒:《机构投资者持股与股权制衡对央企效率的治理效应》,《现代财经》(天津财经大学学报)2016年第10期。

刘迎秋:《新时期、新阶段中国民营经济大发展:机遇、挑战与对策》,《社会科学战线》2013年第12期。

刘运国、郑巧、蔡贵龙:《非国有股东提高了国有企业的内部控制质量吗？——来自国有上市公司的经验证据》，《会计研究》2016 年第 11 期。

刘志成：《要素市场化配置的主要障碍与改革对策》，《经济纵横》2019 年第 3 期。

柳学信、曹晓芳：《混合所有制改革态势及其取向观察》，《改革》2019 年第 1 期。

柳学信、王喆、张宇霖、牛志伟：《我国国有企业竞争中立制度框架及其改革路径》，《经济理论与经济管理》2022 年第 1 期。

卢俊、仝荣伟、叶佳敏：《我国国有企业混合所有制改革的问题及对策——基于中信国安集团案例的研究》，《经济体制改革》2015 年第 5 期。

逯东、付鹏、杨丹：《媒体类型、媒体关注与上市公司内部控制质量》，《会计研究》2015 年第 4 期。

逯东、黄丹、杨丹：《国有企业非实际控制人的董事会权力与并购效率》，《管理世界》2019 年第 6 期。

吕新军：《股权结构、高管激励与上市公司治理效率——基于异质性随机边界模型的研究》，《管理评论》2015 年第 6 期。

罗党论、刘晓龙：《政治关系、进入壁垒与企业绩效——来自中国民营上市公司的经验证据》，《管理世界》2009 年第 5 期。

罗福凯、庞廷云、王京：《混合所有制改革影响企业研发投资吗？——基于我国 A 股上市企业的经验证据》，《研究与发展管理》2019 年第 2 期。

罗宏、黄婉：《多个大股东并存对高管机会主义减持的影响研究》，《管理世界》2020 年第 8 期。

罗昆、李亚超：《国有企业党组织治理与监管问询——来自内部治理问询函的经验证据》，《财经研究》2022 年第 12 期。

马英娟：《政府治理模式的变革与监管机构的产生——一种历史性分析》，《公法研究》2007 年第 1 期。

马骏：《关于"国进民退"的初步分析》，《浙江学刊》2013 年第 1 期。

马连福、杜博：《多元股东决策权配置：行为逻辑与路径策略——基于万科集团的案例研究》，《管理评论》2019 年第 10 期。

马连福、王丽丽、张琦:《混合所有制的优序选择:市场的逻辑》,《中国工业经济》2015年第7期。

马连福、张晓庆:《非国有股东委派董事与国有企业双元创新——投资者关系管理的调节作用》,《经济与管理研究》2021年第1期。

马新啸、汤泰劼、蔡贵龙:《非国有股东治理与国有企业去僵尸化——来自国有上市公司董事会"混合"的经验证据》,《金融研究》2021年第3期。

马新啸、汤泰劼:《要素市场化配置与国有企业混合所有制改革——基于商品市场一体化的视角》,《经济评论》2022年第6期。

马新啸、汤泰劼、郑国坚:《非国有股东治理与国有企业的税收规避和纳税贡献——基于混合所有制改革的视角》,《管理世界》2021年第6期。

马新啸、汤泰劼、郑国坚:《国有企业混合所有制改革与人力资本结构调整——基于高层次人才配置的视角》,《财贸经济》2020年第12期。

马勇、王满、马影:《非国有股东参与治理能提升国企并购绩效吗?》,《管理评论》2022年第7期。

马勇、王满、马影、彭博:《非国有大股东影响国企审计师选择吗?》,《审计与经济研究》2019年第2期。

马勇、王满、彭博:《非国有股东委派董事对国企并购绩效的影响研究》,《现代财经》(天津财经大学学报)2020年第5期。

马宗国、曹璐:《制造企业高质量发展评价体系构建与测度——2015—2018年1881家上市公司数据分析》,《科技进步与对策》2020年第17期。

毛宁、杨运杰、尹志锋:《"单向混改"还是"双向混改"?——民营企业混合所有制改革路径选择对企业创新的影响》,《经济管理》2023年第1期。

毛新述:《国有企业混合所有制改革:现状与理论探讨》,《北京工商大学学报》(社会科学版)2020年第3期。

倪宣明、贺英洁、彭方平、欧明青:《混合所有制改革对国有企业盈利水平影响及作用路径研究》,《管理评论》2022年第2期。

牛枫、张刘臻、肖作平:《国有股权参股对民营企业风险承担水平的影响——基于上市民营企业的数据研究》,《商业经济与管理》2022 年第 9 期。

潘克勤、李雨霏、潘潇阳:《非国有战略投资者与非国有大股东控制权水平——来自竞争性地方上市国企的证据》,《南开管理评论》2022 年第 3 期。

潘胜文、邵胜、刘梦晓:《绝对控股、相对控股与国企混改效率》,《北京理工大学学报》(社会科学版) 2020 年第 6 期。

裴红卫:《企业的本质:一个引入核心资本的分析框架》,《财经理论与实践》2003 年第 5 期。

彭飞、王玲、吴华清:《私营企业缘何参与国有企业混合所有制改革?:来自出口市场的证据》,《世界经济研究》2023 年第 2 期。

戚聿东、张航燕:《所有制、产权程度及其财务绩效——兼论国有企业产权改革的方向》,《经济与管理研究》2013 年第 12 期。

戚聿东、张任之:《新时代国有企业改革如何再出发?——基于整体设计与路径协调的视角》,《管理世界》2019 年第 3 期。

齐平、池美子:《混合所有制经济的理论探析、演化机理与模式创新》,《求是学刊》2019 年第 1 期。

祁怀锦、刘艳霞、王文涛:《国有企业混合所有制改革效应评估及其实现路径》,《改革》2018 年第 9 期。

綦好东、郭骏超、朱炜:《国有企业混合所有制改革:动力、阻力与实现路径》,《管理世界》2017 年第 10 期。

綦好东、彭睿、苏琪琪、朱炜:《中国国有企业制度发展变革的历史逻辑与基本经验》,《南开管理评论》2021 年第 1 期。

秦廷奎:《混合所有制改革背景下国有企业内部治理机制对社会责任绩效影响的研究》,浙江工商大学,博士学位论文,2019 年。

曲亮、谢在阳、郝云宏、李维安:《国有企业董事会权力配置模式研究——基于二元权力耦合演进的视角》,《中国工业经济》2016 年第 8 期。

权锡鉴、史晓洁、宋晓缤、王苑琢、王竹泉:《资本配置结构优化的企业混合所有制:工业互联网平台的赋能机理与本质》,《会计研究》2020 年第 12 期。

权小锋、吴世农：《CEO 权力强度、信息披露质量与公司业绩的波动性——基于深交所上市公司的实证研究》，《南开管理评论》2010 年第 4 期。

任广乾、冯瑞瑞、田野：《混合所有制、非效率投资抑制与国有企业价值》，《中国软科学》2020 年第 4 期。

任广乾、罗新新、刘莉、郑敏娜：《混合所有制改革、控制权配置与国有企业创新投入》，《中国软科学》2022 年第 2 期。

商华、尹海磊、董大海、管温馨：《我国国有企业社会责任实现驱动力研究——基于内生性视角》，《科研管理》2022 年第 10 期。

沈昊、杨梅英：《国有企业混合所有制改革模式和公司治理——基于招商局集团的案例分析》，《管理世界》2019 年第 4 期。

沈红波、张金清、张广婷：《国有企业混合所有制改革中的控制权安排——基于云南白药混改的案例研究》，《管理世界》2019 年第 10 期。

盛明泉、陈一玲、鲍群：《国企混合所有制改革对全要素生产率的影响、作用机制与异质性研究》，《经济纵横》2021 年第 7 期。

苏继成、刘现伟：《党的十八大以来国企混合所有制改革：成效、难点及对策》，《经济体制改革》2022 年第 6 期。

苏晓华：《企业治理之租金视角研究——一个理论框架及其在高科技企业中的应用》，《中国工业经济》2004 年第 7 期。

孙即、张望军、周易：《员工持股计划的实施动机及其效果研究》，《当代财经》2017 年第 9 期。

孙鲲鹏、方明月、包家昊：《如何"混改"更好——国企混合所有制股权组合模式对企业绩效的影响》，《财贸经济》2021 年第 6 期。

孙亮、刘春：《民营企业因何引入国有股东？——来自向下调整盈余的证据》，《财经研究》2021 年第 8 期。

汤吉军：《不完全契约视角下国有企业发展混合所有制分析》，《中国工业经济》2014 年第 12 期。

汤吉军：《国有企业"在位诅咒"与市场导向的改革思路》，《经济与管理研究》2014 年第 7 期。

汤吉军、戚振宇：《国有企业发展混合所有制的路径依赖研究》，《天津社会科学》2018 年第 5 期。

唐妍:《从国有化到私有化：英俄两国比较分析》,《今日东欧中亚》1999年第4期。

田国强、陈旭东:《制度的本质、变迁与选择——赫维茨制度经济思想诠释及其现实意义》,《学术月刊》2018年第1期。

田双清、姜海、陈磊:《制度变迁与社会共识的分析框架——基于对土地增值收益分配制度的分析》,《华中农业大学学报》（社会科学版）2021年第3期。

佟健、宋小宁:《多维政绩考核、冲突任务与"为官不为"——一个多任务委托代理模型》,《当代经济科学》2018年第4期。

汪平、邹颖、兰京:《异质股东的资本成本差异研究——兼论混合所有制改革的财务基础》,《中国工业经济》2015年第9期。

汪圣国、高岭、黄永颖:《国有股东持股能提高民营企业的社保遵从度吗?》,《经济管理》2022年第7期。

王斌:《股东资源理论与国有企业混合所有制改革：基于中国联通的案例》,《北京工商大学学报》（社会科学版）2021年第5期。

王晨光:《路径依赖、关键节点与北极理事会的制度变迁——基于历史制度主义的分析》,《外交评论》（外交学院学报）2018年第4期。

王丹:《推动混合所有制经济走深走实的思路与建议》,《宏观经济管理》2019年第9期。

王东京:《国企改革攻坚的路径选择与操作思路》,《管理世界》2019年第2期。

王金存:《俄罗斯与英国国有企业私有化比较》,《世界经济》2000年第3期。

王婧、蓝梦:《混合所有制改革与国企创新效率——基于SNA视角的分析》,《统计研究》2019年第11期。

王垒、张凯迪、于文成:《形成合力与暗中角力：多个监督型机构大股东对企业投资效率影响的非线性分析》,《财贸研究》2022年第12期。

王梅婷、余航:《国有企业并购重组的趋势、模式和挑战》,《经济学家》2017年第8期。

王宁、苏慧中、李东升:《非国有股东董事会权力、期望落差与国企创新》,《东岳论丛》2021年第12期。

王倩、郝千慧、吴多文：《混合参股与企业效率——基于非国有资本参股国有企业的实证研究》，《金融论坛》2021年第5期。

王曙光、冯璐、徐余江：《混合所有制改革视野的国有股权、党组织与公司治理》，《改革》2019年第7期。

王曙光、王子宇：《股权结构、企业绩效与国企混改——基于A股上市国有企业的实证研究》，《新视野》2018年第6期。

王婷、李政：《党的十八届三中全会以来国有企业混合所有制改革研究进展与述评》，《政治经济学评论》2020年第6期。

王德显、王大树：《民营资本参与混合所有制改革的制约因素与突破路径》，《新视野》2017年第4期。

王欣、韩宝山：《混合所有制企业股权结构治理效应分析》，《经济体制改革》2018年第6期。

王欣、肖红军：《推动国有企业与民营企业协同发展：进展、问题与对策》，《经济体制改革》2022年第5期。

王新红、李婷婷、张行：《股权混合度、高管团队特征与公司绩效——基于全效应调节模型的实证研究》，《商业研究》2018年第7期。

王雪莉、马琳、王艳丽：《高管团队职能背景对企业绩效的影响：以中国信息技术行业上市公司为例》，《南开管理评论》2013年第4期。

王艳：《混合所有制并购与创新驱动发展——广东省地方国企"瀚蓝环境"2001—2015年纵向案例研究》，《管理世界》2016年第8期。

王业雯、陈林：《混合所有制改革是否促进企业创新？》，《经济与管理研究》2017年第11期。

王益民、王艺霖、程海东：《高管团队异质性、战略双元与企业绩效》，《科研管理》2015年第11期。

卫兴华：《我国目前的改革与发展需要"突破姓国姓民的桎梏"吗？》，《毛泽东邓小平理论研究》2012年第7期。

魏钦恭：《数字时代的社会治理：从多元异质到协同共生》，《中央民族大学学报》（哲学社会科学版）2022年第2期。

温俊萍、高子平：《俄罗斯经济转轨的利益分配效应》，《俄罗斯研究》2004年第4期。

温素彬、李慧、焦然：《企业文化、利益相关者认知与财务绩效——多元资本共生的分析视角》,《中国软科学》2018 年第 4 期。

温忠麟、叶宝娟:《有调节的中介模型检验方法:竞争还是替补?》,《心理学报》2014 年第 5 期。

温忠麟、张雷、侯杰泰、刘红云:《中介效应检验程序及其应用》,《心理学报》2004 年第 5 期。

吴荻、刘慧、王恩旭:《基于动态能力的旅游企业双元创新演化路径研究——以乌镇旅游股份有限公司为例》,《科研管理》2020 年第 8 期。

吴怀军:《高管薪酬视角下混合所有制对企业绩效的影响》,《社会科学家》2016 年第 11 期。

吴剑峰、丁沂昕、雷震、刘佳:《存续企业如何实现组织身份变革?——基于海油发展的纵向案例研究》,《管理世界》2022 年第 7 期。

吴宣恭:《混合所有制的特点、作用及其改革》,《毛泽东邓小平理论研究》2018 年第 1 期。

武常岐、张林:《国企改革中的所有权和控制权及企业绩效》,《北京大学学报》(哲学社会科学版) 2014 年第 5 期。

郄海拓、綦萌、李晓意、王宛秋:《和而不同:高管团队职能背景异质性对企业跨界技术并购绩效的影响》,《科技进步与对策》2021 年第 21 期。

夏秀芳、J. Daniel Chi、王京:《"混合所有"的股权结构提升了国有企业投资效率吗?——基于 2008—2020 中国上市公司的数据》,《东岳论丛》2023 年第 2 期。

肖红军:《国有企业社会责任的发展与演进:40 年回顾和深度透视》,《经济管理》2018 年第 10 期。

肖红军、阳镇、焦豪:《共益企业:研究述评与未来展望》,《外国经济与管理》2019 年第 4 期。

肖土盛、孙瑞琦:《国有资本投资运营公司改革试点效果评估——基于企业绩效的视角》,《经济管理》2021 年第 8 期。

谢海洋、曹少鹏、孟欣:《混合所有制改革实践与企业绩效——基于非国有股东派任董监高的中介效应》,《华东经济管理》2018 年第 9 期。

辛蔚、和军:《国企混合所有制改革收益、成本与优化路径》,《政治经济学评论》2019 年第 5 期。

熊爱华、张质彬：《国有企业混合所有制改革、金融化程度与全要素生产率》，《南方经济》2020年第9期。

熊爱华、张质彬、张涵：《国有企业混合所有制改革对创新绩效影响研究》，《科研管理》2021年第6期。

徐莉萍、辛宇、陈工孟：《股权集中度和股权制衡及其对公司经营绩效的影响》，《经济研究》2006年第1期。

徐伟、吴悦、冯文芳：《混合所有制改革有利于促进国有企业创新吗？——基于分类治理视角》，《济南大学学报》（社会科学版）2020年第3期。

徐悦、刘运国、蔡贵龙：《非CEO高管差异化薪酬与国有企业代理效率》，《财经研究》2021年第3期。

许晨曦、金宇超、杜珂：《国有企业混合所有制改革提高了企业投资效率吗?》，《北京师范大学学报》（社会科学版）2020年第3期。

许光建、孙伟：《国有企业混合所有制改革的五个关键问题》，《宏观经济管理》2018年第1期。

阳镇、凌鸿程、陈劲：《社会信任有助于企业履行社会责任吗?》，《科研管理》2021年第5期。

杨红丽、郭舒：《混合所有制改革对国有企业绩效的影响及作用机制》，《现代经济探讨》2021年第1期。

杨红英、童露：《论混合所有制改革下的国有企业公司治理》，《宏观经济研究》2015年第1期。

杨煌：《英国工党战后国内政策的三次调整——围绕工党国有化政策演变的考察》，《欧洲研究》1998年第4期。

杨记军、逯东、杨丹：《国有企业的政府控制权转让研究》，《经济研究》2010年第2期。

杨英杰：《经济制度演化视域下的中国改革开放史》，《经济社会体制比较》2021年第1期。

杨俊、张玉利、韩炜、叶文平：《高管团队能通过商业模式创新塑造新企业竞争优势吗?——基于CPSED Ⅱ数据库的实证研究》，《管理世界》2020年第7期。

杨瑞龙：《国有企业改革逻辑与实践的演变及反思》，《中国人民大学学报》2018 年第 5 期。

杨瑞龙：《新时代深化国有企业改革的战略取向——对习近平总书记关于国有企业改革重要论述的研究》，《改革》2022 年第 6 期。

杨瑞龙、杨其静：《对"资本雇佣劳动"命题的反思》，《经济科学》2000 年第 6 期。

杨兴全、任小毅、杨征：《国企混改优化了多元化经营行为吗?》，《会计研究》2020 年第 4 期。

杨雪冬、薛晓源主编：《"第三条道路"与新的理论》，社会科学文献出版社 2000 年版。

杨运杰、毛宁、尹志锋：《混合所有制改革能否提升中国国有企业的创新水平》，《经济学家》2020 年第 12 期。

杨振中、万丛颖：《参股民营企业治理结构、行业背景与国有企业绩效——基于混合所有制改革的实证研究》，《财经问题研究》2020 年第 12 期。

杨志强、石水平、石本仁、曹鑫雨：《混合所有制、股权激励与融资决策中的防御行为——基于动态权衡理论的证据》，《财经研究》2016 年第 8 期。

姚梅洁、宋增基、张宗益：《制度负外部性与市场主体的应对——来自中国民营企业的经验证据》，《管理世界》2019 年第 11 期。

叶方冰、武立东、王晗：《环境复杂性、董事长权力与公司绩效》，《软科学》2021 年第 6 期。

伊力奇、李涛、张婷等：《国有企业高管权力，内部控制与社会责任》，《软科学》2020 年第 8 期。

易承志：《国家治理体系现代化制度供给的理论基础与实践路径》，《南京师大学报》（社会科学版）2017 年第 1 期。

于立、刘玉斌：《中国市场经济体制的二维推论：竞争政策基础性与市场决定性》，《改革》2017 年第 1 期。

于培友、戴辉、宋翔宇：《员工持股计划与企业创新效率——基于分析师关注的中介效应》，《审计与经济研究》2022 年第 6 期。

于榕：《经济转轨中的国企产权改革与公司治理结构——中俄比较》，《辽宁大学》2013 年第 2 期。

余澳、贾卓强：《民营企业参与地方国有企业混改的现实困境与对策研究》，《经济纵横》2019年第12期。

余汉、杨中仑、宋增基：《国有股权能够为民营企业带来好处吗？——基于中国上市公司的实证研究》，《财经研究》2017年第4期。

余菁：《"混合所有制"的学术论争及其路径找寻》，《改革》2014年第11期。

袁德富、张俊伟：《混改国有企业职工持股困境解析》，《人民论坛》2020年第29期。

袁志刚、邵挺：《国有企业的历史地位、功能及其进一步改革》，《学术月刊》2010年第1期。

臧跃茹、刘泉红、曾铮：《促进混合所有制经济发展研究》，《宏观经济研究》2016年第7期。

曾楚宏、李敏瑜：《创业团队异质性对创业绩效的影响：团队治理的中介作用》，《科技进步与对策》2022年第14期。

曾庆生、万华林：《上市降低了国有企业的股权代理成本吗?》，《财经研究》2013年第2期。

曾志远、蔡东玲、武小凯：《"监督管理层"还是"约束大股东"？基金持股对中国上市公司价值的影响》，《金融研究》2018年第12期。

翟淑萍、毛文霞、韩贤：《急功近利抑或行稳致远：CEO薪酬差距与企业研发效率——基于地理邻近性视角》，《经济管理》2022年第9期。

翟绪权、刘仲仪：《市场化导向下中国国有企业混合所有制改革研究》，《福建师范大学学报》（哲学社会科学版）2020年第6期。

张斌、武常岐、谢佩洪：《国有股东与战略投资者如何"混"与"合"？——基于中国联通与云南白药的双案例研究》，《管理世界》2022年第10期。

张德锋、王伟：《技术董事、技术资源配置与公司成长——基于生命周期的动态研究》，《中国科技论坛》2021年第2期。

张国：《习近平有关国有企业改革的重要论述及其贯彻执行》，《毛泽东邓小平理论研究》2018年第12期。

张辉、黄昊、闫强明：《混合所有制改革、政策性负担与国有企业绩效——基于1999—2007年工业企业数据库的实证研究》，《经济学家》2016年第9期。

张继德、刘素含:《从中国联通混合所有制改革看战略投资者的选择》,《会计研究》2018年第7期。

张建君、张闫龙:《董事长—总经理的异质性,权力差距与融洽关系与组织绩效——来自上市公司的证据》,《管理世界》2016年第1期。

张琳、席酉民、杨敏:《资源基础理论60年:国外研究脉络与热点演变》,《经济管理》2021年第9期。

张敏捷:《国有企业公司治理之研究——完善国有资产监管机制和优化国有企业公司治理结构》,《经济体制改革》2013年第6期。

张明、杜运周:《组织与管理研究中QCA方法的应用:定位、策略和方向》,《管理学报》2019年第9期。

张培、李楠:《生产性服务外包中价值共创与商业模式创新》,《管理案例研究与评论》2018年第3期。

张平:《高层管理团队异质性与企业绩效关系研究》,《管理评论》2006年第5期。

张洽:《企业并购中CEO与股东动态控制权配置的博弈分析》,《财会月刊》2019年第18期。

张秋萍、盛宇华、陈加伟:《董事长—TMT垂直对差异与创新投资关系研究——市场化与产权性质的作用》,《科学学与科学技术管理》2018年第10期。

张双鹏、周建、周飞谷:《混合所有制改革对企业战略变革的影响研究——基于结构性权力的视角》,《管理评论》2019年第1期。

张天舒、陈信元、黄俊:《独立董事薪酬与公司治理效率》,《金融研究》2018年第6期。

张伟、于良春:《混合所有制企业最优产权结构的选择》,《中国工业经济》2017年第4期。

张文魁:《国有企业改革30年的中国范式及其挑战》,《改革》2008年第10期。

张文魁:《国资监管体制改革策略选择:由混合所有制的介入观察》,《改革》2017年第1期。

张祥建、郭丽虹、徐龙炳:《中国国有企业混合所有制改革与企业投资效率——基于留存国有股控制和高管政治关联的分析》,《经济管理》

2015年第9期。

张雪茵、范黎波：《国有企业混合所有制改革与股价崩盘风险——基于信息不对称视角》，《首都经济贸易大学学报》2022年第4期。

张燕飞：《现代产权思想的变迁》，《中国政法大学学报》2021年第3期。

张耀辉、尹一军：《企业内、外部能力平衡与公司治理效率研究》《暨南学报》（哲学社会科学版）2020年第1期。

张宇霖、柳学信、李东升：《国有企业收入分配改革：逻辑演进与未来展望》，《经济体制改革》2022年第5期。

张宇：《正确认识国有经济在社会主义市场经济中的地位和作用——兼评否定国有经济主导作用的若干片面认识》，《毛泽东邓小平理论研究》2010年第1期。

张云、刘丽娟、尹筑嘉：《股权结构特征与混合所有制企业效率》，《会计与经济研究》2019年第3期。

张卓元：《积极发展混合所有制经济　促进各种资本优势互补共同发展》，《经济理论与经济管理》2014年第12期。

章卫东、罗希、王玉龙、李浩然：《定向增发新股投资者类别对公司治理的影响研究》，《国际金融研究》2019年第8期。

赵斌斌、连瑞瑞、蔡弘：《混合所有制改革、政府放权意愿与国企可持续发展》，《经济与管理》2020年第6期。

赵玮萍、吕广玉：《政府利益约束下制度变迁机制分析》，《北京理工大学学报》（社会科学版）2013年第1期。

郑志刚：《国企公司治理与混合所有制改革的逻辑和路径》，《证券市场导报》2015年第6期。

郑志刚、胡晓霁、黄继承：《超额委派董事、大股东机会主义与董事投票行为》，《中国工业经济》2019年第10期。

郑志刚、刘兰欣：《所有者缺位与国企混合所有制改革的突破方向》，《经济管理》2022年第2期。

中国社会科学院工业经济研究所课题组、黄群慧、黄速建：《论新时期全面深化国有经济改革重大任务》，《中国工业经济》2014年第9期。

周观平、周皓、王浩：《混合所有制改革与国有企业绩效提升——基于定义矫正和PSM、DID、IV法的再透视》，《经济学家》2021年第4期。

周启微、邵剑兵:《上市公司高管团队包容性:企业发展的助力还是阻力?》,《上海财经大学学报》2021年第2期。

周绍妮、王中超、操群:《控制链长度与国企混合所有制》,《会计研究》2020年第5期。

周志强、李舜、王洁莹:《民营企业参与国有企业混合所有制改革的协同治理研究——基于分享经济理论的视角》,《江淮论坛》2020年第4期。

朱嘉伟、陈洁:《混合所有制改革模式对生产要素投入效率的影响——基于沪深两市上市公司的实证分析》,《华东经济管理》2020年第5期。

朱磊、陈曦、王春燕:《国有企业混合所有制改革对企业创新的影响》,《经济管理》2019年第11期。

祝继高、苏嘉莉、黄薇:《股权结构、股权监管与财务业绩——来自中国寿险业股权监管的经验证据》,《会计研究》2020年第6期。

庄莹、买生:《国企混改对企业社会责任的影响研究》,《科研管理》2021年第11期。

邹俊、张芳:《沉淀成本对国有企业治理结构路径依赖的影响及其市场化超越》,《现代经济探讨》2017年第5期。

二 英文文献

A. Boateng, W. Huang, "Multiple Large Shareholders, Excess Leverage and Tunneling: Evidence from an Emerging Market", *Corporate Governance: An International Review*, Vol. 25, 2017.

A. Knyazeva, D. Knyazeva, L. Naveen, "Diversity on Corporate Boards", *Annual Review of Financial Economics*, Vol. 13, 2021.

A. Ordanini, P. Pasini, "Service Coproduction and Value Cocreation: The Case for a Service Oriented Architecture (SOA)", *European Management Journal*, Vol. 26, 2008.

A. S. O. Emuron, T. Yixiang, "Financial Distress and Non Executive Director Compens-ation: Evidence from State Owned Enterprises in South Africa Post King Ⅲ", *African Development Review*, Vol. 32, 2020.

B. Li, L. Xu, R. P. McIver, X. Liu, A. Pan, "Mixed Ownership Reform and

Private Firms' Corporate Social Responsibility Practices: Evidence from China", *Business and Society*, Vol. 61, 2022.

B. Naughton, "The Current Wave of State Enterprise Reform in China: A Preliminary Appraisal", *Asian Economic Policy Review*, Vol. 12, 2017.

Brandt Loren, Thomas G. Rawski, *China's Great Economic Ttransformation*, Cambridge University Press, 2008.

B. Russell, D. Beel, I. Rees Jones, M. Jones, "Placing the Foundational Economy: An Emerging Discourse for Post Neoliberal Economic Development", *Environment and Planning A: Economy and Space*, Vol. 54, 2022.

C. K. Prahalad, V. Ramaswamy, "Coopting Customer Competence", *Harvard Business Review*, Vol. 78, 2000.

C. S. Tuggle, K. Schnatterly, R. A. Johnson, "Attention Patterns in the Boardroom: How Board Composition and Processes Affect Discussion of Entrepreneurial Issues", *Academy of Management Journal*, Vol. 53, 2010.

D. C. Lau, J. K. Murnighan, "Demographic Diversity and Faultlines: The Compositional Dynamics of Organizational Groups", *Academy of Management Review*, Vol. 23, 1998.

D. Kong, G. Kong, S. Liu, L. Zhu, "Does Competition Cause Goverment Decentralization? The Case of State Owned Enterprises", *Journal of Comparative Economics*, Vol. 50, 2022.

D. N. Phung, A. V. Mishra, "Ownership Structure and Firm Performance: Evidence from Vietnamese Listed Firms", *Australian Economic Papers*, Vol. 55, 2016.

D. R. Gnyawali, T. Ryan Charleton, "Nuances in the Interplay of Competition and Cooperation: Towards a Theory of Coopetition", *Journal of Management*, Vol. 44, 2018.

D. Veltrop, C. Hermes, T. Postma, J. de Haan, "A Tale of Two Factions: Why and When Factional Demographic Faultlines Hurt Board Performance", *Corporate Governance An International Review*, Vol. 23, 2015.

E. Çakmak, M. A. Çenesiz, "Measuring the Size of the Informal Tourism Economy in Thailand", *International Journal of Tourism Research*, Vol. 22, 2020.

F. Neville, K. Byron, C. Post, A. Ward, "Board Independence and Corporate Misconduct: A Cross National Meta Analysis", *Journal of Management*, Vol. 45, 2019.

F. Schölmerich, C. C. Schermuly, J. Deller, "How Leaders' Diversity Beliefs Alter the Impact of Faultlines on Team Functioning", *Small Group Research*, Vol. 47, 2016.

F. Xia, G. Walker, "How Much does Owner Type Matter for Firm Performance? Manufacturing Firms in China 1998 – 2007", *Strategic Management Journal*, Vol. 36, 2015.

G. Ljubownikow, S. H. Ang, "Competition, Diversification and Performance", *Journal of Business Research*, Vol. 112, 2020.

G. S. Liu, J. Beirne, P. Sun, "The Performance Impact of Firm Ownership Transformation in China: Mixed Ownership vs. Fully Privatised Ownership", *Journal of Chinese Economicand Business Studies*, Vol. 13, 2015.

H. H. Huang, H. Y. Huang, J. J. Oxman, "Stock Liquidity and Corporate Bond Yield Spreads: Theory and Evidence", *Journal of Financial Research*, Vol. 38, 2015.

H. Wang, J. Wu, Y. Yang, R. Li, Y. Liu, "Ownership Concentration, Identity and Firm Performance: Evidence from China's Listed Firms", *Emerging Markets Finance and Trade*, Vol. 55, 2019.

H. W. Hu, D. Xu, "Manager or Politician? Effects of CEO Pay on the Performance of State Controlled Chinese Listed Firms", *Journal of Management*, Vol. 48, 2022.

J. E. Klausen, J. Askim, T. Christensen, "Local Government Reform: Compromise Through Cross Cutting Cleavages", *Political Studies Review*, Vol. 19, 2021.

J. Guan, Z. Gao, J. Tan, W. Sun, F. Shi, "Does the Mixed Ownership Reform Work? Influence of Board Chair on Performance of State Owned Enterprises", *Journal of Business Research*, Vol. 122, 2021.

J. L. Gao, D. S. Li, M. L. Conway, "Family Support and Entrepreneurial Passion: The Mediating Role of Entrepreneurs' Psychological Capital", *Social*

Behavior and Personality: Aninternational Journal, Vol. 49, 2021.

J. Li, D. C. Hambrick, "Factional Groups: A New Vantage on Demographic Faultlines, Conflict, and Disintegration in Work Teams", *Academy of Management Journal*, Vol. 48, 2005.

J. Li, D. Wu, "Do Corporate Social Responsibility Engagements Lead to Real Environmental, Social, and Governance Impact?", *Management Science*, Vol. 66, 2020.

J. M. Madera, "Situational Perspective Taking as an Intervention for Improving Attitudes Toward Organizations that Invest in Diversity Management Programs", *Journal of Business and Psychology*, Vol. 33, 2018.

J. Wang, W. Xia, "Enterprise Management Heterogeneity and Enterprise Investment Behavior Based on Intelligent Scheduling System", *Neural Computing and Applications*, Vol. 34, 2022.

J. Wu, Y. Ding, F. Zhang, D. Li, "How to Improve Environmental Performance of Heavily Polluting Companies in China? A Cross Level Configurational Approach", *Journal of Cleaner Production*, Vol. 311, 2021.

K. A. Whitler, R. Krause, D. R. Lehmann, "When and How Board Members with Marketing Experience Facilitate Firm Growth", *Journal of Marketing*, Vol. 82, 2018.

K. Schnatterly, F. Calvano, J. P. Berns, C. Deng, "The Effects of Board Expertise Risk Misalignment and Subsequent Strategic Board Reconfiguration on Firm Performance", *Stratgic Management Journal*, Vol. 42, 2021.

M. Engen, M. Fransson, J. Quist, P. Skålén, "Continuing the Development of the Public Service Logic: A Study of Value Codestruction in Public Services", *Public Management Review*, Vol. 23, 2021.

M. E. Souther, "Does Board Independence Increase Firm Value? Evidence from Closed End Funds", *Journal of Financial and Quantitative Analysis*, Vol. 56, 2021.

M. Jara, F. López-Iturriaga, P. San-Martín, P. Saona, "Corporate Governance in Latin American Firms: Contestability of Control and Firm Value", *BRQ Business Research Quarterly*, Vol. 22, 2019.

M. Rocque, J. W. Saunoris, E. C. Marshall, "Revisiting the Relationship between the Economy and Crime: The Role of the Shadow Economy", *Justice Quarterly*, Vol. 36, 2019.

N. Orazalin, M. Baydauletov, "Corporate Social Responsibility Strategy and Corporate Environmental and Social Performance: The Moderating Role of Board Gender Diversity", *Corporate Social Responsibility and Environmental Management*, Vol. 27, 2020.

N. Orazalin, M. Mahmood, "Toward Sustainable Development: Board Characteristics, Country Governance Quality, and Environmental Performance", *Business Strategy and the Environment*, Vol. 30, 2021.

P. C. Patel, D. Cooper, "Structural Power Equality between Family and Non Family TMT Members and the Performance of Family Firms", *Academy of Management Journal*, Vol. 57, 2014.

Ragin Charels C., *The Comparative Method: Moving Beyond Qualitative and Quantitative Strategies*, Univ of California Press, 2014.

R. Dufty-Jones, C. Gibson, T. Barnes, "Writing Economies and Economies of Writing", *Environment and Planning A: Economy and Space*, Vol. 54, 2022.

R. Krause, M. Semadeni, A. A. Cannella Jr., "External COO/Presidents as Expert Directors: A New Look at the Service Role of Boards", *Strategic Management Journal*, Vol. 34, 2013.

R. Normann, R. Ramirez, "From Value Chain to Value Constellation: Designing Interactive Strategy", *Harvard Business Review*, Vol. 71, 1993.

R. O. Stroud, A. Ertas, S. Mengel, "Application of Cyclomatic Complexity in Enterprise Architecture Frameworks", *IEEE Systems Journal*, Vol. 13, 2019.

S. Boivie, M. K. Bednar, R. V. Aguilera, J. L. Andrus, "Are Boards Designed to Fail? The Implausibility of Effective Board Monitoring", *Academy of Management Annals*, Vol. 10, 2016.

S. Bonini, J. Deng, M. Ferrari, K. John, D. G. Ross, "Long Tenured Independent Directors and Firm Performance", *Strategic Management Journal*, Vol. 43, 2022.

S. Garg, Q. John Li, J. D. Shaw, "Entrepreneurial Firms Grow Up: Board Undervaluation, Board Evolution, and Firm Performance in Newly Public Firms", *Strategic Management Journal*, Vol. 40, 2019.

S. Han, V. K. Nanda, S. Silveri, "CEO Power and Firm Performance Under Pressure", *Financial Management*, Vol. 45, 2016.

S. J. Grossman, O. D. Hart, "The Costs and Benefits of Ownership: A Theory of Vertical and Lateral Integration", *Journal of Political Economy*, Vol. 94, 1986.

S. Kaczmarek, S. Kimino, A. Pye, "Board Task Related Faultlines and Firm Performance: A Decade of Evidence", *Corporate Governance: An International Review*, Vol. 20, 2012.

S. L. Vargo, R. F. Lusch, "Evolving to a New Dominant Logic for Marketing", *Journal of Marketing*, Vol. 68, 2004.

S. Tang, S. Nadkarni, L. Wei, S. X. Zhang, "Balancing the Yin and Yang: TMT Gender Diversity, Psychological Safety, and Firm Ambidextrous Strategic Orientation in Chinese High Tech SMEs", *Academy of Management Journal*, Vol. 64, 2021.

S. Zhu, C. He, X. Hu, "Change Your Identity and Fit in: An Empirical Examination of Ownership Structure Change, Firm Performance and Local Knowledge Spillovers in China", *Spatial Economic Analysis*, Vol. 15, 2020.

T. Buyl, C. Boone, W. Hendriks, P. Matthyssens, "Top Management Team Functional Diversity and Firm Performance: The Moderating Role of CEO Characteristics", *Journal of Management Studies*, Vol. 48, 2011.

T. Lee, W. T. Liu, J. X. Yu, "Does TMT Composition Matter to Environmental Policy and Firm Performance? The Role of Organizational Slack", *Corporate Social Responsibility and Environmental Management*, Vol. 28, 2021.

T. M. Spoelma, A. P. Ellis, "Fuse or Fracture? Threat as A Moderator of the Effects of Diversity Faultlines in Teams", *Journal of Applied Psychology*, Vol. 102, 2017.

T. Schubert, S. Tavassoli, "Product Innovation and Educational Diversity in Top and Middle Management Teams", *Academy of Management Journal*,

Vol. 63, 2020.

T. Štrukelj, S. Sternad Zabukovšek, "Enterprise Values and Enterprise Policy Interdependence", *Economic Research Ekonomska Istraživanja*, Vol. 32, 2019.

W. He, N. A. Kyaw, "Ownership Structure and Investment Decisions of Chinese SOEs", *Research in International Business and Finance*, Vol. 43, 2018.

W. Leutert, S. A. Vortherms, "Personnel Power: Governing State Owned Enterprises", *Business and Politics*, Vol. 23, 2021.

W. L. Megginson, J. M. Netter, "From State to Market: A Survey of Empirical Studies on Privatization", *Journal of Economic Literature*, Vol. 39, 2001.

X. Kong, C. Sun, J. Liu, J. Chen, "The Optimal Proportion of State Owned Shares in an Industry Chain", *Technological and Economic Development of Economy*, Vol. 28, 2022.

X. Zhang, L. Wang, F. Chen, "R&D Subsidies, Executive Background and Innovation of Chinese Listed Companies", *Economic Research Ekonomska Istraživanja*, Vol. 34, 2021.

Y. Chen, L. Wang, "Commentary: Marketing and the Sharing Economy: Digital Economyand Emerging Market Challenges", *Journal of Marketing*, Vol. 83, 2019.

Y. M. Shi, S. L. Yang, "Does Engagement in Corporate Social Responsibility Provide Strategic Insurance Like Effects?", *Strategic Management Journal*, Vol. 38, 2017.

Y. Shahab, C. G. Ntim, Y. Chen, F. Ullah, H. X. Li, Z. Ye, "Chief Executive Officer Attributes, Sustainable Performance, Environmental Performance, and Environmental Reporting: New Insights from Upper Echelons Perspective", *Business Strategy and the Environment*, Vol. 29, 2020.

Y. S. Kang, B. Y. Kim, "Ownership Structure and Firm Performance: Evidence from the Chinese Corporate Reform", *China Economic Review*, Vol. 23, 2012.

Y. Ye, Q. Yu, Y. Zheng, Y. Zheng, "Investigating the Effect of Social Media Application on Firm Capabilities and Performance: The Perspective of Dynamic Capability View", *Journal of Business Research*, Vol. 139, 2022.

Y. Y. Kor, C. Sundaramurthy, "Experience Based Human Capital and Social Capital of Outside Directors", *Journal of Management*, Vol. 35, 2009.

Y. Zheng, "China's State Owned Enterprise Mixed Ownership Reform", *East Asian Policy*, Vol. 6, 2014.

后 记

我带领的公司治理与企业改革创新团队从2014年以来聚焦混合所有制改革，在前期广泛梳理相关文献的基础上，深入企事业单位进行调研、访谈并开展案例，并积极申报各类课题，获批国家社会科学基金、教育部人文社会科学规划项目、山东省社会科学规划重点项目等多项省级以上项目，在CSSCI、SSCI、中文核心期刊等发表相关论文20余篇。本书是在团队前期深入研究的基础上，从"国民共进"的视角探究企业混合所有制的形成机理、现实困境、实现机制与实现路径。

李东升负责本书的整体构思与写作框架设计，参与所有章节撰写，部分团队成员、研究生参与了本书的撰写、修改、统稿工作。具体章节分工：第一章，李东升；第二章，李东升、李伟、刘学梅；第三章，李东升、刘丹、王晓琳；第四章，李东升、崔金玲；第五章，李东升、董新钰、赵秋菊、王群铸；第六章，李东升、刘丹、王晓琳、姚硕；第七章，李东升、王晓琳、崔金玲；第八章，李东升、李伟、江秀辉、刘学梅。

本书最终完成得到了众多单位的领导与专家支持与帮助，特别是郑海航教授、高闯教授、戚聿东教授、周立新研究员、范辉教授、宋岩院长、张广毅书记、李国栋处长、李振杰副院长、陈长征副院长、左扬副处长、刘志国副处长、袁健蕙副处长、刘霜老师、高永滋老师、张戈老师、王波老师等，在此不再一一列举。日常生活中妻子陈黎明承担了绝大部分家务，天真、烂漫的爱女欣欣是助推我不断奋进的强大动力，感谢家人的爱与宽容，在此对所有给予我们关心与支持的师长亲朋和家人致以最真挚的谢意！

本书的出版得到了烟台大学哲学社会科学学术著作出版基金、烟台大学黄海学者博士科研基金等项目的资助，中国社会科学出版社对本书的出版给予了积极支持与精心编审，在此表示衷心感谢！

李东升

2024 年 4 月